高等院校电子商务系列
精品规划教材

U0737913

ONLINE PAYMENT AND
ELECTRONIC BANKING

（第2版）

网上支付与电子银行

帅青红　苗苗　主编

机械工业出版社
China Machine Press

图书在版编目（CIP）数据

网上支付与电子银行 / 帅青红，苗苗主编 . —2 版 . —北京：机械工业出版社，2015.4
（2024.7 重印）
（高等院校电子商务系列精品规划教材）

ISBN 978-7-111-50024-7

I. 网… II.①帅… ②苗… III. 互联网络－应用－银行业务－高等学校－教材 IV. F830.49

中国版本图书馆 CIP 数据核字（2015）第 081391 号

　　本书从银行业信息化的发展入手，全面阐述了网络支付与电子银行系统的构成以及相应的技术与业务发展，详细分析了各类电子银行系统。本书力求在勾勒出网络支付与电子银行完整框架的基础上，针对不同类型、不同层次的电子支付，提供相应的教学内容体系和知识点，注重从银行的角度出发，阐述各类电子银行系统，让读者掌握电子支付知识体系，从而满足社会对网络支付与电子银行人才的需求。

　　本书可以作为高等院校电子商务、计算机、金融学及相关专业，如信息系统与信息管理、财经等专业的教材或教学参考书，也可作为从事金融信息化、电子商务、IT 应用软件研制和开发的科研人员，金融系统的各级管理人员以及广大电子商务爱好者有益的参考用书。

出版发行：机械工业出版社（北京市西城区百万庄大街 22 号　邮政编码：100037）
责任编辑：方　琳　　　　　　　　　　　　责任校对：殷　虹
印　　刷：固安县铭成印刷有限公司　　　　版　　次：2024 年 7 月第 2 版第 12 次印刷
开　　本：185mm×260mm　1/16　　　　　印　　张：18.5
书　　号：ISBN 978-7-111-50024-7　　　　定　　价：35.00 元

客服电话：（010）88361066　68326294

序　言

科技，一个最炫目的行业！金融，一个永恒的话题！科技与金融的结合，将会诞生最辉煌的未来！

银行作为经营货币的单位，是社会生产、流通和消费体系的命脉和支柱，银行的信息化是国民经济信息化的基础之一，因此，世界各国都特别重视银行信息化建设。我国金融信息化建设经过20多年的努力，已经取得了重大进展，但与发达国家相比，还存在较大的差距，还不能满足21世纪信息经济时代的快速发展需要。随着我国金融业的全面开放、外资银行的进入，银行业的竞争将更加剧烈和严峻。面对残酷的现实，随着计算机技术、网络技术、通信技术在银行业的广泛应用，我国各商业银行纷纷成立了科技部、电子银行部等银行信息化部门，积极开拓网络支付与电子银行业务。

同时，随着电子商务的发展，对银行业支付的需求也越来越高，各种新兴支付方式与电子支付工具不断涌现，网上银行、电话银行、手机银行、自助银行也纷纷登场。鉴于此，社会迫切需要能够掌握网络支付与电子银行理论与方法的大量人才，从而提高全社会的支付效率和效益，这就对银行信息化的教学和研究提出了新的挑战，促使我们不断探索，从而更好地满足社会对电子支付人才的需求。本书力求在勾勒出网上支付与电子银行完整框架的基础上，针对不同类型、不同层次的电子支付，提供相应的教学内容体系和知识点，注重从银行的角度出发，阐述各类电子银行系统，让读者掌握电子支付知识体系和能力要求。

本书内容

电子银行是21世纪银行业发展的必然趋势，而网上支付是电子商务发展对金融业需求的必然结果。本书从银行业信息化的发展入手，全面阐述了网络支付与电子银行系统的构成以及相应的技术与业务发展，详细分析了各类电子银行系统。

全书共分为13章。各章内容如下：第1章：支付理论基础；第2章：网上支付与电子银行；第3章：电子银行系统；第4章：网上银行；第5章：电话银行；第6章：手机银行；第7章：自助银行；第 8 章：第三方支付；第 9 章：支付工具与支付方式；第 10 章：移动支付发展历史提要；第 11 章：远程移动支付技术；第 12 章：近距离移动支付技术；第 13 章：电子支付监管。

本书可作为高等院校电子商务、计算机、金融学及相关专业，如信息系统与信息管理、财经等专业的教材或教学参考书，也可作为从事金融信息化、电子商务、IT 应用软件研制和开发的科研人员，金融系统的各级管理人员以及广大电子商务爱好者有益的参考用书。

本书特点

本书主要有如下特点：

（1）兼具电子银行业务、管理、案例等知识。从实际业务操作出发，系统地介绍各类电子银行系统的管理模式、流程和技术，同时，介绍国内外电子支付的监管模式并进一步探讨我国的电子支付监管。此外，还介绍了典型的电子银行案例。

（2）注重理论与实际相结合。本书编写过程中，在理论探讨的同时，注重电子银行实际管理模式、支付流程和技术的介绍，使读者能更好地了解电子银行系统在实际中的操作。

（3）体现电子银行的最新进展。本书在对各电子银行系统进行全面介绍的同时，也对当前研究中比较关注的电子货币与监管问题进行探讨，以期给读者提供相应的思考指导。

致谢

本书对教材《网上支付与电子银行》（2009 年版）进行修改与完善，全书由帅青红、苗苗担任主编，尹娜、韩延明担任副主编，由帅青红拟订提纲、统筹协调各章节的内容和大部分写作，各位副主编参与本书的部分编写。各位编委以及作者的研究生等参与了本书的讨论、修改与完善。

本书的撰写得到了金融界不少专家以及支付行业同仁的大力支持与帮助，他们提供了部分材料，同时与他们的交流也使作者受益匪浅，作者在此表示衷心的感谢！他们是中科院研究生院李良老师、西安交通大学张成虎老师，花旗银行北京分行王力行长，花旗软件集团副总经理张彤、吴筱女士，易宝支付唐彬、余晨、白川先生等。与阿里集团支付宝公司的朋友、阿里学院的同行，以及腾讯财付通公司朋友的交流，也使作者获益良多。中国人民银行成都分行支付结算处王敏女士，中国银联股份有限公司四川分公司刘国祥先生，银联商务有限公司四川分公司柴联女士，中国银行四川省分行信息科技部李飙先生，中国工商银行四川省分行电子银行部李俊民先生，中国农业银行四川省分行产品创新部夏军飞先生和马轶先生，中国民生银行成都分行电子银行部朱鹏先生，兴业银行成都分行信息科技部余虹女士，招商银行信用卡中心周维先生，中国银联股份有限公司胡少华先生等，也对本书的编写提供了帮助。作者非常感谢所有关心、支持和帮助过作者的朋友和同事。特别感谢多年来给予作者无私关爱的妻子、儿子以及至亲好友。

本书在撰写过程中，作者阅览、借鉴了大量国内外的出版物与网上资料，或因文中体例限制未加注明，或在书中未完全列出，在此谨向诸多学者、同仁表示由衷的敬意与感谢。由于作者的水平和这门新兴交叉课程的特殊性，书中难免有不如意和错误的地方，真诚地希望能得到使用该书读者的意见，也希望得到同行专家的批评与指正，以利于今后修改和订正，并进一步完善。来信请发送至 E-mail：shuaiqh@ gmail. com。

本书在编写过程中，得到了互联网金融千人会 IFC1000、中国银联四川分公司、中国民生银行成都分行、中国农业银行四川省分行、中国工商银行四川省分行、西南财经大学互联网金融与支付研究所、四川省金融智能与金融工程重点实验室、西南财经大学经济管理实验中心（国家级）的大力支持！在此，作者表示衷心的感谢！同时感谢机械工业出版社的领导及相关编审人员在本书出版过程中所做的耐心细致的工作。

帅青红

教学建议

教学目的

本课程的教学目的在于让学生掌握支付基本知识与支付理论，传统支付与电子支付的支付方式、支付工具等。主要内容包括支付理论以及各种支付方式和支付工具。本书兼具电子银行业务、管理、案例等知识，从实际业务操作出发，系统地介绍各类电子银行系统的管理模式、流程和技术及电子银行的最新发展状况。本书旨在通过实际与理论相结合，使读者更好地了解电子银行系统支付模式及在实际中的操作。

前期需要掌握的知识

金融学、经济学等课程相关知识。

课时分布建议

教学内容	学习要点	课时安排	
		本科	高职
第1章 支付理论基础	（1）掌握支付的基本概念和过程 （2）了解清算和结算的区别和联系 （3）了解支付活动的构成和应遵循的基本原理 （4）掌握支付体系的概念和构成 （5）掌握支付方式的含义和分类，了解支付方式的发展趋势 （6）了解电子货币的含义和特点	4	3

（续）

教学内容	学习要点	课时安排	
		本科	高职
第2章 网上支付与电子银行	（1）掌握网上支付的基本概念和网上支付产业链 （2）了解网上银行的支付方式和流程 （3）了解网上支付的跨行支付行为 （4）了解电子银行的特征 （5）了解电子银行对银行业的意义 （6）了解电子银行的发展趋势 （7）了解我国电子银行发展过程中存在的问题	6	4
第3章 电子银行系统	（1）了解国内外主要的电子银行系统 （2）掌握电子银行柜台业务系统的处理流程 （3）了解电子银行的服务体系 （4）了解电子银行中存在的主要风险及防范措施	4	3
第4章 网上银行	（1）掌握几个权威监管机构对网上银行的定义 （2）掌握网上银行的类型 （3）了解网上银行的功能和优点 （4）了解网上银行的业务及申请流程 （5）了解网上银行的系统结构 （6）了解企业银行系统的功能及特点	6	4
第5章 电话银行	（1）掌握电话银行的定义 （2）了解电话银行与手机银行的区别 （3）了解电话银行的产生和发展 （4）了解电话银行的功能及特点 （5）掌握电话银行支付的概念和分类 （6）了解电话银行的支付流程及系统架构 （7）了解电话银行存在的风险及防范措施 （8）了解电话银行的安全技术	3	2
第6章 手机银行	（1）了解手机银行的产生与发展过程 （2）掌握手机银行的类型以及各自的特点 （3）掌握手机银行系统的构成 （4）了解手机银行启用的安全策略与技术	4	2
第7章 自助银行	（1）理解自助银行的概念、功能和类型 （2）掌握自助银行与银行卡和零售业务之间的关系 （3）掌握自助银行系统中的ATM系统和POS系统 （4）了解自助银行的业务构成和总体结构 （5）掌握自助银行的现状和发展趋势	3	2
第8章 第三方支付	（1）把握第三方支付的定义、特征，并且了解其产生的背景与存在的原因 （2）了解第三方支付存在的风险以及对应的风险控制策略 （3）掌握几个比较典型的第三方支付组织及其市场现状、竞争情况及发展策略	6	4
第9章 支付工具与支付方式	（1）了解传统支付领域和电子支付领域各自存在的支付工具和支付方式 （2）了解支付工具的本质及其发展规律	3	3
第10章 移动支付发展历史提要	（1）了解移动支付的基本概念、特点与分类 （2）掌握移动支付的起源与发展	2	2

（续）

教学内容	学习要点	课时安排	
		本科	高职
第 11 章 远程移动支付技术	（1）了解远程移动支付技术基础 （2）掌握典型的几种远程移动支付技术 （3）熟悉典型的远程移动支付技术方案	4	4
第 12 章 近距离移动支付技术	（1）了解近距离移动支付技术基础 （2）掌握典型的几种近距离移动支付技术 （3）熟悉典型的近距离移动支付技术方案	6	4
第 13 章 电子支付监管	（1）了解国外，尤其是欧美的电子支付监管包含哪些内容 　　与条例 （2）了解我国电子支付监管政策	3	3
课时总计		54	40

说明：

（1）在课时安排上，对于电子商务专业建议每周开设 3 次，共 54 或 60 个学时，对于金融学、管理学的学科公共课可以每周 2 次，共 36 或 40 学时；其他专业本科生可以根据 36 个学时安排。

（2）社会实践、上机等活动可以在课程中穿插进行。

目 录

第 1 章
支付理论基础

教学目标与要求

☞ 掌握支付的基本概念和过程；

☞ 了解清算和结算的区别和联系；

☞ 了解支付活动的构成和应遵循的基本原理；

☞ 掌握支付体系的概念和构成；

☞ 掌握支付方式的含义和分类，了解支付方式的发展趋势；

☞ 了解电子货币的含义和特点。

知识架构

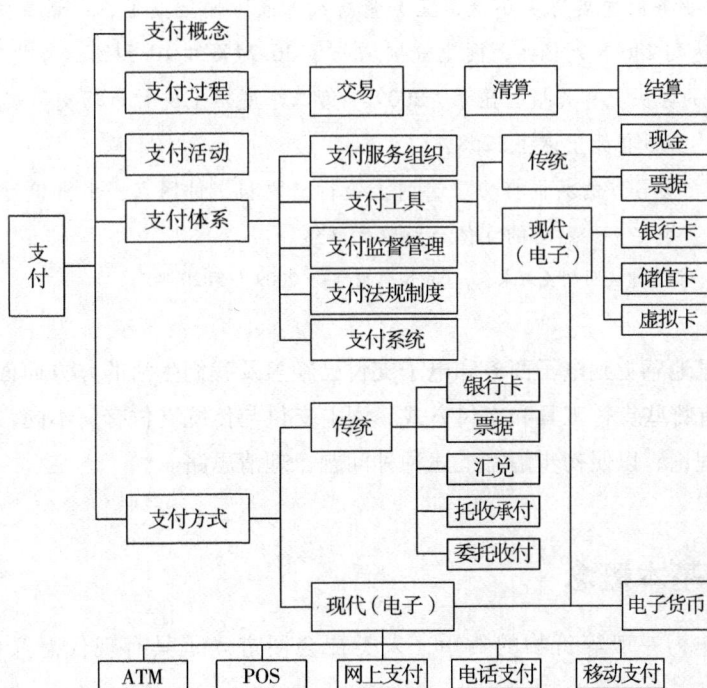

🌀 导入案例

银行卡支付的美好未来

支付体系是国家核心的金融基础设施之一，银行卡因其在提高金融服务水平和有效拉动内需等方面的积极作用，在支付体系建设中有着重要的地位。相关法规制度的日益完善和技术的不断进步，有力地促进了银行卡市场的快速健康发展。

2008 年，我国使用非现金支付工具办理各项支付业务达到 183 亿笔，633 万亿元。其中，银行卡交易额占社会消费品零售总额的比重达到 24%，而上海和北京的这一比例都已接近 50%，这意味着这两个城市的社会消费品零售交易中，非现金支付已经与现金支付平分秋色。

中国人民银行最新发布的《2009 年第二季度支付体系运行总体情况》显示，截至 2009 年 6 月 30 日，贵州、湖南等 22 个省（市、自治区）辖内 5.1 万个县及县以下的农村合作金融机构营业网点、全国 31 个省（市、自治区）辖内 1.5 万个县及县以下的中国邮政储蓄银行营业网点开通了农民工银行卡特色服务受理方业务；第二季度，农民工银行卡特色服务取款业务 485.76 万笔，金额 62.94 亿元，分别较上年同期增长 324.3% 和 343.2%。中国人民银行支付结算司司长欧阳卫民表示："我们预测，到 2015 年前后，在我国消费领域中，银行卡作为支付工具可以超过现金，这是一个很了不得的成就。"

第十届中国金融发展论坛专门开设了一个"便民金融服务"专场，展馆内各商业银行和中国银联的展台重点展示了自己的便民服务，网上银行、电话银行、手机银行的体验区随处可见。

中国农业银行电子银行部副总经理钱宏介绍说，电子支付作为现代化支付体系中最活跃、最具有发展前景的重要组成部分和非现金支付工具的典型代表，对减少现金流通，降低交易成本，提高支付效率，培育整个社会的信用，促进金融创新和塑造新兴支付文化发挥了重要的作用。2008 年，商业银行电子支付业务的发展势头不减，业务量持续增长，网上支付、电话支付和移动支付合计 30.75 亿笔，金额达到 286.3 万亿元，同比分别增长了 36.24% 和 10.54%。与此同时，第三方支付也呈现出快速发展的势头。有关报告显示，2009 年第二季度网上支付市场交易规模达到了 1 250 亿元，比第一季度的 1 096 亿元上涨了 12.8%。

我们相信，在社会各方的共同努力下，网上银行、便利支付网点、手机银行等各种支付方式，将为百姓银行打造一个安全、贴心的立体金融服务网络。

资料来源：周明，银行卡支付的美好未来，《中国信用卡》，2009 年第 20 期。

我们非常明显地感觉到电子商务和电子支付已经惠及我们生活的方方面面。那么，究竟什么是电子支付，有哪些支付工具和支付方式，网上支付与传统支付有何不同，本章将介绍电子支付相关的基础理论，以便初步解答上述种种问题，理清思路。

1.1　支付的基本概念

自从出现了作为一般等价物的货币，人类社会便进入了具有现代意义的货币结算支付时代。

1.1.1　支付

为了满足生活需求，我们需要购买生活用品；为了进行生产经营，企业需要购买原材料，所有诸如此类的活动（或者说交易）都需要支付，可以说，支付活动在我们的生活中无处不在。

1. 支付基本概念

那么，究竟什么是支付呢？支付就是由社会经济活动引起的债权债务清偿及货币转移行为。它包含了两个层次：

（1）"支付"是付款人向收款人转移可以接受的货币债权的行为。

（2）"支付"不仅包括现金支付，还包括转账支付。

通过上述定义，我们可以推导出"支付"所涉及的一系列概念，例如支付的主体、支付的货币形态、支付的工具、支付的渠道、支付的目的、支付的过程、支付结算系统、支付应遵循的规则及其监管等。随着社会的发展，上述这些概念不断发展变化，特别是支付工具和支付方式的变革，使得支付的方方面面都发生了很大变化，甚至是质的飞跃。从支付形式看，从传统的面对面的方式向非面对面的方式转变；从支付工具看，从传统的现金支付、票据支付向银行卡支付、储值卡支付、虚拟卡支付转变；从支付渠道看，从直接支付向通过网络等间接支付方式转变。总体而言，目前我们已经从传统支付时代走向现代支付（电子支付）时代。

2. 支付分类

我们掌握了支付的基本概念后，根据银行业务可以把支付分为两大类：**借记支付、贷记支付**。

按美国《商法典》定义，借记支付是收款方发起的支付过程，贷记支付是付款方发起的支付过程。我们可以把借记支付理解为被动支付，把贷记支付理解为主动支付。

借记卡、贷记卡两种卡片本身并没有差别，差别在于其对应账户的支付操作方式。借记卡指其卡号所对应的账户的支付操作方式是减少账户存款（或者叫减少借方）；而贷记卡指其对应账户的支付操作方式是增加账户支出（或者叫增加贷方）。而银行卡支付，无论是借记卡，还是贷记卡，都是贷记支付，属于主动支付，是持卡人发起的支付指令。客户使用网上银行支付，也是贷记支付。

我们常见的借方支付如支票、电话费自动代扣、水电气或燃气的代扣等，均属于被动支付，是银行发起的支付指令，持卡人是被动地完成了支付。

用支票支付时，付款人将支票交给收款人，而这并不意味支付过程启动，只有收款人到自己的开户行存入支票时，支付过程才正式启动，付款人的钱转到收款人账户的流程才开始。而用银行卡支付，是由付款人在付款终端（POS 或 ATM）上启动支付过程的。

1.1.2　支付过程

"支付"过程包括交易、结算和清算三个过程。

1．交易

"交易"过程确保支付指令的生成、确认和传输，主要包括以下步骤：

（1）确认各当事人的身份；

（2）确认支付工具；

（3）查证支付能力；

（4）付款人金融机构和收款人金融机构对资金转账的授权；

（5）付款人金融机构向收款人金融机构通报信息；

（6）交易处理。

上述步骤因支付工具的不同会采用不同的程序，以便优化支付流程。

2．清算

清算主要指发生在银行同业之间的货币收付，用以清讫双边或多边债权债务的过程和方法。"清算"这一用语还常见于政府间的协定记账贸易，但其在范围及程序上有别于有中央银行参与的银行同业间的清算活动。清算活动包括国内清算与国际清算。

"清算"过程是指在结算之前对支付指令进行发送、核对以及在某些情况下进行确认的过程，可能包括指令轧差和最终结算头寸的建立。

"清算"过程的主要职能包括以下两项：

（1）在付款人金融机构和收款人金融机构之间交换支付工具或相关支付信息。支付工具或支付信息的交换包括以下步骤：交易的撮合、交易的分拣、数据收集、数据汇总、相关数据的发送。以上过程因支付工具的不同而有所变化。

（2）计算出结算债权。计算结算债权的过程包括以下两个步骤：计算总债权，计算待结算的净额或汇总债权。

"清算"过程的结果是全面处理付款人到收款人的支付交易和收、付款人机构的有效债权。

3．结算

结算是清偿双方或多方当事人之间资金债务的一种行为。

"结算"过程是将"清算"过程产生的待结算债权债务在收、付款人金融机构之间进行相应的账簿记录、处理、完成货币资金最终转移并通知有关各方的过程。

"结算"过程的主要步骤如下：

（1）待结算债权的收集和完整性检查；

（2）确保结算资金的可用性；

（3）结算金融机构之间的债权；

（4）记录并向有关各方通告结算。

通常结算可通过两类资金账户办理过账：一是通过金融机构相互开立的代理账户进行债权结算；二是通过开立在结算银行（绝大多数情况下是在中央银行）的账户进行金融机构之间的债权结算。

在金属及信用货币问世之前，当物物交换成为维系人类生存的基本手段时，远古时期的社会即已存在原始的结算行为。当作为一般等价物的货币问世之后，结算以商品、货币经济为实施条件，是货币发挥流通手段和支付手段职能的具体体现。

在以信用货币作为结算货币的条件下，从结算主体及结算工具等角度，可将结算分为不同类型，例如现金结算与转账结算、直接结算与间接结算、传统结算与信息化结算、国内结算与国际结算。

除了现金的实物转移外，不同银行间的存款余额形式的资金转账需要支付基础设施的具体安排，以确保交易、清算和结算过程的最终完成。

4. 支付过程分析

根据支付过程的组成部分可以将支付活动分为三类，如图 1-1 所示。

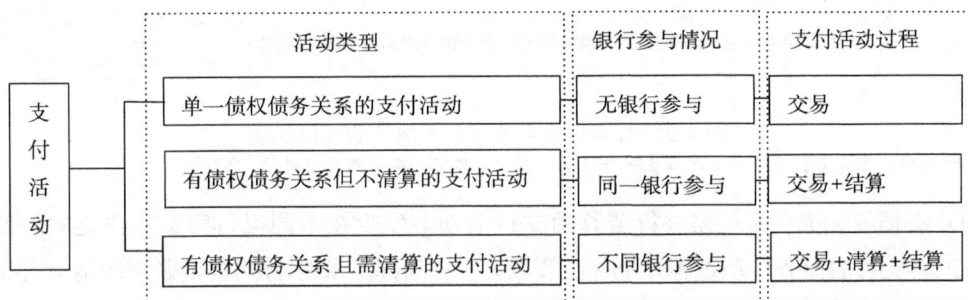

图 1-1　支付活动分类

（1）单一债权债务关系的支付活动。单一债权债务关系的支付活动如图 1-2 所示，此种支付活动多出现在没有银行参与的面对面的买卖交易活动中。买家使用货币的支付形式在购买活动中买商品，而卖家则出卖商品获得货币资金。支付实现了货币资金从买家到卖家的转移，而这种转移既完成了交易的过程，也完成了由于商品买卖所形成的单一债权债务关系的清偿。

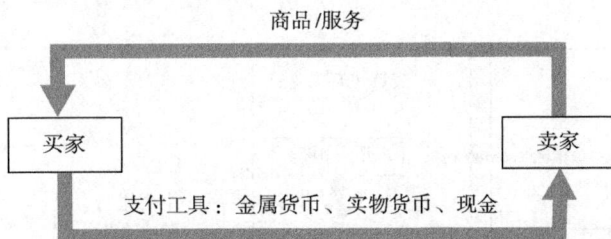

图 1-2　单一债权债务关系的支付活动

（2）有债权债务关系但不清算的支付活动。银行等金融服务机构的产生使采用现金支付的债权债务清偿关系变为银行账户间划拨的一种支付结算关系。账户间的划拨是现代信用社会支付最为普遍且基本的方式，由于银行业务的差异性及交易双方开户的地域和银行可能不同，形成了两种不同的支付结算体系：发生在同行内的有债权债务关系但不清算的支付活动（如图 1-3 所示）和发生在不同银行间的有债权债务关系且需进行清算的支付活动（如图 1-4 所示）。

在图 1-3 中，如果账户间的划转是在同行内进行，买家利用银行发放的支付工具进行支付，卖家要获得货币资金就需要与银行发生关系，银行将买家的资金账户存款数额扣除商品的货币价值金额，并记入卖家的存款账户，卖家就获得了存款的货币资金。总的来说，这种支付过程分为两个环节：

- 购物过程的交易环节。
- 资金账户划转过程的结算环节。

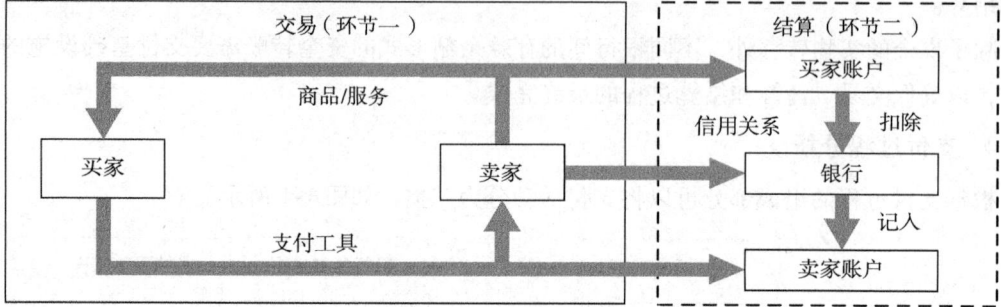

图 1-3　有债权债务关系但无清算的支付活动

资料来源：张宽海，李良华. 网上支付与结算［M］. 北京：高等教育出版社，2007.

（3）有债权债务关系且需进行清算的支付活动。发生在不同银行资金账户之间并使用银行支付工具支付的商务活动过程比上述过程要多一个环节，即银行间资金账户的清算环节，如图 1-4 所示。从社会宏观环境来看，这种商务活动的完成会出现三个环节，即支付的完整过程，包括交易、清算和结算，第二个环节和第三个环节是紧密相关的，只有清算完成了，结算才最终完成。结算是清偿商务活动中债权债务的最终结果，清算是结清银行间资金账户往来债权债务关系最终结果的过程。在我国，由于中国人民银行的支付清算系统一直处于不断发展的过程中，且随着金融电子化建设的推进，支付方式、支付工具等发生了重大变化，清算系统也处于不断演变和发展中，在单一央行清算系统的基础上增加了第三方支付清算组织和独立金融机构，如银联等。

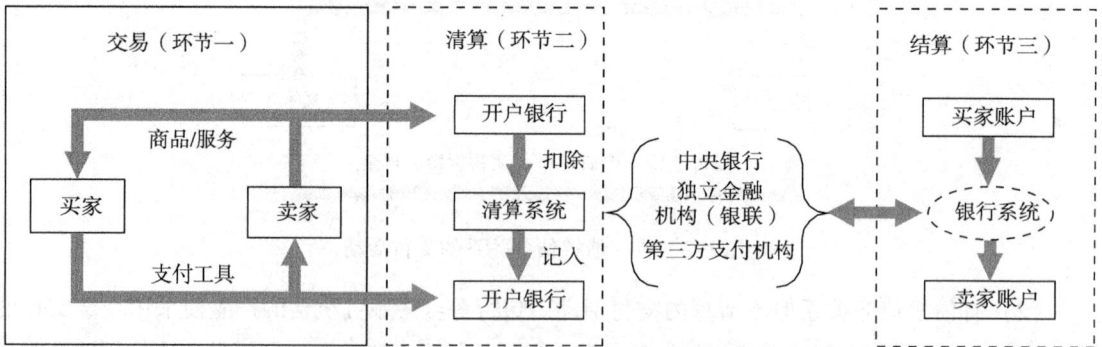

图 1-4　有债权债务关系且需清算的支付活动

5. 结算与清算的区别和联系

在市场经济中，银行已成为社会资金流转的渠道和中转站，所以经济体系中的货币结算基本上即银行结算。

通过上述对支付过程的分析，我们知道了清算与结算均是实现债权债务清偿的经济手段，而且二者紧密相关，在需要清算的支付活动中，只有清算完成了，结算才能最终完成。但是，清算与结算是支付过程中两个不同的处理过程，二者在支付活动的范围及参与者等方面都有明显差异。

（1）"清算"与"结算"的参与者不同。结算是货币行使流通手段和支付手段职能的综合体现，其参与者可以是各种行为的当事人，所以结算具有广泛的社会性，每个人均与结算行为有着这样或那样的联系；而清算则更具专门化，参与者主要是提供结算服务的银行及清算机构。

（2）"结算"与"清算"在支付中的层次不同。从商业银行的结算业务流程来看，除需采用相应的结算工具、结算方式以外，还需借助同业银行的协作，才能最终实现客户委办的结算业务；另外，出于自身需要，银行会与其他金融机构发生大量的业务往来，银行同业之间也会产生债权债务的清偿和资金的划转，为此，需要通过一定的清算组织和支付系统进行"清算"（即支付指令的发送与接收、对账与确认、收付数额的统计轧差、全额或净额的结清等一系列程序），"清算"只是结清银行间资金账户往来债权债务关系最终结果的一个过程。

（3）"结算"与"清算"在支付活动中的范围不同。有银行等金融服务机构参与的支付活动中，"结算"是一个必需的环节，而"清算"只有在涉及不同银行账户间支付时才是必需的。"清算"是在银行问世后才开始行使的支付中介职能，无银行介入的结算领域基本上无须"清算"。

1.1.3 支付活动

支付活动是参与支付的各方采用某种方式进行债权债务清偿的过程。

1. 支付活动的构成要素

支付活动主要包括以下几个要素：参与主体、市场行为方式、债权债务关系和支付环境。因此，支付活动也可以理解为在市场或社会环境下参与主体间由于其各自的市场行为而发生在相互之间的一种经济关系（即债权债务关系），这种关系需采用支付活动的某种方式来清偿。在经济活动中，支付活动可以表现为买卖行为的支付、借贷行为的支付、捐赠行为的支付和国家财政分配的转移支付。

（1）参与主体。支付活动的参与主体根据其经济活动性质的不同而不同，如表 1-1 所示。

表 1-1 支付活动的参与主体

支付活动的性质	参与主体	参与主体间的关系
商务活动	商家和消费者	交易买卖
借贷活动	借贷双方，特别是金融服务中介机构和服务对象	金融信用
馈赠活动	馈赠双方	让渡转移
国家政府财政分配活动	政府部门	政府行为：划拨转移

商务活动的参与主体 支付活动的商务性质决定了参与主体间是一种属于交易的买卖关

系，因此，参与主体为商家和消费者，支付活动的发生就是通过买卖行为而清偿、完成和终结这种在市场经济活动中所建立的债权债务关系。

借贷活动的参与主体 随着市场交易的发展和商业信用的出现和建立，支付活动的参与主体间在长期形成的稳固交易过程中，产生了一种新型的信用关系，即借贷行为。支付发生在借贷行为之后，参与主体之间是一种金融关系。最初的信用形式是交易活动中参与主体间的赊销和赊欠行为，交易主体为借贷双方；而后产生了专门提供金融服务的中介机构（例如银行、信托、担保、租赁等金融服务机构），参与主体间形成了一种靠信用维持的金融关系，参与主体为金融服务中介机构和服务对象。

馈赠活动的参与主体 支付活动参与主体间的关系不仅表现为交易和信用关系，也会表现为促进社会公益事业的捐赠关系。这种非营利性社会行为的参与主体之间虽然存在通过支付方式的资金转移，但他们之间属于无偿让渡的转移关系。

国家政府财政分配活动的参与主体 国家和政府利用税收获得社会资金，并进行分配以实现社会资金占有的公平性和社会事业、国民经济的发展。各级政府部门的财政资金的转移支付和分配是一种不带任何经济营利目的的资金划拨转移关系，是一种政府行为。

（2）市场行为方式。根据经济活动的性质，支付活动的行为方式可以表现为买卖交易行为、金融借贷行为、公益捐赠行为和政府资金划拨行为。

（3）债权债务关系。债权债务关系指在经济活动参与方之间所形成的能用货币价值度量的，一方具有索赔权，另一方具有偿还义务的一种法定经济关系。它产生于买卖交易活动出现之后，并且随着商品经济的建立、发展和完善不断演变。

（4）支付环境。支付环境主要指支付体系，是指为实现和完成各类支付活动所做的一系列法规制度性安排和相关基础设施安排。

2. 支付活动的特点

支付活动主体的参与方式决定了他们的市场行为方式，这种市场行为方式又决定了他们之间的债权债务关系，而债权债务关系的清偿又与采用的支付方式有关。具体来说，支付活动具有以下特点。

（1）支付活动的方式随参与主体的不同而不同。通过上面的分析，我们已经知道不同性质的支付活动其参与主体也不同，不同的参与主体又决定了不同的市场行为，也形成不同的清偿关系，支付活动将呈现出不同的支付方式和特点。

（2）支付活动的方式随参与主体选择的市场行为方式不同而不同。如果支付活动的参与主体选择的市场行为是信用借贷行为，则就产生了与银行或其他金融机构的金融借贷关系，其债权债务关系的清偿则要遵循金融业规定的程序和方式进行。不同的市场行为方式决定了支付具有不同的特点。

（3）支付活动的方式随债权债务关系的不同而不同。在市场经济条件下，不同的债权债务关系在不同支付环境下清偿方式不同，使用的支付工具不同，支付活动也将呈现出不同的方式和特点。例如，在长期的经济活动中由于参与主体间形成了良好的信誉并相互信任，从而出现了经济上的信用关系，即在交易活动中出现了先拿货后付款的赊销现象。

（4）支付活动的方式随支付方式的不同而不同。目前的支付方式主要有现金支付、票据支付、网上银行直接转账、第三方支付、移动支付等。不同支付方式的支付流程不同，支付时效性不同，针对的市场行为也不同。如现金支付作为即时清偿债权债务关系的支付行为，是适用于商家和消费者之间的买卖交易关系。

3. 支付活动应遵循的基本原理

商务活动、借贷活动、捐赠活动等经济活动产生了经济主体间的债权债务关系，而这种债权债务关系的清偿需要行使支付的手段来完成和解决，这就是支付产生的根本原因。

支付是经济活动中的一种方式和手段，它的目的是清偿债权债务关系，而支付在经济活动中所体现的基本特性即为支付原理。支付活动应遵循以下基本原理：

（1）债权债务关系的清偿性；
（2）支付方式的社会接受性；
（3）采用手段的便利性；
（4）支付的安全性；
（5）支付信用的可靠性；
（6）法律制度的保证性。

1.2 支付体系概述

支付体系是国家金融基础设施和金融体系的重要组成部分。随着我国经济的改革和发展，支付体系在金融体系中的地位和作用日益突出，在促进金融工具创新，提高金融服务水平，提高资源配置效率，稳定金融秩序等方面发挥着重要作用。

1.2.1 支付体系的概念

支付体系是指为实现和完成各类支付活动所做的一系列法规制度性安排和相关基础设施安排的有机整体。它包括对传达支付指令的支付工具和支持支付工具运用的支付系统，以及为确保货币资金流通的一系列法规制度安排和基础设施安排。

支付体系是一国金融市场的核心基础设施，它将一国货币市场、债券市场、股票市场、外汇市场和离岸市场等金融市场各个组成部分紧密联结起来。支付体系通过严谨的法规制度和设施安排，向银行业和社会提供资金运行的工具和通道，提供快捷高效安全的支付结算服务，满足金融活动和社会经济活动的需要。因此，安全、高效的支付体系对于加强货币政策的畅通传导，加强各金融市场有机联系，维护金融稳定，推动金融工具创新，提高资源配置效率等具有十分重要的意义。

1.2.2 支付体系的构成

支付体系主要由支付工具、支付服务组织、支付系统、支付监督管理、支付法规等要素组成，如图 1-5 所示。

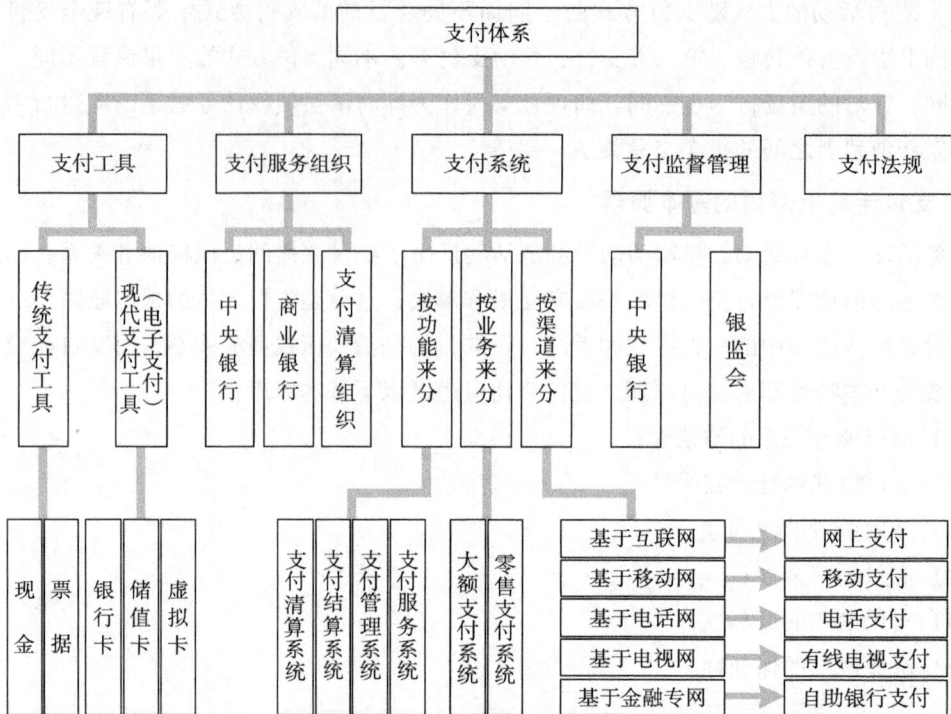

图 1-5   支付体系的构成

注：本图中的"网上支付"是一种狭义的网上支付，本书书名所指的"网上支付"则为广义的网上支付，包含
　　图中基于互联网、移动网、电话网、电视网、金融专网各种网络的支付系统。

1. 支付服务组织

支付服务组织是指向客户提供支付账户、支付工具和支付服务的金融机构，以及为这些机构运行提供清算和结算网络服务的支付清算组织。支付服务组织是提供支付服务的市场主体，包括中央银行、商业银行和支付清算组织等。

（1）中央银行。中央银行是银行间资金转移等支付服务的法定提供者，商业银行等金融机构之间发生的资金往来或应收、应付款项通常通过其开立在中央银行的结算账户办理划拨转账。中央银行除了提供行间结算服务外，还制定与支付结算业务相关的规章制度，并维护支付结算秩序。

（2）商业银行。商业银行直接面向客户，拥有众多服务网点，服务面涵盖城乡各个角落，为单位和个人提供各种类型的支付产品和支付服务，包括柜台交易形式的支付工具和非柜台交易形式的银行卡、自动取款机以及网上银行、手机银行等新兴的电子化产品和服务。商业银行的支付服务是社会商品和劳务交易的媒介，是连接单位和个人经济活动与货币资金运动的纽带。

（3）支付清算组织。支付清算组织是指提供支付信息转接和交换以及数据清分、汇总的非银行金融机构或非金融机构，包括票据交换所、邮政汇兑服务机构，以及从事银行卡数据交换的网络公司或第三方服务商，从事证券交易或外汇交易数据清分交换的机构等。支付清算组织是支付服务市场重要的补充力量，在支付服务市场技术进步、服务创新方面发挥着积极作用。

2. 支付工具

支付工具是传达债权债务人支付指令,实现债权债务清偿和货币资金转移的载体。收付款人的支付指令通过支付工具传达至其开立资金账户的金融机构,开户金融机构将按照支付指令的要求办理资金转账。

支付工具按照发展时间来看,可以分为传统支付工具和现代支付(电子支付)工具。传统的支付工具主要包括现金和票据(汇票、本票和支票);现代支付工具有银行卡、储值卡和虚拟卡。这部分内容将在本书第 9 章中进行详细的讲解。支付工具的选择取决于多种因素,其中比较重要的包括交易金额、交易习惯、交易风险、交易价格等。

目前,经济的发展使电子支付工具成为实现货币债权转移日益重要的手段,支付工具的流动性和便利性在很大程度上影响着货币流通速度。另外,一些信用支付工具并不单单是货币转移媒介,而且还是货币市场中非常重要的金融产品,它们在货币市场中发挥着优化资金配置、灵活流动性管理和畅通货币政策传导等重要作用。

3. 支付系统

支付系统是支撑各种支付工具应用、实现资金清算并完成资金最终转移的通道。各种支付工具的支付信息、业务流程和数据信息标准贯穿于支付系统处理的全过程,因此,支付信息传输和资金结算需要得到支付系统的有效支持。同时,重要的支付系统通常是金融市场和经济运行的核心基础设施,能够实现各个金融市场的有机连接,为金融市场提供高效安全的资金清算结算服务,有效支持金融市场的发展和货币政策的实施。

支付系统根据其处理支付业务的不同特点,可分为大额支付系统和零售支付系统;根据功能可分为支付清算系统、支付结算系统、支付管理系统和支付服务系统;根据支付渠道分为基于互联网的网上支付,基于电话网的电话支付,基于移动网的移动支付,基于电视网的有线电视支付和基于金融专网的自助银行支付。

目前,我国已建成了以人民银行大额实时支付系统、小额批量支付系统为中枢,银行业金融机构行内业务系统为基础,票据支付系统、银行卡支付系统、证券结算系统和境内外币支付系统为重要组成部分,行业清算组织和互联网支付服务组织业务系统为补充的支付清算网络体系,对加快社会资金周转,降低支付风险,提高支付清算效率,促进国民经济又好又快发展,发挥着越来越重要的作用。

4. 支付监督管理

支付监督管理是在一系列相关法规制度的约束下,综合运用经济、法律和行政手段对支付结算活动实施监督管理的行为。这些法规制度主要包括立法机构、管理机构制定的规范,管理支付程序和支付行为的法律法规、规章制度和标准,以及关于支付工具和支付服务的定价、市场惯例、合同安排和规则等。

中央银行承担着对支付市场、支付服务组织和支付业务的监督管理职能。国际上各国中央银行对支付结算的监督管理一般由以下三个层次组成。

(1)法律依据。通常各国立法机构会通过立法明确规定中央银行在支付体系中的地位和作用，明确中央银行是支付体系的运营者、监管者和支付体系发展的促进者。

（2）中央银行实施支付结算监督管理的法规与政策。中央银行会同相关的立法机构制定有关支付程序和支付行为的法律规定，以规范支付结算行为。中央银行一般也会根据本国实际情况制定监督管理规定。如确定对支付体系各要素的具体监管范围和标准等。

（3）支付市场和支付服务组织在长期的发展过程中形成的约定俗成的规则和惯例。在支付市场参与者间会自愿签署并遵守相关协议和规则，从而形成相对合理的支付市场秩序。在我国，进行支付监督管理的机构除中央银行外，还包括银监会。从职能分工来看，银监会主要负责对支付结算业务的日常管理和具体违法行为的处罚；人民银行负责支付结算规则的制定和支付结算市场的准入；作为清算系统的组织者为金融机构提供支付清算服务和对金融机构之间的资金清算行为进行监管。

5. 支付法规制度

支付法规制度是指规范支付服务组织、支付工具、支付系统、支付结算监督管理的法律、法规和行政规章。目前主要包括《中国人民银行法》、《商业银行法》、《票据法》、《票据管理实施办法》、《支付结算办法》、《人民币现金管理条例》、《金融违法处罚条例》、《人民币银行结算账户管理办法》、《电子支付指引》、《大额支付系统业务处理办法》、《大额支付系统业务处理手续》等。

6. 支付体系各组成部分之间的关系

支付工具、支付系统和支付服务组织属于支付体系中的基础设施安排，而支付监督管理和支付法规制度则属于对支付体系前三个要素的整体制度性保障。支付体系的 5 个组成部分是密不可分、相辅相成的有机整体。支付工具是支付的载体；支付工具的交换和传递贯穿于支付系统处理的全过程，其清算与结算通过支付系统进行；支付服务组织是支付工具和支付系统的提供者；支付结算监督管理和法规制度等是防范支付风险、保障支付过程的安全和效率，维护整个金融体系安全稳定之必需。支付体系这 5 个部分的有机结合和平稳运行为一国经济金融的健康发展奠定了基础。

1.3 支付方式

支付方式是近年兴起的一个概念，尚无准确定义，但从不同的表述看，都具有这样一种含义：支付方式提供包含若干种操作的一个环境，通过在此环境中进行某种操作，可以完成支付结算活动。因此我们可以简单地将它看作支付的渠道。

1.3.1 支付方式变革

1. 从传统支付到电子支付

自人类诞生以来，随着货币的演变发展，支付工具越来越多样化，支付方式越来越丰富。从最初原始社会的物物交换，到一般等价物的产生，再到黄帝后期以贝作为货币，然后出现金属货币，最后出现纸币，货币经历了几千年的洗礼，在人类支付结算活动中扮演了重要的角色。

1985 年，中国银行发行了第一张银行卡，标志着货币正式进入了另一个阶段。如今，现金和银行卡已经成为人们经济生活中最重要的支付工具。

票据的产生，为企业与企业之间的支付结算提供了一条捷径。现金支付、银行卡支付、票据支付作为传统支付结算方式，在目前以及未来很长一段时间内都将是最主要的支付结算方式。

1999 年，招商银行全面启动国内首家网上银行——"一网通"，开始建立由网上企业银行、网上个人银行、网上证券、网上商城、网上支付组成的较为完善的网络银行服务体系。此后，电子支付在中国浮出水面，而支付方式也开始从传统支付方式向电子支付方式过渡。电子支付在发展初期主要采取网上银行支付方式。我国的互联网用户随着互联网的快速发展而快速增长，从而推动了网上银行用户的增长。

2003 年，我国进入"信用卡元年"，标准贷记卡从零起步，很快呈现快速增长态势。银行卡产品的发展自然推动了销售点终端交易（POS 交易）和自动柜员机交易（ATM 交易）的增长，电子支付开始在中国起步并发展。在这个时期，银行完全主导电子支付，大型企业用户与银行建立支付接口是最主要的支付模式。而随着中小商户支付需求的不断增加和多样化，第三方支付也开始介入电子支付领域，充当商户和银行之间的桥梁。在 POS 交易和 ATM 交易方面，发卡市场发展较快，借记卡已具相当规模，信用卡发展也在加速。据中国银联披露的数据显示，我国银行卡总量已经超过美国，成为世界上银行卡数量最多的国家。

2005 年，我国进入"电子支付元年"。网上银行支付被越来越多的商家和消费者所认识和接受，网上银行支付日渐成为消费者的首选付款方式。与此同时，电话支付、手机支付、第三方支付等全新的电子支付概念层出不穷，这预示着我国开始进入真正的电子支付时期。

2006 年，电子支付进入"电子支付 1.0 时代"，电子支付产业保持快速增长，网上银行支付、移动支付、电话支付等支付方式继续发展。而此时电子支付迅速进入以价格战为代表的行业恶性竞争阶段。第三方支付从 2003 年开始起步；2005 年，中国第三方支付达到 50 多家；到 2006 年，已经有了一定的影响，商家和消费者都开始接受这种新的支付方式。据计世资讯（CCWresearch）的数据显示，有 80.5% 的网民正在使用或愿意接受网上支付。网上支付的对象结构也产生了变化，为传统行业提供的支付服务额度越来越高。网上支付中，纯粹的互联网业务的比例在降低，而电子客票、代收费等业务占的比例在逐步增加。2006 年，虽然电子支付风云变幻，但此时中国银行业正在经历类似电信产业的变革道路，商业银行衍生出多样化的增值业务，而这些增值业务模式的产生将意味着巨大的商业机会。

由于市场需求正在觉醒并逐渐变得多元化，进入 2007 年，在政策法规和市场发展趋势的双重作用下，电子支付已经从纯支付网关为业务特色的 1.0 时代逐渐进入以多元化平台和按需支付为业务特征，并且能够提供完整的支付解决方案乃至电子商务解决方案的全新电子支付产业时代，即"电子支付 2.0 时代"。

目前，我国的电子支付正处于支付 2.0 时代的初级发展阶段，电子支付工具层出不穷，电子支付方式种类多而繁杂，支付平台和支付渠道正处于激烈的"圈地"运动中，各种具体有针对性的政策法规还没有真正出台。

2. 支付方式的演变规律

支付方式从现金支付、票据支付、银行卡支付到网上银行支付、电话支付、手机支付，每一种支付方式的产生都有其存在的合理性和价值性。从支付方式演变的过程来看，可以归纳出支付方式演变的一般规律，即任何一种支付方式只有存在以下这些性质时，它才有存在的合理性，才会被大众所接受，最终成为受欢迎和不可替代的支付方式。

（1）匿名保护性。任何一个消费者都不希望自己的个人信息被泄露，成为"透明人"，因此，任何一种支付方式都应该给消费者提供匿名保护性，否则，消费者将不会信任和采纳这种支付方式。

（2）安全性。除了不透露消费者的个人隐私外，整个支付流程中支付信息的安全也是非常重要的。试想一下，在支付过程中，银行卡信息被未授权的第三方盗取，然后消费者发现自己卡上的资金减少，会是多么失望和愤怒。如果支付方式不能提供消费者满意的安全解决方案，相信他们是永远不会采取这种支付方式的。

（3）便利性。消费者之所以进行网上购物，就是看重电子商务的便捷性，而支付方式滞后则将会阻碍其发展。例如手机支付的兴起，动一下手指便可完成支付，不再需要去银行汇款，而且支付越快物流越快，也就能够越快完成购物流程，消费者当然愿意使用。

（4）交易费用。消费者选择一种支付方式，也会考虑交易费用，比如电汇、邮汇等，由于交易成本高，人们也越来越摒弃了这种支付方式。

（5）规范性。消费者会选择法律、法规已经有了明确规定和规范的支付方式，这样让他们觉得放心。目前，我国还处于支付"混乱"中，出现的许多支付方式都还没有法律的规定和约束，这也造成有些支付方式始终得不到消费者的大力支持。

1.3.2　支付方式分类

支付方式往往依托于支付工具，根据支付工具的种类不同，可以把支付方式分为传统支付方式和电子支付方式。传统支付方式依托于传统支付工具，根据我国《支付结算办法》规定，我国支付结算的方式主要有汇兑、托收承付、委托收款、信用卡和票据5种。信用卡与票据都是支付工具，使用它们进行支付结算活动是同一类型的支付结算方式；而汇兑、托收承付、委托收款则是纯粹的支付方式，不属于支付工具范畴。电子支付方式主要包括ATM转账支付、POS支付、网上支付、电话支付、移动支付等。

按照与支付工具有关的机构来分，可以把支付方式分为没有银行参与、有银行参与和第三方网上支付3种方式。其中，有银行参与的支付方式又可以分为：同城同行、同城异行、异地同行、异地异行；第三方网上支付方式又可以分为银联电子支付（中国银联）和第三方支付。

按照支付渠道，可以把支付方式分为以下几种：

（1）基于互联网的支付（网上支付）。包括商业银行的网上银行、中国银联的电子支付ChinaPay、以支付宝和易宝支付为代表的第三方支付。

（2）基于移动网络的支付（手机支付）。

（3）基于电话网络的支付（电话支付）。

（4）基于电视网络的支付（数字电视）。

（5）基于银行网络的支付（柜台、POS、ATM、电子汇兑等）。

（6）基于非银行的金融网上支付（银联等）。

本书所谓的"网上支付"指借助于各种网络进行的支付，因此，包括上述所有支付方式。

1.4 电子货币

伴随着电子支付工具和电子支付方式的产生和广泛应用，电子货币、虚拟货币等关于货币的新名词开始在支付领域兴起。

1.4.1 货币的发展

货币的发展历程如图 1-6 所示。

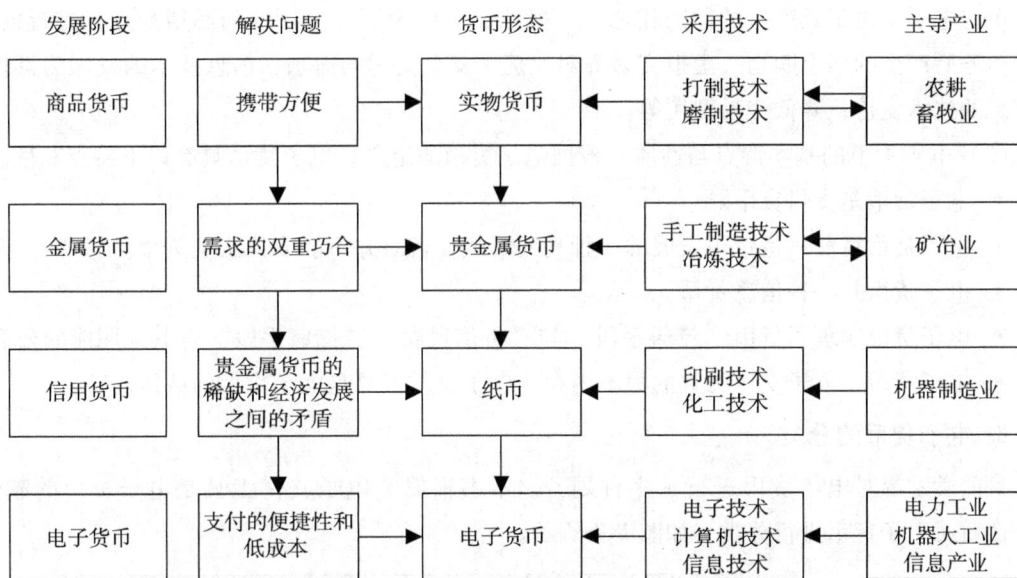

图 1-6 货币的发展历程

1.4.2 电子货币

1. 电子货币的概念

虽然目前电子货币、虚拟货币的叫法非常普遍，对于什么是电子货币、虚拟货币，很多学者、专家也提出了很多自己的看法，但至今尚无明确而统一的定义。

（1）电子货币的定义。本书沿用巴塞尔委员会于 1998 年发布的关于电子货币的定义：电子货币是指在零售支付机制中，通过销售终端、不同的电子设备，在公开网络（如互联网）上执行支付的"储值"和"预付支付机制"。

所谓"储值"是指保存在物理介质（硬件或卡介质）中可用来支付的价值，如智能卡、多功能信用卡等。这种介质亦被称为"电子钱包"，它类似于我们常用的普通钱包，当其储存的价值被使用后，可以通过特定设备向其追储价值。

"预付支付机制"则是指存在于特定软件或网络中的一组可以传输并可用于支付的电子数据，通常被称为"数字现金"，也有人将其称为"代币"，由一组组二进制数据（位流）和数字签名组成，持有人只须输入电子货币编码、密码和金额，就可以直接在网络上使用。

网络虚拟货币（也称网币）是指一定的发行主体以公用信息网为基础，以计算机技术和通信技术为手段，以数字化的形式存储在网络或有关电子设备中，并通过互联网以数据传输方式实现流通和支付功能的货币形态。由电子货币的上述定义可知，网络虚拟货币是一种电子货币。目前，我国的网络虚拟货币主要有腾讯的 Q 币、新浪的 U 币、百度的百度币、网易的 PO-PO 币、猫扑的 MM 币、搜狐的狐币、联众的联众币、盛大的泡泡点券、第九城市公司的魔兽世界的金币以及 PAYPAL 账户中的网络货币等。

电子支付工具是电子货币的载体，如银行卡、储值卡、虚拟卡等。

电子货币是社会发展到一定阶段后，顺应社会发展需要和趋势而产生的一种高级货币。电子货币与电子支付工具产生的原因相似：金融业、企业为了寻找新的利润增长点，进行创新；电子商务所产生的网上购物、虚拟交易等对便捷、安全支付的需求；信息技术的发展为其提供了充足的技术支持；降低交易费用等。

（2）电子货币的基本特点与性质。根据电子货币的定义，电子货币具有以下特点和性质。

- 电子货币是支付货币。
- 电子货币目前只是货币发展的一种高级形式，暂时并不能取代法定货币。
- 电子货币是一种信息货币。
- 电子货币实现了货币"流通手段"与"价值尺度"、"储藏手段"等其他职能的分离。
- 电子货币是电子支付工具的根本内在，电子支付工具是电子货币的载体。

2. 电子货币的分类

目前学术界对电子货币进行了多种划分。本书根据"电子支付工具是电子货币的载体"这个性质对电子货币进行分类，如图 1-7 所示。

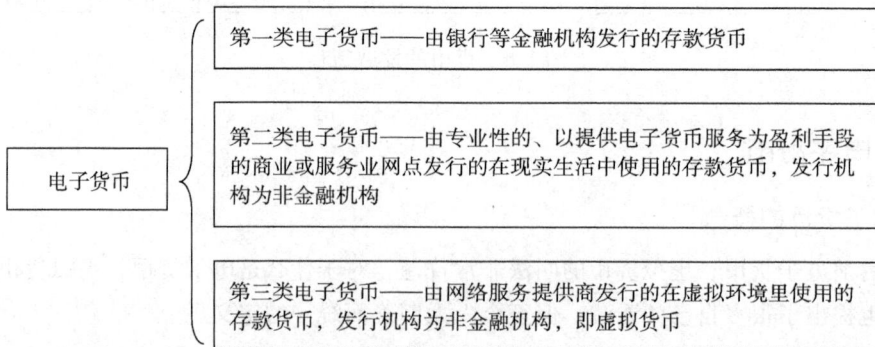

图 1-7　电子货币的分类

第一类电子货币在本质上就是纸币在银行的存储形式即存款货币，它的发行者是银行等金融机构，信息技术只是使它以电子形式表现出来。当我们需要在账户之间划拨资金时，实质上只是资金信息的传递。这类电子货币体现的是银行信用。商业银行开展的网上银行业务、电话银行业务、手机银行业务等，就是这类存款货币的典型应用。

第二类电子货币是出现了一个电子货币的真正发行主体，而这个发行主体不仅发行电子货币，而且负责回赎所有其发行的电子货币，是整个电子货币方案的提供者和设计者。这类发行主体通常是专业性的，并以提供电子货币服务为盈利手段，它们可以是商业或服务业网点，也可以是公共事业单位如煤气公司等。发行者会在银行开设一个临时账户，而使用者购买电子货币时把自己在银行的存款划一部分给发行主体在银行开设的临时账户中。当使用者有了电子货币后，他就可以在任何接受这种电子货币的商家那里消费了。一旦此类发行权归中央银行独有时，它就成为与现代纸币同等地位的发行货币了。这类电子货币体现的是商家信用，最常见的有电话卡、学校食堂的饭卡、乘公交车的公交卡等。

第三类电子货币发行主体不仅发行电子货币，而且本身还提供其电子货币消费的商品或服务。这类电子货币已经和银行完全脱离了关系，并且只能用于购买发行主体提供的商品和服务。这类电子货币也称为虚拟货币，其发行主体一般为网络服务提供商，如大型商务网站、大型游戏网站等。用户需要通过其他支付方式购买虚拟货币，购买行为完成后，用户的资金已经向商户交付完成，而以后的消费支付只不过是双方交易的确认，并没有发生资金的转移。目前像腾讯（Q币）、盛大（泡泡点券）、联众（游戏豆）以及门户网站网易（POPO币）、新浪（U币）等互联网巨头都已经推出了自己的虚拟货币。

1.4.3　支付工具、支付方式与货币形态

由前面可知，根据支付工具、支付方式与货币产生的原因和发展历程来看，三者之间存在对应关系，如图1-8所示。

（1）支付工具与货币形态。支付工具的演变和货币的演变并非完全一致。支付工具总是领先于货币的演变。支付工具本质上是直接或间接地依附于法定货币，是一种能直接或间接反映货币具有支付手段职能的载体。但支付工具与法定货币本身并非一一对应，它比法定货币具有更加广泛的内容。如目前法定货币为纸币，支付工具则由两大类构成：一类是直接反映纸币具有支付手段职能的现钞、票据等；另一类是间接反映此职能的电子货币。现钞和银行卡等支付工具之所以能直接反映纸币的支付手段职能，在于它们与纸币在价值上具有一一对应的关系；电子货币虽然不是法定货币，但其"价值量"依赖于与现行货币保持等额的兑换关系，从而电子货币也能间接地反映纸币具有支付手段职能。具体来说，传统支付工具如纸币、汇票、本票、支票等处于信用货币形态，电子支付工具如银行卡、储值卡、虚拟卡等处于电子货币形态。

（2）支付方式与货币形态。由于支付方式是利用支付工具进行支付的一种手段和过程，由此可见，支付工具与支付方式之间也存在一定的对应关系。如图1-8所示，传统支付方式（如现金支付、票据支付、汇兑、委托收款、托付承收等）与传统支付工具（如纸币、汇票、本票、支票等）相对应，电子支付方式（如网上支付、移动支付、电话支付、自助银行支付、有线电视支付）与电子支付工具（如银行卡、储值卡、虚拟卡等）相对应。如上所述，支付工具与货币形态之间存在着一一对应关系，因此可知，支付方式与货币形态也存在着对应关系。由图可知，传统支付方式对应于信用货币形态，电子支付方式对应于电子货币形态。

货币形态	实物货币	金属货币	信用货币	电子货币（三种形态）		
支付工具	实物（羊、牛等）、金属货币（金、银、铜等）、现金		纸币、汇票、本票、支票	银行卡	储值卡	虚拟卡
支付方式	物物交换		现金支付 票据支付 汇兑 委托收款 托付承收	网上支付 （网上银行直接转账、第三方支付） 移动支付 电话支付 自助银行支付（ATM、POS） 有线电视支付		

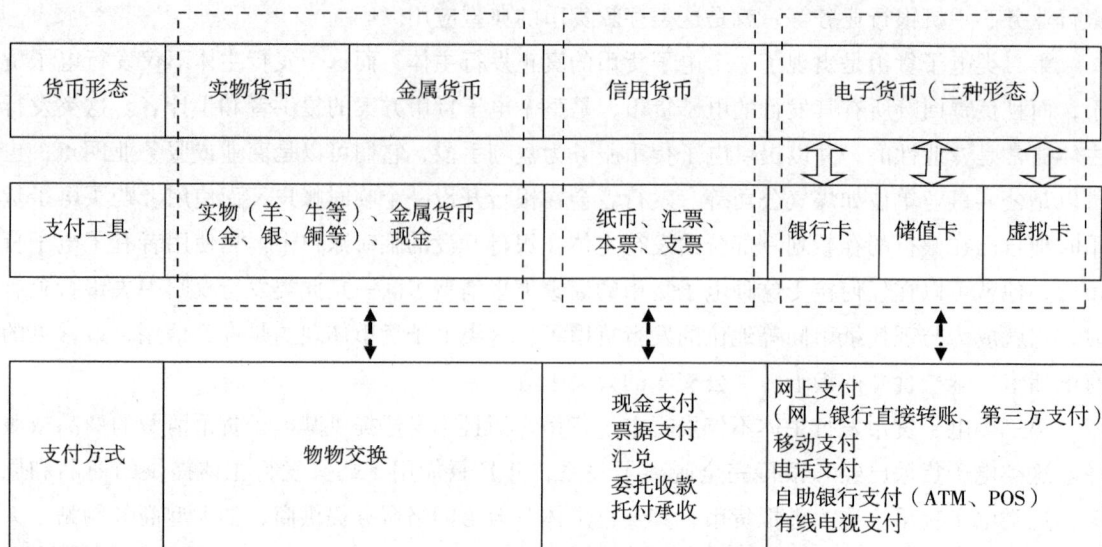

图 1-8　支付工具、支付方式与货币形态

本章小结

　　支付就是社会经济活动引起的债权债务清偿及货币转移行为，包括交易、结算和清算三个过程。支付活动有四个构成要件：参与主体、市场行为、债权债务关系和支付环境，前三个要件决定了支付活动所表现出来的各种特点。根据支付是否具有交易、结算、清算等环节，可以把支付活动分为三类。单一债权债务关系的支付活动、有债权债务关系但无清算的支付活动、有债权债务关系且需进行清算的支付活动。

　　支付体系作为国家重要的金融基础设施和金融体系的重要组成部分，主要由支付法规、支付工具、支付服务组织、支付清算系统、支付体系监管等部分组成，各个组成部分之间相辅相成，发挥着各自的作用。

　　支付工具根据其发展历程可以分为传统支付工具和现代支付工具，其中现代支付工具即电子支付工具。前者包括现金、票据等；后者包括银行卡、储值卡和虚拟卡。

　　支付方式经历了一系列的变革，由传统支付方式，经过初期网上银行支付，逐步发展到网上银行支付、电话支付、移动支付、第三方支付等多种电子支付方式并存。支付方式主要分为传统支付方式和电子支付方式。传统支付方式包括现金支付、票据支付、汇兑、委托收款、托付承收等，电子支付方式主要包括网上银行支付、电话支付、移动支付、第三方支付等。

　　支付工具、支付方式和货币形态之间存在一定的对应关系。伴随着电子支付工具和电子支付方式的产生和广泛应用，电子货币开始在支付领域兴起。电子货币包括三类：由银行等金融机构发行的存款货币；由专业性的、以提供电子货币服务为盈利手段的非金融机构发行的在现实生活中使用的存款货币；由非金融机构发行的在虚拟环境中使用的虚拟货币。

关键术语

支付　　支付体系　　支付工具　　支付方式　　电子支付　　电子货币

习　题

一、填空题

1. "支付"的过程包括（　　）、（　　）和（　　）三个过程。

2. 支付活动主要包括以下几个要素：（　　）、（　　）、（　　）和支付环境。

3. （　　）是指为实现和完成各类支付活动所做的一系列法规制度性安排和相关基础设施安排的有机整体。

4. 支付工具按照其发展过程，可以分为（　　）和（　　）。

5. 按照虚拟卡发行主体的业务类型，虚拟卡可分为（　　）和（　　）。

二、简答题

1. 什么是支付，支付的过程是什么？

2. 试阐述支付体系的构成以及各构成部分之间的关系。

3. 试通过现实中的实例来说明各种支付工具的应用。

4. 试阐述支付工具、支付方式与货币形态的对应关系。

三、讨论题

登录淘宝网、当当网、车趣网，通过各网站提供的帮助中心了解各网站支持的支付方式，特别是网上支付方式，思考网上支付的发展趋势。

案例分析

抢滩大数据平台：银联商务全面布局支付体系

互联网、移动通信、大数据、云计算等技术在金融行业的快速融合与应用，对支付产业的影响日益加深。在线下收单领域，银联商务市场占有率连续多年位居首位，而对于互联网支付和移动支付，银联商务也在全面发力，力图以便民支付为突破口抢滩大数据。

1. 全面布局支付体系

尽管业务结构早已不是 10 年前刚成立时的单一线下收单业务，但是在中国所有收单机构中，银联旗下全资子公司银联商务仍然为当之无愧的龙头老大。全球权威市场研究机构尼尔森发布的《2013 年度亚太地区收单机构排名》显示，银联商务以全卡种交易金额 7769.3 亿美元问鼎榜首，奠定了其在国内乃至亚太地区收单行业的龙头地位。

在互联网支付和移动支付的大势之下，银联商务正在全面发力，应对支付宝等第三方支付的"虎视眈眈"。实际上，银联商务正致力于打造"综合支付与信息服务提供商"的战略目标，打造多渠道、多种类的"网、陆、空"全方位支付服务体系。

这从银联商务近期在移动支付领域的诸多动作中可管窥一二。银联不仅进一步巩固其在线下的传统优势，更利用"全民付"等便民支付的成熟品牌在线上攻城略地。有分析称：银联商务力争在移动支付上占得先机，并大力提升推广便民、商旅、理财等业务的服务范围和服务体验。

实际上，在银联商务的布局中，目前的全方位支付体系已经囊括线下 POS 收单、"全民付"便民支付、ATM 及自助终端服务、预付卡受理、互联网支付、移动支付、语音支付、互联网金融以及未来各类新兴支付模式。

2. 支付触角伸向互联网

毫无疑问，在支付领域，主打便民支付的"全民付"无疑是银联商务深耕多年的支付品牌。在支付渠道方面，持有任何一张银联借记卡的用户，都可以在银联遍布全国的 POS 机上、ATM 机上以及互联网等电子支付工具和渠道上，按照自己的方式，实现各类生活交易支付。

另一方面，持卡人可以说是"全民付"多元化发展的最直接受益者。除基本囊括所有的生活缴费和支付功能外，全民付手机 App 上还提供同时包罗各大商户和银行营销活动的优惠券下载渠道"全民惠"，生活、娱乐、美食、消费完全可以一网打尽。"全民付"好像是随身携带的一台口袋里的 POS 机，可以随时随地实现刷卡付款和收款。

看似不起眼的便民缴费和便利支付产品"全民付"已经将产品触角延伸到了包括互联网、手机、iPad 甚至是行业智能终端等更为广阔的空间，逐渐打造出全方位、立体化的支付生态圈。银联商务更是对其寄予厚望，希望能够借助该平台撬动与各类出账机构、银行、电子商务以及各行各业合作的支点之一。

3. 抢滩大数据平台

实际上，如果仔细观察，隐藏在便民支付背后的则是银联构建大数据平台的野心。在日前举行的 2014 年中国国际金融展上基于大数据运用的理念，多家金融机构都相继推出数据平台、数据分析服务等数据应用产品。银联商务首次展示了可实现数据信息整合与发布的"云平台"和拥有海量数据处理能力的"大数据平台"。

这才是银联商务渗透用户支付习惯的杀手锏。"大数据"平台通过前端支付交易数据，可以为客户提供日常业务运营的数据指标分析、行业竞争优势分析甚至具体的开店地址咨询等，并且通过银联商务的网上服务系统、客户经理手持终端、全民付手机客户端等，商户随时随地能获取这些为自己量身定做的数据套餐。

伴随着新型信息技术的更新换代，便民支付依然有无限想象空间。裹挟在这个有着更多可能性的信息化社会，相信已经具有跨界性质的支付平台的银联商务还能给我们带来更多的惊喜。

资料来源：海峰，抢滩大数据平台：银联商务全面布局支付体系，中国网，2014 年 10 月 22 日。

问题：根据给出的案例并查阅资料，试采用实证的研究方法，讨论目前我国电子支付的发展现状以及电子支付未来的发展趋势。

第 2 章
网上支付与电子银行

教学目标与要求

☞ 掌握网上支付的基本概念和网上支付产业链；

☞ 了解网上银行的支付方式和流程；

☞ 了解网上支付的跨行支付行为；

☞ 了解电子银行的特征；

☞ 了解电子银行对银行业的意义；

☞ 了解电子银行的发展趋势；

☞ 了解我国电子银行发展过程中存在的问题。

知识架构

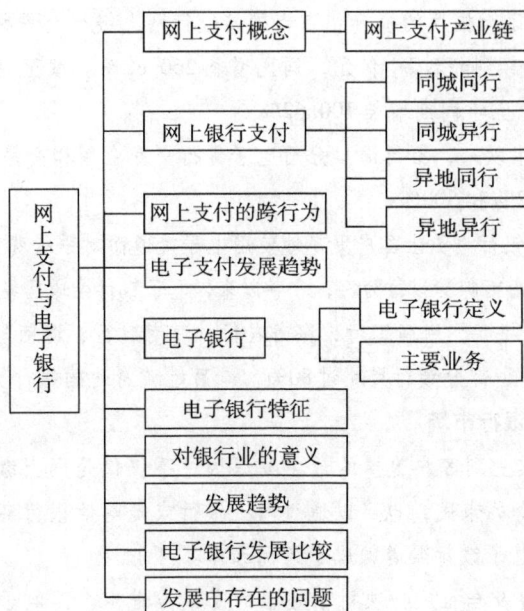

🌀 导入案例

电子银行业务渐成银行"赚钱利器"

近年来，各大商业银行倾心打造的电子银行在"润物细无声"中将人们引入了一个崭新的数字金融时代。轻点鼠标便可自由地在网上缴费、理财、购物等，实现全天 24 小时的服务模式。真是足不出户，心想事成。

大环境下，海南各商业银行的电子银行业务也呈迅猛发展态势。2014 年以来，几家银行相继向外界亮出电子银行业绩单，多家银行的电子银行交易替代率超过了 70%，电子银行客户数和交易额增速亦加快。其中，海南工行电子银行交易额已超过 1 万亿。

不过，在可喜的业绩增速及庞大的客户群背后，金融交易安全也成为不可忽视的问题。

1. 电子银行业务增速加快

电子银行给老百姓带来了实实在在的便捷服务体验。对银行来说，电子银行渠道业务可以降低成本，提高工作效率。与此同时，这些新型渠道带来的收益也对银行利润来源起到愈发重要的作用。

本报记者近日从海南工行获悉的一份数据就显示，目前，海南工行电子渠道完成的业务量在全部业务量中的占比已达到 80% 以上。截至上半年末，海南工行个人网上银行客户数达到 128 万户。

海南中行、海南邮储银行等银行个人网上银行客户数也均超过 70 万户。其中，海南中行个人网银、企业网银交易客户数同比增长 37% 和 45%。

另外，多家手机银行业务也增长迅猛。其中，海南工行手机银行业务呈现出爆发式增长的态势，2014 年上半年新增客户超过 17.5 万户，较 2013 年年底增长超过 19%，交易额翻了两倍。截至 9 月底，海南农行手机银行客户数也净增 15.6 万户，同比增幅 48.5%；交易笔数 308.5 万笔，同比增幅 118%。

在银行不断增长的客户数背后，是电子银行交易额的不断增长。2014 年上半年，海南工行电子银行业务的交易额已超过 1 万亿元，同比增长 17%，累计办理的业务笔数达两亿笔。

2014 年上半年，海南中行网上银行交易额达到 300 多亿元，业务量较去年翻倍；手机银行交易额达到 64 亿元，较去年有了大幅度的提升。海南邮储银行网上银行交易额也超过 250 亿元，同比增长 22.88%；手机银行交易额则超过 34 亿元，同比增长 260.82%。截至今年上半年，海南建行手机银行交易额逾 105 亿元，比上年同期增长 100.62%。

股份制银行中，2014 年以来，招行海口分行电子银行交易金额和交易笔数已分别达到 142 亿元、42 万笔，同比分别增长 112% 和 500%。

在收费方面，虽然各家银行为了让客户更多地使用电子渠道而对手续费做出了优惠，但从业绩上来看，银行业绩有增无减。以海南邮储银行为例，今年以来，电子银行渠道已经为该行贡献近百万收入。

记者还注意到，截至上半年，海南工行、海南农行、海南建行、海南邮储银行等多家银行的电子银行交易替代率均超过 70%，部分银行更超过 80%。老百姓"身边的银行"已然变为"家里的银行"。

2. 银行加快抢占电子银行市场

电子银行的便捷性是其受到客户追捧的最主要原因。不仅仅是网上缴费、购物、资金结算和管理，对"纸黄金"心存好奇的市民，也可以通过网上银行或是电话银行实现对炒金的尝试。打算继续做"基金客"的市民，电子银行渠道就成了最优选择。

可以说，电子银行的普及与推广，映衬了金融的变革与进步。而电子银行的发展和创新也决定着商业银行能否在激烈的同业竞争中争取高端客户、优质客户。于是，各家银行纷纷把电子银行作为推进转型和发展的战略型业务，加快抢占客户市场。

作为国内最早开始大规模发展电子银行业务的商业银行，今年以来，海南工行持续推进电子渠道的服务扩容和优化，不断完善物理渠道和电子渠道相互促进、互为补充的服务体系，电子银行服务能力和服务品质得以同步快速提升。

招商银行（600036，股吧）海口分行通过加快产品创新，为市民打造安全、快捷、一站式的移动金融基础服务平台，该行电子银行特色业务"资金归集"业务为很多市民实现了轻松理财的愿望。

3. 电子渠道交易风险如影随形

电子支付占据了移动支付大半江山的同时，金融交易风险也如影随形。目前，不法分子制作假冒网银升级助手、盗版手机网银客户端、钓鱼支付宝等恶意软件，严重威胁移动支付安全。中国银行业协会数据显示，截至去年年底，信用卡欺诈损失额为 13 059.8 亿元，同比下降 7.2%，情况略有好转，但仍处于高位。

记者从海南银监局和人行海口中心支行相关部门也了解到，今年以来，海南金融消费者权益保护工作中，陆续出现了不同的交易风险案例。

为了尽力保护消费者利益，海南多家银行推出应对措施。比如海南农行针对网银和掌上银行的支付业务，根据客户支付额度需求在技术上提供了 K 码、K 令、K 宝等安全认证体系，确保客户账户资金安全。海南中行也提供了 USB-KEY（安全证书）和 E-TOKEN（动态口令）等认证工具给客户选择。

海南银行业人士也提醒消费者，应多留意银行网点内发布的网银安全操作知识，以及通过媒体进行的安全操作宣传，建立良好的网银操作习惯，规避欺诈风险。

资料来源：汪慧，电子银行业务渐成银行"赚钱利器"，证券导报，2014 年 10 月 22 日。

随着金融电子化的不断深化和发展，电子银行作为信息技术和金融业务的交叉创新成果应运而生，成为一种新型的银行服务方式，突破了时空限制，降低了网点的建设成本和运营成本。那么究竟什么是电子银行，网上支付有哪些支付方式，我国的网上支付和电子银行还存在哪些问题，本章将介绍网上支付与电子银行的相关知识，以便理清思路。

2.1　网上支付

2.1.1　网上支付基本概念

1. 概念

网上支付是电子支付的一种形式，是以互联网等网络为基础，利用银行所支持的某种数字金融工具，实现从买者到金融机构再到商家之间的在线货币支付、现金流转、资金清算、查询统计等的过程。这里涉及电子支付的概念。电子支付是指电子交易的当事人，包括消费者、商家和金融机构，以电子化设备和各类交易卡为媒介，以计算机技术和通信技术为手段，通过计算机网络直接或间接地向金融机构发出支付指令，实现货币支付与资金转移。电子支付的业务类型按电子支付指令发起方式的不同分为网上支付、电话支付、移动支付、销售点终端交易、自动柜员机和其他电子支付。由此，我们可以知道电子支付与网上支付之间的关系：网上支付是电子支付中一种重要的业务类型。

2. 网上支付产业链

目前在中国市场，电子支付产业链已经基本形成，其基本模型是由基础支付层、骨干支付层、应用支付层构成的三层结构。最底层是由银行、银联等国家金融机构组成的基础支付层。作为金融机构，它们负责搭建基础的支付平台，实现银行层面的互联互通，同时为第三方支付服务商提供统一接口，其核心价值是稳定、安全的金融服务。

在基础支付层提供统一平台和接口的基础上，一些具有较强银行接口技术的服务商对其进行集成、封装等二次开发，形成了产业中的中间层——骨干支付服务层，这一层的服务商主要面向支付应用层企业和较小的（地区级）支付服务提供商提供支付服务。同时，骨干型支付商还兼顾那些在企业营销环节较多应用电子支付的大中型电子商务企业。骨干支付服务层中包括无线骨干支付服务提供商和网上骨干支付服务提供商。目前，主要的无线骨干支付提供商就是中国移动、中国联通等移动运营商。构成骨干支付层的另一部分是在线骨干支付服务提供商，即通过互联网完成支付过程。提供企业级的网上骨干支付服务，需要有相当的技术实力和管理经验。因此，网上骨干层中的服务商所提供的支付系统能够承载很大的数据量、吞吐率，并具有极高的支付成功率。

产业链的最顶层是为终端消费者提供支付服务的应用支付层，其中包括电子钱包、C2C 支付、手机小额支付等应用支付模式，它们将支付服务层提供的集成服务包作为工具，满足最终客户的不同细分需求，操作界面简单、易用。目前，支付宝、贝宝等主要应用于 C2C 领域的支付产品在这一层中扮演主要角色。它们负责个人与个人之间的担保支付服务，实际利润是担保的费用。与任何其他行业的产业链一样，这些直接面向终端消费者的服务商让网上支付开始向大众消费者普及。

产业链中的各个环节，无论是银行、骨干支付层服务商还是应用支付层，彼此之间是协同合作的关系。

每一种具体的电子支付工具都存在着多种不同的支付方式，而每种支付方式一般都对应一个支付系统。目前，我国的电子支付方式主要分为两大类：一种是电子银行支付方式，包括网上银行在线支付、电话银行、手机银行；一种是有第三方支付平台参与的支付方式。

2.1.2　网上银行支付

通常我们在进行电子商务交易时，由于顾客和商家开户行的异同，或者由于交易双方在不同的城市，资金划转和清算会有所差异，按照这种特点分类，可以将网上银行支付方式分为 4 类：同城同行的网上支付、同城异行的网上支付、异地同行的网上支付和异地异行的网上支付。

1. 同城同行的网上支付

（1）参与主体及基础条件。如果交易双方在同一座城市，并且在同一家银行开设了账户，则双方不需要支付额外的费用，只要持已申请支持电子银行业务的银行卡，在开户行的网站上输入相应的卡号和密码等信息就可以轻松完成转账业务。

（2）同城同行的网上支付流程如图 2-1 所示。

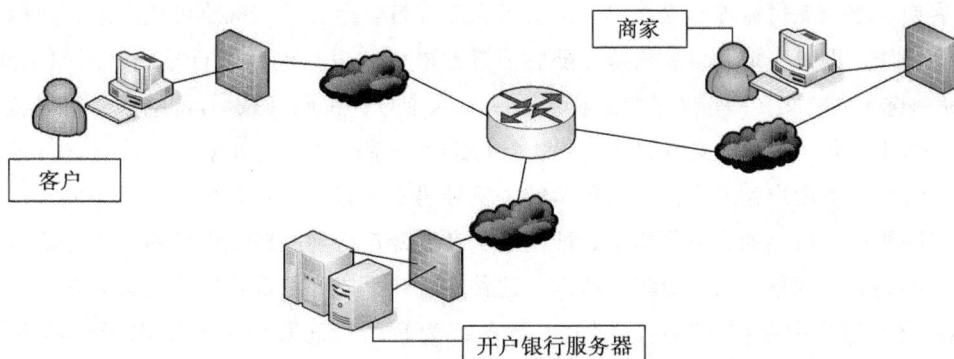

图 2-1　同城同行网上支付流程

（3）网上银行系统的特点。网上银行的资金转账效率比较高，以话费充值为例，网上银行充值速度比较快，在用户确认缴费之后，话费能够马上到账，不存在资金滞留的问题。但是网上银行系统也有缺点，一是在缴费后银行和移动营商都没有及时提示用户的话费缴纳情况，只有用户自己查询才能得知是否充值；二是网上银行缴费的步骤比较繁琐，用户把大部分的时间用于登录网上银行和输入确认等项目上，使得时间效率大大降低。

（4）支付过程中存在的问题。转账时只要求输入对方的账号或银行卡号，不能确认对方其他信息，并且如果银行没有及时发出回执，有可能因输入有误而造成资金错误地转入他人账户。

2. 同城异行的网上支付

（1）参与主体及基础条件。如果交易双方在同一座城市，但是在不同的银行开设了账户，则双方需要通过跨行转账来实现资金的转移。目前跨行转账还需要支付一定的费用。双方的开户银行通过同城自动化清算所或小额批量电子支付系统来实现资金划转。同城票据清算是指同一城市各行（银行）处（办事处、分理处）之间相互代收、代付的票据，由人民银行建立票据交换所，定时（一般一天 1 ~ 2 次，也可以实时）、定点（在规定的地点）进行票据交换和资金清算的业务活动。

（2）同城异行的网上支付流程如图 2-2 所示。

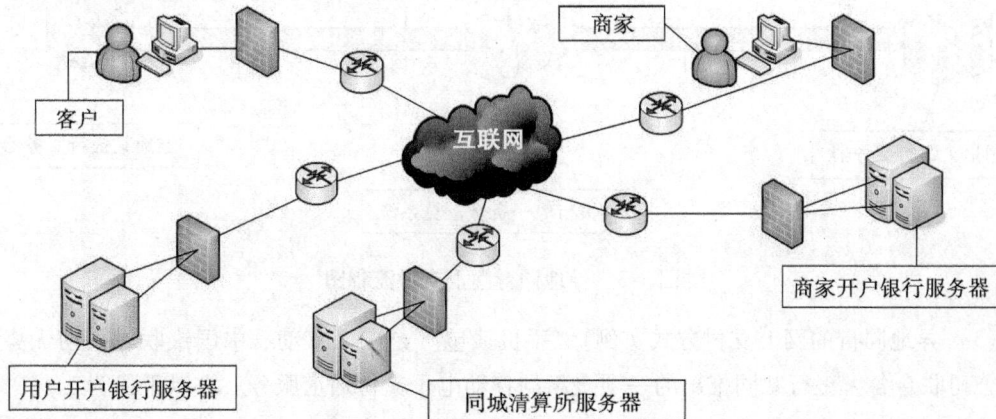

图 2-2　同城异行网上支付流程

（3）同城异行的网上支付方式实例。在这种方式下，典型的案例是用电话支付的方式购买电子客票。整个支付流程轻松简单，消费者只需拨打航空公司、机票代理商的订票电话，按语音提示操作，即可查询、订购机票，随后消费者再统一拨打电话银行号码，例如工商银行：拨 95588→选 1 "中文"→选 1 "个人客户"→输入卡号和密码（按#号键结束）→选 6 "在线支付"→按 1 支付（2 查询支付明细，3 业务介绍）→播报订单（如果用户没有进行过电话绑定，则系统会提示用户输入下订单时预留的手机号码）→按 1 支付订单，即可完成支付。电话支付使得购买航空机票如此方便简单，即使消费者的开户行与机票代理商的开户行不是同一家银行，也不会影响到整个购买流程，所以，这种方式几乎成为消费者的首选购买方式。

（4）支付过程中存在的问题。网上银行各自为政。目前我国的金融电子化建设缺乏统一规划，各商业银行可谓是"八仙过海，各显神通"，没有统一的清算体系和技术标准。例如，招商银行网上交易中的货币支付是通过该行"一网通"网上支付系统实现的，该支付系统采用业务及网上通信协议即 SSL 技术双重安全机制；中国银行在个人支付方面采用 SET，即安全电子交易协议进行安全控制，而在对企业认证方面则采用 SSL 协议。尽管各家商业银行基本上都拥有自己的网站，但互相分割，互不相连，缺乏统一性，使得资金清算过程出现安全隐患。

3. 异地同行的网上支付

（1）参与主体及基础条件。通常在交易商品网站上，商家和顾客很有可能不在同一个城市，如果商家和顾客是在不同城市的同一家商业银行开立了账户，则电子支付必然要经过该商业银行的电子资金汇兑系统。

（2）异地同行的网上支付流程如图 2-3 所示。

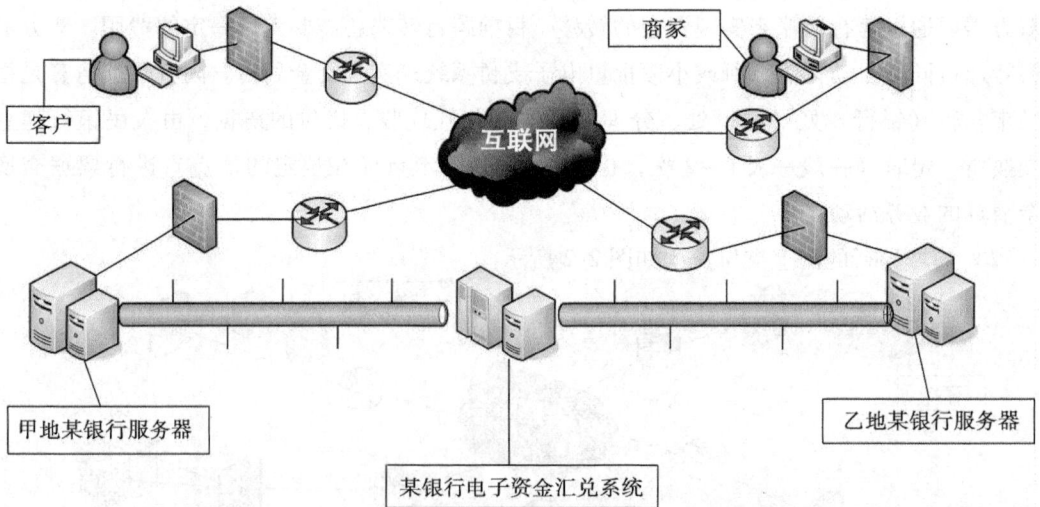

图 2-3   异地同行网上支付流程图

（3）异地同行的网上支付方式实例。"手机钱包"是中国移动、中国银联、联动优势科技有限公司联合各大银行共同推出的一项全新的移动电子支付通道服务。它以手机为工具，以银行卡为依托，让客户尽享个人理财方便。客户以短信、语音、K-JAVA、WAP、USSD 等形式发出操作指令，通过手机钱包服务提供商转到与手机钱包服务提供商签约的该银行卡发卡银行，或中国移动等签约服务伙伴，根据客户所发的指令进行操作，为客户提供消费支付、自助转账、自助缴费、账户查询等服务。手机钱包提供了两种购买方式：页面方式和短信方式。下面介绍用手机钱包购买瑞星杀毒软件下载版的流程。

页面方式　用户进入要购买产品的页面，找到手机钱包购买方式，输入手机号，进入订单确认页面，根据收到的短信提示完成购买过程。

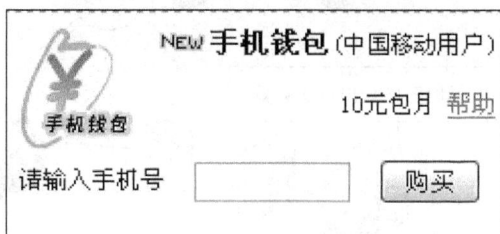

第一步：输入手机号。如图 2-4 所示。

图 2-4　手机钱包购买瑞星杀毒软件图

第二步：提交订单，注意查收 "77778301101" 短信，并按短信提示进行回复，并完成支付过程。如图 2-5 所示。

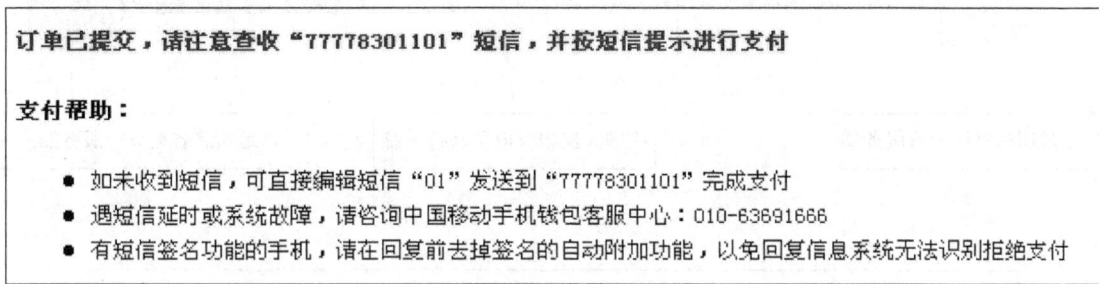

订单已提交，请注意查收 "77778301101" 短信，并按短信提示进行支付

支付帮助：

- 如未收到短信，可直接编辑短信 "01" 发送到 "77778301101" 完成支付
- 遇短信延时或系统故障，请咨询中国移动手机钱包客服中心：010-63691666
- 有短信签名功能的手机，请在回复前去掉签名的自动附加功能，以免回复信息系统无法识别拒绝支付

图 2-5　回复短信

短信方式　有三种方式：购买瑞星杀毒软件下载版，编辑手机短信 01 到 77778301101，即可收到软件序列号和 ID；购买瑞星在线杀毒包月卡，编辑手机短信 02 到 77778301101，即可收到在线杀毒卡卡号和密码；购买瑞星个人防火墙下载版，编辑手机短信 03 到 77778301101，即可收到软件序列号和 ID。

（4）支付过程中存在的问题。资金转移存在时延，在支付过程中容易出现错误。

4. 异地异行的网上支付

（1）参与主体及基础条件。如果商家和顾客是在不同城市的不同商业银行开立了账户，则电子支付必然要经过不同商业银行的电子资金汇兑系统和人民银行的电子联行系统或现代化支付系统。

（2）异地跨行的网上支付流程如图 2-6 所示。

（3）异地异行的网上支付方式实例。这种方式下最典型的例子是由第三方支付平台参与的电子支付活动，如腾讯的拍拍网和财付通。

在拍拍网上完成电子交易分为以下几个环节：首先是购买环节。消费者在拍拍网选择自己需要的商品，通过腾讯 QQ 聊天软件与商家取得联系，商议价钱、送货等相关事宜。商议好后，消费者就在选择的商品页面上点击 "我要购买" 按钮后进入付款环节。

在付款环节中填写消费者的相关信息，如收货地址、收货人姓名等，同时核实商家信息及商品信息，确认无误后可点击 "现在就去付款" 按钮进行支付，如图 2-7 所示。

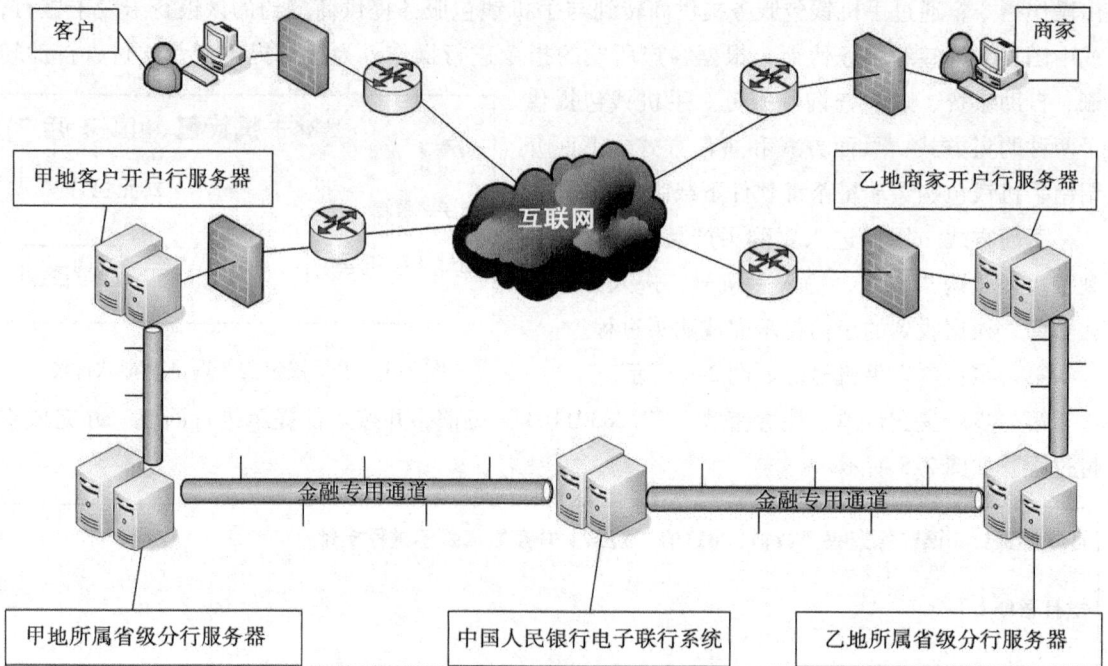

图 2-6   异地跨行网上支付流程图

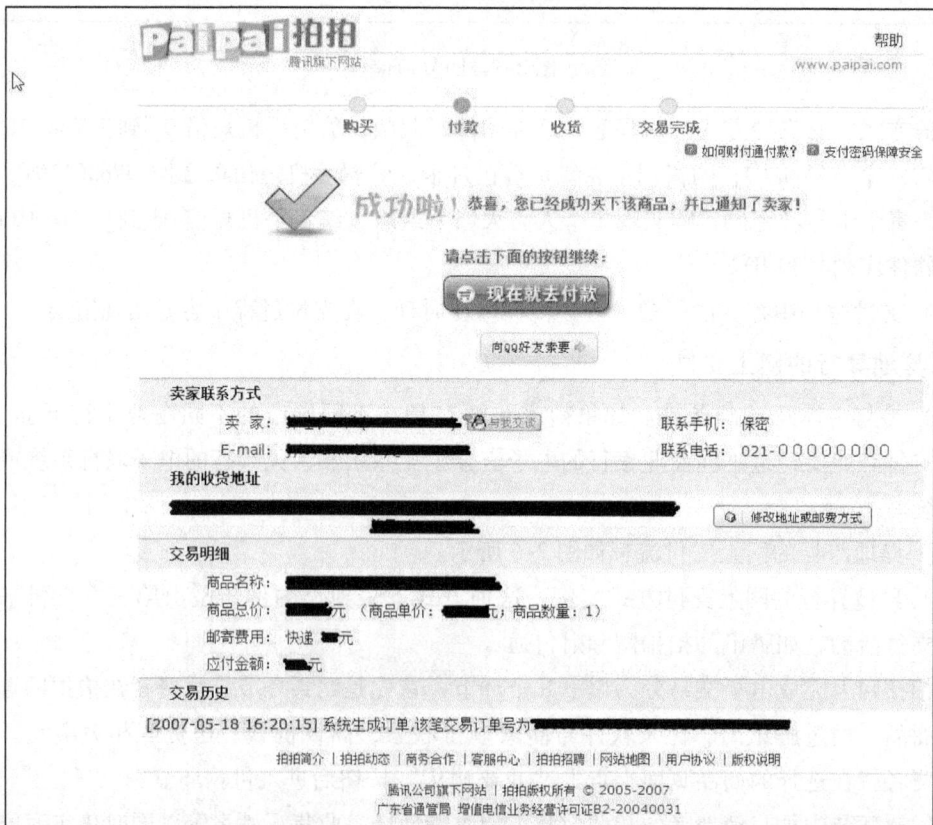

图 2-7   财付通购买页面

由于财付通与多家商业银行合作，所以消费者只需选择自已银行卡支持的网上银行，进入商业银行网上银行系统，确认付款金额后就可以完成付款。在消费者没有收到货品之前，这部分货款暂时存入财付通特设账户中，如图 2-8 和图 2-9 所示。

图 2-8 财付通支付页面

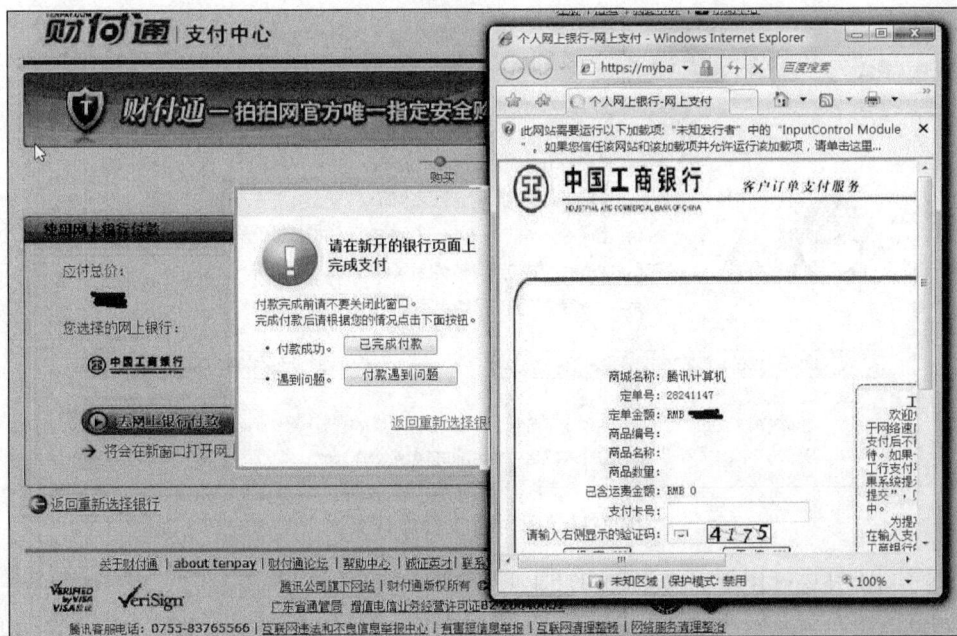

图 2-9 财付通连接网上银行页面

在网上银行完成付款之后，消费者才能返回财付通支付中心界面，进行下一步操作。如果付款成功，系统会转到收货环节。交易状态为买家等待卖家发货。消费者可以随时登录查询自己的交易状态。如图 2-10 所示。

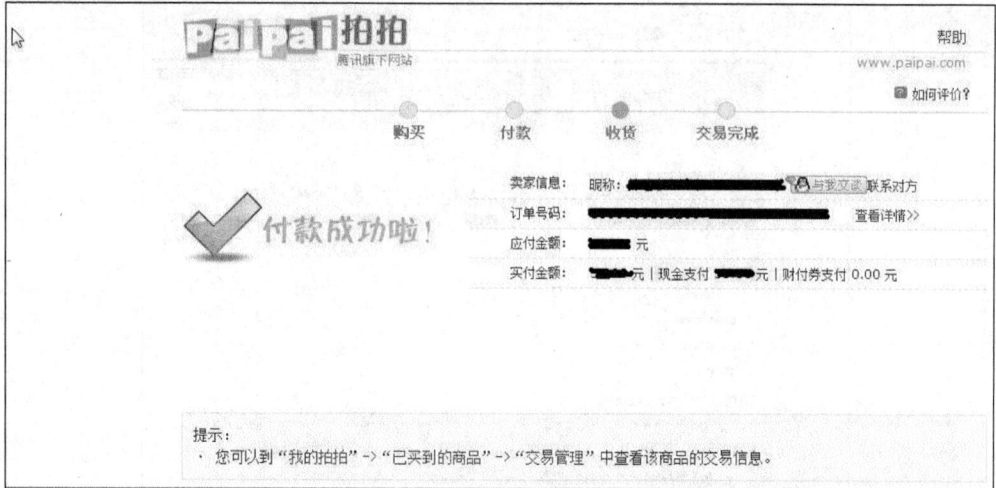

图 2-10　财付通付款成功页面

当消费者收到快递公司或邮政部门送来的货品时，登录系统确认收货后，财付通会自动将货款打入指定的商家银行账户中。如图 2-11 所示。

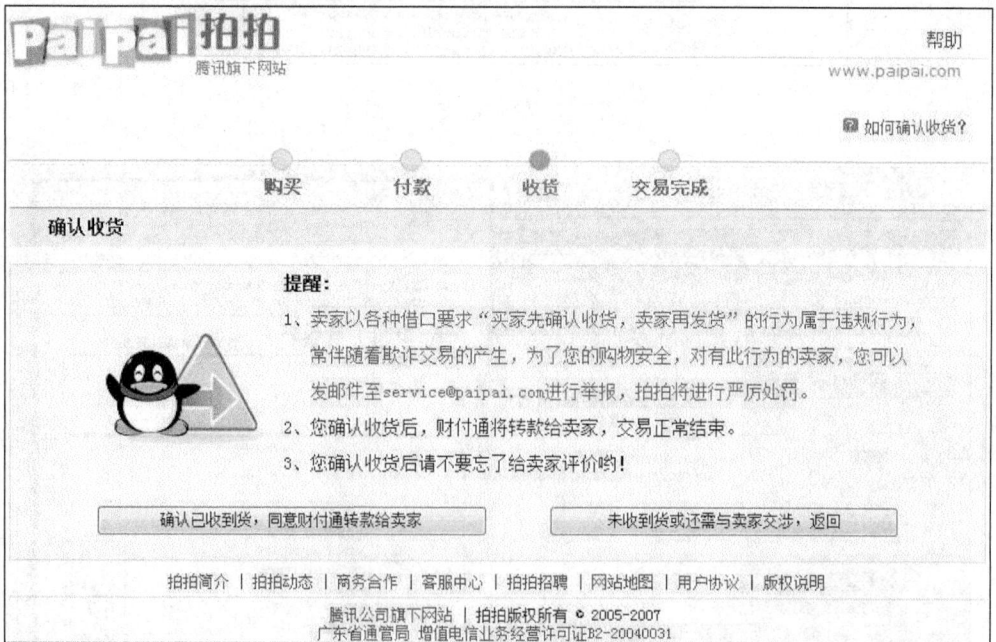

图 2-11　财付通收货确认页面

至此，一次轻松愉快的交易完成。

拍拍网、财付通与腾讯 QQ 软件绑定，既保证了用户权限又提供了即时交易沟通工具，使得消费者和商家可以更方便地交流协商。拍拍网的认证机制使得对商家需要进行严格的身份认证，而对于消费者则相对宽松，一个 QQ 号码就可以开通财付通进行网上购物。而在商品信息的管理上网站也做出了严格的规定来规范管理。

（4）支付过程中存在的问题。转账存在时延，用户可以查询转账金额，但不能及时看到资金是否已经划入对方账户，只有对方查询后才能得知转账是否成功。

2.1.3 网上支付的跨行行为

通常我们在进行电子商务交易时，由于顾客和商家的开户行不同，资金划转和清算会有所差异，这时就会出现跨行支付。目前，中国现代化支付系统（CNAPS）就提供了跨行支付服务，按照交易资金额的大小，现代化支付系统的跨行支付方式可以分为大额支付（实时全额支付）和小额支付（批量净额支付）。

中国现代化支付系统是中央银行的核心业务系统和国家的重要金融基础设施，包括大额支付系统、小额支付系统等重要金融业务系统。经过近几年的建设，中国现代化支付系统已形成由一个国家处理中心、32 个城市处理中心组成的两级处理架构。其中，大额支付系统已于 2005 年 6 月底推广到全国，小额支付系统也正在按计划推广中。

1. 小额支付

（1）参与主体及基础条件。小额支付系统（BEPS）是中国现代化支付系统的重要组成部分，主要处理同城和异地纸凭证截留的商业银行跨行之间的定期借记和定期贷记支付业务，中央银行会计和国库部门办理的借记支付业务，以及每笔金额在规定起点以下的小额贷记支付业务。小额批量支付系统在一定时间内对多笔支付业务进行轧差处理，净额清算资金。它可以制成各种支付工具的应用，为银行也提供低成本、大业务量的支付清算服务，满足社会各种支付活动的需要。

（2）处理流程。小额支付业务基本流程可以归纳为：支付交易指令的发起和传输，净借记限额检查，清分、轧差和计算，提交最终清算。小额支付系统处理流程如图 2-12 所示。

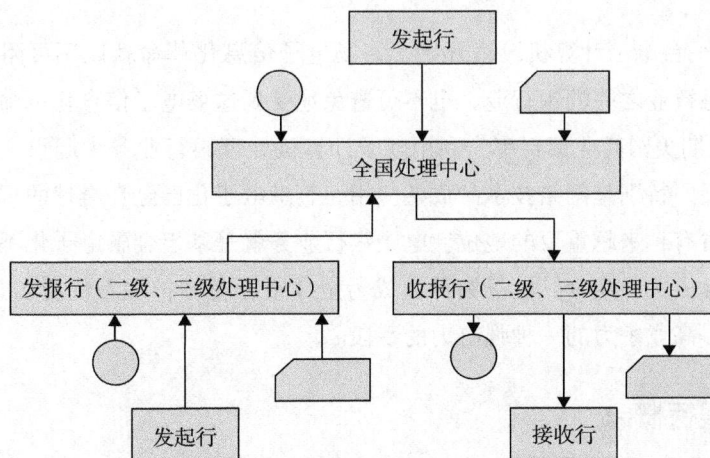

图 2-12 BEPS 处理过程流程

（3）处理过程中存在的问题。一是系统本身存在的一些功能缺陷，行名行号查询功能不完善，查询效率低下，并且系统不具备记忆功能；二是相关管理制度滞后，《小额支付系统业务处理办法》中的部分条款不明确、不具体；三是覆盖面小，应用范围狭窄。

2. 大额支付

（1）参与主体及基础条件。大额支付系统（HVPS）是中国现代化支付系统的重要组成部分，它实行逐笔实时处理，全额清算资金，处理跨行同城和异地的金额在规定起点以上的大额贷记支付业务和紧急的小额贷记支付业务。建设大额实时支付系统的目的，旨在为各银行和广大企事业单位以及金融市场提供快速、高效、安全、可靠的支付清算服务，防范支付风险。同时，该系统对中央银行更加灵活、有效地实施货币政策具有重要作用。目前，大额支付系统连接了全国 61 768 家银行和金融机构。其中，直接参与者 1 503 个，间接参与者 60 265 个。

（2）HVPS 处理流程如图 2-13 所示。

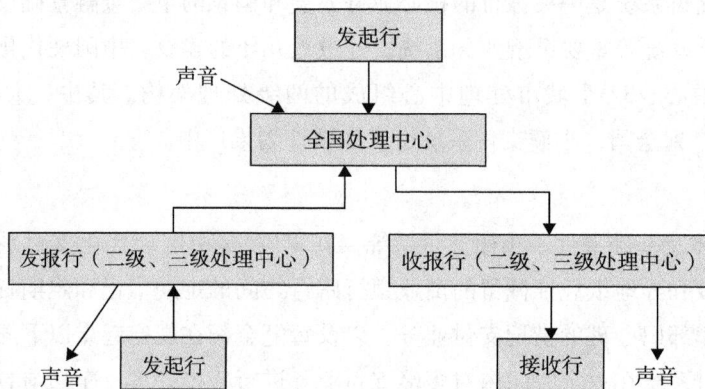

图 2-13　HVPS 处理流程

2.2　电子银行

从 1846 年第一台电子计算机诞生开始，一场电子信息化革命就以不可阻挡的趋势席卷全球，作为传统金融行业之一的银行业，也不可避免地受到这场电子信息化革命的深远影响。以 20 世纪 50 年代后期美国商业银行率先利用电子计算机处理银行业务为起点，随着电子信息技术日新月异的发展，特别是网络技术的成熟应用，金融电子化已经在全球的现代商业银行被广泛认可、采用并占有越来越重要的地位。电子银行业务就是基于金融电子化不断深化发展而产生的新型银行服务方式。现今，电子银行已成为全球银行业维护现有优质客户、吸引新客户、挖掘潜在客户、提高竞争力的一种强有力的手段。

2.2.1　电子银行概念

1. 定义

本章所说的电子银行是一个广义的概念，是指以计算机、通信技术等为媒介，客户使用各类接入设备自助办理银行业务的新型银行服务手段。正如 BLACKWELL 金融百科全书的定义，电子银行是通用术语，它包括基于计算机技术进行交割、转账、记账等相关的金融服务活动。支付、资金划拨和相关金融信息服务是电子银行业务的核心，广义的范围还包括后台操作功能，如银行会计核查和管理信息系统等内容。国内银行业所称的电子银行即是广义上的电子银行，它既包括金融电子化的成果，又涵盖了基于互联网技术的新型网络银行的服务领域。

因此，广义的电子银行包括电话银行业、纯粹的网上银行、家庭银行、手机银行、多媒体自助终端机、ATM、POS、企业银行以及电视网上银行等多种形式。

2. 主要业务

（1）根据中国银行业监督管理委员会 2006 年 3 月 1 日施行的《电子银行业务管理办法》中的有关定义，电子银行业务是指商业银行等银行业金融机构利用面向社会公众开放的通信通道或开放型公众网络，以及银行为特定自助服务设施或客户建立的专用网络，向客户提供的银行服务。

电子银行业务主要包括利用计算机和互联网开展的网上银行业务，利用电话等声讯设备和电信网络开展的电话银行业务，利用移动电话和无线网络开展的手机银行业务，以及其他利用电子服务设备和网络，由客户通过自助服务方式完成金融交易的业务，如自助终端、ATM、POS 机等。电子银行是金融创新与科技创新相结合的产物。

（2）根据中国工商银行《电子银行业务管理办法》，电子银行业务是指"我行通过面向社会公众开放的通信通道或开放型公众网络，以及为特定自助服务设施或客户建立的专用网络等方式，向客户提供的离柜金融服务"。电子银行业务主要包括网上银行、电话银行、手机银行、自助银行以及其他离柜业务。

2.2.2　电子银行特征

（1）没有分支机构。电子银行依托于无边无界的互联网，不用设任何分支机构，其触角就可以伸向世界的每一个角落。花旗银行总裁约翰·里德说："如果有谁认为今天存在的一切都将永远真实存在，那么他就输定了。"正是这个信条激励着里德与旅行者集团公司联合组建了银行业中一个庞大的集团，该集团拥有 1 124 个分支机构，并在 100 多个国家设立了代表机构。但是，电子银行可以不在任何国家开办任何分支机构。成立已经 4 年的美国一家电子银行只存在于互联网上，它的总部就是设在得克萨斯州休斯敦一间办公室的一个 5.25 英寸硬盘驱动器上，职员工作地点却远在佐治亚州阿尔法雷塔的一个工业园内。因此，电子银行可以设在非黄金地段的廉价房子里，拥有极少的职员，从而大大降低了经营费用。此外，随着全球经济一体化步伐的加快，电子银行将比传统银行更容易开展跨国界业务。

（2）低廉的成本优势，高额的回报。尽管电子银行也不得不支付相当的费用在互联网上做广告，但电子银行在费用方面还是拥有优势。一方面，普通银行每年要把收益的 4.1% 用于无息支出项目，而电子银行可以把这项支出所占的比例降至 3% 以下。目前，美国亚特兰大互联网银行已把此项支出所占比例降至 2.7%，以后还很可能降至 2%。另一方面，电子银行的储户往往是结存额较高的储户，这对电子银行的发展有所助益。美国一家咨询公司提供的数字表明，电子银行储户的家庭平均收入为 8 万美元，这个数字相当于其他储户平均收入的 3 ~ 4 倍。因此，电子银行可以将节省下来的费用部分地返还给储户。花旗银行的储户必须在活期存款账户上存有 6 万美元的余额，才能获得 1% 的利息。而电子银行规定的最低限额是 100 美元，存款所付利息为 4%。花旗银行一年定期存款的利息为 4.8%，而电子银行为 6%。网上的用户被高额利息吸引住了，美国电子银行的存款额正以每月 19% 的速度增加。

（3）"三 A"服务。随着网络化时代的到来，银行的变化将更为迅速，日益自由化、全球化的经济金融环境将在强化银行业务的全能化、垄断化、竞争白热化、国际化、信息的基础上，更加迅速地动摇传统的银行观念。它不受时间、地点、业务的限制，客户可以随时随地在不同的计算机终端上上网去申请和办理银行业务，它的功能和优势远远超过电话银行，也无须用自助银行和无人银行的固定场所，它是一种能在任何时间（Anytime）、任何地方（Anywhere）、以任何方式（Anyhow）提供服务的银行，因此可称之为"三 A 银行"。

2.2.3 电子银行对银行业的意义

近年来，随着全球经济的发展，传统的银行经营和服务模式已经无法适应迅猛发展的金融市场，几乎所有的银行都意识到只有加大信息化建设力度，大量采用先进信息技术，不断推出新型金融工具和金融服务才能不被市场淘汰。而电子银行正是在这种背景下应运而生的新型金融服务渠道，事实越来越清晰地表明电子银行将会成为未来银行业发展的趋势，而全球银行业也不约而同地将发展电子银行业务提高到了前所未有的战略高度。

其意义主要体现在以下几点：

（1）电子银行能够降低银行的运营成本。传统的商业银行不仅需要大量的人力去经营业务，而且需要大量的财力、物力去建设网点，做广告宣传，而金融电子化使得客户的交易成为一种空间的交易，金融业的营业网点已从砖墙式建筑向 ATM、POS、网络等系统转移，提高了金融业的效率，降低了经营成本。经计算，传统银行的经营成本占经营收入的 60%，而电子银行的经营成本仅相当于经营收入的 15% ~ 20%，成本的降低也就意味着收益的增加。

（2）电子银行能够提高银行的服务质量。通过金融电子化建立虚拟化金融业市场，银行将不受营业网点的空间局限。只要网络和通信能够到达的地方，都可以成为银行的市场范围，银行可以向客户提供全天候、大范围、跨地区、跨国界的交易服务，从而大幅度地提高银行的服务效率。银行除了向客户提供传统的金融业务服务，以及前述的新的自助银行劳务服务外，电子化银行还能从各种金融交易中提取各种有用的信息，向客户提供各种能增值的金融信息服务。这是现代银行的一个实质性的变化，是银行真正进入电子银行时代的标志。

（3）电子银行能够拓宽银行的服务领域。金融信息化能够融合银行、证券、保险业等分业经营的金融市场，减少各类金融业针对同样客户的劳动重复，拓宽金融业进行产品更新换代的空间。因此，银行业将从事全能金融业务，如存贷款、国际结算、财务顾问、证券经纪、信托保险代理、各种中间业务代理等。计算机和通信技术的引入，使银行界发生了一次革命性的变革。开始时，是使银行的传统业务处理实现电子化，接着，大量新的自动银行服务项目应运而生。在银行电子化的基础上，银行又向广大客户提供了各种能增值的金融信息服务。银行的电子化，使银行同往来银行、企事业单位、商业部门、政府管理部门，以至每个家庭，都建立了紧密的有机联系，使银行的业务深入到社会的各个角落中去。

（4）电子银行能够扩大银行的服务地域。电子银行更可打破地域界限，因此，对在海外没有分行网络的银行来说，非常具有实效，网上电子银行的特点有利于这些银行在海外取得突破性的发展，特别是对已树立名牌效应的银行。有口碑的银行更得益。

（5）电子银行能够增加银行的市场占有份额。电子银行服务的潜在发展客户队伍庞大。由于无须理会时间及地域限制也可处理银行交易，客户可随时随地处理网上个人财务安排，因此，特别吸引拥有个人电脑的客户和高级行政人员。

（6）电子银行能够为银行带来新的利润增长点。以工商银行为例，电子银行已经从初期较为单一的业务品种发展成为一个多渠道、一体化的电子银行服务体系，涵盖了企业网上银行、个人网上银行、电话银行、手机银行、自助银行、多媒体自助终端、自动柜员机等 7 大系列。客户通过工行电子银行渠道进行的业务笔数已经占其全部交易的近 30%，其中，北京地区离柜业务量已经超过了 50%，这为减轻柜面压力、节约经营成本、促进工行业务转型发挥了积极作用。同时，工商银行电子银行账面收入从 2000 年开始正以年均增幅超过 30% 的速度增长，展示了其在培育新的利润增长点方面的良好潜力。

2.2.4　电子银行的发展趋势

（1）电子银行成为金融业务与服务创新的主旋律。金融业务与服务创新一直是近年我国银行业研究的主题，而借助网上银行、电话银行、自助银行、手机银行等多种渠道实现银行业务与服务创新，也一直是我国各商业银行业务与创新的主要手段。2007 年，我国各商业银行纷纷加大电子银行的投入，银行卡业务和网上金融服务发展迅速，银行金融服务创新水平成效明显。比如，2007 年上半年，兴业银行网上银行、电话银行、手机银行占全行各渠道交易笔数的比例已达到 32.39%，其中网上银行业务占全行业务总量比已超过 25%。目前，各商业银行正在依靠信息技术为客户提供全天候服务，向客户提供信息检索、网上支付、转账、贷款、代缴各种费用、债券买卖、个人理财等一揽子金融服务。特别是各商业银行利用信息技术使信用卡特色更加鲜明，多卡共用额度功能、密码选择功能、消费交易短信提醒功能等满足个性化需求的功能日益繁多，使产品之间的差异性十分明显，目标客户群更加明确。

（2）加强 IT 风险控制成为银行信息化建设的热点。目前，银行业务日益灵活，业务创新步伐加快，在业务种类不断增加的同时，单一业务数量开始下降。由此使得银行 IT 系统的复杂性大大增加。为此，银行在建设新的业务系统时，不仅要考虑新业务的需要，还要考虑如何与旧系统的整合。银行业务高度依赖于 IT 系统，IT 风险已成为银行操作风险的重要方面，引起了银行金融机构和监管部门的高度重视。中国人民银行发布了《关于进一步加强银行业金融机构信息安全保障工作的指导意见》，中国银监会发布了《关于开展 2006 年度信息科技风险内部和外部评估审计通知》、《银行业金融机构信息系统风险管理指引》、《电子银行业务管理办法/电子银行安全评估指引》等监管文件。因此，对于银行而言，如何有效防范 IT 风险将成为下一阶段银行信息化建设的重点。

（3）跨区域经营，驱动城商行全面的 IT 战略规划。伴随城市商业银行改革力度的加大，城商行纷纷改制上市，跨区域开设分行，面对如此变革，国内城商行必须应对业务经营模式与发展战略，改变带来的潜在巨大挑战。而信息技术已是支撑银行业务发展，提升核心竞争力的重要工具，也是银行抓住机遇迎接挑战的最有效手段。跨区域经营意味着城商行的定位从过去的单一区域经营模式向跨区域经营模式的转变，面对城商行业务战略的变革，必然带来 IT 战略的调整，因此，城市商业银行针对业务模式的变化，实施可行的 IT 战略规划，成为未来其信息化建设的重要方向。

（4）构建 IT 服务管理体系，确保业务系统的安全运行成为银行信息化建设重点之一。在中国经济国际化和金融全球一体化趋势影响下，国内各商业银行纷纷进行战略转型、并购、融资、上市。由于中国金融市场的全面对外开放，国内银行已开始接受来自外资银行的竞争。繁荣的资本市场，促进银行业务的多元化发展。面对 2007 年纷繁复杂的金融环境，国内各商业银行的业务支撑系统正经历着前所未有的冲击，IT 管理部门正经历着严峻的挑战。银行开始对业务系统的管理能力提出了新的要求，要求确保在客户交易高峰时段做到对 IT 资源准确、合理地调配，要求 IT 管理者在最大限度地满足业务需求的同时，规避频繁版本更新对业务系统的潜在风险，要求在网上银行、银证通、银行卡等业务量翻番时，监控和管理好关键业务应用，保证生产系统的高可用性和高使用率。比如，建设银行启动的基于 ITIL 流程建设服务管理体系将经历三代。第一代，即 2007 年年底，完成覆盖全行的事件、问题和变更流程，建立初步的知识库系统；第二代，在优化完善现有流程的基础上，建设 CMDB（配置管理数据库）、发布流程、资产流程和服务水平管理流程；在第三代的规划中，将不断完善 ITIL 流程，全面提高建设银行 IT 服务管理质量。构建先进的 IT 服务管理体系，确保业务支撑系统的安全运行，成为 2007 年银行信息化建设重点之一。

在机遇与挑战并存的竞争环境中，作为改善企业管理机制，提高服务水平，加强业务效率的"利器"，信息化必将成为物流企业良性发展的基石，因此，加强信息化建设，将是巩固与增强企业竞争实力的"必由之路"。

2.2.5 电子银行发展比较

下面我们主要从电子银行之中最具发展前景的网上银行方面来比较我国电子银行与发达国家电子银行的发展情况。

我国电子银行起步较晚，许多新的网络及计算机技术都在建设之中得以应用。同时，由于计算机外包技术在我国金融业的兴起，我国电子银行解决方案大都由 IBM、NTT、HP 等国际著名的 IT 企业提供。从技术因素方面看，我国电子银行并不比发达国家落后多少，差距主要体现在非技术因素方面。

1. 经营环境比较

（1）互联网的社会普及程度不同。虽然互联网在我国已经取得了很大的进步，但目前我国上网人数还不及总人口数的 2%，同发达国家相比有很大的差距。同时，绝大多数网民上网的主要目的还是进行通信和获取信息，真正使用网上支付服务的用户少之又少，网民进行网上消费及网上支付的意识和习惯还不强。因此，单从用户角度讲，西方电子银行的优势是我国电子银行所无法比拟的，互联网的社会普及程度在很大水平上制约了我国电子银行的进一步发展。

（2）电子银行法律制度及相关标准的完备程度不同。由于电子银行与传统银行存在着很大差异，现有的传统金融法规及银行行业标准都已明显不适应电子银行的发展，新的针对电子银行交易规则的法律制度及相关标准亟须制定。欧美发达国家已在这方面做出了积极的尝试，并取得了较大成果。而我国在这方面几乎还是空白，没有强有力的法律保障。而标准制定的滞后使许多银行在发展电子银行业务时踌躇不前。同时，数字签名在我国还不具有法律效力，这也使网上支付发展受到很大阻碍。

（3）社会信用程度不同。由于在电子银行上进行的支付与交易都是在非面对面的"虚拟"环境中完成的，所以健全的信用机制是电子银行发展的基本条件之一。电子银行在美国之所以会很快地发展起来，主要原因正是因为其已经建立了完善的社会信用机制。而我国在这方面差距还很大，在企业和个人信用体系方面的建设目前还基本处于空白，这也是绝大多数客户对电子银行及其他电子交易方式采取观望态度的原因所在。

2. 经营观念及内部管理制度比较

由于新经济的巨大冲击，西方金融业经营观念及银行内部管理制度改革早已开始。在西方，金融业非常注重市场营销，并将市场营销观念作为指导银行经营的基本思想。现在西方银行已经普遍建立了以客户为中心的网络营销模式，同时，其内部管理制度也从以物为中心的管理转向以人为中心。而我国在这方面的改革还刚刚起步，其所受到的重视程度也还远远不够。管理是第一位的，技术是第二位的，如果我们只是采用了先进的技术，而没有及时更新管理制度和经营观念，我国电子银行的发展只会陷于停滞状态，不可能跟上国际发展的潮流。

2.2.6 我国电子银行的发展战略

从上述分析可以看出，我国电子银行的发展目前还面临着许多困境及问题。面对明显不相适应的经营环境，现阶段我们必须以战略眼光从长远角度来看待发展，既不能急于求成，也不能消极等待。

1. 确立我国电子银行发展的战略目标

根据发达国家银行业的实践经验，电子银行可以实现以下主要目标：降低成本，增加盈利，确立银行的企业形象，改善客户服务手段，提高金融创新速度，吸引客户，扩大市场占有率，提高工作效率等。我国电子银行应在借鉴国外发达国经验的同时，根据目前的经营环境来确定适合自身进一步发展的长远战略目标。西方有许多电子银行都以盈利作为其战略目标，而在我国电子银行发展的现阶段，面对尚不成熟的经营环境，这种方案是行不通的。同时，我国商业银行的市场占有率仍是由银行分支机构的多寡及所提供传统业务种类的多少为主要决定因素的，电子银行在扩大市场占有率方面发挥的作用还不会很大。因此，我国电子银行现阶段的发展目标应定位于利用网络树立良好的企业形象，从而吸引高质量的黄金客户。

2. 确立传统银行与电子银行并行发展的战略

现阶段，我们应该把传统银行与电子银行并行发展作为发展战略。由于电子银行和传统银行具有各自的优缺点，两者将会作为同一银行的不同平台共存。前者提供了经济、有效的平台，可以向客户提供超越时空的"AAA"式服务，而后者则允许客户与银行之间的直接接触。我国电子银行的发展应逐步形成传统银行业务和电子银行业务"两条腿"走路的格局，即以传统银行业务支撑电子银行业务的快速发展，并以电子银行业务带动传统银行业务持续发展。

首先应当注意到，发展电子银行业务需依靠传统分支机构和原有信息资源。传统分支机构直接与银行的广大客户联系，若能将其工作和电子银行业务结合起来，则在促进电子银行发展的同时，也会带动分支机构业务的开展，从而提高银行整体的效益。

3. 确立电子银行的科技发展战略

科技应用水平是否能够快速提高是决定电子银行能否进一步发展的重要因素。尽管我国银行现在普遍采用国际一流的计算机及网络设备，但我国电子银行的技术应用水平还不高，主要表现在电子银行系统与传统的后台业务系统的集成化程度较低。同时，网络安全技术还有待于进一步提高，电子银行的建设也缺乏系统规划意识，这都阻碍了其进一步发展。

在实施科技发展战略时，我国银行应增强系统集成意识，尽早实现电子银行系统与传统的后台业务系统之间的无缝连接，从而把组织内外的各种孤立信息结合起来，建立企业数据库及银行的决策支持系统，以提高我国电子银行的整体技术应用水平。

4. 确立以客户为导向的经营战略，不断进行金融创新，建立固定客户制度

在网络时代，银行的经营理念将发生根本转变，银行将从主要靠存、贷利差获取收入，转向靠为客户提供优质金融服务获取效益，银行将不再单纯地追求外延扩张，而是更加重视和依靠现代信息技术。届时，客户将成为决定银行兴衰成败的关键因素，在激烈的竞争中谁拥有数目巨大且不断增长的客户群体，谁就可以占有竞争优势。所以，我国商业银行必须从全局角度确立"以客户需求为中心"的经营思想，强化"以客户满意为目标"的服务理念，并及时确立以客户为导向的经营战略，提高客户的信任程度，建立固定客户制度。

本章小结

信息技术的发展使得传统的支付方式，如现金、票据等，已经不能满足现代商务支付的要求，因此，以网上银行支付为代表的电子支付方式应运而生。

常用的电子支付方式主要有银行金融机构提供的支付方式（网上银行支付、手机银行支付和电话银行支付）以及第三方支付方式。本书主要介绍了网上银行支付的 4 种方式：同行同城、同行异地、异地同行、异地异行。

以网络为核心的信息技术革命，使电子银行成为网络时代全球银行发展的必然选择，本章所说的电子银行是一个广义的概念，是指以计算机、通信技术等为媒介，客户使用各类接入设备自助办理银行业务的新型银行服务手段。

电子银行将成为我国银行参与国际竞争的有力武器。但是，目前我国电子银行的发展还面临着众多问题，尤其是一些制度和经营环境的问题，这在短时间内还不可能得到解决，因此现阶段我国银行业应冷静地对待电子银行的发展，既不能急于求成，也不能消极等待。应根据实际国情选择发展战略，从而走出一条符合中国银行业实际情况的电子银行发展道路。

关键术语

网上支付   电子银行   支付方式   "三 A"服务

习　题

一、填空题

1. 网上银行支付方式分为（　　）、（　　）、（　　）和（　　）。

2. 现代化支付系统的跨行支付方式可以分为（　　）和（　　）。

3. 电子支付模式分为（　　）、（　　）、（　　）和（　　）。

4. 电子支付的主要支付方式包括（　　）、（　　）、（　　）和（　　）。

二、简答题

1. 什么是网上支付，简述网上支付产业链。

2. 试阐述网上银行支付的 4 种支付流程。

3. 简述网上支付的跨行支付行为。

4. 试阐述各种电子支付模式。

5. 什么是电子银行？电子银行的特征有哪些？

6. 试比较我国电子银行和发达国家电子银行的发展情况。

三、讨论题

登录国内外商业银行网站，比较其电子银行提供的服务，分析未来电子银行的发展趋势。在发展的过程中，还存在哪些亟待解决的问题，给出自己的意见。

案例分析

2013 中国电子银行调查报告

2013 年 12 月 12 日，由中国金融认证中心（以下简称 CFCA）举办的"第九届中国电子银行年会暨 2013 年中国电子银行年度金榜奖颁奖盛典"在北京举行。本次活动发布了《2013 中国电子银行调查报告》。

报告显示，中国电子银行业务连续四年呈增长趋势，其中，全国个人网银用户比例较 2012 年增长了 1.7 个百分点。

在企业网银方面，2013 年企业网银用户比例为 63.7%，较去年增长 10%；平均每家企业网银活动用户使用网上银行替代了 63% 的柜台业务，而在 2009 年，这一比例为 50.7%。今年，76% 的企业使用网上银行替代了超过一半以上的柜台业务。

与此同时，手机银行业务展现出巨大潜力。2013 年全国地级及以上城市城镇人口中，个人手机银行用户比例为 11.8%，较去年增长近 3%，连续 3 年呈增长趋势。

针对 P2P 网络贷款的调查发现，近半数网民没有听说过"P2P 网络贷款"，有 13% 的网民曾经登录过 P2P 网络贷款网站，仅有 2% 的网民成功竞标。

针对 P2P 网络贷款风险收益的分析表明，即使采用分散投资规避风险，P2P 宣传的高收益也并不是那么诱人。调查显示，13% 的 P2P 网络贷款投资者表示有项目未能收回本金，22% 的 P2P 网络贷款投资者的项目未达到预期收益。

调查发现，不愿意在 P2P 网络贷款网站投标的网民中，有 41% 愿意在银行 P2P 网络贷款项目上投标，但他们大多数只在银行担保的前提下才会投标。

近两年来，受移动购物需求的推动，移动远程支付得到快速成长，而近场支付由于经历了相当长时间的标准纷争和利益博弈，一直没有形成大规模商用，导致发展缓慢。调查数据显示：2013 年移动远程支付用户比例为 13.3%，较 2012 年提升了近 4%；2013 年移动近场支付用户比例为 3.6%，较 2012 年提升了 0.4%；用户使用移动远程支付的金额占比为 95%，移动近场支付金额占比为 5%。移动远程支付中，网上购物是支付金额占比最大的支付场景；移动近场支付中，超市购物和商场购物是支付金额占比最大的场景；手机 POS 机是支付金额占比最大的支付方式。

报告预测，2014 年移动支付的发展看点在移动近场支付。近场 NFC 支付将凭借其高度便利性，以超市购物、公交刷卡场景为突破口，取得快速增长进而渗透至其他消费领域。

资料来源：郑申，中国金融认证中心发布《2013 中国电子银行调查报告》，金融时报，2013 年 12 月 16 日。

问题：通过上述分析，谈谈我国各银行网上银行的发展趋势，并结合国际上网上银行的发展情况，分析制约我国网上银行发展的因素，提出解决的具体对策。

第 3 章
电子银行系统

教学目标与要求

☞ 了解国内外主要的电子银行系统；

☞ 掌握电子银行柜台业务系统的处理流程；

☞ 了解电子银行的服务体系；

☞ 了解电子银行中存在的主要风险及防范措施。

知识架构

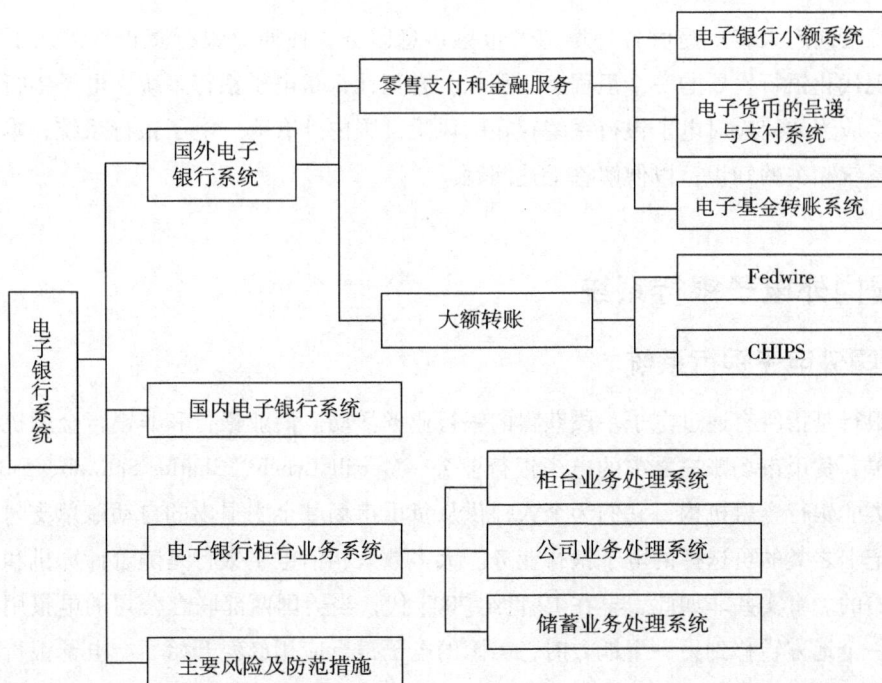

导入案例

电子银行：商业银行发展的里程碑

随着电子银行业务的迅速发展，金融业已从单一的信用中介发展为一个全开放、全天候和多功能的现代化金融体系，极大地提高了银行服务的准确性和服务的效率，增强了商业银行的创新能力，大大拓宽了银行服务的范围，新的金融产品和服务不断涌现出来，从而降低了客户的交易成本，缩短了交易时间，提高了客户的资金收益，增强了交易的灵活性，给商业银行带来了新的利润空间。

从电子银行在我国的发展情况来看，目前市场正处于增长潜力巨大、成熟度较低的新兴发展阶段，这个阶段带给商业银行更多的机会，以及先期抢占市场份额的优势。

1. 互联网市场为网上银行的发展奠定了坚实的客户基础

截至 2008 年年底，我国网民数达到 2.98 亿，我国互联网普及率达到 22.6%，首次超过 21.9% 的全球平均水平；宽带网民数达到 2.7 亿，国家 CN 域名数达 1 357.2 万，三项指标继续稳居世界排名第一。互联网市场的飞速发展，网民人数的不断攀升，给我国网上银行的客户发展打下了坚实的基础。

2. 银行卡市场持续增长促进自助银行进一步发展

截至 2008 年年底，全国银行卡发卡量超过 18 亿张，2008 年全年银行卡交易总额超过 105 万亿元。剔除批发性的大宗交易和房地产交易，持卡消费额占全国社会消费品零售总额的比重已从 2001 年的 2.1% 快速上升到 2008 年的 25%，同时，银行卡的受理网络正不断延伸，特约商户、POS 和 ATM 分别超过 105 万家、165 万台和 16 万台。

资料来源：赵活，电子银行：商业银行发展的里程碑，西部论丛，2009 年第 7 期。

电子银行向广大客户提供各种增值的金融信息服务，使商业银行真正地进入了电子化时代，这是现代化银行发展的一个里程碑。那么，究竟什么是电子银行系统，电子银行系统具有哪些风险，应当如何应对电子银行系统存在的风险，国内外有哪些电子银行系统，本章将介绍电子银行系统相关的知识，以便解答上述问题。

3.1　国内外电子银行系统

3.1.1　国外电子银行系统

电子银行是指所有通过电子手段获得的银行业务活动。商业银行和非银行金融机构都提供如支付账单、货币市场账户之类的电子银行业务，Merrill Lynch、Charles Schwab、Fidelity 等基金就是这类非银行金融机构，它们为个人提供从货币市场基金中退出的自动账单支付、自动柜员机和借记卡之类的可选择的电子银行业务。大多数人相信电子银行是随着计算机和互联网的发展而开始的。事实并非如此，早在 19 世纪 70 年代，当美国西部联合公司的电报用于使资金从国家的一个地方转移到另一个地方时，美国的电子银行应用已经开始了。电子银行最常见的形式是自动柜员机（ATM），自动柜员机于 1968 年开始投入使用。现在，在美国 ATM 的数量已超过了 18.7 万台。

电子银行在三个截然不同的领域发展：由个人或企业所做的零售支付和服务，大多数由银行、企业和政府所做的大额转账，其他服务。

美国支付系统的一个概览数据表明，美国 1998 年交易量的 87% 是由现金支付的，但仅占交易总价值的 3%。它们都是小额零头交易。支票占到交易量的 10%，交易总价值的 8%。大多数支票是个人为购买商品和服务而使用的。它们都是相对小的零售支付。电子支付占交易量的 3%，全部交易价值的 89%。电子支付主要是由银行、企业、政府转移大额资金时使用的。然而，个人在零售交易中使用电子银行的数量正在逐步增加。

1. 零售支付和金融服务

零售支付一般是由个人为购买商品和服务所使用的小额支付。美国的零售支付主要取决于纸质支票的使用。在 1996 年，630 多亿张的支票和 150 亿张信用卡用于零售支付。一项研究估计，经营非现金支付系统的成本是 2 250 亿美元或者大约相当于 1996 年国内生产总值的 3%。换言之，每个消费者支付的平均价值是大约 50 美元，处理每笔非现金交易的总成本是 2.6 美元，或约等于被交易价值的 5%。电子支付的使用降低了操作支付系统成本的 2/3。支付技术正在发展，但还没有得到广泛应用。

技术正在改变零售银行业务传递的渠道。消费者不再受地理上的限制和传统的早上 9 点到下午 4 点金融服务营业时间的限制。他们能够使用互联网和移动电话在任何一个地方获得金融服务，同时既保密又安全。然而，一些问题涉及信息的保密性、安全性及欺诈问题。这些问题并不仅限于电子支付。传递的渠道包括自动柜员机、电话银行和各种以荧屏为基础的银行业务，如互联网、可视电话和非互联网 PC 银行业务。电子金融服务包括但并不限于：电子银行业务、电子票据签发和支付、电子商务、电子货币、住房抵押贷款互联网经纪和投资服务，这些题目将在后面讨论。

（1）电子银行。电子银行是通过如 ATM、自动寻呼中心、个人计算机、可视电话之类的电子手段获得银行业服务的活动。这些手段能被用于支付账单、转移资金、申请贷款以及购买互助基金和提供其他金融服务等。当然，ATM 也提供现金。银行可以提供这些室内服务或者与室外业务供应商的合同。比如，免费支票（check free）和直观便利（intuit），就是账单支付服务等室外服务的提供者，这些服务是按与银行签订的合同提供的。

网上银行　1995 年，证券第一网络银行（Security First Network Bank，SFNB）变成了第一家全面可交易互联网银行。1998 年，当它变成了皇家银行财务集团（Royal Bank Financial Group）的一部分时，已拥有 1 800 亿美元资产和 950 万客户。1999 年，在所有这些客户中，不到 40 万人使用了在线服务。他们预计在未来 3 ~ 5 年将增长到 100 万人。有趣的是，我们注意到，为了提供给客户广泛的产品和服务，证券第一网络银行在亚特兰大开办了办事处。一个互联网服务提供者开办有形的办公室并非不寻常。Charles Schwab&Co.，一家主要的证券经纪企业通过电子手段做了其业务的 2/3。然而，一些重要地区的客户要求开设有形的办公室以获得那些通过互联网不能有效提供的服务。

自从证券第一网络银行（SFNB）建立以来，其他网上银行也实现了在线服务。TeleBanc-Financial 和 Net. Bank 是两个广为人知的网上银行。第一银行（Bank One）开办了它自己的网上银行，而 Wingspan—Bank. com. Wingspan 的服务只有在网上才能获得，它在存单、互助基金和其他业务方面同母公司开展竞争。

一些银行从网上银行业务中收取费用。提供支付账单服务的费用从每月 2 ~ 6.95 美元不等。此外，他们还为每笔支付业务收取费用（如 0.4 美元）或者基本费用，比如说，每月每 25 笔支付业务收取 7 美元。

大的传统"红砖墙"银行，如美洲银行、花旗银行和 WellsFargo 都有自己的网页。他们同样提供网上银行的在线服务，还有其他要求有实物存在的产品和服务，如 ATM 和安全存款箱等。如美洲银行和 Wells Fargo 分别拥有 130 万和 90 万客户。虽然大银行正在提供网上银行业务，最近美国货币监理署所做的一项研究表明，很少有银行和存款机构为他们的客户通过网络开展银行业务活动提供选择权。

批发市场的电子银行产品 同样重要的是批发市场上的电子银行产品和服务的发展。比如说，美洲银行为它的公司客户提供衍生产品交易、外汇交易和全球财富的在线服务。纽约银行提供以网络为基础的信用证和包括证券、现金交易报告在内的其他批发银行业务。第一银行把通过提供在线现金管理等服务作为目标。虽然小业务可能被认为是"零售"，在这里所要指的是银行正在为所有客户提供一个不断扩大的基于电子手段的服务。

自动柜员机 自动柜员机 ATM 是全球最常见的电子银行形式，正在使用的 ATM 系统有三种形式。第一种广泛使用的形式是专有系统（proprietary system），由购买或租赁设备的机构操作。但是今天，这些 ATM 已不像共享/地区系统（shared/regional systems）和全国/国际系统（national/international system）那样越来越广受欢迎。

共享/地区系统和全国/国际系统有网络的外部性。网络的外部性意味着单个人使用系统的收益取决于使用该系统的其他人的数量。互联网就是一个好的例子。互联网的有用性随着使用人数的增长而增长。网络使得在世界任何地方通过使用 ATM 的信用卡、借记卡、贷记卡等在 ATM 机上提取现金成为可能。

ATM 机的不同形式提供了不同服务。全方位的 ATM 机执行多种银行和支付功能并发放现钞。提供全面业务的 ATM 机的成本从 2 万美元到 4 万美元不等。这个数字不包括专供电话线的成本（大概每月 120 美元）和其他与服务相关的成本。而现钞处理机的成本仅为 5 000 美元，并且每月仅支付大约 40 美元就可使用直拨电话。鉴于它们相对低成本，现钞处理机在超市、加油站等地方得到使用。

非银行客户可从 ATM 机中透支现金，银行从该项交易中收取交易费来提供运行成本，增加收入。费用从 1 ~ 1.5 美元或更多不等。

使用信用卡从 ATM 透支的客户，必须支付额外的现金透支交易费或财务费用及透支资金的利息。比如，信用卡发行者可按透支现金的 3% 收取现金透支交易费或每笔交易差额的 3% 金额。一些信用卡对每笔交易有最高的交易费用限额（如 25 美元或者 30 美元），而另一些则没有这种限制。如果透支现金是外币，则需加收费用，如加收 1% 的汇率。银行鼓励它们的客户使用现金透支，因为这种交易能得到高额回报。

（2）电子货币的呈递与支付系统。电子货币的呈递与支付系统（EBPP）是以现行纸质为基础的系统的替代品，该系统是为循环票据呈递与支付程序及预先授权贷记支票账户服务的。

由应用公司、保险公司和信用卡公司发行的票据是循环票据。电子手段被认为可减少出票者的成本，对客户来说更加方便。出票者大约需要 0.9 美元来印制和邮寄票据并处理客户的支票和汇款。这些成本不包括联储运行支付系统的成本和与清算小额支付相联系的基础成本。估计电子票据减少出票人的成本到每笔交易大约 0.32 美元。

EBPP 票据要求票据企业租用系统操作人员为客户提供票据。系统操作者可能是银行或者是像第一数据公司（First Data）或微软之类的技术公司。该操作者可以在网站上或互联网上邮寄票据。这种邮寄允许住户在互联网终端查阅账单。住户应当同他的银行，即出票者的银行，做好安排让系统操作员转移资金。查阅账单后，居民能够指令立即或在以后某个日期进行支付。

表 3-1 显示了纸质和 EBPP 系统的比较。EBPP 系统消灭了纸质票据、支票和邮件，它减少了提供票据和托收支付的时间和成本。请注意以电子手段为基础的 EBPP 系统在支付过程中一直在使用联储和清算所。许多清算所属于自动清算所系统（ACH）。该系统在 20 世纪 70 年代，为传统的以纸质为基础的支票清算系统提供一种可供选择的电子手段。

表 3-1　纸质和 EBPP 系统的比较

步骤	纸质系统	EBPP 系统
1. 报表准备	印制报表	电子档案
2. 邮送客户	邮递	网站
3. 签发支付	客户签发支票并邮寄给出票人	客户查阅账单，并在网上授权支付
4. 反馈邮寄给出票人	邮局邮寄支票给出票人	系统操作员发送档案给出票人
5. 登录客户账户	开邮件，登录支付，保存支票	电子登录档案
6. 呈递联储	将支票递送联储	操作员将支付发送清算所
7. 呈递支付行	联储将支票送交支付行	通过清算所，联储通知借记银行
8. 同业交割	联储借记储备客户银行账户并贷记出票者银行账户	联储借记储备客户银行账户并贷记出票者银行账户
9. 借记和贷记银行账户	根据纸质信息客户借记出票者贷记	根据电子档案客户借记出票者贷出

资料来源：Lawrence J. Radecki and John Wenniger. "通过电子手段支付电子账单"《当前经济和金融问题》纽约联储（1999 年 7 月）。

1996 年，大约 100 万客户使用了电子票据支付服务。联储的另一项研究估计，1998 年，住户的 37% 使用电子票据支付。当互联网和银行软件得到广泛使用时，电子票据预计还会增长。另外需要指出的是，电子支付提供了"网络的外部性"。这就是，当消费者从一种产品中所获得的价值随着该产品使用者数量的增加而增加时，其外部性就存在。比如，如果只有一个人拥有传真机，那么这台传真机就没有用处。事实是，许多人都使用传真机才使得传真机有用。对电子银行也是同样。

从我们现行的纸质系统转为 EBPP 系统在美国面临着一些障碍。不像欧洲，EBPP 系统是标准，每个国家只有两三家机构在主导该系统，美国则有 8 000 多家金融服务的提供者，多达千百万计的出票人在运作，他们中的大多数没有提供无障碍网络服务的技术。研究表明从客户的观点看，除非客户能够接受并从多个支付账户支付账单，他们就不会改变自己的签票习惯。

而且，谁应对此负责并对使 EBPP 系统更加完善承担责任并不清楚。

（3）电子基金转账系统。为了减少纸质支票的交易成本，1996 年债务托收改进法要求所有美国政府对私人的支付应由电子基金转账系统来发行，该系统于 1999 年 1 月开始运行。该法的一个例外是国内税收服务支付和对那些没有银行账户者的支付。大约美国住户的 13% 没有与银行打交道，他们同传统的金融机构没有银行业务关系。不与银行打交道的理由是他们不能签发足够多的支票来开立一个账户，他们没有足够的钱，他们不喜欢银行或者不信任银行，他们要保持他们自己的私密性。

1978 年的电子基金转账法和随后的联储监管条例 E（federal reserve regulation e）要求金融机构使用电子基金转账时提供：交易的书面收据，停止预先授权支付的程序，关于如何处理出票错误、未授权、遗失和借记卡被盗等方面的充足信息，在未授权交易情况下可冲销的数量限额。

2. 大额转账

在美国，人们称为大额转账或批发支付的业务通常是由银行、企业和政府来使用。大额转账是通过联储有线（Fedwire）或银行同业支付清算系统（clearing house interbank payments system，CHIPS）来做。国际支付还涉及环球同业银行金融电讯协会（SWIFT）。

（1）联储有线。国内银行同业支付是通过联储有线来转账的，联储有线是由联邦储备运作的电子基金转账系统。它是一个实时总结算系统（real—time gross settlements system，RTGS）。实时总结算系统意味着该系统即时结清每笔交易，而不是一揽子处理交易。它每天运行 18 小时，从东部时间上午 12：30 到下午 6：30，以便利国际资金转账。1996 年，通过联储有线的平均每笔交易大约 300 万美元。

因为联邦储备的核准具有最终效力，因此支付是最终的、不可撤销的。此外，联储还承担了与资金转账相联系的信用风险。这种信用风险一般是指日间透支。如果交易中的资金在当天结束时没有归还，它们就变成了无担保的隔夜透支。联储通过严厉的财务惩戒打击透支，采取行政手段防止机构重复进行日间或隔夜透支。为减少风险，联储根据机构风险资本对每家存款机构设置了日间透支数量限制（债务高限）。

（2）银行同业支付清算系统。国际资金转账使用银行同业支付清算系统。该系统是由纽约清算所协会（New York Clearing House Association，NYCHA）运作的。在 1970 年，为了支付国际美元以电子代替纸质支票，它才开始运作。它每天处理交易 1.4 万亿美元，平均每笔交易 600 万美元。

假设一家法国企业从美国制造企业购买了价值 300 万美元的零部件。法国企业指示其在巴黎的银行以相当于 300 万美元的法郎借记在它的账户上，然后支付给在纽约的美国供应商的银行。该法国银行在纽约的支行，支付 300 万美元给该美国银行。

当资金被转账时，银行同业支付清算系统计算单个参加者与所有其他参加者的净头寸。换言之，银行同业支付清算系统冲抵各参加者互相间的债务以减少应偿付债务的数量。该清算系统被称为多边轧差（multilateral netting）。当日结束时所有头寸结清，那些有净头寸的银行从纽约清算所协会接受联储的资金转账，在纽约联储的银行同业支付清算系统账户的差额为零。那么法国银行和美国银行间的交易就结束了。

作为最大的私人运作支付系统，银行同业支付清算系统必须处理支付清算风险问题。清算风险涉及信用风险（到期一方不能履行承诺的支付义务）、操作风险（给资金接收方的支付指令可能被颠倒）、流动性风险（由于缺乏流动性到期支付指令不能执行）。联储要求银行同业支付清算系统和其他私人批发转账系统保证清算的顺利，防止主要参加者不履行支付义务的情况发生。银行同业支付清算系统有一个处理两家最大参加者失败的程序。尽管风险涉及国际清算，但迄今为止，银行同业支付清算系统还没有未清算的交易。

（3）世界银行同业交流协会。世界银行同业交流协会（The Society For Worldwide Interbank Financial Telecommunications，SWIFT）创立于比利时，为全世界的银行合作拥有，旨在便利成员间的支付和金融信息交流。世界银行同业交流协会主要是交流，实际资金的转账由银行支付清算系统和联储有线来做。

3.1.2　国内电子银行系统

1. 国内电子银行业务发展现状

电子银行作为商业银行业务发展的新型分销方式和渠道，已成为银行业务经营的重要组成部分，并成为展示银行经营形象和竞争实力的重要窗口。近年来，各行的电子银行业务均得到加强，市场基础和发展格局基本形成，对产品营销的推动力和牵引力不断增强。

（1）管理模式初步形成。近年来，各行以有效发展为主题，以质量、效益为核心，进一步明确产品定位，加大营销力度，完善营销服务体系，加强风险控制，使得电子银行对全行经营的贡献度不断提升。电子银行的营销方式正逐步从"以产品为中心"向"以客户为中心"转化。为争夺市场份额，各行在管理模式上都有所创新。有的行单设独立的电子银行部；有的行转换科技部门职能，将科技部更名为电子银行部，具体负责全行电子银行产品的营销和管理工作，将科技部门建成全行电子银行产品的营销、管理和推广中心；有的行由银行卡部门负责电子银行产品的营销、市场调研、客户维护、信息反馈和售后管理工作，由科技部门负责电子银行服务渠道的技术支持。集中统一的管理模式，极大地推动了电子银行产品的营销工作。

（2）服务功能不断增强。目前，各行在电子银行业务方面开发了各具特色的服务功能。例如，招商银行的电话银行系统开发较为完备，可为个人和企业客户提供20余项专业服务，其中代理缴费和通信功能尤为突出；光大银行、交通银行均以在客户申办银行卡的同时自动开通电话银行为特色，话费、上网费、寻呼费、房租费等的代收代付功能较为完善；兴业银行"在线兴业3.0升级版"增加了网上自助申请贷款服务，可一次性完成股票、基金、外汇和国债等多种投资；继"金融e通道"后，工商银行推出了个人网上银行"金融@家"，可为客户提供账户管理、转账汇款、缴费、网上汇市等12类、60多项功能；中国银行企业网上银行5.0版在实现网上银行与银行后台业务系统自动联机处理的基础上，可为企业客户提供全方位的财务管理、资金管理和现金管理服务；农业银行最新推出的3.0版网上银行，增加了漫游汇款、贷记卡还款、网上缴费、记账式债券、开放式基金、分行地方特色业务、电子商务和服务定制等功能，使网上银行在确保安全的同时也实现了推广上的便捷性。

（3）发展速度明显加快。2013 年上半年，各银行在手机银行领域持续发力，用户数量和交易规模较 2012 年均有大幅提升。其中，工商银行、建设银行用户突破 1 亿规模，成为拥有网上银行和手机银行"双亿级"客户群的银行。浦发银行上半年个人手机银行交易额为去年同期的 10 倍，工商银行更是达到 11.6 倍之多。工行电子银行业务从 2000 年起步，经过 10 多年的发展，已探索出一条从无到有、从小到大、从重点突破到全面领先的创新发展之路。尤其是近年来，工行紧密结合移动互联网快速发展引发的金融服务需求变化，推出"移动银行"、"工银 e 支付"、"融 e 购"等互联网创新业务，向广大客户提供更加高效、便捷、优惠、低碳的金融服务，客户足不出户即可享受银行的各项服务，提升了工行的服务品质，真正将工行从"您身边的银行"转变为"您家中的银行"。建设银行于 1999 年 8 月正式推出电子银行业务，经过 15 年的发展，电子银行从无到有，从小到大，目前拥有 1.5 亿网银客户、1.17 亿手机银行用户、2 亿短信金融客户。2013 年，建行推出微信银行。目前，建行微信银行关注用户超过 500 万。农业银行电子银行业务自 2001 年起步以来，已走过近 13 年的发展历程，客户量、交易额等均取得长足进步，电子银行所占比重不断增大。根据中国电子银行网的统计，截至 2013 年 6 月，农业银行手机银行客户达到 7 144 万户，比 2012 年增长 25.66%；手机银行交易额达到 5 233 亿元，比 2012 年增长 24.27%。

（4）客户群体日益壮大。银行传统业务长期以来形成的客户群体，为电子银行业务的发展打下了坚实基础。近年来，各行利用多层次、全方位营销和主动上门推介等方式，吸引了一批实力雄厚的黄金客户。

（5）内部管理走向规范。一是推行规范化管理，为电子银行从立项到产品上线运行全过程拟订规范化操作流程，保证了电子银行的安全和畅通；二是建章建制与技术防范并举，全面加强管理，构筑坚实、牢固的风险防范体系，加强对电子银行的监控；三是制定并完善电子银行管理制度和办法，规范业务操作流程，进一步明确各级行和基层网点在电子银行运营中的工作内容，并结合审计、财会等部门自律监管的要求，将电子银行业务重要凭证领用（销号）和出入库管理、业务检查等内容，纳入监管工作职责中，强化检查与督导。

2. 电子银行业务发展中普遍存在的问题

（1）思想认识不到位，管理工作薄弱。电子银行在相当程度上应能分流柜面业务，缓解柜员劳动强度，并可带来直接的业务收入和高附加值的潜在效益。但在实际工作中，由于一些银行对电子银行认识不足，只是将其作为传统业务的补充手段，在重视直接效益指标考核的情况下，对电子银行业务的积极性不高，领导层对该业务的重视程度不够。由于认识上的偏差，柜员在忙于传统柜面业务时，缺乏主动营销和推介电子银行的意识，使得电子银行的优势无法发挥。

从经营运作层面上看，电子银行是一项系统工程，其业务分散在多个部门之中，如科技、银行卡、会计、个人业务、机构业务、公司业务等，由于缺乏一个专门的部门对其进行统一的规划和指导，造成电子银行在业务拓展和管理控制上各自为政，管理职能分散的局面，使前台操作与后台控制、业务营销与技术支持、产品经理与客户经理间难以协调，部门之间的"合力"无法形成。在立项、开发、管理和风险控制等方面缺乏一套完整、系统的制度和方法，不能适应电子银行发展的需要。

（2）营销机制不健全，客户结构不理想。目前一些电子银行的营销和宣传更偏重于短期行为。在营业网点，电子银行宣传匮乏，柜员对产品缺乏足够了解，更无主动营销意识。在深入网点调研时，我们曾看到，当客户在柜面办理账户查询业务受阻时，柜员却没有意识主动地为客户推介既能方便客户又能减轻自身工作压力的电子银行业务。

从客户结构上看，高低端客户比例明显失衡，客户资源不容乐观，客户结构亟待调整。面对电子银行低端客户占比较大的现实，一些银行的电子银行市场细分不足，客户结构调整不力，存在畏难情绪。

（3）宣传力度不够，市场认知度不高。一些银行对电子银行产品的宣传攻势不大，宣传方式不够丰富，宣传投入乏力，立体营销格局尚未形成，因而市场认知度较低，客户"认购"热情不高。事实上，经过近两年的技术改造，各行的电子银行建设都得到了加强，但由于缺乏深入人心的宣传推动，有些银行的电子银行业务进展缓慢，未形成品牌效应。

（4）功能有待完善，拳头产品较少。目前，许多电子银行尚存在经营特色不足，拳头产品、名牌产品严重匮乏，注册手续复杂，客户等候时间长，操作不便，银行专业术语难懂等问题。例如，电话银行操作相对烦琐，语音报读菜单冗长，造成客户不必要的话费浪费，影响了客户的使用热情。网上银行虽具直观性，但因熟练使用电脑的客户人数相对较少，普及与推广十分有限。同时，频繁改版、升级也在某种程度上影响了系统运行的稳定性，使客户产生陌生感，最终导致客户流失。

（5）售后服务不到位，市场培育能力差。一是客户意见得不到及时反馈，银行产品的部分功能仍有待改进。如企业网上银行与现金管理平台的整合、大客户个性化服务、本地特色业务问题等；二是缺乏有效的跟踪和售后服务体系，相当一部分客户在初次使用电子银行时会存在疑惑，如果在最需要帮助时无法得到支持，将会极大挫伤客户的使用热情，导致客户开户后放弃使用，造成银行系统资源的浪费；三是缺乏足够的市场培育能力。目前，由于许多客户对电子银行概念模糊、认识不清，加之网上黑客猖獗，假冒网站防不胜防，网上交易的安全性难以预料，大部分客户仍习惯于接受面对面的临柜服务，而不愿意选择网上银行做业务。一些地区网速缓慢、无法链接等客观因素也影响了部分客户使用电子银行的积极性。

（6）培训链条断裂，专业人才匮乏。一些银行没有将电子银行的培训工作向下延伸到网点，实际参与培训人数相对于庞大的员工队伍来讲，比例甚小，且灌输式培训很难让受训者得到全面提高，加之部分员工缺乏计算机及互联网知识，实际培训效果并不理想。同时，专业队伍建设滞后，基层行业务和技术骨干不足，员工换岗频繁，队伍稳定性差。有的银行让那些对电子银行一知半解的员工做产品营销和推介，难免会影响到电子银行业务的发展。目前，利益分配和考核机制不健全，主办行与协办行、管理行与经营行之间利益分配不合理，协办行为主办行"埋单"等现象，极大地挫伤了一些银行的积极性。

3. 加快电子银行发展的建议

（1）创新管理模式，提升经营层次。针对电子银行管理分散、效率不高等问题，当务之急是在经营运作层面上对现有电子银行管理部门进行整合与再造，构建专业化经营的组织体系。有三种模式可供考虑：一是转变部门工作职责，将经营行科技部门更名为电子银行部门，具体负责电子银行的集中管理和传统业务的技术支持；二是由银行卡部门牵头，在银行卡部门内部组建电子银行部，实行一套班子，两块牌子，在履行原有卡业务管理职能的同时，行使电子银行经营管理职能；三是单设独立的电子银行部。同时，不断完善管理制度、办法及相关措施，加强部门联动和横向协作，通过传统银行产品和电子银行产品的捆绑销售，为客户提供个性化、一体化的解决方案，提升整体服务品质。

（2）强化品牌意识，健全营销机制。目前，各行电子银行低端客户占比较为突出，面对这样的市场和客户群体，要采取效益领先和差异化相结合的发展战略，科学细分市场，锁定目标客户群，精心打造电子银行精品服务和特色服务，加快推进渠道整合项目和客户服务中心建设。在市场细分的基础上，对客户年龄（组织）结构、企业规模、分布区域、运营能力、行为偏好、个性化需求等进行科学分析和准确判断，实行差异化服务，有针对性地推出适销对路的产品，以巩固原有客户，转化不良客户，挖掘潜在客户。在综合考虑价值度、贡献度、回报率和风险度的前提下，优先抓好重点区域、重点网点、重点客户的业务推动工作，以行业龙头和资金龙头为主攻方向，把资产质量高、信誉度好、发展水平高的大型企业集团（财团）优先发展为电子银行客户。利用产品技术优势和优质服务，优化客户结构，形成核心群体，以点带面推动电子银行全面发展。

为健全营销机制，应突出做好两方面的工作。一是切实抓好内部培训，建立培训成绩与考核、晋升挂钩的机制，为市场营销打下坚实基础；二是建立专业营销队伍，丰富营销手段。建立一支专业营销队伍，对不同客户实施不同的营销策略，为高端客户提供 VIP 服务，为中端客户提供大众服务，为低端客户提供便民服务。在此基础上，逐步建立上门营销、媒体营销、交互式营销、广告营销等立体营销格局，不断丰富营销方式和手段，使电子银行深入人心。

（3）优化产品结构，整合服务功能。进一步加大电子银行产品和功能的整合力度，将现金管理平台、企业在线银行等功能整合到现有电子银行中来，构建全行统一的在线服务系统，开发和推广网上银行地方特色平台，把电子银行做大、做强。以市场需求为导向，删繁就简，着力打造拳头产品，形成核心竞争力。通过流程再造，推行多样化的流程安排和并行作业机制，提高业务集成处理能力，为客户提供一站式、一揽子便捷服务。通过实施标准化服务工程，采取打包推介和捆绑销售方式，建立畅通的营销渠道，进一步扩大电子银行规模，实现电子分销渠道的多功能发展，促进营业网点转型。金融超市、各级行营业部（室）、支行应设立电子银行自助服务区，配置互联网上网设备，让客户利用银行提供的电子银行平台直接办理业务，减少等待时间，逐步实现大量低效及占用柜台资源多的业务向电子银行渠道分流。

（4）健全服务体系，提高服务质量。以客户分类为基础，开展电子银行个性化服务。做到售前有推介，售中有辅导，售后有回访，提高客户响应速度。一是提供规范化服务。为电子银行客户提供咨询、上门换卡、电话投诉、紧急援助、发放对账单等服务项目。二是提供差异化服务。针对黄金客户，可配备专职客户经理，向客户公布手机号码，随时解答和解决客户问题，并组织客户沙龙、黄金客户体验等活动，锁定高端客户。三是提供增值服务。采取客户积分、换卡抽奖等活动，提高客户使用电子银行的频率。同时，引进社会化服务体系，开展免费订房、订票及消费折扣、网上支付等电子商务项目。四是提供附加服务。以对账单为介质，在控制成本的前提下提供最新业务信息、信用级别提示、生日祝贺等服务。五是提供巡访服务。建立电子银行客户资料档案和服务反馈登记簿，采取定期巡访方式，为重点客户提供面对面的服务。

（5）强化部门工作职责，再造业务考评机制。电子银行种类繁多，涉及面广，单靠一个或几个部门不可能取得实质性的突破，必须依靠各部门相互配合和合作才能有所作为。在管理层面，要落实科技、银行卡、机构业务、公司业务、个人业务、会计等部门职责，制定科学、合理的配套考核办法。在经营层面，要建立全行营销、全面营销和全方位营销模式，把电子银行营销落实到每个网点，并与传统业务捆绑在一起，落实到客户经理的营销任务中，并将专业部门专门运作与全行协作结合起来。同时，改变过去自发状态和过度竞争状态下"赔本赚吆喝"的畸形做法，严格按有关管理制度，规范业务核算，加强风险控制。应完善激励措施，按"谁办理、谁受益"的原则，将电子银行收入全部返还给经办行，并按一定比例匹配业务资费。为充分调动全行推广电子银行业务的积极性，协调主办行和经办行的分配关系，应建立利益共享机制，让经办行获得应有的收益。在考核上，应区分不同经营特色行，设置不同的权重分，将电子银行业务作为附加指标纳入全行业务经营考评中，建立以手续费收入为核心指标的考核体系，突出考核电子银行对全行收益的贡献率。应推行"全透明式"的考核模式，不仅要考核各级银行电子银行客户数、业务种类、交易量、交易额、手续费收入等，还要考核电子银行业务在当地市场中的占有率。

综上所述，电子银行已经由银行业最初的"点缀"逐渐成为现代商业银行提高核心竞争力的一种必然选择，而且必将成为取代传统柜台业务的主流渠道和能够改变金融业竞争格局的新型服务渠道。

3.2　电子银行柜台业务系统

电子银行柜台业务系统是银行计算机系统的核心基础业务，以我国电子银行柜台业务为例，它主要包括柜台处理系统、公司业务处理系统和储蓄业务处理系统 3 个子系统。银行柜台业务是最早开发的银行计算机处理业务，也是电子银行开展其他服务的基础。

3.2.1　柜台业务系统概述

银行柜台业务系统处理过程可分为临柜业务处理和账务批处理两个阶段。

临柜业务是在日间银行营业时间进行的，主要完成：客户银行提交的资金结算凭证处理，客户在银行中账户的开户、销户，客户在银行办理各项存款、取款业务及各类查询余额等业务。

账务批处理是银行营业结束、结账平衡后进行的，由主机操作执行，主要完成分户账记账、总账科目更新、打印有关报表、统计有关数据、在特殊日期计息、作月底处理和年终决算等。

银行柜台业务系统的处理过程一般要经过凭证审核、输入数据、柜台账务处理、账务批处理、输出信息 5 个阶段，如图 3-1 所示。

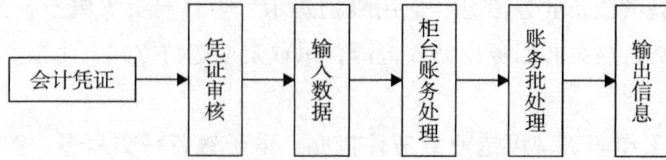

图 3-1　银行柜台业务系统处理过程

（1）凭证审核。它有人工方式、微机印鉴系统、变码机核定及使用密码核对等方式，对会计凭证进行各种合法性、有效性的审核，确保数据的正确性、可靠性。

（2）输入数据。原始数据通常两次录入，并换人复核，确保会计凭证数据正确输入。

（3）柜台账务处理。运用借贷记账法记账，进行相应的财务核对。核对的内容主要包括：按科目每日进行上日余额与当日发生额及当日余额轧差，科目总账与分户账余额核对，现金库存余额分别与实际库存现金和库存现金科目总账的余额核对。

（4）账务批处理。主要完成记分户账，更新总账，产生各类统计、会计报表及相应的定期结息等工作。

（5）输出信息。既可以输出各种相关的会计报表，如日报表、月报表、半年报表、决算报表，也可以输出各类分户账信息、总账信息、登记簿信以及各种统计报表信息等，以满足不同的要求。

3.2.2　公司业务处理系统

公司业务处理系统的范围除了传统的现金收付业务、同城资金结算业务、异地资金结算业务、表外收付业务、开销户业务等，近年来又增加了新的业务处理功能，如外汇会计核算处理、支付管理、电子汇兑、贷款管理、通存通兑业务以及委托收款等。

（1）现金收付业务。主要指银行结算户在存入或提取现金及银行代理税款等收现业务。计算机处理收付交易分为会计记账和出纳管理两部分。

（2）本转资结算业务。该业务主要指同一分理处中账务间的资金转账，通常用一笔本转交易记两方账来实现一记双讫，从而减少操作员的数据输入量，提高银行的业务处理效率。本转交易的输入信息有：借方账号、摘要、金额、贷方账号、支票号等信息。

（3）同城资金结算业务。即提出、提回业务，主要是指在同一城市范围内不同银行、不同分理处之间的客户资金转账，由人民银行资金清算系统自动处理。

（4）异地资金结算业务。即联行往来业务，主要是不同城市或不同地区之间的客户账务资金结算业务，是全国联行或省辖联行的前端处理，主要用于本方的账务处理。交易的输入内容有：借方或贷方账号、金额、邮电标志、邮电笔数和联行标志等信息。

（5）表外收付业务。主要指核算某些发生的经济业务，但尚未涉及资金的实际收付或必须反映和控制的某些重要有价单证等的辅助登记及逾期加息贷款的账户。该交易的输入信息包括：账号、金额、摘要，若为逾期，加息贷款还要输入加息天数等信息。

（6）开销户业务。开户是指各企业单位通过银行办理各种资金结算，使自己成为一名真正的、合法的银行客户。开户交易输入信息有：账号、账户状态、利率、计息账号、计息类型等。销户是指各企业单位在开户银行终止办理资金结算及贷款业务。开户银行核对存款、贷款账户余额，全部无误后给予销户。

(7) 外汇会计核算处理。它是以外国货币设立账户，其处理范围有：目前我国人民银行外汇管理规定的各币种的现金提取和存入、企业进出口业务中的外汇资金结算、票据托收、汇出汇款、单位定期、贷款业务、同业往来、外汇买卖及最新外汇汇率输入等。

(8) 支票管理。这主要指对银行向客户出售的支票和客户在资金结算中所使用的支付进行管理。对出售的支票，在计算机中按组逐张登记支票号；支票遗失时，有支票挂失止付；使用支付结算时，核对密码、图章，系统检查密码正确后，方可使用，并将使用过的支票在计算机中销号。

(9) 电子汇兑。它是商业银行向社会提供的一种新型资金结算业务，是一个计算机网络应用系统，主要处理异地企业单位之间的资金结算业务。

(10) 贷款管理。这主要指对流动资金贷款和固定资产贷款的管理，包括贷款审批、贷款编辑、信息查询、报表打印、贷款计息等。

(11) 对公通存通兑。这是指通兑分理处可以代理在其他行开户的客户其资金结算业务。

(12) 委托收款。它包括委托扣缴业务。这类业务处理主要指受社会某一项公共收费业务主管单位的委托，利用计算机网络，进行数据的采集、传输、缴/收款、打印凭证、退票处理等一系列处理。银行委托贷款须预先与委托单位约定时间、内容、单位账号、户名、凭证内容等，由委托单位采集结算数据，通过网络传送至银行，银行一次批量处理，并将处理结算数据打印出记账凭证交给用户，同时将该数据传回委托单位。

3.2.3　储蓄业务处理系统

银行储蓄业务处理通常经历接受存取款凭单、审核凭证、存取款业务办理、编制科目日结单、轧计现金、编制业务汇总日报表 6 个阶段，如图 3-2 所示。

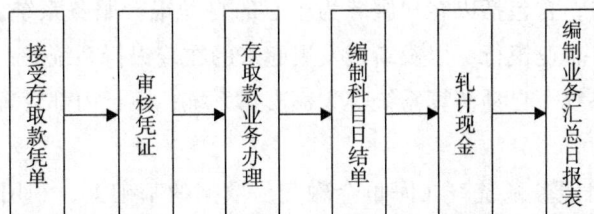

图 3-2　银行储蓄业务处理流程

私人业务系统除了能够处理传统的整存整取、零存整取、活期储蓄、存本取息、定活两便等业务外，还能提供各类新型业务的处理，如代收公共事业费、电话银行轧账、ATM/POS 服务及活期通兑等。

(1) 整存整取业务。指储户设定存期，银行发给存单，到期凭单支取本息的业务。输入的信息有：户名、账号、开户日期、金额、期限、密码等信息。

(2) 零存整取业务。指由储户固定每次存款额，每月存储一次，到期支取本息的储蓄业务。业务输入的信息如：户名、账号、金额、开户日期、期限、密码等。

（3）活期储蓄业务。指随时存取不定期限的储蓄业务。

（4）存本取息业务。指储户存入的本金不动，按月支取利息。业务输入户名、账号、本金、期限、起息日、已取息数、止息日、密码等有关信息。

（5）通存通兑业务。即在联网营业网点 A 储蓄所存入的款项，可以到联网营业网点的 B 储蓄所支取，客户信息资源可以在各营业网点共享。业务处理时，只需输入账号、用户密码、余额、存取款项、存折号即可。

3.2.4   电子银行的服务体系

一般而言，银行的服务对象涉及企业、商户、广泛的大众、政府监管部门、往来银行业以及其他金融机构等多个群体。现代的电子银行服务体系就是采用各种计算机技术，通过各种电子资金转账系统将上述服务对象连接起来，构成一个共享的金融信息网络。在这个共享网络中，银行首先与客户打交道，进行会计业务处理后，完成相关的金融交易活动，同时银行在后台整理交易信息，针对不同的服务和要求，将汇总后的信息进行加工处理，最终实现银行的服务目标。

对此，我们可以根据银行对上述金融服务对象所处理信息的程序以及服务内容的不同划分成 3 个层次：第一层是面向往来金融机构、企业、商户和大众的客户群体，提供金融交易活动的基本业务体系；第二层是在交易信息基础上发展起来的新型金融服务与咨询体系；第三层是将所有金融信息汇总处理后，提交给银行监管部门进行决策的监控体系。

当然，上述应用体系是建立于计算机技术应用发展的基础上的。从计算机技术应用角度来看，金融活动的计算机系统包括：利用联机的分布式数据库的综合业务处理信息系统，以数据仓库和数据挖掘技术为核心的金融增值信息服务系统，利用海量数据建立分析模型的安全监控和金融预警信息系统 3 个层次。

（1）金融综合业务处理系统。电子银行综合业务处理系统是其他系统的基础，涉及范围广泛，从服务形式来看，它包括以客户服务为中心的自助银行服务系统，如 ATM、POS 系统、家庭银行、电话银行、企业银行，以及新近发展起来的在线银行系统等；金融机构之间的电子银行业务如电子汇兑系统、自动清算系统等大额支付系统；银行内部管理以及电子银行柜台业务系统等。

（2）金融增值信息服务系统。在海量金融交易数据的基础上，利用各种现代计算机和现代分析方法，进行信息加工和处理后，为客户提供投资、理财建议和咨询。

（3）金融监控与预警系统。通过汇总来自不同部门的金融交易与处理数据，建立相应的分析模型和监控指标体系，从而为中央银行和其他监管机构提供决策建议信息，以及如何防范各种金融风险建议的辅助决策信息系统。

3.3   电子银行系统的风险及控制

当前，我国各家商业银行的电子银行业务正在快速发展，不少银行相继成立了电子银行部，把电子银行作为未来主要的发展方向。电子银行业务是指银行通过手机、电视、电话、电脑、ATM 等电子渠道向公私客户提供金融产品和服务的过程，已在我国商业银行各项业务中占有重要的地位。

3.3.1 电子银行系统的主要风险

1. 技术风险

技术风险包括技术漏洞风险、系统设计风险和恶意攻击风险等。技术漏洞风险主要指商业银行在进行业务改造时所选择的信息技术还不够成熟、完善，存在一些安全隐患，从而会极大地影响计算机系统运行的稳定性，致使各项金融业务难以正常开展，给商业银行带来信誉或实际的损害。系统设计风险是指在设计电子银行系统时，所选用的软件或硬件不匹配，存在缺陷或冲突，导致系统在运行过程中出现中断所造成的损失。恶意攻击风险是指电子银行系统受到外部的恶意攻击，如计算机病毒发作、电脑黑客入侵等，造成系统瘫痪或机密信息失窃是电子银行面临的最主要的技术风险。

2. 业务风险

电子银行的业务风险主要包括客户操作风险和内部控制风险。由于电子银行的很多业务都需要使用者具备一定的操作技能，如果客户操作不熟练，就有可能产生误操作，也就是产生操作风险；还有一些客户的安全意识不强，将自己的银行卡账号和密码告诉他人，或在 ATM 机上取款后，随处丢弃回单，给犯罪分子可乘之机；更严重的是不少犯罪分子利用短信、邮件、假银行网站等方式骗取客户的银行卡信息，盗取客户资金，给客户造成了巨大的损失。内部控制风险是指由于我国商业银行内控制度建设滞后于金融电子化的发展，信息系统安全管理的基本框架、管理机制、策略方法和工作流程还不完善，一些制度得不到认真执行，导致银行内部人员违规操作或伺机作案，给电子银行安全运行造成风险。

3.3.2 防范的措施

通过分析电子银行面临的各种安全风险，商业银行可以有针对性地采取相应的安全防范措施，提高风险控制能力，尽可能避免电子银行风险的发生。同时，国家也应加快电子银行方面的立法，加大对高科技金融犯罪的打击力度，为电子银行的发展提供有力保障。

（1）加强基础设施建设。首先，商业银行应制定正确的电子银行技术风险管理策略，对建设电子银行的技术方案进行科学论证，确保信息技术安全可靠，电子银行系统设计严密、功能完善、运行稳定。其次，应加大电子银行安全技术投入，提高通信网络带宽，建立灾难备份与恢复系统，增强电子银行抵御灾难和意外事故的能力。再次，应积极引进一些高效的安全产品和安全技术，如将指纹识别技术与银行卡结合起来，以指纹密码代替数字密码，提高客户取款的安全性，目前美国已经开始在 ATM 机上使用指纹识别系统。最后，应采取有效措施防范病毒和黑客的攻击，及时更新、升级防病毒软件和防火墙，提高计算机系统抵御外部网络攻击和抗病毒侵扰的能力，增强电子银行系统的保密性和完整性。

（2）强化客户安全意识。提高客户安全意识是防范电子银行风险的有效途径。首先，银行要加强对客户的安全教育，在客户办理银行卡时，重点介绍安全使用银行卡的知识，提醒客户及时更改原始密码，并在营业网点和自助服务设备上张贴风险防范告示，提示客户保管好各种相关凭证。其次，要充分利用新闻媒体对电子银行安全风险进行宣传报道，向公众介绍犯罪分子利用电子银行盗取客户资金的各种手段，提高客户识别真伪、防范风险的能力。

（3）加强内部管理。首先，商业银行要制定全面的电子银行业务规程和安全规范，并根据业务和技术发展情况及时修订完善，确保及时发现并处理系统运行中出现的各种问题。其次，要建立完善的内部控制机制，科学分配电子银行业务各环节的权限，构建电子银行业务流程与权限相互制约体系，加强对信息系统人员的监控；最后，要建立健全激励约束机制，加强思想政治工作，及时了解员工的思想动态，深入开展爱岗敬业活动，充分调动广大员工的积极性，降低内部违规事件出现的几率。

（4）加强法制建设，加大对犯罪分子打击力度。首先，应建立完善的电子银行法律体系。健全的法律体系是防范和化解电子银行风险的重要手段，虽然目前我国已出台了电子签名法，但还远没有形成体系，因此我国应加快立法进程，尽快构筑完善的电子银行法律体系，给电子银行的发展提供充分的法律保护。其次，应加大对金融犯罪的打击力度。我国公安部门要适应形势变化的需要，提高对高科技犯罪的侦破能力，同时电信、金融行业要主动提供相关的信息资料，积极配合公安部门侦破犯罪案件，采取各种有效措施，加大对电子银行盗窃案件的查处力度，从严从重打击犯罪分子。

本章小结

电子银行是一种新型的银行服务方式，是指银行利用电子计算机技术和网络通信技术，采用网上银行、电话银行、手机银行、ATM 自动柜员机、POS 消费终端、转账电话、缴费机等渠道来为客户提供现金存取、转账、修改密码、账户查询、异地汇款等常规金融服务，和代缴公用事业费、银证转账、基金买卖、黄金买卖、网上支付等新兴理财服务。目前，电子银行已成为金融业务与服务创新的主旋律。

电子银行已在两个不同的领域发展，一个是处理零售业务，小额交易；一个是处理批发业务，大额交易。在零售业务方面，电子银行和电子支付是未来的发展潮流。但是，现在电子支付仅占零售支付的 6%，现金占 75%，其他的就是纸质账户。1997 年，美联储关于支付系统的论坛得出结论，至少在接下来的 10 年，纸质支票仍是支付系统中重要部分。给出的理由是它们使用方便，接受广泛；支票托收的法律基础很好，支票签发者喜欢这种票据。报告还说消费者因为太多种类的选择而弄得混淆不清。而且，支付的电子手段目前还不能提供支票和现金具有的灵活和方便。参加者权利和业务的法律框架还在形成之中，还不能像目前纸质系统那样易于理解。

电子银行市场基础和发展格局基本形成，对产品营销的推动力和牵引力也不断增强，但是我们仍要关注其业务在发展中普遍存在的问题，本章也给出了加快电子银行发展的一些具体建议。

电子银行柜台业务系统是银行计算机系统的核心基础业务，以我国电子银行柜台业务为例，它主要包括公司业务处理系统、储蓄业务处理系统和信用卡业务处理系统 3 个子系统，本章对这 3 个子系统给予详细介绍。

关键术语

电子银行系统	零售支付	大额转账
柜台处理系统	公司业务处理系统	储蓄业务处理系统

习　题

一、填空题

1. 电子银行的特点可以形象地概括为 3A，即（　　）、（　　）和（　　）。

2. 电子银行的主要风险包括（　　）和（　　）。

3. 在美国，大额转账系统包括（　　）和（　　）。

4. 我国的电子银行柜台业务系统包括（　　）、（　　）和（　　）。

二、简答题

1. 什么是电子银行，其主要业务有哪些？

2. 试阐述电子银行的发展趋势及对银行业的意义？

3. 电子银行存在哪几类安全隐患，各种类型有哪些表现形式？

4. 以我国电子银行柜台业务为例，阐述其子系统的业务处理过程。

5. 电子银行服务体系包括哪些组成部分？

三、讨论题

查找资料，总结国内外有哪些著名的电子银行系统，比较我国的电子银行系统与国际上著名的电子银行系统，分析我国电子银行系统需要在哪些方面改进，提出具体的解决措施。

案例分析

万事达将推出内置指纹识别功能的信用卡

据极客网 10 月 17 日报道，近日，信用卡账户安全问题层出不穷，人们对信用卡安全措施的兴趣不断增加。例如，很多国家将 PIN 码和银行卡整合，但是一家名为 Zwipe 的生物公司却别具一格。Zwipe 同万事达卡（Master Card）合作，拟推出具备指纹识别功能的新型信用卡。

信用卡右上方有一小块黑色区域，就是普通信用卡的全息图位置，这个黑色方块就是指纹识别区域。用户只需要将拇指按在指纹识别区，就可以进行刷卡操作。

Zwipe 本计划使用 NFC 支付终端，但是这种技术显然还不够普遍。通常情况下，该信用卡可以在读卡器上读出，但是，如果用户需要用某种方式把拇指按在信用卡上，就会显得很尴尬。

图 3-3　资料图

该信用卡不需要类似 NFC 支付接收器的内置电源，内置芯片的电力来自于与其配套的支付终端，所以用户无须给信用卡充电。听起来很方便吧？不过，还不清楚如何让他人代你刷卡，比如在餐厅结账时。因为该卡只有在读取时才能工作，所以根本不可能提前通过认证。小编的建议是用户可以把拇指和卡一起递过去付款，但这肯定会引起混乱。

该信用卡将于 2015 年开始发行。Zwipe 公司指出，这项技术已经在挪威经过实际验证了，所以，用户无须担心其安全性。

资料来源：郝晓倩，万事达将推出内置指纹识别功能的信用卡，环球网，2014 年 10 月 21 日。

问题： 通过给出的案例，试查阅资料并了解指纹银行的发展情况，分析指纹银行对电子银行的发展产生了哪些影响，讨论这些影响的利与弊。

第 4 章
网 上 银 行

教学目标与要求

☞ 掌握几个权威监管机构对网上银行的定义；

☞ 掌握网上银行的类型；

☞ 了解网上银行的功能和优点；

☞ 了解网上银行的业务及申请流程；

☞ 了解网上银行的系统结构；

☞ 了解企业银行系统的功能及特点。

知识架构

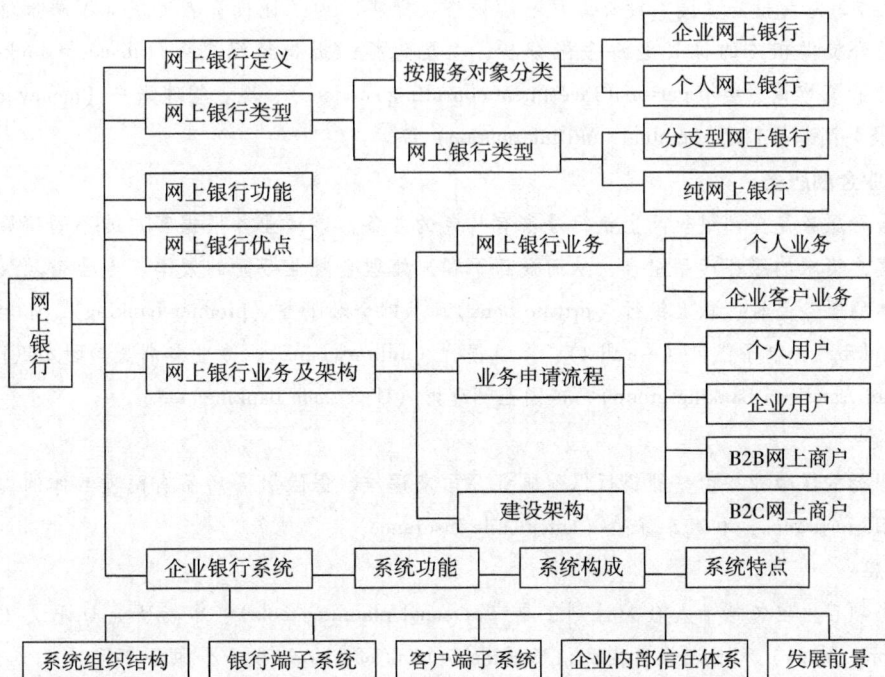

🌀 导入案例

美洲银行的网上银行

美洲银行的网上银行是在线金融服务的领先者，其网上银行业务获得了全球范围内的认可。美洲银行拥有世界上最多的在线注册用户，提供的网上银行服务也相当丰富，主要包括个人金融服务、小企业金融服务和公司及机构金融服务等。在个人金融服务方面，美洲银行提供的在线金融产品基本包括了传统个人金融业务的大部分业务，实际就是其传统业务在互联网上的延伸。美洲银行网上银行提供的个人金融服务主要包括：

1. 储蓄

储蓄业务分为两个部分，一是储蓄基本业务，包括支票账户、储蓄、大额定期存单、个人退休账户等服务内容；二是信用卡服务，由于美国银行业竞争激烈，美洲银行的网上银行在主要业务方面与其他商业银行差别不大。但他们努力开拓新的服务品种，其中最有特色的服务品种就是存款目标和自助银行。存款目标服务主要是帮助客户制订储蓄计划，如为客户提供教育、结婚、购房、度假、购车、退休 6 项美国人主要支出的储蓄计划服务。

2. 贷款与信用

该项服务共设有抵押（mortgages）、信用卡（credit card）和消费信贷（consumer and home equity loans）3 个服务产品。其中，抵押服务是指美洲银行为客户提供购房助理（purchase）和重新筹措资金（refinance）两项业务；信用卡服务是对美洲银行发行的信用卡进行系统的描述和介绍，同时对不同种类信用卡的服务条款等内容作了简介和分析；消费贷款主要包括汽车贷款、房产抵押贷款、抵押、个人信用透支和学生贷款等多项业务。

3. 投资

美洲银行的个人客户投资服务由美洲银行投资服务公司（bank of america investment services Inc.）来操作，它为投资者提供投资管理和理财咨询服务。为了让投资者更快地了解市场情况，投资服务项目还提供相关的每日经济金融分析，主要包括：折扣经纪服务（discount brokerage services）、个人投资咨询服务（personal investment consulting services）、现金管理账户（money manager account）以及共同基金信息（mutual fund information）等。

4. 专业金融服务

专业金融服务是美洲银行网上银行最富有特色的业务，该项业务根据客户的不同需要，设计出满足不同客户需求的服务产品组合，从而提高了客户处理金融业务时的效率。专业金融服务主要包括 7 项具体的服务品种：私人银行（private bank）、基础金融服务（premier banking）、学生金融服务（student banking）、电子钱包（e-wallet）、军事银行（military bank）、专业非洲裔美国人银行（professional african American banking group）、美国亚洲理财（U. S. -asia banking）等。

5. 保险

美洲银行的保险业务由美洲银行保险服务公司来运作，保险服务产品有两项具体的内容，即人寿保险（life insurance）和汽车保险（automobile insurance）。

6. 信息

该服务项目主要包括个人金融计划工具（personal planning tools）、市场研究与评议（market research & commentary）和美洲银行内部信息（inside bank of America）3 个服务产品。

资料来源：财经时报 . 2009 年 11 月 17 日。

从美洲银行的网上银行案例中，我们可以看到网上银行所提供的个人金融服务，由此可以推测其具有的功能所为客户提供的便利。网上银行必将是银行在信息技术发展中面临的必然选择。

4.1　网上银行概述

网上银行是银行业在信息技术，特别是网络技术发展的推动下，不断努力获取市场竞争优势的创新结果，是电子商务在银行业的表现形式。它利用计算机和互联网技术，为客户提供综合、实时的全方位银行服务。相对于传统银行，网上银行是一种全新的银行服务手段或全新的企业组织。国内外许多 IT 厂商和商业银行都在推出自己的网上银行解决方案，目前来说，网上银行的构成还没有形成固定的模式。

4.1.1　网上银行的定义

提起网上银行，人们一般认为它是利用电子化手段提供银行产品和服务的银行，其服务载体是电子网络。还可能把电子银行（e-bank）和网上银行（i-bank）混淆。电子银行是指商业银行利用计算机技术和网络通信技术，通过语音或其他自动化设备，以人工辅助或自助形式，向客户提供方便快捷的金融服务。呼叫中心（call center）、自动柜员机（ATM）、PO、CDM、无人银行等多种多样的金融服务形式都涵盖在电子银行的范畴之内。

目前，网上银行还没有一个最终的科学、规范而准确的定义，为了便于对网上银行进行管理和研究，许多银行机构对网上银行进行了表述，形成了目前关于网上银行的一些定义。以下是几个权威监管机构的定义。

1. 巴塞尔银行监管委员会关于网上银行的表述

1998 年，巴塞尔银行监管委员会（BCBS）发表了题为"电子银行与电子货币活动风险管理"的报告。在这个报告中，网上银行被定义为：那些通过电子通道，提供零售与小额产品和服务的银行。这些产品和服务包括：存货、账户管理、银行顾问、电子账务服务以及其他一些诸如电子货币等电子支付的产品和服务。

一般认为，这个报告是国际银行机构首次以书面和正式文件的形式对网上银行概念做出的定义。这个定义的最大贡献在于，它将网上银行的活动与传统银行的活动分成了两个相对独立的层面，使网上银行的研究摆脱了具体技术和业务方面的局限性。这个定义将网上银行界定为"提供零售与小额产品和服务的银行"，隐含了网上银行是传统银行营销业务的辅助手段的含义。2000 年 10 月，巴塞尔银行监管委员会又发布了新的《电子银行集团活动白皮书》，对网上银行的定义进行了一些补充。新的定义指出，这种银行服务既包括零售业务，也包括批发和大额业务。按照新的定义，网上银行具有与传统银行对等的业务职能，使网上银行具有相对独立的地位。

2. 美联储对网上银行的定义

美联储在 2000 年提出了一个内部使用的定义：网上银行是利用互联网作为其产品、服务和信息的业务渠道，向其零售和公司客户提供服务的银行。

3. 美国货币监理署 （OCC） 关于网上银行的表述

美国货币监理署于 1999 年发表了《网上银行检查手册》，总结了过去对网上银行的各种说法，给出了一个用于监管的定义。在此定义中，"网上银行是指一些系统，利用这些系统，银行客户通过个人电脑或其他的智能化装置进入银行账户，获得一般银行产品和服务信息"。

OCC 的定义是目前网上银行定义中最全面的一个定义。OCC 提出的 "系统" 概念，实质上表明了网上银行作为一个独立组织存在和运行的方式，避免了人们将网上银行活动与营销宣传活动简单地等同。同时，将网上银行的业务扩展到 "一般银行产品和服务信息"，也扩展了网上银行的外延。

4. 欧洲银行标准委员会对网上银行的定义

欧洲银行标准委员会在其 1999 年发布的《电子银行》公告中，将网上银行定义为：那些利用网络为通过使用计算机、网络、机顶盒及其他一些个人数字设备连接上网的消费者和中小企业提供银行产品服务的银行。

这一定义主要是从银行客户的角度概括网上银行的活动，也有一定的局限性。随着网上银行在欧洲的发展，特别是在 2000 年后，欧洲中央银行在实际工作中已将网上银行的活动范围扩展到了所有客户。

5. 香港金管局对 "虚拟银行" 的定义

香港金管局 2000 年 5 月发布了《虚拟银行的认可》指南。在该指南中，金管局并没有对网上银行的一般性概念加以界定，仅对纯网上银行，即虚拟银行的概念进行了说明。在该指南中，" '虚拟银行' 是指主要（并不是完全）通过互联网或其他电子传送渠道提供银行服务的公司，但不包括利用互联网或其他电子方式作为向客户提供产品或服务的另一个途径的现有持牌银行"。对于非虚拟银行，该指南紧接着规定："然而，本指南所载的部分原则，特别是关于电子银行业务的风险管理的原则也适用于该类银行。"

6. 英国银行服务管理局对网上银行的定义

在英国，目前还没有独立的网上银行定义，银行服务局在 2000 年 4 月公布的《储蓄广告条例》中，以附录的形式，对网上银行提出了一个笼统的表述。按照这种表述，网上银行可以定义为：通过网络设备和其他电子手段，为客户提供信息、银行产品和服务的银行。

以上这些定义可以分为广义定义和狭义定义两种：广义网上银行所涵盖的 "网络" 和 "银行业务" 的范围较广，"网上银行" 一词中 "网上" 的含义，并不仅指局域网（LAN）、互联网等开放型电子网络，还包括各类银行内部网络、资金转移网络、支付清算网络，甚至电信网络；网上银行包括了 POS、电话银行、PC 银行、家庭银行（home banking）互联网银行等，涵盖了银行信息化的各个过程。狭义网上银行中的 "网络" 和 "银行服务" 指向比较明确，是指在开放性网络上开展一类或几类银行实质性业务的银行。"网络" 主要指互联网，"银行业务" 包括简单的银行交易和所有银行业务。

通过上述介绍我们可以说广义的网上银行是指电子银行。而本书所说的 "网上银行"，除非特指，都是狭义的概念。网上银行就是指采用互联网数字通信技术，以互联网作为基础的交易平台和服务渠道，在线为公众提供办理结算、信贷服务的商业银行或金融机构，也可以理解为互联网上的虚拟银行柜台。

4.1.2　网上银行的类型

1. 按服务对象分类

按照不同的标准，网上银行可以分为不同的类型。如按服务对象，可以分为企业网上银行和个人网上银行。

（1）企业网上银行。企业网上银行主要针对企业与政府部门等企事业组织客户。企事业组织可以通过企业网上银行服务实时了解企业财务运作情况，及时在组织内部调配资金，轻松处理大批量的网上支付和工资发放业务，并可处理信用证相关业务。例如，中国农业银行企业网上银行是中国农业银行为企业客户提供的网上自助金融服务，它受到企业界的瞩目。图4-1为中国农业银行企业网上银行（普及版）的登录页面。

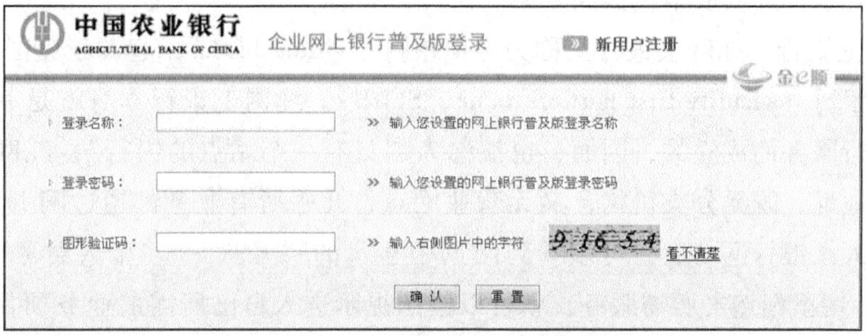

图4-1　中国农业银行企业网上银行登录页面
资料来源：https://easyabc.95599.cn/supcorporbank/QryVersionStartUpAct.do.

（2）个人网上银行。个人网上银行主要适用于个人与家庭的日常消费支付与转账。客户可以通过个人网上银行服务，完成实时查询、转账、网上支付和汇款功能。个人网上银行服务的出现，标志着银行的业务触角直接伸展到个人客户的家庭 PC 桌面上，方便实用，真正体现了家庭银行的风采。

中国农业银行个人网上银行是中国农业银行为个人客户提供的网上自助金融服务，近年来在广大的个人客户群体中影响日益加大，越来越多的个人成为中国农业银行个人网上银行的注册客户。图4-2为中国农业银行个人网上银行的登录页面（卡号登录）。

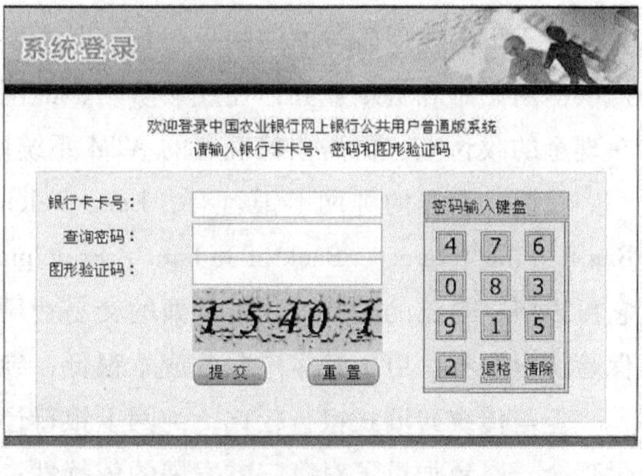

图4-2　中国农业银行个人网上银行登录页面
资料来源：http://easyabc.95599.cn/commbank/net-Bank/zh_CN/CommLogin.aspx.

2. 按经营组织形式分类

按经营组织形式，可以分为分支型网上银行和纯网上银行。

（1）分支型网上银行。分支型网上银行是指现有的传统银行利用互联网作为新的服务手段，建立银行站点，提供在线服务而设立的网上银行。它类似于该银行的其他物理分支机构或柜台，是原有的银行业务与网络信息技术相结合的结果，相当于银行的一个特殊分支机构或营业点，因而又被称为"网上分行"、"网上柜台"、"网上分理处"等。

分支型网上银行一般既单独开展业务，又为其他非网上分支机构提供辅助服务。早期的单独业务主要集中在账务查询、转账、在线支付等一些不涉及资金实物转移和书面文件需求的领域。但随着网络技术和电子商务的发展以及客户对网上银行和电子支付工具的日渐熟悉，现在的分支型网上银行已经能够独立开展各类银行业务，包括网上开户、网上贷款、电子支票或账单提交、资产或证券交易等。

在这些网上银行中，大部分银行沿用其现有银行的名称和品牌，也有部分银行从战略的角度考虑，使用了新的名称。

分支型网上银行的优点在于，它可以利用现有银行已有的技术、人员和客户资源，有效地帮助主体银行改善银行形象和客户服务手段，迅速开发新的银行服务产品，扩展市场空间和渠道，满足客户要求，降低成本，提高效率。

（2）纯网上银行。纯网上银行又称为虚拟银行（virtual bank），起源于美国 1985 年开业的安全第一网上银行（security first nerwork bank，SFNB）。纯网上银行本身就是一家银行，是专门提供在线银行服务而成立的，因而，也被称为"只有一个站点的银行"。纯网上银行一般只设有一个办公地址，既无分支机构，又无营业网点，几乎所有业务都通过网上进行。以 SFNB 为例，客户进入该银行网站后，可以看到网页中显示的"开户"、"个人财务"、"咨询台"、"行长"菜单，用鼠标点击所需服务，就可以按照提示进入自己所需的业务项目。这种银行开户与传统银行不同，客户只要在网页上填一张电子银行开户表，输入自己的姓名、住址、联系电话以及开户金额等基个信息发送给银行，并用打印机打出开户表，签上自己的名字后连同存款支票一并寄给银行即可。几天后，顾客会收到一张电子银行的银行卡，顾客用它就可以在大部分银行提款或存款，并进行各类投资与结算。

处于不同发展阶段的纯网上银行，其主要业务亦不相同。在初级阶段，纯网上银行一般不提供信用评定和贷款业务；在成熟阶段，纯网上银行几乎具有传统银行所有的产品和服务。但在现金的收付上，仍需依赖现有的 ATM 系统网络或邮政系统。

目前，著名的纯网上银行有：Egg、Telebank、ING Direct、NetBank、Security First Nerwork Bank、First Internet、Bank of Indiana、Principal Bank、Compubank 等。纯网上银行的优势在于：它可以树立自己的品牌，以极低廉的交易费用实时处理各种交易，提供一系列的投资、抵押和保险综合服务。由于其客户服务成本很低，纯网上银行还可以提供更优惠的存贷款利率。

但与传统砖墙式银行相比，纯网上银行还存在着一些目前难以克服的缺陷。例如：无法收付现金，以致加重了对第三方发展的依赖性；改变以往银行保存交易记录的方式，需要法律和客户方面的不断确认；需要培养银行客户的信任度和忠诚度等。

4.1.3 网上银行的功能

随着互联网技术的不断发展创新，网上银行提供的服务种类、服务深度都在不断地丰富、提高和完善。从总体上讲，网上银行提供的服务一般包括两类：一类是传统商业银行的业务品种的网上实现。这类业务基本上在网上银行建设的初期占据了主导地位,传统商业银行把网上银行是作为自身业务品种的一个新兴分销渠道来对待;另一类是完全针对互联网多媒体互动的特性来设计提供的创新业务品种。同时,在组织机构和业务管理模式上也从根本上打破了传统商业银行的各种条条框框,成为真正意义上的网上银行。

从业务品种细分的角度来讲,网上银行一般包括以下几个方面的功能。

1. 公共信息的发布

网上银行通过互联网发布的公共信息,一般包括银行的历史背景、经营范围、机构设置、网点分布、业务品种、利率和外汇牌价、金融法规、经营状况、招聘信息以及国内外金融新闻等。通过公共信息的发布,网上银行向客户提供了有价值的金融信息,同时起到了广告宣传的作用。通过公共信息的发布,客户可以很方便地认识银行,了解银行的业务品种情况以及业务运行规则,为客户进一步办理各项业务提供了方便。

2. 客户的咨询投诉

网上银行一般以 E-mail、BBS 为主要手段,向客户提供业务疑难咨询以及投诉服务,并以此为基础,建立网上银行的市场动态分析反馈系统。通过收集、整理、归纳、分析客户各式各样的问题和意见以及客户结构,及时地了解客户关注的焦点以及市场的需求走向,为决策层的判断提供依据,便于银行及时调整或设计创新出新的经营方式和业务品种,更加体贴周到地为客户服务,并进一步扩大市场份额,获取更大收益。

3. 账务的查询勾兑

网上银行可以充分利用互联网一对一服务的特点,向企事业单位和个人客户提供其账户状态、账户余额、账户一段期间内的交易明细清单等事项的查询功能。同时,为企业集团提供所属单位的跨地区多账户的账务查询功能。这类服务的特点主要是客户通过查询来获得在银行账户的信息,以及与银行业务有直接关系的金融信息,而不涉及客户的资金交易或账务变动。

4. 申请和挂失

主要包括存款账户、信用卡的开户、电子现金、空白支票申领、企业财务报表、国际收支申报的报送、各种贷款、信用证并证的申请、预约服务的申请、账户挂失、预约服务撤销等。客户通过网上银行清楚地了解有关业务的章程条款,并在在线直接填写、提交各种银行表格,简化了手续,方便了客户。

5. 网上银行支付

网上银行支付功能主要向客户提供互联网上的资金实时结算功能,是保证电子商务正常开展的关键性基础功能,也是网上银行的一个标志性功能,没有网上支付的银行站点,充其量只能算作一个金融信息网站,或称作上网银行。网上支付按交易双方客户的性质分为 B2B(Business to Business)、B2C(Business to Consumer)、C2C(Consumer to Consumer)等交易模式,目前,由于从法律环境和技术安全性方面的考虑,在 B2C 和 C2C 功能的提供上各家银行比较一致,B2B 交易功能的提供尚处在不断摸索和完善之中。

(1)内部转账功能。客户可以在自己名下的各个账户之间进行资金划转现为定期转活期、活期转定期、汇兑、外汇买卖等不同币种、不同期限资金之间的转换，主要目的是为了方便客户对所有资金的灵活运用和进行账户管理。

（2）转账和支付中介业务。客户可以根据自身需要，在网上银行办理网上转账、网上汇款等资金实时划转业务，该业务为网上各项交易的实现提供了支付平台。客户可以办理转账结算，缴纳公共收费（煤、水、电、房、电话、收视费等），和发放工资、银证转账、证券资金清算等以及包括商户对顾客（B2C）和顾客对顾客（C2C）商务模式下的购物、订票、证券买卖等零售交易，也包括商户对商户（B2B）商务模式下的网上采购等批发交易，这类服务真正地实现了不同客户之间的资金收付划转功能。

（3）金融创新。基于互联网多媒体信息传递的全面性、迅速性和互动性，网上银行可以针对互联网特点，针对不同客户的需求开辟更多便捷的智能化、个性化的服务，提供传统商业银行在当前业务模式下难以实现的功能。比如针对企业集团客户，提供通过网上银行查询各子公司的账户余额和交易信息，并在签订多边协议的基础上实现集团内部的资金调度与划拨，提高集团整体的资金使用效益，为客户改善内部经营管理、财务管理提供有力的支持。

在提供金融信息咨询的基础上，以资金托管、账户托管为手段，为客户的资金使用安排提供专业化的理财建议和顾问方案。采取信用证等业务的操作方式，为客户间的商务交易提供信用支付的中介服务，从而在信用体制不尽完善合理的情况下，积极促进商务贸易的正常开展。建立健全企业和个人的信用等级评定制度，实现社会资源的共享。根据存贷款的期限，向客户提前发送转存、还贷或归还信用卡透支金额等提示信息。

4.1.4　网上银行的优点

1. 网上银行不受营业场所局限

由于无须借助营业场所，使银行的触角进到世界各个角落，并且直接进入千家万户，是客户当家理财的好帮手。

2. 工作人员比传统银行少

由于不需要大量工作人员和硬件设施，所以开设网上银行的成本仅仅相当于开设传统银行的2.5%~5%，大大减少了日常开支。它没有营业场所，也没支出费用，使得网上银行经营成本只有一个网址，却可以相当于经营收入的15%~20%，而传统银行的经营成本则占经营收入的60%。

3. 增加客户数量，提高服务水平

由于网上银行有许多优越性，所以客户人数迅速增长，据有关统计，目前每年在以15%的速度增长，2008年在英国，约1100万英国用户登录银行网站。这个数字大约是英国所有网民的33%，最受欢迎的网上银行是苏格兰皇家银行，拥有290万用户。不仅如此，客户因错过营业时间被拒于门外的现象将再也不会发生，因为它是每周7天，24小时服务，充分满足了客户的需要。

4. 迅速了解客户信息，并且加强资产负债管理，还易于拓展业务

网上银行能够迅速地了解各家客户的各种信息，依此对各家客户进行信誉评估，以确定是

否向某企业发放贷款，何种方式发放贷款，发放多少贷款，贷多少时间等，借助网上银行的这种功能（由互联网网络提供的功能）网上银行更易于加强资产负债管理，防范并降低信贷风险。还可以拓展银行业务范围，开展各种各样新业务，如信息发布、留言板及商业服务等。

4.2 网上银行的业务及架构

4.2.1 网上银行业务

1. 个人业务 （对私）

（1）个人客户。以农行为例，网上银行个人客户分为注册客户和公共客户。

- 注册客户可享受信息查询、转账交易、漫游汇款、贷记卡还款、网上缴费、理财服务、信息管理、网上外汇宝、电子工资单查询等服务。
- 公共客户可享受金穗借记卡、准贷记卡或贷记卡账户余额和明细信息查询，查询密码修改或挂失，漫游汇款兑付，电子工资单信息查询等服务。

（2）服务特点。以农行为例，其服务特点为以下几个方面，如表 4-1 所示。

表 4-1 农行网上银行个人服务功能统计

个人用户服务功能列表

业务功能	子项	功能概述	个人用户	公共用户升级版	公共用户普通版
信息查询	账户余额查询	查询登记的借记卡、准贷记卡余额	●	●	●
		查询登记的活期存折或活期一本通账户余额	●		
	账户明细查询	查询登记的借记卡、准贷记卡交易明细	●	●	●
		查询登记的活期存折、活期一本通账户交易明细	●		
	网上交易记录查询	查询通过网上银行进行的交易流水信息	●		
	网上支付消费交易查询	查询电子支付卡的历史交易信息	●		
	电子工资单查询	查询单位为个人发放的工资单信息	●	●	●
转账交易	内部转账	在网上银行登记的账户之间资金互转	●		
	支付转账	可以使用登记的账户对外支付。目前农行借记卡、准贷记卡之间的汇款已实现了全国实时达账	●		
	收款方管理	登记维护收款人信息	●		
	款项用途维护	对转账时用途输入项的维护	●		
漫游汇款	漫游汇款	汇款人无须指定汇入行，自行设定兑付密码，获取漫游汇款号	●		
	漫游汇款兑付	取款人可凭漫游汇款号和兑付密码在网上兑付	●	●	●
	漫游汇款明细查询	查询漫游汇款的历史交易信息，如汇款账号、漫游汇款号、收款人姓名等	●		
	漫游汇款退汇	将尚未兑付的漫游款退回指定的注册账户上	●		
	漫游汇款超期查询	查询超过两个月的您通过注册账户汇出且未兑付的漫游汇款明细资料	●	●	●

（续）

个人用户服务功能列表

业务功能	子项	功能概述	个人用户	公共用户升级版	公共用户普通版
贷记卡还款	贷记卡还款	可以用网银登记账户（借记卡、准贷记卡、活期存折等）对贷记卡进行消费还款	●		
	贷记卡登记	可以登记客户要在网上还款的贷记卡账户信息	●		
	贷记卡余额查询	查询已登记贷记卡的当前余额和可用余额	●		
	贷记卡明细查询	查询已登记贷记卡的历史交易明细信息	●		
网上缴费	网上缴费查询	查询已登记的电话费、手机费等应缴费信息	●		
	网上缴费	缴纳已登记的电话费、手机费等	●		
	网上缴费信息维护	登记在网上银行交纳的缴费类型及相关缴费号码信息	●		
开放式基金	签约解约	客户在网上指定或取消已注册的借记卡作为基金交易账户	●		
	TA 开户销户及查询	客户在网上开立或消除基金 TA 账户，并查询自己名下已开立的 TA 账户	●		
	认购基金	实现发行期内的基金购买	●		
	申购基金	实现交易期内的基金购买	●		
	赎回基金	实现持有的基金赎回，并收回资金的过程	●		
	撤单	实现基金认购、申购、赎回等交易的撤销	●		
	账户基本情况查询	个人客户查询已在农业银行网点登记的基金账户内的基金情况	●		
	交易信息查询	查询一个时间段内基金账户内基金的交易情况	●		
	基金换卡	客户在网上变更指定的基金交易借记卡账户	●		
	基金转换	客户在网上对持有的同一基金管理人管理的不同基金进行转换	●		
	基金设置分红方式	客户在网上设置或修改某只基金分红方式：派现金或派基金单位	●		
	基金行情显示	显示基金的基金代码、TA 代码、单位净值等要素	●		
记账式债券	债券签约解约	客户在网上指定或取消一张已注册的借记卡为债券交易账户	●		
	债券买卖	客户可进行债券的买卖	●		
	债券换卡交易	客户在网上变更指定的记账式债券交易借记卡账户	●		
	债券行情查询	客户可查询记账式债券行情信息	●		
	债券持有量查询	客户可查询本人所持有债券情况的查询	●		
	债券交易明细查询	客户可查询债券的交易明细	●		
	债券非账务性交易明细查询	客户可对债券的非账务性交易明细查询	●		
	当日行情查询	客户可查询债券的当日行情信息	●		

（续）

个人用户服务功能列表

业务功能	子项	功能概述	个人用户	公共用户升级版	公共用户普通版
外汇宝	外汇余额查询	查询各个外汇币种账户余额	●		
	市价交易	客户按照我行给出的报价直接实时成交的外汇交易	●		
	委托交易	我行接受客户委托，在委托期限内当价格达到客户委托的汇率时，系统将自动为客户成交的外汇交易	●		
	多重委托	客户可以将一个币种同时对多个币种进行挂盘委托，每一个货币对指定一个委托价格，无论哪个货币对的市场价格先达到或超过委托价格则该品种成交，其他货币所对的委托同时自动撤单	●		
	连环委托	客户同时进行相联系的两笔委托，当第一笔委托成交后，根据第一笔成交的币种金额进行第二笔委托	●		
	委托撤单	撤销已委托但尚未成交的委托指令	●		
	银行牌价定制	客户根据自己的需要定制所需在屏幕上显示的外汇货币对银行牌价	●		
	更换交易卡	使用同一客户证书下的另外一张银行卡替代当前银行卡作为外汇宝的交易卡	●		
个人信息管理	基本信息维护	维护个人的登记信息	●	●	
	修改账户密码	修改账户的查询密码	●	●	●
	修改支付密码	修改账户的支付密码	●	●	
	修改登录密码	修改账户的登录密码	●	●	
	网上挂失	挂失客户的银行账户	●	●	●
	客户证书更新	更新客户的客户证书	●	●	
	注册账户管理	客户登录后，可以添加、删除、查询同一证件类型和证件号下的所有注册账户		●	
	注销公共客户升级版	客户可注销自己的登记账户		●	
	更换银行卡登录	更换一张银行卡登录			●
服务定制	账户指定	客户根据需要选择相应服务的账户指定，所有服务必须已经在网点办理了签约手续，如果没有签约将不能在网上银行使用这些业务	●		
客户验证码生成	客户验证码生成	系统为客户生成的一串随机数字。客户拨打95599客户服务电话时，客户代表需要客户告知该密码以验证客户身份	●		
电子支付卡	申请电子支付卡	申领电子支付卡	●	●	●
	维护电子支付卡	可以对电子支付卡交易限额、每日最高交易笔数、支付卡状态等信息进行修改	●	●	●
	注销电子支付卡	使电子支付卡失效	●	●	●
	查询电子支付卡资料	查询电子支付卡的交易限额、使用次数、有效期等信息	●	●	●
	查询交易资料	查询电子支付卡的历史交易信息	●	●	●

注：表中仅列出个人主要服务功能。

- 全面账户管理。可以把活期存折、储蓄卡、借记卡、准贷记卡、活期一本通等各类农行账户注册到自己的客户号下，只需轻点鼠标，就能够轻松管理各类账户。
- 资金任我调度。农行全国银行卡账户之间汇款实时达账，通达全国，突破时间、空间的障碍，真正实现资金划拨"零在途"。
- 全方位安全保障。不仅在技术上采用国际高标准的 PKI 公钥体系结构、128 位 SSL 安全通信协议、图形码、动态密码键盘和使用无法复制的 USB-KEY 电子证书，同时在业务流程、运行管理等方面提供全方位的安全保障体系，从根本上保证客户资金安全。
- 外汇轻松理财。可以轻松进行金钥匙外汇宝（个人实盘外汇买卖）的各种交易。外汇频道提供了最新、最全面的外汇资讯及专业的外汇交易分析工具，让您外汇理财更轻松。
- 便捷新体验。特别制作了全自动智能安装包，可以轻松开始网上银行之旅。

2. 企业客户业务 （对公）

通过网上银行，企业财务人员无须到银行网点就能管理所有支票账户、单位卡账户以及贷款账户，完成通达全国的资金实时结算。最新推出了网上代付业务，可以轻松完成代发工资、公务报销等各种日常财务工作。同时还推出了网上代收、电子工资单等服务。对于集团企业，集团母公司可以实时监控各子公司的账务状况，上划、下拨、调拨、支付资金，实现整个集团公司的财务统筹管理。

企业用户服务的特点包括：

（1）资金"零在途"。95599 在线银行已实现全国农行账户之间的实时到账，突破时间、空间的障碍，真正实现全国资金汇划"零在途"。

（2）安全"全方位"。网上银行不仅在技术上采用国际标准的 PKI 公钥体系结构，以及目前安全性最强的 128 位 SSL 安全通信协议和使用无法复制的 USB-KEY 电子证书，同时在业务流程、运行管理等方面提供全方位的安全保障体系，从根本上保证客户资金安全。

（3）服务"新体验"。设计了灵活的网上财务管理功能，企业可按自身管理特点选择网上财务内控模式，通过合理分配各级财务人员的功能权限，有效控制每笔资金的交易流程，有效防范内部风险（见表4-2）。

表 4-2   农行网上银行企业服务功能统计

业务功能	子项	功能概述
查询	账户余额查询	查询登记注册的支票户、单位借记卡和准贷记卡、一户通账户余额信息
	账户明细查询	查询登记注册的支票户、单位借记卡和准贷记卡、一户通账户交易明细
	被拒绝交易查询	操作员查询自己录入而被复核员拒绝的交易
	支票状态查询	查询支票的当前使用状态
	贷款账户余额查询	查询贷款账户的余额等信息
	贷款账户明细查询	查询贷款账户的交易明细信息
	网上交易流水查询	查询通过网上银行进行的交易流水明细信息
	未处理业务查询	操作员查询待处理的网银交易，如落地业务交易
	网上收款明细查询	查询贸易伙伴通过网上银行向本企业汇入的款项
	操作员交易历史查询	查询操作员自己操作的历史交易明细
	转授权历史记录查询	查询操作员之间转授权的历史记录

（续）

业务功能	子项	功能概述
转账交易	内部转账	在登记的账户之间进行资金调拨。提供灵活的复核机制，企业可以自己设置交易复核模式
	支付转账	使用登记的支票结算账户对外付款
银行卡交易	银行卡内部转账	本企业的单位注册卡账户向本企业的其他注册账户之间的转账
	银行卡支付转账	本企业的单位注册卡账户向其他企业账户之间的转账
	公务报销	企业注册卡账户向个人账户进行的单笔转账
集团理财	子公司账户查询	查询子公司账户信息
	子公司账户明细查询	查询子公司账户明细信息。账户可以分层分组设置
	子公司当日交易查询	查询子公司账户当日交易明细信息
	查询上划资金金额	查询母公司从各子公司账户上划资金的汇总金额
	查询下拨资金金额	查询母公司下拨给子公司的资金金额
	查询上划、下拨明细	查询母公司和各子公司账户之间上划、下拨资金的明细信息
	从子公司上划	母公司发起交易，从子公司账户将资金划回母公司
	向子公司下拨	母公司发起交易，从母公司账户将资金划回子公司
	子公司之间内部调拨	母公司在子公司账户之间进行资金调拨
	用子公司账户支付	母公司直接用子公司账户向任意账户付款
现金管理	现金管理账户余额查询	查询现金管理资金账户余额
	现金管理账户明细查询	查询现金管理资金账户收支明细
	资金归集关系查询	查询现金管理的资金上下级归集关系
	上存资金余额查询	查询某子公司上存到母公司的资金余额
	汇总上存资金余额查询	查询各子公司汇总上存到母公司的资金余额
	上存支取明细查询	查询某子公司的上存、支取明细
	下拨资金余额查询	查询母公司下拨给某子公司的资金余额
	汇总下拨资金余额查询	查询母公司的汇总下拨资金余额
	下拨上划明细查询	查询某子公司的上划、下拨明细
网上缴费	网上缴费	企业可添加和维护已开通的缴费项目
	网上缴费查询	查询网上交易情况
电子工资单	电子工资单定义	企业根据自己工资单结构定义电子工资单各相关要素
	电子工资单上传	企业将已定义好的电子工资单文本上传网银以供查询
	电子工资单查询	企业对已上传的电子工资单进行查询、删除等操作
预约业务	预签汇票录入	预约时间录入签发银行汇票信息
	预签本票录入	预约时间录入签发银行本票信息
	预约提现	企业将所需提取现金的金额、配款要求、领取时间等信息通知提交到开户行
代收业务	批量代收文件上传	企业批量上传代收清单文件
	批量代收结果查询	企业对提交的代收交易结果进行查询
	代收授权账号查询	企业按合同号、账号、身份证号对单笔代收清单进行查询
代付业务	批量代付文件上传	企业批量上传代付清单文件
	批量代付结果查询	企业对提交的代付交易结果进行查询
	单笔代付	企业从注册账户向个人账户进行的转账交易
系统管理	转授权登录	企业管理员可设定转授权权限，允许企业操作员以另一操作员的身份登录
	款项用途维护	用于维护转账时需选择的转账用途
	网上缴费维护	用于添加和维护企业缴费项目
	收款方信息维护	维护转账交易中的转出账户，只有在此功能中添加过的账号，做转账时才会发现相应账号在转出列表中出现
	客户端下载	下载相关文档

（续）

业务功能	子项	功能概述
复核打印	转账类交易复核	对转账类交易进行复核
	缴费类交易复核	对缴费类交易进行复核
	预约类交易复核	对预约类交易进行复核
	批量代付交易复核	对批量代付类交易进行复核
	交易发送	对复核的交易进行发送
离线客户端工具	收款方维护	企业在离线端中对收款方账户信息资料进行登记和维护
	转账交易	企业在离线端中进行转账交易信息录入
	集团理账	企业在离线端中进行集团理账相关交易录入
	银行卡交易	企业在离线端中进行银行卡交易相关信息录入
	预约业务	企业在离线端中进行预约业务信息的录入
	文件管理	企业在离线端中进行 ERP 数据转换及代收代付清单分割等操作
分行特色业务		企业客户根据权限访问当地分行为其开通的特色网银业务

4.2.2　网上银行各种业务的申请流程

1. 个人业务申请流程

以中国农业银行为例，其网上银行个人业务申请流程如图 4-3 所示。

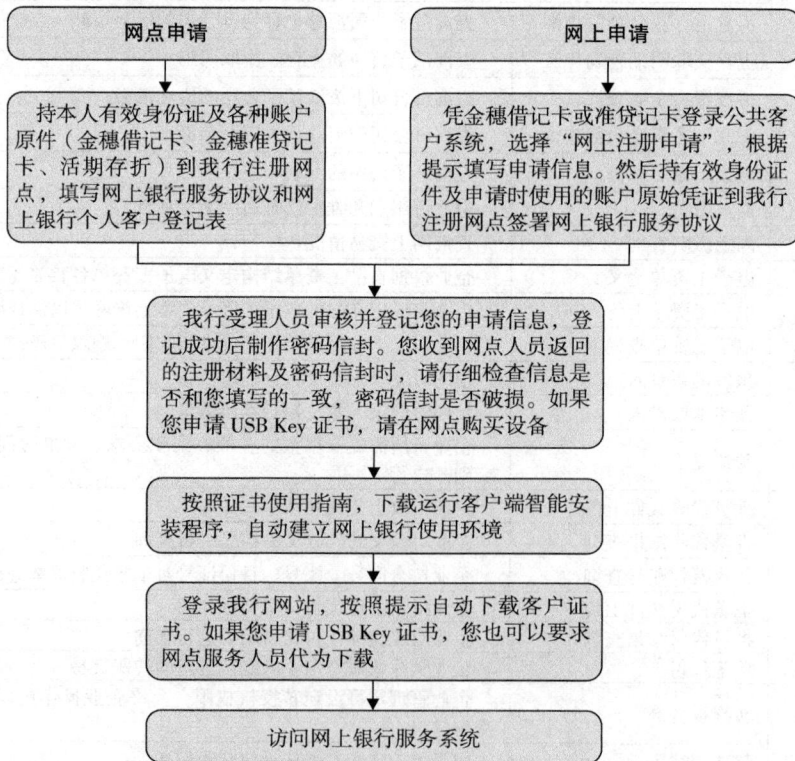

图 4-3　中国农业银行网上银行个人业务申请流程

2. 企业用户申请流程

以中国农业银行为例，网上银行企业客户申请流程如图 4-4 所示。

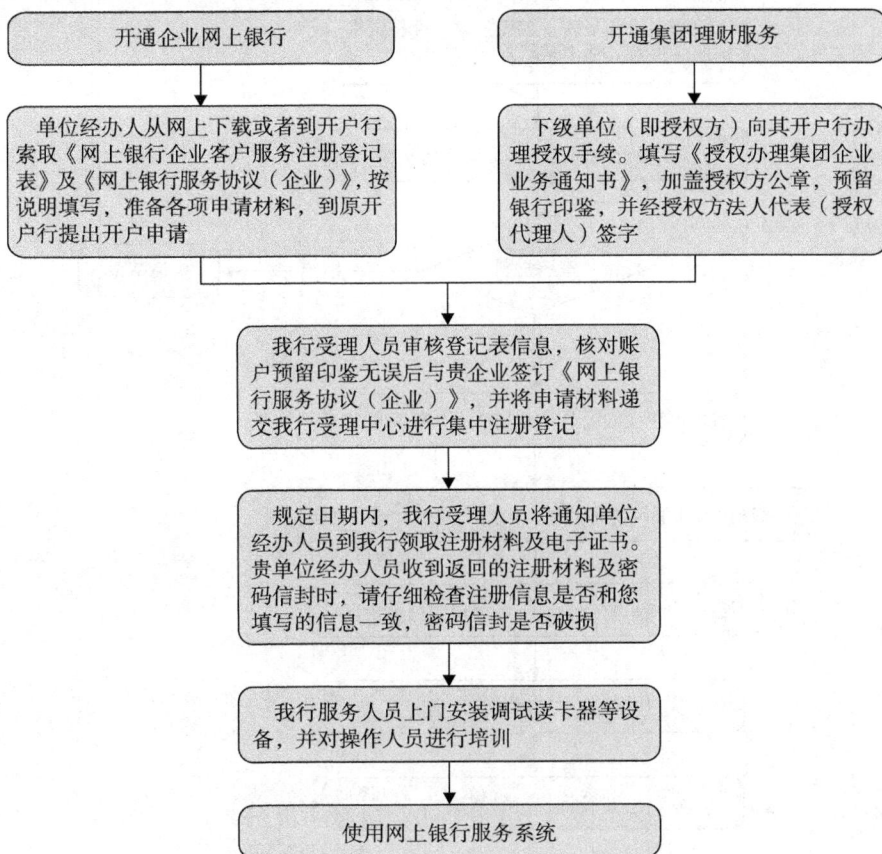

图 4-4 中国农业银行网上银行企业客户申请流程

3. B2B 网上商户申请流程

以中国农业银行为例，其 B2B 网上商户申请流程如图 4-5 所示。

4. B2C 网上商户申请流程

以中国农业银行为例，其 B2C 网上商户申请流程如图 4-6 所示。

4.2.3 网络银行的建设架构

本架构是根据银行的业务需求和其现有 IT 系统，并基于 CFCA 证书安全体系的网络银行建设架构。主要功能及特点包括：高性能 Web 服务器，支持 SSL3.0；基本和全面的网络银行业务功能，包括银行业务介绍、金融信息账户查询、转账、支付等金融交易；基本成熟的网络银行软件包，兼具系统稳定性好、实施周期短、未来扩展性好的特点；完整的安全防范措施，确保企业内部网络数据安全；数字安全证书，确保访问和交易安全性；B2B 及 B2C 网上支付；全面 WAP 服务支持。

```
        ┌─────────────────┐
        │     开始申请      │
        └─────────────────┘
                 │
    ┌─────────────────────────────┐
    │ 填写商户申请表，加盖公章，准备资格 │
    │ 证明文件等其他申请材料            │
    └─────────────────────────────┘
                 │
    ┌─────────────────────────────┐
    │ 联系我行受理机构，提交申请材料    │
    └─────────────────────────────┘
                 │
             ◇审核材料◇ ──拒绝──▶ ┌─────────┐
                 │               │ 申请结束 │
                通过             └─────────┘
    ┌─────────────────────────────┐
    │ 签署网上支付合作协议书，开立结算账户 │
    └─────────────────────────────┘
                 │
    ┌─────────────────────────────────┐
    │ 获取操作员证书及密码信封、商户交易平台证书密码信封 │
    └─────────────────────────────────┘
                 │
    ┌─────────────────────────────────┐
    │ 下载商户接口软件包，下载商户交易平台证书 │
    └─────────────────────────────────┘
                 │
    ┌─────────────────────────────┐
    │ 完成与我行支付网关接口的开发      │
    └─────────────────────────────┘
                 │
    ┌─────────────────────────────┐
    │ 进行商户交易测试          ◀──┐  │
    └─────────────────────────────┘ │
                 │              未完成
             ◇测试成功◇ ──────────┘
                 │
                完成
    ┌─────────────────────────────┐
    │ 正式开通商户交易             │
    └─────────────────────────────┘
```

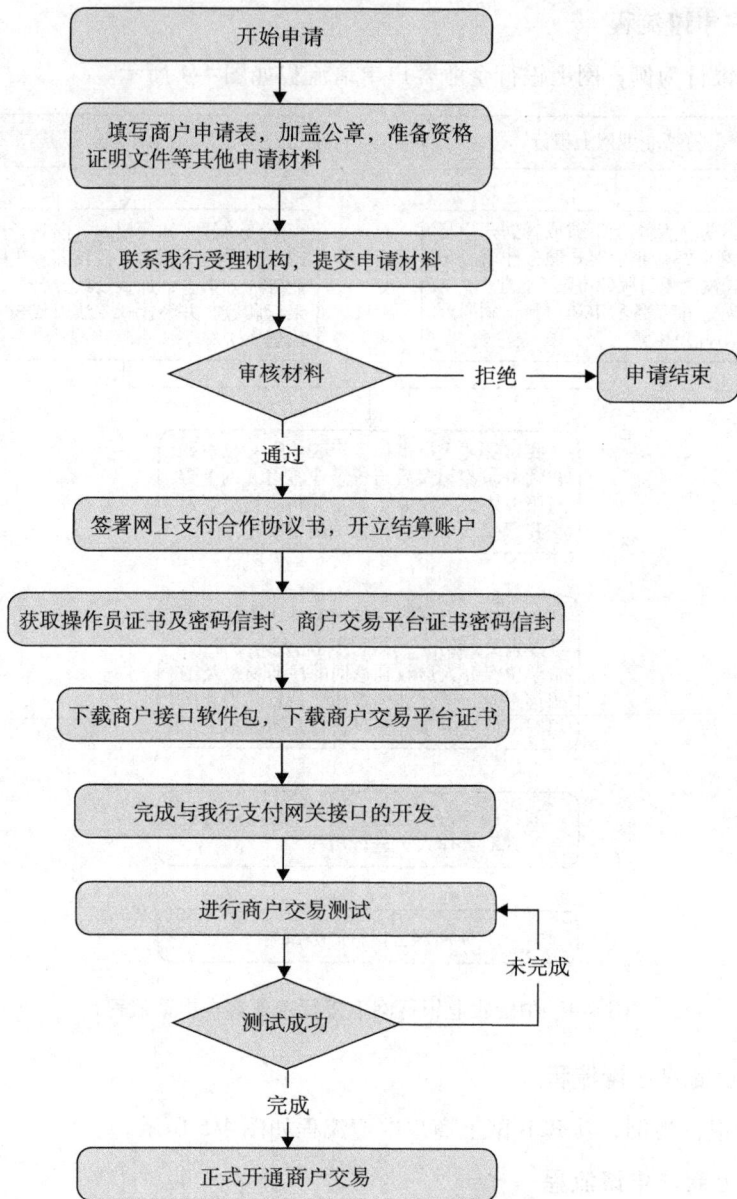

图 4-5　B2B 网上商户申请流程

1. 系统总体架构

（1）系统总体结构。网络银行系统采取客户/网银中心/业务系统三层体系结构，提供信息服务、客户服务、账务查询和支付转账功能，其中信息服务和客户服务由总行指定部门在全行范围规划、运作和管理，网银中心具体实现账务查询和实时交易功能，总行、分行实现业务主机系统与网银中心的实时连接。

首先，在全行系统内建立一个统一的网络银行处理中心，这样的配置有利于提高管理效率和系统安全系数。网银中心的主要组成部分有：

过滤路由器、防火墙　对流入银行的数据流进行过滤，并隔离银行内部网络与互联网。

```
                      ┌─────────────────┐
                      │    开始申请      │
                      └────────┬────────┘
                               │
          ┌────────────────────┴────────────────────┐
          │  下载并填写商户申请表，准备其他申        │
          │  请材料                                  │
          └────────────────────┬────────────────────┘
                               │
          ┌────────────────────┴────────────────────┐
          │    联系我行受理机构，提交材料            │
          └────────────────────┬────────────────────┘
                               │
                        ◇ 审核材料 ◇ ──── 拒绝 ───→ ┌──────────┐
                               │                      │ 申请结束 │
                             通过                     └──────────┘
                               │
          ┌────────────────────┴────────────────────┐
          │  签署网上支付合作协议书，开立结算账户    │
          └────────────────────┬────────────────────┘
                               │
          ┌────────────────────┴────────────────────┐
          │  获取操作员证书及密码信封、商户交易平台  │
          │  证书密码信封                            │
          └────────────────────┬────────────────────┘
                               │
          ┌────────────────────┴────────────────────┐
          │  下载商户接口软件包，下载商户交易平台证书│
          └────────────────────┬────────────────────┘
                               │
          ┌────────────────────┴────────────────────┐
          │    完成与我行支付网关接口的开发          │
          └────────────────────┬────────────────────┘
                               │
          ┌────────────────────┴────────────────────┐
          │    进行商户交易测试                      │
          └────────────────────┬────────────────────┘
                               │
                        ◇ 测试成功 ◇ ───────────┐
                               │                  │
                             完成               未完成
                               │                  │
          ┌────────────────────┴────────────────────┐
          │    正式开通商户交易                      │
          └─────────────────────────────────────────┘
```

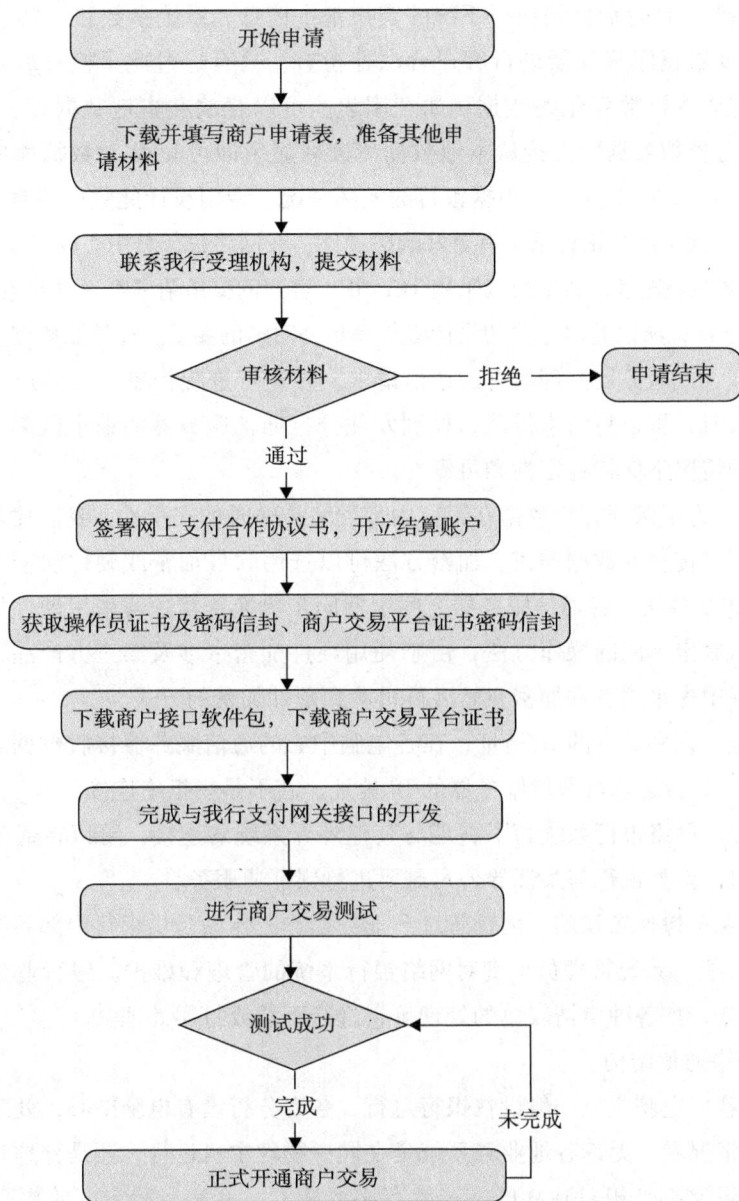

图 4-6　B2C 网上商户申请流程

Web/Application 服务器　网络银行的所有应用程序均安装在此服务器上，当 Web 服务器接收到客户的交易请求后，先进行一系列的安全检查，包括密码核验、Session 检查等，只有通过安全检查后的交易请求才转发至 Application 服务器，通过启动指定的代理程序到本地数据库或通过通信服务器到业务主机取得相应的结果。

为了保证整个系统的高可用性，可根据业务量的大小决定采用多台 Web/Application 服务器，NetBank（虚拟系统软件名称，下同）充分利用了 WebSphere 的集群技术，可以根据业务量的大小动态配置多台应用服务器，当一台应用服务器不能负载过大时，可以动态地将请求送到不同的应用服务器，这就是所谓的均衡负载，而对于客户来说则完全感觉不到其中的差别。

数据库服务器 ① 存放网络银行系统的客户基本信息、系统参数和公共信息等。② 客户登录时,需先到此数据库服务器进行客户合法性检查,只有通过此项检查后才能进行后续服务。③ 网络银行某些经常变化的数据,如利率表,可以存放在本地数据库。利率表的查询,无须到后台业服务器取数据,直接从本地数据库读取显示即可。④ 对数据库中的关键数据进行加密,以保证客户数据的安全,根据银行的实际情况,专门设计此数据库服务器。

通信服务器 为了网络银行系统有更好的扩展性,在网络银行总中心放置一台加密和通信服务器,负责与电脑中心连接,通信协议采用 TCP/IP。客户的交易请求都通过此服务器分发到各电脑中心的通信服务器,所以此服务器的设计必须满足一对多的要求。通信服务器主要作用如下:

- 均衡负载。此服务器处理所有的通信请求,并进行进程控制,当客户交易请求的数量突然增大时,可以将请求排队,控制发往分行通信服务器的请求数量,以保证系统在高负载的情况下保持稳定性和可靠性。

- 加/解密。为了保证客户数据在银行内部网络传输时的安全性,我们建议在两台通信服务器之间对传输的数据加密,加密方法可以选用软件加密或硬件加密。软件加密采用传统的 DES 算法,各通信服务器之间定期同步更换密钥。若采用硬件加密,需根据不同加密卡制定不同的操作方法,由于使用硬件加密卡涉及第三方产品,周期较长,建议在实现中先采用软件加密,然后再过渡到硬件加密的方式。

- 安全措施。识别对方的 IP 地址,在各电脑中心的通信服务器接收数据之前先判断对方的 IP 地址是否为总行通信服务器的 IP 地址,若不是则拒绝连接。

- 可扩展性。网络银行系统为了满足与其他外界系统的连接,可以在通信服务器上增加服务端口,就如银行与某证券公司需要进行银证通服务。

内部管理和业务操作工作站 内部管理和业务操作工作站是供银行内部系统管理员和业务操作员使用的 PC 机,系统管理员负责对网络银行系统的管理和维护。银行业务操作员对某些需落地处理的业务,如各种申请表单的处理等,进行下载或打印处理。

(2) 系统网络通信结构。

主机系统现状 电脑主机一般设在银行总行,各省分行设有电脑中心,处理不同地区的业务运作。从基本情况看,无论各地业务系统是在同一物理主机运行,还是异地运行,其运行的系统和数据在逻辑上都是相对独立的,这就有必要建立一套运行稳定、效率高的通信前置系统,以保证网络银行系统能可靠高效地与各系统互联。

网络银行系统与主机系统通信架构 在总部,采用 SNA Gate for AIX 与 ES/9000 及 AS/400 互联,采用 TokenRing 作为网络的接入方式,以保证 SNA Gate 能与各系统进行可靠、高速通信。在各省分行,采用 SNA Gate for NT 与当地电脑中心的 ES/9000 或 AS/400 互联,采用 TokenRing 或 Ethernet 为网络接入方式。采用上述互联后,保证了 NetBank 的通信模块能与银行各分行系统的通信,也保证了网络银行系统以一致的通信方式和交易流报文格式与所有主机系统通信,特点如下:

- 都采用 SNALU6.2/APPC 与主机通信,保证了一致的通信方式。

- 都以 RokenRing 或 Ethernet 方式接入主机,保证带宽和可靠性,此方式远优于以 SDLC 方式接入,而且接入点既可连到 3745 通信控制器,也可直接接入主机机柜。

- 可统一通过 SNA Gate 的交易流报文格式，以便在转向未来新系统架构时，报文格式统一地稍做变换就可连入新系统的前置交换系统。
- 在 ES/900 上的原有通信处理方式不用改动。
- 在 AS/400 端同样采用 SNALU6.2 通信。

网络银行系统多主机、多系统连接方法   由于网络银行系统需要与多主机、多系统通信，就有必要选择一种通信分流的策略，以保证交易请求发向合适的系统。可能的策略有：

- 以账号为中心的路由策略。在与主机通信的交易报文中，一般都涉及一个主账号，根据账号的网点来确认该交易发往哪个系统，对不涉及账号的交易，如查询利率，可由用户选择地区来确定（假设各地利率品种、利率值有差别）。
- 以客户为中心的路由策略。指定该客户的所有交易都发往某系统。

2. NetBank 网络银行系统软件结构

（1）会话管理。NetBank 的会话（Session）管理建立在应用服务器和 NetBank 自身的 Session 管理上。客户的交易请求通过 HTTPS 协议调用指定的 JSP 程序进入网络银行系统，应用服务器为每一个新建的连接建立一个 Session，分配一个 Session Key，并将这个 Session Key 以 Cookie 的方式传递给客户，客户提交下次请求时，将这个 Session Key 提交到应用服务器上，应用服务器判断此 Session Key 是否为有效值，并且判断客户两次提交请求的间隔时间是否超过指定的时间间隔（此时间间隔可以由应用程序指定），若 Session Key 无效或间隔时间超出，则中断与客户的连接，拒绝进行下一步的服务。若应用服务器通过此项检查，则进入 NetBank 自身的 Session 管理程序。

NetBank 在客户登录成功后，会记录客户登录的基本信息，并据此生成 NetBank 专用的 Session Key，通过 Cookie 的方式传递给客户，客户的交易请求通过应用服务器的检查后，还需检查 NetBank 专用的 Session Key 是否与客户基本信息相符，若相符才能进行下一步操作，否则将中断与客户的连接，拒绝进行下一步服务。

（2）安全管理。客户的所有交易请求均需经过安全检查才能进行下一步操作，安全检查包括密码核验、Session 合法性检查、关键客户的客户端 CA 检查等。

密码核验   指客户登录网络银行时需要输入用户名和密码，只有通过此项检查才能进行下一步服务。NetBank 的安全模块检查客户的登录次数，若客户在短时间内连续三次登录不成功，则要间隔一段时间（可以由 NetBank 设置）才可以重新登录。NetBank 对客户注册时输入的密码进行判断，若客户输入的密码在字典中或过于简单，系统会向客户进行提示并让客户重新输入密码，以保证密码的质量。

Session 合法性检查   内容见"会话管理"部分。

关键客户的客户端 CA 检查   NetBank 提供对客户端 CA 证书的读取，不仅可以在系统网络级应用 CA 证书，还可以在应用程序级使用 CA 证书，可以实时提取证书中的内容进行校验。不过使用此种方式会对系统的效率有一定的影响，可以只对一些安全性要求较高的客户使用。

（3）交易分类。客户的交易请求分两类，一类请求的响应数据直接从本地数据库读取，Session 管理器通过数据库连接池读取数据，并调用指定的 JSP 格式输出结果给客户。另一类请求需调用通信模块，通过通信服务器启动后台业务主机的相应程序，并等待主机实时返回结果，Session 管理器调用指定的 JSP 格式输出给客户。

3. 支付网关

这里提到的支付网关不是基于 SET 协议的支付网关，而是建立在 SSL 协议基础之上的支付网关。支付网关的建设目的是提供银行客户在网上的实时支付功能，此客户可以不是网络银行的客户，只需拥有银行的活期账户（或其他同类性质的卡户）即可，能够更加广泛地为银行客户服务。

（1）银行支付网关的建设原则和前提。① 客户不需要事先与银行签约，也不需要客户端证书即可使用支付功能。② 客户在网上通过账号和密码来确认身份。③ 商户必须在网络银行系统所连入的一个电脑中心开设结算户。④ 客户的支付信息不通过商户转发，直接发送到支付网关。⑤ 支付网关实时将客户的成功支付信息发送到商户，若通过互联网转发，要求商户拥有 CA 证书。⑥ 对网络银行系统做相应的改造，支持商户到网络银行查询客户的支付结果。⑦ 支付网关所支持的付费卡或账户的种类要由银行的业务系统决定，由于网上支付的特殊性，要求业务系统支持支付退款功能。

（2）客户操作流程。① 客户浏览商户网站，选购商品，生成订单。② 客户选择银行付费，由银行支付网关生成付费页面，包括已购买的商品信息、付费账号和密码的输入域。③ 客户输入银行的账号和密码后确认。④ 等待返回结果，若付费成功，则等待商户发货，否则交易失败（如因为付款账户余额不足）。

（3）支付处理流程和实现方法。① 根据客户所选择的商品生成订单，包括商户号、订单号、金额。② 客户提交付款请求时，将商户号、订单号、金额作为参数传递给支付网关，由支付网关产生付款页面，此时的通信协议采用 HTTPS。③ 客户输入账号和密码后，支付网关根据账号信息将支付请求发至所属电脑中心。④ 银行业务系统接收支付请求，进行相应的业务处理，将结果返回至支付网关。⑤ 支付网关接收业务系统的处理结果。⑥ 若由于客户余额不足等原因，业务系统返回处理失败，支付网关直接返回客户失败信息。若业务系统处理成功，支付网关负责将支付结果以 HTTPS 方式通知商户。⑦ 商户接收到支付成功请求后，返回接收成功信息给支付网关，并发货给客户。⑧ 若支付网关接收到商户返回的成功信息，再将成功支付信息传送给客户；若支付网关未收到商户返回的成功信息，则通知客户银行已做支付，但客户需要查询商户网页以确认订单状态。⑨ 日终时，商户与开设结算账户的电脑中心进行流水核对，对已支付但未得到商户确认的交易进行退款处理，具体方法要与银行的电脑人员讨论后决定。

（4）支付网关对银行业务系统的要求。由于支付网关和网上支付的特殊性，对银行的业务系统提出了业务系统支持冻结功能或者退款功能，对同一订单号的交易请求处理等新的要求，具体实施方案可以与银行电脑人员讨论后决定。

（5）支付网关常见问题有如下几种。支付网关不知道账户转账是否成功。提示客户查询账户余额和交易历史，若支付不成功，客户可以重新提交交易请求。若已成功支付，银行后台业务系统在日终时会与商户进行对账，商户收到付款确认后，会及时发货。但对于网上买机票等商户需要实时知道付款结果的情况，银行后台业务系统在日终时会将款项退回给客户。

支付网关不知道商户是否接收到请求。提示客户银行已做支付，但客户需要查询商户网页以确认订单状态。且银行后台业务系统在日终时会与商户进行对账，商户收到付款确认后，会及时发货。但对于网上买机票等商户需要实时知道付款结果的情况，银行后台业务系统在日终时会将款项退回给客户。

支付网关的安全措施。① 客户支付的整个过程要通过 SSL 加密。② 对商户端进行 CA 认证。③ 在支付网关中增加账户黑名单，将连续几次输入账号和密码不正确的付款请求加入黑名单中，Session 强行中断。④ 在客户付款前对部分信息进行 MD5 运算，付款程序中进行检查，若不正确则视为攻击信息，拒绝请求并进行记录。

(6) 关于 B2C 和 B2B。以上有关支付网关的介绍，是 B2C 支付网关。那么什么才是 B2B？与网络银行又有什么关系？B2B 是一个更广泛意义上的企业间贸易往来，银行作为支付中介自然大有作为，银行围绕 B2B 资金清算服务包括转账、汇款、信用证、托收等，都能够带来利润。按照权威数字统计，对于网上支付交易，B2B 将会占绝对比例，网络银行当然是一个重要环节，但也不是简单地在网络银行中做了个"企业转账"或"集团服务"就是 B2B 支付网关了。

如果网络银行希望更多地参与 B2B 活动，就需要能够为企业之间资金调拨、结算提供更多的服务手段，并且体现全面、安全、便利、迅速、准确等特性。例如为企业用户建立网上支付专户，包括设立网上支付密码，直接在网上完成资金清算和及时通知收款人等。

4.3 企业银行系统

企业银行是指银行（对公）为企业客户提供的在线金融服务系统，使银行客户足不出户，利用 PC 机和 Modem，就能与银行的企业银行系统相连。银行客户可以通过网络办理账户数据查询、支票转账等各项金融业务。将银行的服务延伸到企业端，有效地提高了银行的服务质量和服务水平，进一步拉近了与客户的关系。企业银行是传统银行服务的延伸，将客户的电脑终端通过一般的电话线连接至银行，实现将银行服务直接送到客户办公室的服务系统。它拉近了客户与银行的距离，使客户不再受限于服务的网点分析、营业时间，突破空间距离和物体媒介的限制，足不出户就可以享受到银行的服务。

1. 系统功能

(1) 账户数据查询。其包括查询账户余额，最新发生的业务日志（即款项到账情况，款项兑付情况），历史交易明细，贷款及利息。

(2) 支票转账。

(3) 金融信息服务提供利率、汇率、投资咨询、决策信息。银行分发给企业的各种通知和信息。

(4) 联机结算业务通过使用密码支付器，开办各类支付结算业务。

(5) 预约服务企业通过网络把需要到某个银行网点去开汇票或取现金的信息告诉银行，

使该银行网点早做准备，银行网点的监控程序实时地将信息显示。

（6）交易查询。查询本单位开设的人民币、外币账户近期交易明细、存款余额、交易处理结果、对方账号余额查询等。

（7）转账功能实时进行同城同系统转账、跨系统转账、异地电子汇兑、企业收款、转账复合、转账资料提交等。

（8）凭证管理实现电子凭证管理。

（9）对账功能实时查询本单位的人民币和外币账户的当日发生额，以及实时查询本单位的账户的零星账。

（10）及时地提供银行信息通知及其他丰富多样的信息服务。

2. 系统构成

（1）硬件组成。银行端：① 企业银行的应用网关 PC 服务器或高档 PC。② 企业银行 Web 服务器、PC 服务器。③ 拨号网络 Modem 池 + Cisco 路由器。④ 密码校验机。企业端：① PC 和 Modem。② 企业端密码支付器。

（2）软件组成。① 企业银行的应用网关 SCOUNIX Open Serven5.0、应用网关管理程序、应用网关监控程序。② 企业银行 Web 服务器 NT 或 Solaris 或 Liunx，业务请求程序。③ 密码支付器管理程序企业端通用浏览器（IE 或 Netscape）。

3. 系统特点

（1）系统安全可靠。其采用由国家密码委员会和人民银行鉴定的支付密码器。

（2）企业端应用程序灵活方便仅需浏览器。

（3）安全系统以密码授权进入，经终端应用系统确认后，正式处理交易请求。

（4）准确。企业银行系统在成功处理转账业务时，收付双方同时完成，并可实时打印各账户信息及代用客户回单，实时对账、保证交易的准确性。

（5）高效。企业银行系统将银行柜台延伸至企业，使用户在自己的营业场所或办公室自我操作，做到足不出户就能完成转账、查账、对账等多种银行业务处理，各种手续费用由电脑自动扣账，省却了到银行柜台排队等候、填单交款的种种烦恼，真正做到了将银行的服务送到客户手中，提高了银行的服务质量。

（6）方便。用户终端采用图形界面，汉字提示，操作简便。只需具备一般的电脑知识，就能操作自如。

（7）投资小、见效大。用户只需配备一台 PC 电脑及一条电话线，就可以联通银行主机，无须更大的资金投入。

4. 系统组织结构

企业银行系统是一个典型的多层结构（multilayer）系统，可分为：

- 前端——包括客户端和银行端各子系统。
- Web 层——包括 Web/Server 和运行于同机的 JIS（java information server）。
- SNA 层——包括 SNA Server 和运行于同机的 SSC（SNA server controller）。
- 后端——AS/400 机。

在逻辑和物理上我们把 Web 层和 SNA 层分离,这主要有以下好处:

(1)均衡负载。Web Server 要响应 http、ftp 和特定 Socket 端口的请求,在公网上,这些请求的数量、发生频率及峰值时间是不可预知的,在某些时刻 Web Server 单纯响应这些请求负载已经很重。现在把 SNA server 放在另一台机器上,可以有效地减轻 Web Server 的压力,提高系统的可靠性。

(2)资源共享。由于 SSC 使用 RMI 协议提供服务接口,任何物理位置的任何 CLIBNT 都可以通过相应的服务接口和 SSC 连接。这样一个 SSC 可以为多个应用系统服务,提供一个共享的访问主机途径,同时便于由 SSC 对 SNA 相关资源进行统一管理和利用。

企业银行采用多层结构,各层之间相对独立,提高了系统的可靠性和负载能力,同时使其具有良好的伸缩性。

AS/400 主机系统　AS/400 主机中运行着一个和其他银行业务系统相对独立的统一企业银行业务处理系统,其中存放了企业银行系统的全部业务数据,相应的数据处理工作也由该系统完成。该系统同时负责主机上的会计系统及储蓄系统的互操作。

AS/400 上的企业银行系统由通信监控程序完成和 SSC 系统的通信工作。通信采用 Prestart Job 方式,由目标系统利用 PJEntry 事先启动处理进程,在请求到达前,系统已完成初始化的过程,包括分配资源、打开数据文件,这就减少了系统的响应时间,而且系统可根据当前请求的多少自动管理 PJ 进程,统筹安排系统资源。

企业银行中前端与主机之间常有大数据量传输,因此系统在通信文件中定义了输入输出缓冲区,按传统的做法采用定长传输控制方式,无论具体请求数据多少,系统均需传送整个缓冲区数据,这就延长了系统数据的传送时间。在企业银行系统采用变长传输,每次只传送数据的实际字节数,变长传输大大提高了通信效率。

在企业银行中,各种请求包共有近 100 个。为了规范主机和前端的通信,对请求包的定义采用了类 SWIFT 格式,采用这种格式可根据请求数据实现各字段灵活组合,增加了系统的可维护性及扩充性。

Web Server 和 JIS　Web Server 选用了微软的 IIS(internet information server),运行于 NT 平台上,用于为客户端传送网页及自动下载 java 程序。在这台机器上,还运行着另外一个服务器——JIS(java information server),JIS 完全用 Java 实现。JIS 可以看做整个企业银行系统的前置服务器,它响应来自客户端子系统、银行票据打印子系统和银行运行检测子系统的请求,根据情况地处理或转交 AS/400 主机,再把处理结果返回给相应子系统。具体来说,JIS 承担着企业银行系统的请求调度、登录安全控制、通信加密处理和数据压缩处理、各种属性文件和配置文件的管理及向前端发送、记录日志与 SNA Server 的联结管理及中断恢复。

SNA Server 和 SSC　SNA Server 选用了微软的系统,运行于 NT 平台。在 SNA Server 上同时运行着一个 SSC(SNA server controller)系统,SSC 用 Java 实现,和 JIS 通过 RMI(remote method invocation)协议通信。SSC 可以看作一个 RMI 的 Server。SSC 接收来自 JIS 的访问主机请求。通过 SNA Server 的 APPC 服务接口把请求送往主机,待主机返回处理结果,再将其返回JIS。SNA Server 和 Web Server 均置于防火墙的保护之下。

5. 银行端子系统

前面提到企业银行在交易安全控制中使用数字签名技术，这是企业银行交易安全控制的核心。为此需要发放数字签名卡（IC 卡），数字签名卡发卡子系统负责这一工作。该系统接收发卡申请，读写 IC 卡片，在 IC 卡中记录控制信息，并把发卡记录及卡片的公开密钥送往主机保存，主机将根据这些信息对企业银行交易中的数字签名进行验证。

运行监测子系统用于监测企业银行系统的运行情况，包括通信是否畅通，当前系统的负载，以及一段时间以来系统的运行状态图表，并可对各类请求的数量进行统计。该系统用 Java Applet 实现，在浏览器中运行。通过不断和 JIS 通信，该系统能够连续获得系统的各种运行数据。运行监测子系统运行于浏览器中，故对监控系统的操作员位置没有特殊要求，这方便了系统的监控工作。在浏览器中实现系统的控制台是当今各类大型系统控制台发展的一大趋势。

单据打印子系统实现对企业银行中发生的各类单据的套打工作。所谓套打是指把数据打印在预先印制好的单据上。套打出的单据比较正式、规范且不易涂改。这种交易所在招商银行加盖了相应图章后容易为其他金融单位接收。该系统用 VC ++ 实现，作为一个独立的应用程序在 WIN95 或 Windows NT 上运行，通过和 JIS 的通信获取打印数据。其特点是程序和单独独立，即修改交易所格式或增加新的单据，程序都不用修改。这一点对于一个实用的交易所打印系统来说非常重要，因为修改单据格式或增加新的单据对于招商银行这样一家全国性的银行来说是不可避免的；保证程序和单据独立将大大减少修改单据打印子系统的工作。程序和单据独立的技术基础是单据模式描述文件，对每一种单据都需定义一个相对应的单据格式描述文件。在这个文件中定义了单据中每一个数据元素的打印区域（一个矩形区）和所用字形大小，程序将严格在定义的区域中用指定字形打印。

6. 客户端子系统

客户端子系统全部用 Java Applet 实现，运行于浏览器中。客户端 Java 程序使用 Cabinet 技术压缩打包后存放在 Web Server 上，在客户第一次访问企业银行时随同网页一起自动下载，并存储在客户端硬盘上，客户再使用时就在本地硬盘存取，不必再从 Web Server 下载，极大地减少了数据传送的时间。当系统修改时，只要把新的版本拷贝到 Web Server 上，客户端便会自动重新下载。

客户端界面采用基于 HTML 超文本链接的菜单驱动，菜单以层次目录结构组织，每个最下层的菜单 ITEM 对应一个 Java Applet，每个 Applet 代表一个功能模块。Java Applet 把客户端的请求数据打包成 Swift 格式后，通过加密的 Socket 向 JIS 发送，并接收返回结果。

7. 建立企业内部信任体系

企业网络的建立使企业的信息传输、资源共享从传统方式中解放出来，变得更为高效和便捷。这种网络化使企业不仅需要实现对现实中各种资源的合理配置，还需要在网络形态上对企业的员工和合作伙伴予以承认、验证和管理。那么，如何在网上进行身份识别？如何保证网上信息流的安全性和保密性呢？

通常，为了保证企业关键信息的安全，企业管理人员会针对不同的部门，实行有限制级别的资源共享。例如，只允许少数管理决策人员浏览查询涉及企业财务状况和市场战略等的敏感信息和保密资料。如果要在网络环境下实现这一目标，就需要企业建立一套基于自身业务流程的安全认证管理机制，以适应企业内部人员、合作伙伴的身份认证和数据的安全管理。针对这一需求，国内专门从事网络信息安全应用的服务提供商诺方信业信息技术有限公司推出了"企业信任中心"（local trusted center，LTC）安全解决方案，可以帮助企业安全地从传统企业转向"网络化"企业。

LTC 由企业安全电子邮件（Trusted eMessaging）、企业安全办公系统（Trusted eOffice）、企业网站信息安全与信任（Trusted Website）、电子证书综合管理系统（Trusted eLicense）等一系列模块组成，足以构成一个完整、完全的虚拟企业平台。

Trusted eOffice 解决方案提供企业文档信息处理安全平台，将身份认证和 PKI 技术应用于企业内部网，通过基于 Web 浏览方式的文件集中管理模式，有效地解决了信息分发过程中的资源分配和安全问题。企业用户可以通过任意一台计算机上传或下载文件，并将它安全存放于企业服务器端，实现真正意义上的移动办公。

Trusted eMessaging 解决方案将安全技术植入企业现有的 E-mail 系统，在不改变现行应用结构和用户应用习惯的情况下，使原来建立在开放式计算机环境、体系和通信协议之上的 E-mail 系统具有信息加密和数字签名的功能，确保邮件信息在企业内部和异地的安全流通。

Trusted Website 解决方案是诺方信业信息技术有限公司推出的针对企业 Web 站点安全信息发布及防篡改功能的安全软件包。Trusted Website 以数字水印技术为核心，在网站服务器端保证页面信息发布的完整与可信，及时恢复被非法篡改的页面；在客户端，Trusted Website 可对所浏览网页信息的来源、完整性和时效性进行验证，为用户提供可信赖的信息服务。

通过针对企业商务文档、电子邮件、网站、办公系统的一系列解决方案，诺方信业信息技术有限公司信任中心将人员与资源的配置管理安全应用于互联网上，加速企业的 E 化进程。

8. 企业银行的应用现状和发展前景

近年来，中国工商银行等 4 家国有商业银行竞相投入巨资进行银行电子化建设，从单机使用逐步发展到局部区域联网，已初步实现在各系统内实现全市、全省乃至全国联网。一些新兴的金融机构则把电子化建设为立身必备手段。成立仅几年多的成都市商业银行已实现了主要网点联网，组建不久的成都市农村信用联社也将在年内开通系统综合网络，借用高科技手段拓展业务是目前国际金融界竞争的焦点之一。招商银行、民生银行等一批新兴股份制银行在电子化建设上后来居上，更是以科技优势弥补了网点的不足。电子化建设提升了金融服务水平，使银行业结束了"一把算盘一支笔"的历史，进入功能革命的新阶段。一系列新兴金融服务品种纷纷问世：电话银行、电子汇兑、自助银行、网络银行、一卡通、银证自动转账等，这些新的服务项目突破了时空限制，使银行服务更快捷、更方便、更安全。企业银行在此基础上应运而生。在很短的时间内，招商银行的"网上企业银行"有了 1 万多签约户，网上交易金融达 1 700 亿元。"网络银行"这种新型电子化金融服务方式逐渐被一些企业所接受。

网络银行给传统的银行带来了挑战，也带来了机遇。只有动作快、有创新的银行才可能赢得顾客，赢得市场。信息时代的金融竞争，必将是科技的竞争与人才的竞争，如今，在新世纪即将到来之际，中国金融科技人才正在脱颖而出，中国金融信息化的步伐正在加快，这必将给中国金融业带来新的活力和更加美好的未来。

本章小结

本章从界定网上银行的定义入手，给出网上银行的定义。网上银行（i-bank），就是指采用互联网数字通信技术，以互联网作为基础的交易平台和服务渠道，在线为公众提供办理结算、信贷服务的商业银行或金融机构，也可以理解为互联网上的虚拟银行柜台。接着，根据不同的分类标准将网上银行分成不同的类型：按服务对象，可以分为个人银行和企业银行；按经营组织形式，可以分为分支型网上银行和纯网上银行。并对各种类型的网上银行进行了详细的介绍。网上银行的主要功能包括：公共信息的发布、客户的咨询投诉、账务的查询勾兑、申请、挂失和网上银行支付等。网上银行是基于互联网开展的，借助于这个平台，银行能够迅速地了解各家客户的各种信息；网上银行不受营业场所局限；需要的工作人员比传统银行少；增加客户数量，提高服务水平。

为了让读者能够结合实际应用更深入的认识网上银行，本章以中国农业银行的网上银行为例，介绍了农行网上银行的业务构成，以及包含的个人服务与企业服务分别具备哪些功能。并以图表的形式形象地描绘了个人与企业应用网上银行时的流程，以及商户想要申请成为网上商户必须执行的过程。

最后，本章以企业服务系统为特例详细介绍了网上银行的系统构成及特点等。读者可以通过对企业服务系统的学习，了解整个网上银行的系统需要哪些部分构成。

关键术语

网上银行   个人业务   企业客户业务   企业银行系统

习 题

一、填空题

1. 网上银行按服务对象可以分为（   ）和（   ），按经营组织形式可以分为（   ）和（   ）。

2. 网上支付按交易双方客户的性质分为（   ）、（   ）和（   ）等交易模式。

3. 网上银行的业务分为（   ）和（   ）。

4. 企业银行系统是一个典型的多层结构系统，可分为（   ）、（   ）、（   ）和（   ）。

二、简答题

1. 网上银行的业务有哪些？

2. 著名的纯网上银行有哪些？

3. 试通过现实中的实例来说明网上银行的功能。

4. 网上银行的优点有哪些？

5. 试举例说明网上银行个人业务和企业客户业务的服务特点。

6. 企业银行系统的功能和特点有哪些？

三、讨论题

如果一个企业想在网上开办 B2C 商务活动，为了能顺利执行网上支付和结算，该企业可以通过哪些办法来实现？

案例分析

商业银行网上银行的发展策略选择

网上银行以其相对传统银行在时间、效率、成本、服务和创新等方面的优势，自进入 21 世纪以来迅猛发展，已经逐渐成为商业银行的主渠道之一。作为商业银行重要的经营渠道，银行创新的重点领域，在面对迅猛发展的市场和激烈的竞争时，商业银行是否具有一个清晰全面的网上银行发展策略，是应对未来银行竞争的当务之急。

1. 网上银行产品要以创新满足需求

产品是因需求而存在，客户是需求的主体，也是商业银行的价值源泉，因此，只有真正满足客户需求的产品才能具有生命力。对此，商业银行的网上银行产品策略要根据自身的特点审时度势，对于市场机遇重大、时不我待的需求，要做到快速反应，尽可能整合论证、开发等各个环节，夺得市场先机。对于不紧急但重要的产品创新，要做好严谨充分的市场调研和分析论证工作。针对不同的客户群，要相应区分客户需求进行调查、论证和分析，发现不同客户群心目中喜欢的网上银行模式和使用方式的差异之处，确定其市场定位，评估风险与收益，预测新产品生命周期，从而合理预测其市场潜力。最终在创新产品符合自身既定的整体发展战略的框架下，做到投入与产出匹配，产品与需求匹配。此外，商业银行还要做好时尚前沿技术与需求的研究，紧跟最新动态，研发具有最新科技成果的产品。网上银行本身就是前沿科技创新的产物，其使用者普遍接受时尚与创新，商业银行要关注各种技术的更新和时尚的发展趋势。网上银行不应只满足客户的基本需求，还要紧跟时尚潮流和各行业的发展变化，不断创新设计前沿金融新产品。开发网上银行时尚前沿产品，可以解决金融产品同质化的问题，增强商业银行竞争能力，同时吸引低年龄时尚客户为商业银行客户梯队规划打下良好的基础。

2. 网上银行服务在标准化的基础上实现差异化

网上银行服务策略的核心是创新服务形式，真正地提供以客户为中心的服务。商业银行对于售后服务要具有品牌化的思维。标准统一、专业完善的售后服务品牌是网上银行客户保持忠诚度的关键因素之一。对此，商业银行要培养专业化、标准化与个性化并重的售后服务人员，将网上银行售后服务的处理纳入到银行客户服务整体战略之中，形成具有前瞻性的高效网上银行服务规范和控制流程，以保证在网上银行超常规发展的市场中服务与产品的协调发展，维系核心竞争力的发挥。

网上银行服务使得商业银行与客户之间的联系变得"虚拟化"。对于客户而言，虚拟化的不便在于难以表达差异化需求。对商业银行而言，虚拟化的危险在于客户变得看不见了。解决虚拟化问题的出路，在于建立与网上银行特点相适应的服务体系。互联网使得信息、通信与交易技术联结成一个具有开放性与交互性的世界,互联网除了是交易载体,也是服务载体。借助互联网,商业银行可以逐步建立以互联网为技术基础的呼叫中心,从而采取客户视频沟通等方式,通过即时通信等软件实现客户实时性的面对面的"现实"差异化服务需求。

在解决了虚拟化问题后,个性化定制服务是网上银行创新的核心。网上银行提供的便捷服务具有受众广的特点,任何人只要可以上网就能够享受商业银行电子化的金融服务。商业银行想要在相对同质化的银行服务中确立竞争优势,就要针对消费者不同的消费行为和需求,设计个性化、差别化的金融服务。对此,商业银行应当依托自身建立起来的客户关系管理系统,做好目标客户的归类与分析,开发消费行为和偏好识别系统,捕捉消费者习惯细节,按照满足客户需求的原则,动态调整服务流程,突出人性化服务的宗旨,将核心竞争力体现出来。这需要商业银行真正从战略高度要求各相关部门随时对于服务进行优化,以此来最大限度地满足客户全方位的需求。个性化定制服务会提高客户忠诚度,这也是未来网上银行服务发展的方向。

3. 重视新客户拓展,加强客户互动体验

(1)"长尾"拓展。在互联网客户拓展方面,"长尾理论"是对传统的"二八定律"的彻底颠覆,网上银行更适用"长尾理论"。对于网上银行而言,那些被传统"二八定律"限制服务的 80% 的客户,他们在互联网的集合作用下将会创造出惊人的能量。"长尾理论"启示商业银行不能忽视潜在的网上银行客户。与乐于接受新事物的初始客户群不同,潜在客户不知道网上银行或觉得网上银行的某些服务不完整,某些功能不好用,更习惯于传统的网点渠道,其症结在于客户对网上银行的态度阻止了他们有意识感受网上银行价值的积极行为。因而,只有解决潜在客户的问题,使网上银行拥有随后的多数客户群,网上银行才能实现"长尾"拓展策略。"长尾理论"提示,在新的网络时代不要忽视任何微小的力量。对于网络上客户的新特点,商业银行更要具有前瞻性的营销观念,做好消费者的消费开发与引导,提前开展网上银行消费理念的展示,做好相关技术知识在潜在客户层面全方位的教育普及和宣传工作,同时,商业银行要充分宣传自身网络安全技术的先进性,打消客户的安全顾虑。"长尾理论"也启示商业银行要运用逆向思维开展业务。在不被重视的客户或地区中,寻找别人没有发现的机会。我国网上银行在一线城市的市场增长已经趋于平稳,然而移动互联网和国家三网合一[⊖]的建设与发展、手持移动终端价格和上网费用的大幅下降,使得网上银行用户所承担的费用逐渐被中国广大中小城市及农村地区的家庭所接受。在这些地区,网上银行必将迎来新一轮的客户快速增长。

(2)互动体验。传统银行相对于网上银行的突出优势是消费体验的直观性与互动的即时性。因此,商业银行能否有效提升网上银行的直观性与反馈即时性,将成为未来网上银行互动体验策略发展的关键。

在互联网发展到 Web2.0 时代的今天,网上银行单向服务的特点凸显了人与网上银行之间缺少沟通的问题,从而导致客户的细分需求和一些即时触发的需求难以得到真正满足。互动性是商业银行服务营销变革的根本方向,网上银行在做好技术固化应用的基础上,寻找程式化与人性化的互动体验结合,是网上银行面临的未来客户策略的一个关键性问题。客户有着丰富而

⊖ 三网合一是指广播电视网、电信网与互联网的融合。其中互联网是核心。

细分化的需求，这种需求的满足需要通过互动体验的形式加以固化。构筑持续互动关系是实现程式化与人性化之间动态平衡的关键。在构筑持续互动体验关系方面，首先，商业银行要提供切实可行的互动方式，例如通过即时在线服务保障客户的有效诉求，使客户愿意坦诚交流体验感受，据此，商业银行可以提炼客户差异化需求。其次，商业银行利用各种技术手段，例如通过眼球关注点捕捉技术，探寻客户的真实行为反馈，弥补单纯语言沟通信息传递受到表达能力限制的影响。通过互动反馈，使商业银行能够找到客户最真实的对于网上银行的体验心理与行为结果。最后，商业银行在收集、分析和开发客户体验结果的基础上，提供相应个性化的产品和服务，满足客户的需求，并与客户开展持续的互动。

4. 提升网上银行渠道效率边界，实现渠道迁移

（1）提升渠道效率界限。一个商业银行所能分配的渠道资源决定了其分销渠道的效率界限。商业银行传统分销渠道是沿着效率界限在渠道延伸性与可获得性之间做出取舍。高延伸性的渠道意味着较少的受众，较高的增值性以及较高的成本。互联网的出现使商业银行改变了渠道应用方面的传统取舍，网上银行渠道边界无限向外延伸，几乎所有其他渠道的业务都可以在互联网渠道上并行拓展。互联网使得人们克服了时间与空间的障碍，在获取大量深度信息的同时可以进行广泛与深入的沟通，这改变了原有渠道拓展模式，因而，网上银行在渐次具备了优质产品与服务、高忠诚度客户的基础上，商业银行所有渠道延伸性与可获得性将得到整体的提高，从而使商业银行实现在现有资源条件下渠道效率界限的提升。对此，商业银行应该采取从资源分配出发，先集中力量提升网上银行渠道效率边界，并通过其他渠道与网上渠道并行化发展来进一步提高渠道延伸性与可获得性，从而带动提升其他分销渠道效率的策略。

（2）实现渠道迁移。客户可以选择不同渠道使用同样的产品，商业银行也可以用不同的渠道来提供同样的产品。尽管商业银行方面都希望用交易成本低的渠道来替代高成本的渠道，但是客户则倾向于使用熟悉的高成本渠道，与热衷于技术生存的初始客户群不同，大多数客户愿意维持与商业银行的多渠道接触。商业银行必须在此前提下，让客户尽可能多地使用网上银行渠道，从而实现降低整体交易成本的多渠道协调。

要实现传统业务向网上银行渠道的迁移，首先，商业银行必须有效地确认渠道适用性。不仅不同的细分客户群需要不同的渠道满足同样的需求，而且同一客户群在不同的场合也需要不同的渠道来满足同样的需求。在将同样功能的产品配置在不同的渠道时，应发挥渠道的到达性以扩展产品的可获得性，还要根据渠道的丰富性，调整操作支持以提高可用性，只有渠道与需求匹配适当，渠道迁移才可能变得顺利。其次，商业银行要利用多渠道协调定价来奖励使用低成本的渠道。价格机制不仅要刺激客户使用低成本渠道，也要激励内部人员营销低成本渠道。再次，要帮助客户解决渠道迁移中所遇到的问题，降低客户的迁移成本。最后，要通过持续的观察、分析与修正管理渠道迁移以达到预定的效果。

5. 关注相关产业发展动态，积极应对行业外竞争

现代信息科技高速发展，互联网技术日新月异以及信息基础设施的日益完备，已经使得一些在过去从未涉足金融行业的互联网公司，在互联网技术的帮助下，利用自身积累的客户信息优势，初步形成了对商业银行的潜在竞争优势。这种优势的形成虽然还只是处于起步阶段，但未来发展的空间与速度都不可限量。

在互联网领域，移动支付、云计算、社交网络和搜索引擎等正在对人们的行为方式产生根本影响，由此也催生出新的金融模式。随着互联网的发展，信息交换的即时性和充分性使一般均衡理论的前提假设接近现实，供需双方直接匹配融资对商业银行作为资金中介的错配模式将形成强烈冲击。商业银行要转变思维方式，跳出传统业务发展框架重新审视在互联网时代的发展战略，前瞻性地布局互联网行业，积极创新基于互联网特点的、金融中介框架内供需直接匹配的业务。

移动支付业务以及"超级网银"业务的发展，使商业银行账户专属边界日趋模糊。因此，能够不断契合未来移动支付需求的网上银行，可以不断保持自身的领先与独特。对此，商业银行应紧跟移动支付相关产业的发展与技术更新，甚至可以利用自身优势参与到技术的研制与行业标准的制定当中，以保证自身网上银行甚至是商业银行整体战略调整的及时性。

资料来源：邱兆祥、刘冬瑾，商业银行网上银行的发展策略选择，金融时报，2012 年 12 月。

问题：通过上面的分析，以国内四大商业银行为例，联系现实情况讨论它们分别该如何选择发展战略，其侧重点如何。

第 5 章
电 话 银 行

教学目标与要求

☞ 掌握电话银行的定义；

☞ 了解电话银行与手机银行的区别；

☞ 了解电话银行的产生和发展；

☞ 了解电话银行的功能及特点；

☞ 掌握电话银行支付的概念和分类；

☞ 了解电话银行的支付流程及系统架构；

☞ 了解电话银行存在的风险及防范措施；

☞ 了解电话银行的安全技术。

知识架构

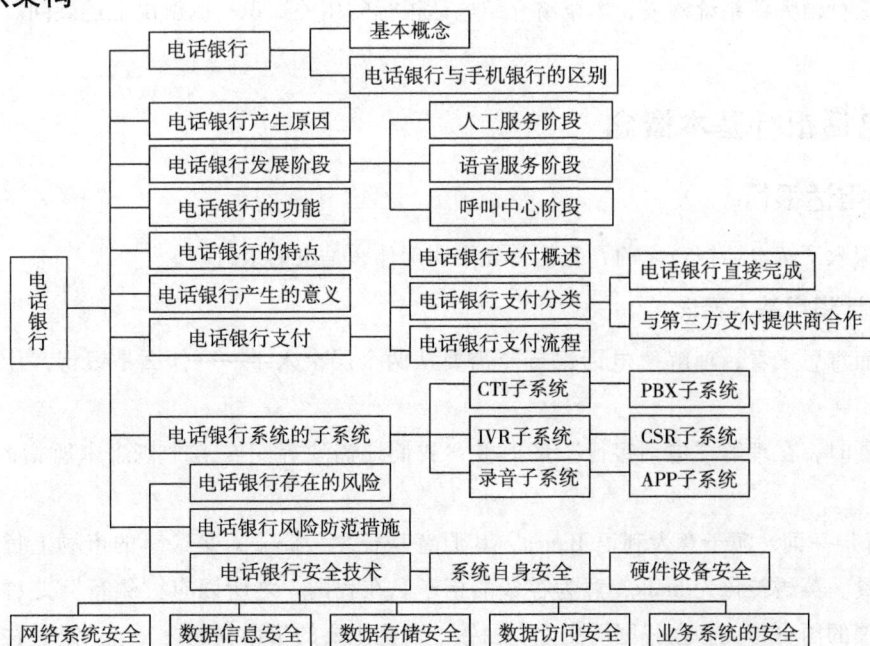

🌀 **导入案例**

电话银行：普通百姓的理财助手

在当今的社会中，快节奏、高效率显然已成为人们生活中的主旋律，很多人迫切需要各种各样快捷、高效的工具为其生活提供各种便利，理财也同样如此。人们在追求投资高回报的同时，也同样开始关注投资渠道的便利性。

正是在这样的市场需求背景下，兴业银行电话银行 95561 应运而生。先进的电话银行不再是提供单纯的咨询、投诉、转账类服务的平台，而是可以提供账户管理、缴费服务、电话支付等服务，并且还应和现在的投资趋势增设了证券投资、外汇买卖、黄金交易、基金交易等投资类服务，大大满足和方便了客户随时随地投资的需求，摆脱了时间和地域的束缚。

兴业银行电话银行有其自身独有的特点和优势，主要表现在：

（1）服务标准，简单易用，电话银行将自动语音服务和人工接听服务有机地结合在一起，客户只需点击键盘即可享受到各类金融服务。

（2）申办方便，只需携带本人有效证件及兴业银行银行卡到兴业银行网点就可办理申请手续。

（3）不受时间、空间的限制。

同时，兴业银行采用目前最先进的计算机电话集成技术，让用户用得放心。

电话银行这种高效率、高安全性的投资工具如今已经受到越来越多投资者的欢迎，也成了大多数普通百姓投资理财的有力助手，有理由相信，随着电话银行服务的进一步发展和完善，使用电话银行投资理财将成为今后都市居民必不可少的金融交易工具。

资料来源：纪沫冰，电话银行：普通百姓的理财助手，卓越理财，2008 年第 1 期。

通过电话银行的咨询、转账、缴费、支付等服务，我们已经非常明显地感觉到电话银行的方便性。那么，究竟什么是电话银行，什么是电话银行支付，电话银行与手机银行有什么区别，电话银行由哪些系统构成，本章将介绍电话银行的相关知识，以解决上述疑问。

5.1 电话银行基本概念

5.1.1 电话银行

在更深入了解电话银行之前，我们首先要明确什么是电话银行。

1. 电话银行基本概念

从字面意思来看，理解"电话银行"需要从两个层次入手——什么是银行，什么是电话银行。

与此同时，在理解"电话银行"的时候，我们还需要界定在这个概念中所指的"电话"的范围。

"银行"一词，源于意大利语 Banca，其原意是长凳、椅子，是最早的市场上货币兑换商的营业用具。英语转化为 bank，意为存钱的柜子。在我国，之所以有"银行"之称，则与我国经济发展的历史相关。在我国历史上，白银一直是主要的货币材料之一。"银"往往代表的就是货币，而"行"则是对大商业机构的称谓。

在给出"电话银行"的定义之前，先来看看目前学者们的一些定义：

杨青在他的《电子金融学》一书中提到：电话银行是指采用先进的计算机技术、通信网技术和数字与语音转换技术，采用预先分配用户编号和个人密码控制，充分利用电话在时间上的及时性和空间上的无限性，为客户提供诸如查询、密码修改、挂失、转账等金融服务的一种新型银行服务系统。简单地说，电话银行就是通过电话办理银行业务。

张卓其在他的《电子银行》一书中认为：电话银行是与视频家庭银行系统、现代呼叫中心家庭银行系统同级的，一起构成家庭银行系统。

柯辑在他的"电话银行"这篇论文中提到：所谓电话银行（telephone banking），是指银行运用先进的电话信号数字化等技术，在原有业务处理系统中，借助于公共电话网络，使客户能通过电话同银行进行金融交易，如查询账户信息、办理部分转账结算及从事证券买卖等。

本书中，我们认为电话银行是指银行利用计算机电话集成（CTI）技术，借助于公共电话网络，通过电话自主和人工服务的方式为客户提供服务的系统。简单来说，电话银行就是金融机构提供的一种服务方式，它允许其客户通过电话进行交易。

2. 电话银行与手机银行的区别

在《现代汉语词典》中，"电话"一词被定义为利用电流使两地的人互相交谈的装置。在人们的观念中，电话包括：家庭座机电话、手机、小灵通、公用电话亭电话等。由此引发大家的一个质疑，电话中既然包括手机，为什么又会存在"手机银行"这样一个概念，手机银行与电话银行又有什么样的区别？

通过上述对"电话银行"概念的界定，我们可以看出电话银行与手机银行是两个不同的概念，它们在提供服务的形式上是不一样的。从本质上来看：

（1）电话银行的服务方式是语音服务，在语音的提示下办理银行业务，同时用语音方式告知处理结果。

（2）手机银行全部采用可视操作，利用手机键盘或触屏书写输入数据，在屏幕上看到提示和处理结果。

从这一本质中，我们便可以区分电话银行和手机银行的不同了。

5.1.2 电话银行的产生和发展

随着电子技术的飞速发展，对银行的交易方式提出了新的要求和挑战，电话银行正是基于电话、计算机等通信工具建立的一种交互式服务增值系统，是高科技与银行业务结合的产物，具有服务优质、高效、便捷、成本低的优势。

1. 电话银行的产生原因

在发达国家，电话早已普及到家庭，出于成本优势的考虑，银行萌发了通过电话进行转账的想法，从而产生了电话银行系统（telephone banking system，TBS），提供电话转账（telephone bill payment，TBP）服务。如对美国银行各种服务成本的调查显示，电话银行平均交易成本仅相当于柜台交易的 1.4 %，见表 5-1 所示。

表 5-1 美国银行服务方式比较

服务比较＼服务类别	柜台交易	ATM	电话银行
设置成本	成本高，包括房租、装潢、设备及人力成本等	成本较高，包括软硬件、运营及维修成本	成本较低
平均交易成本	US 1.07 美元	US 0.27 美元	US 0.015 美元
服务方式	面对面双向沟通	单向服务	随时电话服务
服务时间	一般 8 小时左右	24 小时	24 小时
收入来源	存贷利差，手续费	跨行手续费	手续费等

资料来源：季怡. 电话银行在我国的可持续发展分析［J］. 世界经济情况，2007（7）.

2. 电话银行的发展阶段

随着技术的不断成熟和业务范围的不断完善，电话银行经历了人工服务、自动语音服务和电话银行中心（call center）三个阶段。

（1）人工服务阶段。电话银行人工服务最早出现于 1956 年。由于当时技术的限制，银行只是通过话务员接听电话，主要为客户提供一些预定、咨询、投诉等方面的简单业务。

（2）语音服务阶段。20 世纪 80 年代初期，计算机语音技术的成熟为电话银行自动语音服务创造了条件。这时的电话银行提供了一些简单服务，例如，账户余额、明细的查询以及公共金融信息查询等。客户可以通过语音提示来完成各种操作。

（3）电话银行中心。20 世纪 80 年代末期，自动语音服务不能满足客户多样化的需求，客户在享受语音服务的同时，可能也会有很多问题是语音服务没法为之解决，他们需要在此时能够与银行的客户员进行直接的电话交互，从而产生了对提供兼具自动语音服务和人工服务的需求，从而产生了电话银行中心服务。

电话银行中心，即 call center。电话呼叫中心，是由电话接入设备、自动电话分配系统、自动语音应答系统、计算机电话集成系统，主机系统和话务员工作部等部分组成的，与单产的人工服务和自动语音服务相比，具有自己独特的特点。

- 电话银行中心兼具人工和自动语音服务的功能。电话银行中心将自动语音服务与人工服务有机地结合起来，为顾客提供自动语音和人工服务双重服务，更好地满足客户个性化的需求。
- 电话银行中心功能比较完善。电话银行中心不仅包括人工服务系统和自动语音系统的全部功能，而且可以受理客户来电服务，还可以通过业务代表提供服务进行电话营销和市场调查，处理银行业务，进行客户关系管理和提供决策支持。
- 电话银行中心工作效率比较高。电话银行中心采用了先进的计算机电话集成技术，话音和数据同步传输，客户个人资料、账户信息与话音可以同时由计算机与银行业务员协同处理。

5.1.3 电话银行的功能

在介绍电话银行功能之前，我们先对电话银行进行简单的分类。

按照提供服务的形式不同，我们可以将电话银行分为：人工服务电话银行、自动语音服务电话银行、人工服务与自动语音服务综合服务电话银行。

客户是任何一个企业生存之本，企业存在的使命是满足客户的需求，从而为企业赢得利益，对电话银行而言，也不例外。电话银行的功能应该满足所面对客户的需求，然而用户之间是存在差异的，不同的用户存在不同的需求。所以在讨论电话银行的功能之前，我们首先来对电话银行的客户进行分类。按照电话银行客户的性质不同，我们可以将电话银行客户分为：单位注册客户、个人注册客户和非注册用户。单位注册客户在注册时指定其公存账户和商务卡为操作账户，而个人注册客户可以指定其拥有的活期储蓄账户、定期储蓄账户、信用卡账户、借记卡账户为其操作账户，注册用户可以通过电话银行对其指定账户进行包括付款在内的各类操作，而非注册客户则无法得到这些服务。

电话银行为客户主要提供了两大类服务功能：一是交易处理功能，二是交易处理功能以外的功能。

（1）交易处理功能。电话银行为注册客户，特别是个人注册客户提供了较为完善的交易处理功能，通过电话银行，客户几乎可以办理除现金交易外的各类金融服务。下面具体来看看电话银行为各类客户提供的具体服务功能。

为单位注册客户提供的服务功能　① 账户查询。账户查询功能可以提供查询指定账户余额及明细、查询贷款借据情况，查询商务卡的余额及明细。② 其他。办理支票挂失，查询支票挂失止付情况，查询公共金融信息，修改客户密码。

为个人注册客户提供的服务功能　① 账户查询。查询指定账户的余额、明细、利息及利息税。② 账务处理。账务处理功能包括账户挂失，通存通兑账户之间转账（包括活期账户转到活期账户，活期账户转到信用卡账户，活期账户转入定期账户）等。③ 代理交费业务。通过与收费部门联网，使用电话银行可以缴纳各种费用，如缴纳移动电话公司收集花费、联通公司手机话费、中国电信固定电话费等。④ 银证通。使用电话银行系统，可以直接用指定账户进行股票买卖，不必在证券营业部开立资金账户，同时可以通过电话银行进行股票的委托查询、成交查询、行情查询等。⑤ 其他。查询公共金融信息，修改客户密码。

为非注册客户提供的服务功能　由于非注册客户没有指定操作账户，系统不向其提供涉及账户操作的功能，仅提供查询公共金融信息、业务咨询、投诉、建议等服务。任何人员均可以通过拨打电话银行服务号码得到此类服务。

（2）交易处理功能以外的功能。在交易处理功能以外，电话银行的功能还表现在客户服务和产品营销上，这一方面的功能是电话银行中心的重要功能。

金融业务咨询　客户可以向接线员咨询各类金融业务知识和办理方式，不必像以前亲自去银行去了解。同时，咨询范围不必要限制在某一专业，接线员可以依靠强有力的后台支持解答客户的各类问题。

处理客户投诉　电话银行中心从某种意义上说是面向社会开放的一个集中式服务监督机构，随时接受并及时处理客户对银行服务工作的投诉。

提供应急服务　电话银行提供全天候的服务，可以在非营业时间和特殊情况下为客户办理挂失、紧急救援等一系列应急服务。

推介金融产品　电话银行中心可以根据掌握的资料，使用外拨功能主动向客户推介金融产品。

5.1.4　电话银行的特点

电话银行与其他形式的电子银行相比，具有以下特点：

（1）安全。电话银行既要强化服务功能，同时要保证信息传输过程的安全，保障客户账户安全，同时也要保证银行系统的安全，所以在电话银行中，所有的信息都是采用加密传输的，安全可靠。

（2）操作简单、使用方便。电话银行的简单主要体现在开户简单，电话银行只需一次开户；追加信息方便，追加委托交费、更改个人信息、销户等业务只要打电话人工服务就可以办理，不需要亲自跑银行；不受时间地域限制，电话银行受理电话、手机、传真、电子邮件等多种通信方式发出的业务请求。不受通信方式、时间、地域的限制，向客户提供 365 天×24 小时不间断的服务。

（3）服务形式多样。主要体现在提供的服务系统多样、服务对象类型多样、服务方式多样等方面。

服务系统多样　大多数银行的电话银行提供了人工服务系统、电话银行系统、外拨服务系统、网上银行系统等。

服务对象类型多样　服务客户类型分为个人注册客户、单位注册客户、非注册客户等。

服务方式多样　绝大部分电话银行提供了自助业务、委托业务、外拨业务等。

（4）实时操作、覆盖面广。在把金融风险降到最低的前提下，电话银行系统在设计中加大了开放处理的力度，设计了较为开放的处理方案，为任何一个客户提供全天候的实时服务。

5.1.5　电话银行产生的意义

任何事物的产生，总会有其存在的原因和意义，下面我们将一起来探究电话银行产生的意义。

（1）适应开放的金融市场变化。随着金融市场的逐渐完善，经济的不断开放，以及科技的发展，银行间面临的竞争也越来越大，银行机构将面对一个更加开放的金融市场，也将面对一个更具竞争的金融市场。为适应市场变化，增强自身的竞争实力，防范客户流失，各银行纷纷采用新的技术手段，建立新的业务平台，为客户提供全新的个性化服务。

（2）适应信息时代的业务发展。以数字技术为代表的新经济正在促使银行业发生剧烈的变化：网络技术的发展、虚拟银行的出现、金融创新的突破等创造了新的市场和新的客户群体，传统的银行经营手段逐步萎缩，只有抓住新经济带来的机遇与挑战，银行才能生存。

（3）树立全方位的经营理念。电话银行的建立不仅仅增加了一项新的服务手段，更体现了一种新的银行经营理念，即在任何时间、任何地点为客户提供全方位的服务。客户向银行请求服务项目时，可能通过任何方式：电话、手机、传真、互联网、信件，可以在任何时间、任何地点提出任何一种要求。客户可能在一个服务请求中涉及咨询业务、查询账户或信用卡、利息试算、购买保险、修改委托价及申请贷款等。

（4）推动离柜业务，延伸服务领域。电话银行是银行服务手段的延伸。电话银行、网上银行的开通使银行的网点延伸到客户的身边，延伸到老百姓的家中，使客户随时能够办理自己的业务。这种银行业务的时空转变，提高了业务处理的效率，节约了客户的时间，同时减轻了银行柜台的压力，降低了成本。

（5）拓展新产品发展空间。电话银行中心提供了形式多样的访问渠道，以及能与多种功能强大的后台支持系统连接的功能，所以合理地利用这些功能不断开发新的服务品种，不仅可以方便客户，树立银行的形象，还可以带来新的业务增长点。目前，储蓄所的业务品种繁多，业务量大，在一定程度上制约业务网发展，但是电话银行和网上银行可以独立地开发新业务网，拓展了业务的发展空间。

5.2　电话银行支付

现在，电子支付的手段不断发展创新，电话支付就是支付产品创新理念的又一产物，并且是继现金、刷卡、在线支付之后的一种新型支付手段。电话支付业务的问世，打破了横隔在商家和消费者之间的交易瓶颈，使交易渠道更加畅通无阻，很大程度上突破了传统支付方式对现代商务的束缚。

5.2.1　电话银行支付概述

电话银行支付是指消费者使用电话（固定电话、手机、小灵通）通过电话银行系统就能从个人银行账户里直接完成付款的方式，是一种创新的可脱离互联网限制的电子支付方式。电话支付是电话银行一项新的服务功能。在传统的电话银行查询、转账功能之外，电话支付提升了银行的金融增值服务，并拓展了应用范围。

那么电话银行到底在什么情况下使用呢？

对于消费者而言，在购买产品或服务时经常会出现这些情况：

- 周围没有银行，不能取现金。
- 周围没有 POS 机，无法刷卡。
- 当时不能上网，无法网上支付。
- 不能使用现金，也不想网上支付。

那么这时候如果开通电话银行就十分方便了。消费者只需要打个电话，动动手指头就可以轻松完成支付了。例如，某人去出差，打算买返程北京电子客票，但他是在一个比较偏远的地方，根本无法上网，客观上讲电脑都几乎找不到，更别说上网了。但是他很想尽快预订一张回北京的电子客票，他抱着试一试的态度，就用电话支付订一张电子客票，结果几分钟就完成了。可见电话支付也是不受地域和设备限制的。即使是在比较偏远的地方，周围没有银行，没有 POS 机，也不能上网，消费者仍然可以完成支付。

对于不会上网的消费者，电话支付对他们来说就是十分方便快捷的电子支付方式了，他们可以通过电话支付来享受电子商务的乐趣，即使是盲人或行动不便的残疾人也可以顺利通过电话支付完成非面对面的支付，所以，在这个意义上，电话支付也为全球的信息化起到了积极的推动作用。

对于商家而言，它可能会面临的问题是：

- 对于实体商铺，没有安装 POS 机，不能满足持卡消费者的需要。
- 对于网上店铺，交由第三方代收现金存在一定的风险。
- 消费者对公司了解不够，存在付款担心，不愿提前支付现金。
- 消费者不愿上门付款。
- 如果不能及时收到货款，就要推迟发货，从而延长订单周期。

这时，电话支付就可以派上用场了，它可以统统解决商家遇到的以上问题。商户不用收付现金，不用货到付款，也就没有了坏账和烂账。并且能为商户减少成本，降低风险，多提供一种支付方式可以拓宽客户群体，帮助商户为消费者提供更加方便和满意的服务，做成更多生意。例如：电话支付帮助中国票务在线激活了大量的线下客户，中国票务在线的 CFO 宋杰介绍说，在接入电话支付服务之前，即使是客户在网上下了订单，还是有很大数量的客户喜欢采用票到付款的方式，但自从上线电话支付方式之后，非常多的客户都选择了电话支付这种方便、快捷的支付手段。同时，电话支付也实现了财务的集中管理。

5.2.2　电话银行支付分类

电话支付从完成支付的机构划分来看，可以分为两类：一类是由银行的电话银行直接完成的电话支付；另一类是银行通过与第三方的电话支付提供商合作完成的电话支付。

1. 电话银行直接完成的电话支付

在直接完成的电话支付这类电话银行支付中，银行作为专业的资金管理者，可以选择直接与商户联系，抛开中间支付商。现如今，银行为客户提供的中间业务服务大部分都可以通过这种方式进行支付。

这一类的电话支付比较简单，用户面对的只有一家银行，支付涉及的范围包括：代理缴费、债券投资、银证通、外汇买卖等。

（1）代理缴费。代理缴费业务是指商业银行接受单位或个人的委托，以代理人的身份代表委托人办理一些经双方协定的经济实物的业务。银行拥有大量的企业和个人客户，这些客户一方面将资金存放在银行，另一方面又要向其他群体支付各项费用，银行作为中间人，可以十分方便地完成存款人的支付需求。这些支付不仅方便了客户，也为银行创造了中间业务收入。目前，国内银行通过电话银行支付的代理缴费业务包括：代收公共事业费用，如代收电话费、税费、煤气费，代买福利彩票、电话卡，代理保险，机票、酒店预订等服务。

（2）债券投资。债券投资是指银行为客户提供的债券的买卖交易功能。

（3）银证通。银证通业务是指银行系统与证券公司交易系统相连接客户可以使用银行提供的电话银行或网上银行在证券公司的交易系统买卖证券，并在客户的银行账户上完成清算的过程。

（4）外汇买卖。外汇买卖是指个人客户委托银行把一种可自由兑换的外币兑换成另一种可自由兑换的外币。银行在接受客户委托后，即参照国际金融市场行情制定相应汇率予以办理。

2. 银行与支付提供商合作提供的电话支付

银行与支付提供商合作提供的电话支付是有第三方的电话支付提供商参与的电话银行支付，一般用于消费者与商家进行交易时产生的支付，也就是基于商品交易的电话支付。这种方式的电话支付把支付提供商和银行联系在一起，用户拨打电话支付，实际是拨打相关的银行进行支付，电话支付让用户可以不受互联网接入的限制，拓宽了电子支付的受众群体。

在第三方电话支付市场中，主要有易宝（YeePay）、Chinapay 和首信易支付。其中，易宝电话支付由于采用了较为简单和低成本的支付模式，且市场推广较为成功，因此，易宝的电话支付市场份额要高于其他厂商。

易宝是国内创新的多元化电子支付平台，于 2005 年 6 月首创电话支付，是中国第一家提出电话支付的专业支付平台。它的应用基于各大商业银行开发的电话银行，消费者在开通电话支付功能的商家下订单后，只需拨打相应电话银行的统一客服号，就可根据语音提示，查询自己的未支付订单，并完成支付。这种脱离互联网的电子支付方式，相当于把每一部手机、小灵通、固定电话都变成随身"POS 机"，为更多的传统行业搭建了离线的远程收款服务，有效地推动了电子支付的发展和应用。例如，易宝支付的电话银行支付，消费者打电话给银行要求支付，则其账户的资金就划转到了易宝的支付平台上，再由易宝支付与商家进行分配。这一步就与网上支付的流程一样，银行实际上起到了一个接入端的作用。

目前，易宝电话支付已经可以通过工商银行、招商银行、建设银行和民生银行，在电视购物、教育、电子客票、鲜花礼品订购等领域广泛应用。特别是在航空旅游行业，为航空公司、机票代理人、旅行社等提供了急需的远程收款服务。

5.2.3　电话银行支付流程

1. 电话银行直接完成的电话支付

由电话银行直接完成的电话支付比较简单，不存在上述的下单环节，只需要电话银行支付。此时，客户只能面对一家特定的银行，而要完成的支付种类与银行有着直接的关系，必须建立在银行已经与相应的商家有合作关系的基础上。例如，如果消费者要通过工商银行的电话银行缴电话费，那么首先要看工商银行是否提供了这项缴费服务，如果没有，那该项支付就无法进行。以工商银行电话银行的自主缴费为例，其电话银行支付的流程如图 5-1 所示。

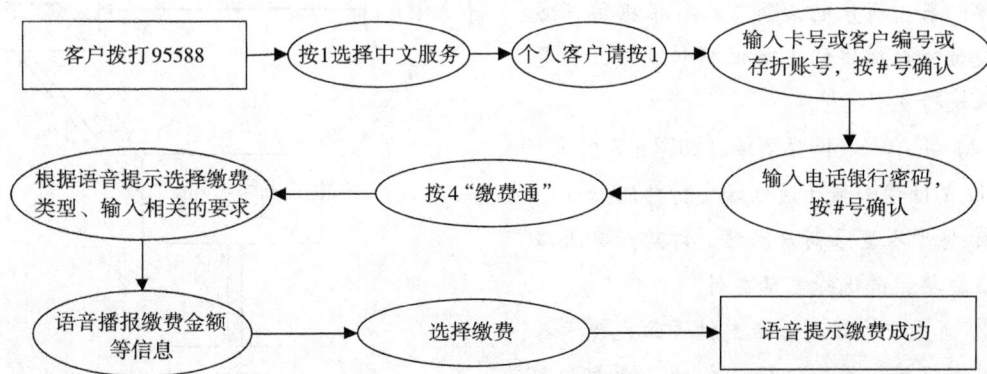

图 5-1　工商银行自助缴费流程

资料来源：中国工商银行电话银行网站 http://www.icbc.com.cn。

由于不存在第三方的支付提供商，而且收款机构与银行已经达成了协议，所以在客户支付完成以后，其余的工作都可由银行内部完成。所以，在这种情况下，客户缴费的完成也就是整个支付流程的完成。

2. 银行与支付提供商合作提供的电话支付

使用电话银行支付，首先必须要开通电话银行的支付功能，也就是先要成为电话银行的注册用户。注册电话银行支付时一般会要求用户绑定电话。注册用户如果已经绑定了电话，则必须使用该绑定电话来进行电话支付；如果没有绑定任何交易电话，则必须使用订购商品时预留的号码所对应的电话来进行电话支付。

支付过程包括了下单过程和支付两部分，下面对通过电话方式下单和通过网络下单分别对电话支付进行介绍。

（1）下单——电话下单，如图5-2所示。

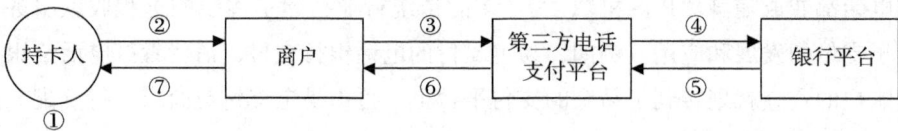

图5-2　电话下单

① 支付卡必须开通电话支付功能。

② 持卡人拨打商户销售热线电话，订购产品或服务，告诉销售人员选择的银行，并留下个人手机号码。

③ 商户销售人员通过商户的订单系统录入订单和支付信息。通过联机接口方式，将订单信息提交到第三方电话支付平台。

④ 第三方电话支付平台根据持卡人选择的银行信息，进行处理。银行的订单信息将通过联机接口提交到银行平台。

⑤ 银行处理订单之后，回复处理结果给第三方电话支付平台。

⑥ 第三方电话支付平台修改订单状态之后，将处理结果通过联机接口返回给商户。

⑦ 商户通过订单系统向电话销售人员反馈下单结果。商户电话销售人员根据第三方电话支付平台提供的支付说明和流程，引导持卡人进行支付。

（2）下单——网站下单，如图5-3所示。

① 支付卡必须开通电话支付功能。

② 持卡人登录商户网站，订购产品或服务生成订单，并选择电话支付。

③ 商户平台转到电话支付页面，持卡人选择某家银行，并选择确认支付。持卡人浏览器显示订单提交页面，要求持卡人输入电话号码，并选择提交。

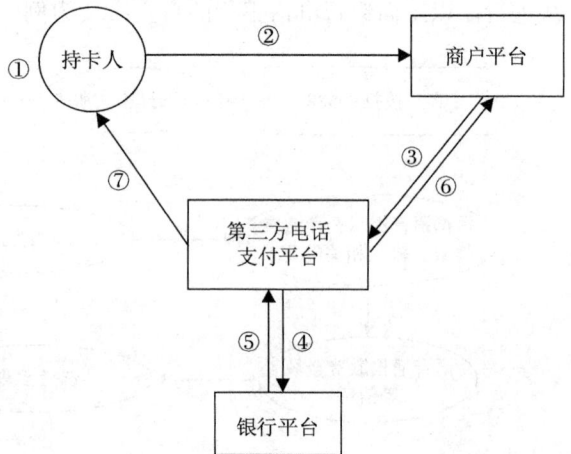

图5-3　网站下单

④ 第三方电话支付平台根据持卡人选择的银行信息进行处理。银行的订单信息将通过联机接口提交到银行平台。

⑤ 银行处理订单之后，回复第三方电话支付平台处理结果。

⑥ 第三方电话支付平台修改订单状态之后，将处理的结果通过联机接口返回给商户平台。

⑦ 第三方电话支付平台同时将处理结果和支付流程引导信息通过浏览器返回给持卡人。

（3）支付，如图 5-4 所示。

① 持卡人用绑定的电话拨打之前选择的银行电话中心的电话。例如，招商银行按照自动语音流程进行支付操作（图 5-5）。

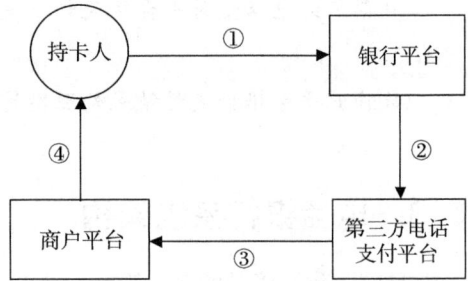

图 5-4　支付流程

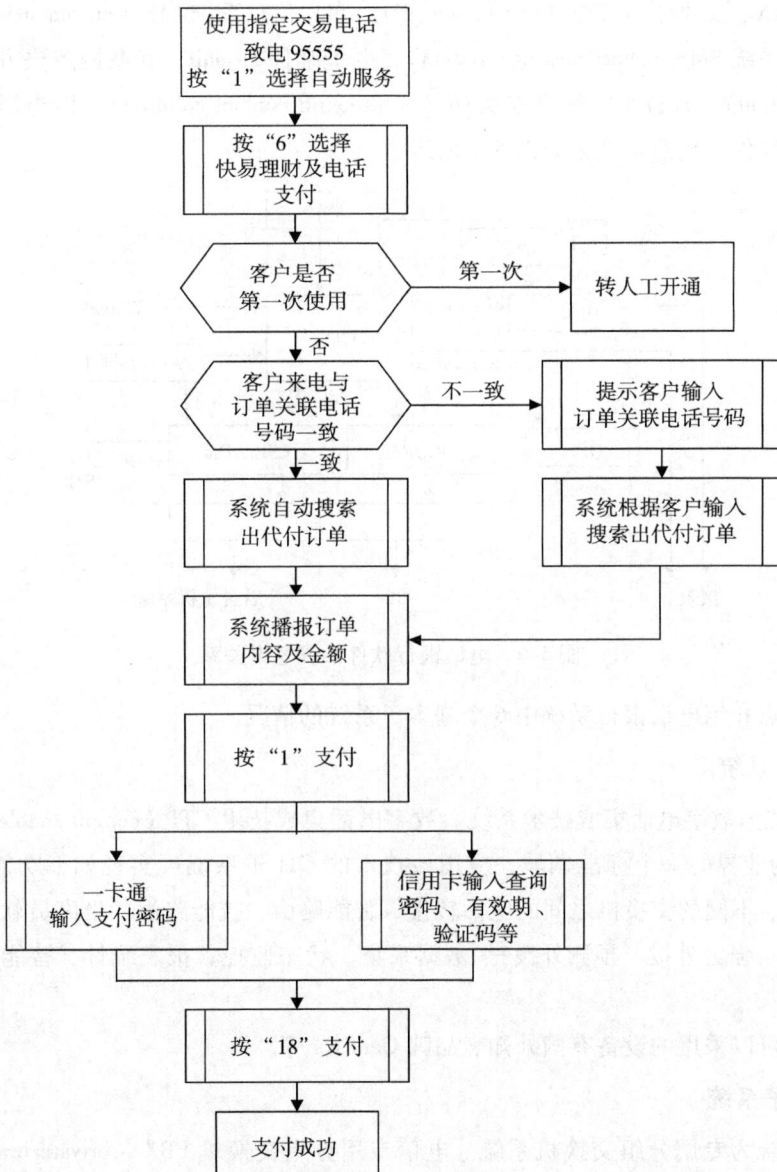

图 5-5　招商银行电话银行支付流程

资料来源：中国招商银行电话银行网站 http://www.cmbchina.com。

②　银行平台将支付结果通过联机接口反馈给第三方电话支付平台。

③　第三方电话支付平台修改订单支付结果状态后，将支付结果通过联机接口反馈给商户平台。

④　商户平台根据支付结果处理发货事宜。

5.3　电话银行系统架构

目前，我们接触的电话银行一般由 CTI 子系统、PBX 子系统、IVR 子系统、CSR 子系统、录音子系统、APP 子系统 6 个子系统构成。除了这基本的 6 个子系统外，某些呼叫中心还提供了包括传真 FAX、文本语音 TTS（text to speech）、客户信息系统 CIF（customer information foundation）、短信系统 SMS（short message system）、电子邮件 E-mail、互联网解决方案 ICS（internet contact solution）、外拨系统解决方案 OCS（outbound contact solution）、IP 电话等多种丰富的服务功能。其软件系统逻辑关系如图 5-6 所示。

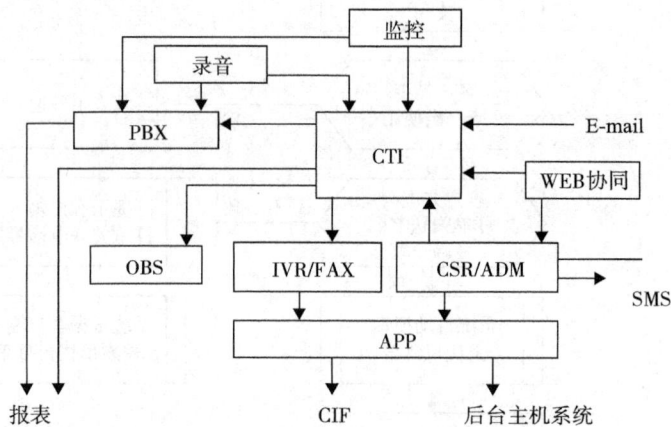

图 5-6　电话银行软件系统逻辑关系

本节将重点介绍电话银行系统中 6 个基本子系统的情况。

1. CTI 子系统

CTI 子系统为数字电话集成技术系统。数字电话集成技术 CTI（computer telephony intergration）已经成为业界的一个标准领域，应用该技术的 CTI 子系统可实现如下功能：智能应答、语音数据同传、不同的交换机之间的电话转接、智能路由、技能路由、坐席员软电话、三种外拨（预览外拨、强力外拨、预测外拨）、数据采集、状态监控、报表统计、智能负荷平衡、顾问电话会议等。

在该系统可以采用的设备有国外知名品牌 Genesys 等。

2. PBX 子系统

PBX 子系统为专用分组交换机系统。电信专用分组交换机 PBX（private branch exchange）负责连接电信网络，进行呼入/呼出自动分配 ACD（automatic call distribution）排队。PBX 子系统通过媒体服务器与远程媒体网关相结合，为银行融合网络提供了支持应用的数据、语音、传真和消息处理能力，同时也支持在分组交换和电路交换网络之间选路的承载电路和信令通信，为银行提供更安全可靠的融合网络解决方案。

在该系统中可以采用的设备有国外知名品牌，如 Avaya S8700、Alcatel、Avaya G3、Nortel、Siemens、NEC 等，国内品牌如华为交换机等。

3. IVR 子系统

IVR（interactive voice response）子系统为自动语音应答系统。自动语音应答 IVR 充分应用 client/server 模型的核心思想，由于存在客户端工具（如电话机）的界面驱动、业务主机上客户资料的存取、电话银行数据维护等功能的分化，大致的应用模型可分为三层结构，如表 5-2 所示。

表 5-2　自动语音应答 IVR 应用模型层次结构功能

名称	主要功能
表示层	客户端工具（如电话机）的界面驱动
应用逻辑层	IVR 的应用逻辑控制及数据维护
数据访问层	完成对业务系统数据的访问

其中表示层即为客户致电呼叫中心所听到，并按照提示进行输入参数的语音流程，表示层通过录制特定的语音片断，系统进行整合，采用某种 IVR 软件的编程界面来实现。数据访问层通过 TCP/IP Socket，把用户输入参数、所请求的交易，按照预先定义的格式传递给 APP 服务器，由 APP 服务器来处理与主机的通信，实现对后台数据库的访问。

此系统可以采用的设备有国外品牌 Edify、Genesys 等。

4. CSR 子系统

CSR 子系统为坐席员系统。坐席员系统 CSR（call center service representative）是坐席员平时的工作平台，涵盖了计算机电话集成技术和客户服务中心的业务系统，主要具有以下功能：

（1）数字电话功能的软电话，人工和自动服务转接功能；

（2）在线传真和外拨传真；

（3）系统登录、CTI 登录和注销；

（4）坐席员签退管理；

（5）屏幕弹出、来电显示、信息广播；

（6）客户交易业务；

（7）投诉建议、咨询求助；

（8）智能引导功能、远程专家转接功能。

5. 录音子系统

语音录音子系统提供客服中心系统的稽核功能，能对客户服务代表与客户的谈话进行全程录音，并且提供主机和网络的即时监听和回听等功能。这些功能为企业监督客户服务代表服务质量，提高客户服务代表谈话技术以及处理纠纷等提供了依据。

具体的录音过程为：当业务代表通过界面接听电话时，可以自动或人为地将此通话事件

（call event）通过局域网通知录音服务器，录音服务器会根据事件的信息，拨出一条通道激发录音。同样，当业务代表通过界面挂断电话时，可以自动或人为地将此通话事件通过局域网通知录音服务器，录音服务器会根据事件的信息，及时停止对该通道的录音。录音服务器会通过局域网从数据库获得此通电话相关的录音数据并把录音数据标识到录音服务器相应电话目录中，供日后录音文档检索使用。录音数据可包括如坐席工号、时间、分机号、主叫/被叫号码，通话长短等，也可以是一些具有业务特色的检索参数，如业务流水号，客户信用卡号等。

6. APP 子系统

应用服务器子系统 APP（application services）作为呼叫中心整个系统的一个重要组成部分，是联系客户呼叫数据请求和主机数据返回交互访问的桥梁，作用十分重要。任何对主机系统的访问都要通过 APP 来进行。

应用服务器系统作为呼叫中心整个应用系统的一个子系统，一方面是访问本地数据库应用的主要方式，另一方面作为数据交易报文格式的转换。

（1）APP 系统架构，如图 5-7 所示。APP 应用服务器作为呼叫中心与银行业务唯一的沟通渠道，首先负责处理呼叫中心内部各子系统对银行后台应用系统业务请求的转换及递交，其次负责银行柜面系统对呼叫中心数据库请求的响应。

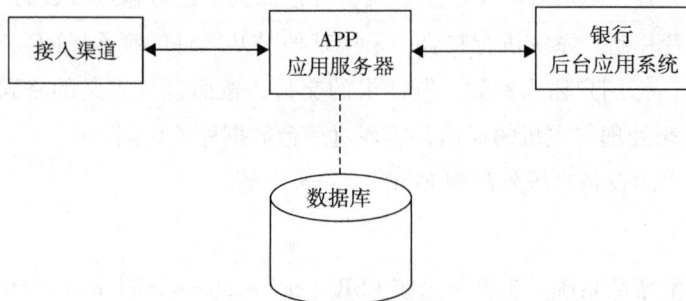

图 5-7　APP 系统架构

（2）APP 物理连接，如图 5-8 所示。各系统的技术架构、应用平台并不相同，因此 APP 应用服务器需要实现与多个系统的交易接口。

（3）APP 内部逻辑与基本流程，如图 5-9 所示。

一个标准的电话银行后台交易请求流程　前台把交易请求发往 APP 应用服务器→APP 应用服务器的通信处理模块接受请求→内部交易调度模块根据具体的交易代码调用相应的驱动程序→驱动程序模块中的交易报文处理子模块将收到的参数组成合格包→调用相应的后台通信，提交主机进行交易→主机返回正确/错误结果，由驱动程序模块中的交易报文处理子模块转换为符合内部交易规范的返回包→内部交易调度模块→通信处理模块把结果返回给前台。

一个标准的电话银行柜面交易请求流程　前台把交易请求发往 APP 应用服务器→APP 应用服务器的通信处理模块接受请求→内部交易调度模块根据具体的交易代码调用相应的驱动程序→驱动程序模块中的交易报文处理子模块根据交易请求访问，呼叫中心数据库，将结果组成合格包→内部交易调度模块→通信处理模块把结果返回给前台。

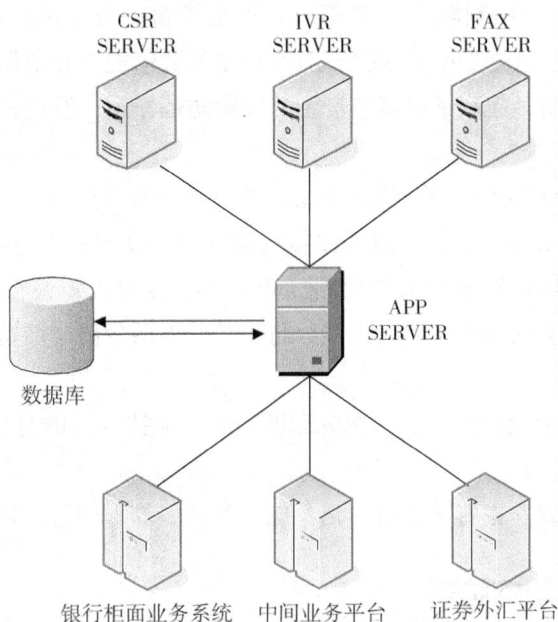

图 5-8　APP 物理连接

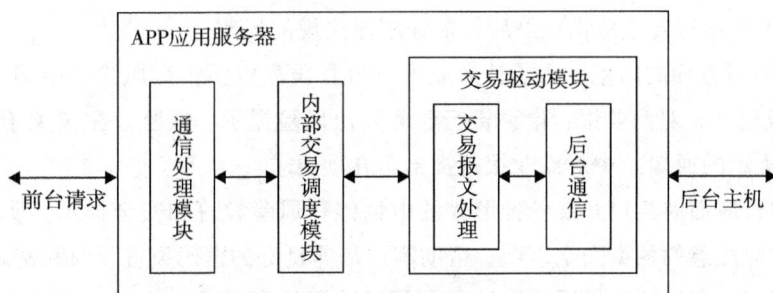

图 5-9　APP 内部逻辑

5.4　电话银行风险问题

电话银行作为银行与客户沟通的重要渠道之一，越来越受到各方的关注，成为银行与客户进行一对一接触的重要途径。在电话银行上可以办理的业务种类不断增多，极大地方便了广大用户，但犯罪分子也看到了这其中的机会。各种各样利用电话银行来进行的犯罪活动大幅增加，利用电话银行盗取客户资金的案件时有发生。那么，电话银行风险体现在哪里？我们该如何应对电话银行风险呢？

5.4.1　电话银行存在的风险

人们对假冒网上银行等已有所耳闻，有些客户被骗取了银行卡密码，并导致资金受损。事实上，电话银行的风险主要是体现在转账中。电话银行转账，一般分为个人"账户内划转"和不同人"账户间划转"两种。由于是在一个人的名下，将定期、活期以及信用卡账户内金额进行划转，因此，"账户内划转"一般不存在资金被窃的外部风险。对于"账户间划转"，虽然银行采取了网管以及数据加密等手段，对交易主机通信进行安全保障，并对不同人账户间转账进行了金额上的限制，起到了对客户资金的风险防范作用，但仍有安全风险存在。这种风险主要表现为以下几种方式：

（1）在公共电话中使用电话银行服务系统，留下客户账户资料，给不法分子以可乘之机。

（2）不法分子通过书信、手机短信告知银行客户获得大奖，当客户打电话核实时，不法分子以便于存入资金和以填写获奖人的资料为由，要求客户告知银行卡账号、生日、家庭电话、结婚纪念日等个人基本资料（因为许多人将生日、电话号码、结婚纪念日作为银行卡的密码），然后套取密码。

（3）不法分子以做生意验资为名，在电话里骗取外地持卡人的身份证号码、账号和密码，然后冒领存款。

（4）一些不法分子冒充银行人员打电话给银行客户，套取银行账户信息。

5.4.2　电话银行风险的防范

面对电话银行存在的诸多风险，各方都应采取相应的行动。目前，应对电话银行风险、更好地保护客户资金安全，应从三方面着手——首先，商业银行自身应加强防范；其次，普通客户也应当提高电话银行安全意识；最后，加强法律法规的规范。

（1）商业银行方面的防范。为了让商业银行自身防范电话银行风险，中国银监会 2007 年 11 月 28 日下发通知，对商业银行电话银行业务发出风险提示。银监会在《关于商业银行电话银行业务风险提示的通知》中对商业银行提出了几项要求：

- 商业银行应面向客户开展各种形式的电话银行风险教育和安全提示，明示电话银行业务操作应注意的各类安全事项，帮助客户培养良好的密码设置习惯和密码保护意识。
- 商业银行应积极开展电话银行转账功能风险评估和分类，依据收款账户的潜在风险高低，相应设置不同的转账额度和次数限制。
- 对用银行卡卡号和密码相组合完成登录的电话银行业务，商业银行应在客户使用潜在风险较高的转账功能时，增加其他身份信息检验要求，如银行卡 CVV 码、身份证信息或其他预注册信息等。
- 商业银行应严格控制规定时间内同一卡号、账号、密码等登录信息在电话银行操作中的输入次数，避免无次数限制的允许输入错误登录信息，严格防范犯罪分子采用试探手段获取密码信息。
- 商业银行应建立电话银行异常交易监测预警机制。

通过上述措施，可以在一定程度上防范电话银行产生的风险，更好地维护商业银行和客户权益。

（2）普通客户方面的防范。对于普通客户而言，在使用电话银行时应当注意以下几点：

- 避免在可以查询到输入号码的电话机上进行电话银行操作，使用电话银行后，删除通话记录。无论是在办公室还是在公共电话亭，客户均能通过电话银行完成查询、转账，甚至购买基金等业务，其便捷性受到不少人的青睐。但客户在电话键盘上输入的卡号、密码，也会被电话完整记录下来，如不及时删除，就可能被他人利用。

- 在进行电话银行交易类操作时，避免使用免提电话，以防他人偷听。
- 不要使用经其他号码连接后的"电话银行服务"。目前国内电话银行服务主要有两类：一类是各家银行使用的全行统一客户服务电话，该号码均已印制在银行卡上，客户应直接使用此电话银行服务；另一类是当地分支机构或营业网点正式公布的可供客户咨询、办理有关业务的电话号码。同时，客户应特别注意的是，不要使用经其他号码连接后的"电话银行服务"。目前，没有一家银行可通过单一电话号码同时提供多家银行的电话银行服务。客户不要轻信任何非正常渠道提供的电话银行服务。
- 密码设置要科学。客户在设置电话银行密码时，不要使用过于简单的数字（如 6 个 6、6 个 8 等），不要使用自己的出生日期、电话号码等容易被人猜中的数字作为密码，也不要使用与电子邮件或连接互联网相同的密码，可以考虑分开设置查询密码和交易密码，并定期进行修改。客户还要及时更改电话银行密码，否则他人知道卡号后就可以利用初始密码窃取账户信息，给资金安全留下隐患。
- 不要理会一些无缘无故的中奖喜讯。如果是因好奇与对方通话了，要切记严防死守银行账户资料，绝不泄露。

（3）法律法规的规范。没有规矩，不成方圆。如果没有制定一些规则去规范电话银行风险中可能产生的法律关系当事人的行为，那风险仍会继续存在，故而，建立法律法规也是电话银行风险防范的一个方面。

建立核实的市场准入机制　银行应该建立完善的客户个人信用机制。电话银行的客户与一般客户相比应更注重其信用、收入、参与的经济活动、所受的教育程度等方面的条件。

建立密码识别制度　电话银行服务的提供者、接受者不需要见面，因而密码是确定服务接受者身份的唯一途径。一旦使用者提供的密码与用户相符，则系统将自动确认其为真实的客户，并提供一切服务，由此引起的法律后果由客户承担。当然在这过程中，银行负有客户保守密码的责任，银行不得把客户密码泄露。

建立责任限制制度　完全凭借密码来认定是否是真正客户本身的行为，有时是不公平的。例如：客户在发现密码泄露后及时通知银行，希望能立即防止造成损失，但损失已经造成，此时银行虽无责任，但应依据民法中的公平原则给予无任何过时的客户以一定的经济补偿，但补偿应有最高限额的规定。同时，对客户通知时间应有一个最迟的时间限制，一旦超过一定的时间，银行则不做任何补偿措施。

签订合法有效的合同以约束双方行为　合同是法律的有效补充。在合同中，要明确：

- 银行有妥善保管客户密码的义务。因客户自身的原因造成密码泄露从而带来的损失由客户自己承担；银行对非用户原因造成密码泄露带来的损失给予部分补偿责任。同时，如果密码的泄露是由银行造成的，则银行承担全部损失补偿责任。
- 客户应每隔一定时间对这一时期所进行的电话银行操作进行查询，发现有疑问应及时进行咨询，过期视为自动放弃异议权。

建立证据保全制度　电话银行应设有同步录音系统，并且规定录音资料保存期限，以便发生纠纷时能找到最直接的证据。

从目前来看，电话银行出现的问题主要还是由于安全意识差而造成的，它给银行及客户双方都会造成资金损失。因此，银行与客户应当共同努力，强化安全意识，采取切实防范措施，打造和维护安全的电话银行环境。同时，国家法律法规也要跟上，给予制度上的保障支持。

5.4.3   电话银行安全技术

客户服务中心系统涉及客户的账户信息、密码及账户资金等敏感的客户私有信息，需要处理客户的账务数据，负责账务数据的扣账、账户信息查询等极为重要的工作，所以，客户服务中心一旦建立，作为银行重要的对外服务窗口，提供安全可靠的服务是至关重要的。为此，应该将整个系统的安全性、可靠性设计作为系统设计中的重要内容，要全面考虑系统各个方面的安全性、可靠性问题。

1. 系统自身的安全

（1）总体注意。从整个系统来看，客户与呼叫中心的连接仅通过电话，因此不存在系统被外部进行攻击的可能。在呼叫中心内部及主机通信等数据传输环节上，需要特别注意以下几点：

- 将坐席员系统与整个系统进行一定的隔离，只允许坐席员系统访问必需的资源。
- 传送在 WAN 上的数据需要进行一定的保护，防止业务数据被窃取、篡改。
- 对于系统生成的业务数据，必须进行日常的备份。

（2）系统的安全性需求。系统的安全性需求主要有以下几点：

- 网络的安全可靠性。
- 硬件设备的可靠性。
- 对外接口的安全可靠性。
- 系统运行中的故障告警。
- 数据存储的安全可靠性。
- 数据访问的安全性。
- 密码管理的安全性。
- 数据传输的安全性。
- 数据的一致性。
- 操作人员权限控制。

（3）系统安全可靠性设计。系统安全可靠性设计要解决主机系统、数据库、网络、应用系统、文件传输和交易处理、防病毒等诸方面问题。

系统安全可靠性设计的目标是：

- 保证整个系统每年（365/366）×24 不间断地安全可靠运行。
- 保证主机系统正常运转，不被非法入侵。
- 保证数据库系统及应用系统数据的安全可靠。
- 保证应用系统无故障运行，账目正确，不被非法或越权使用。
- 保证文件传输数据完整准确，并且不泄密。
- 保证交易处理准确，防止非法同主机进行交易。

● 保证系统无病毒，实现自动查毒、自动杀毒。

通过以上各方面的设计，建立技术先进、管理完善、机制健全的安全体系，以保证客户服务中心系统的安全运行。做到网络不间断、畅通地运行，应用系统高效、稳定运行，电话银行账务数据完善，恢复及时，电话银行系统不受外部和内部侵害。

2. 硬件设备的安全

计算机硬件设备安全可靠是整个系统安全可靠运行的基础，必须对客户服务中心的计算机、网络等一切设备进行安全防护，以保证设备正常运转和不受到物理破坏。主要包括：

(1) 采用系统可靠性较强的硬件平台。

(2) 重要设备支持冗余，重要部件支持热插拔。

(3) 设备的运行环境质量（电源、温度、湿度等）。

(4) 故障告警，设备故障时给出声光电告警。

(5) 防止人为因素的破坏。

3. 网络系统的安全

客户服务中心系统是依托于网络的系统，如果网络发生大的故障，造成各子网之间相互不通，系统将无法运行。同时，网络由很多节点共同组成，情况非常复杂。加之与国际互联网的物理连接，内部网络中的敏感信息就直接暴露在公用互联网络中。因此，网络的安全性和可靠性尤为重要。

在网络设计中，安全可靠性能主要通过以下方面体现：

(1) 网络路由备份。网络链路及设备的冗余备份要求整个网络没有单点故障，无论在任何一条线路上，任何一台核心设备上出现故障时，整个网络系统可透明地进行容错切换，保证系统不间断工作。

(2) 网管系统。在系统管理控制台运行专业网络管理软件，实时监控整个系统及网络设备的运行状态，以便及时进行分析处理。当发现重大故障时，能及时通知系统管理人员。

(3) 防火墙。为了保障系统安全，避免非法入侵，外部网络不能直接联入本网络，而是应该使外部网络通过路由器和防火墙进入本网络，以拒绝非法访问。

4. 数据信息的安全

客户服务中心涉及的客户资料、银行账户信息等数据信息都是非常重要的，数据信息安全也是客户服务中心系统安全的重要方面。

5. 数据存储的安全

在设计中，数据库服务器的存储设备应采用硬盘阵列。这种设计虽然比普通的外置硬盘投资更高，但它具备无与伦比的高可靠性和灵活性。硬盘阵列可同时支持 RAID 0、RAID 1、RAID 2、RAID 5 等容错技术规范。RAID 5 技术已被广泛应用。它能提供很高的可靠性，并且提高了硬盘的利用率。

6. 数据访问的安全

(1) 数据库安全可靠性。数据库系统作为应用系统的软件运行支撑环境，担负着数据存储、计算、管理等很多重要功能。数据库系统的安全可靠性，对整个系统的安全可靠性来说是至关重要的。

（2）必须满足的需求。

- 保证数据的完整和正确。
- 避免"死锁"、"超常事务"、"数据溢出"等异常情况对系统造成危害。
- 允许方便、灵活、有效地设定权限，防止非法进入，防止越权操作。
- 具备良好的数据备份和恢复手段。
- 具备完善的事务处理手段，保证数据操作的完整性。

（3）数据库的授权机制。在数据库应用中，数据的安全性是用户关心的问题之一。如何保证数据库的安全也是数据库管理系统在选型中经常要讨论的问题。选用的数据库产品应有如下的安全机制以保证数据库的安全：

- 数据库级（database-level）的安全性，对整个数据库起作用。
- 表级（table-level）的安全性，只对相关的表起作用。
- 列级（column-level）的安全性，只对相关的列起作用。
- 行级（row-level）的安全性，只对相关的行起作用。
- 类级（rype-level）的安全性。只对隐含的类（opaque type）起作用。

（4）数据库的审计功能。审计策略是数据库安全性的重要组成部分之一。对每一个选择的客户活动，数据库系统提供的审计功能将产生一条记录。这些记录将用于以下用途：

- 发现非法客户及可疑客户的行为并指出其执行的操作。
- 发现未授权的访问企图。
- 评价潜在的损害安全机制的因素。
- 假如需要，为调查提供证据。

审计是一种用于重建数据库的跟踪事务的机制。这种机制由服务器的归档及备份功能完成。服务器提供的审计功能通过对系统事件的记录，或者一个重要活动及操作者的记录，检测正常或可疑的活动。

7. 数据的一致性

客户服务中心系统和银行业务系统或其他第三方数据源传输数据时，可能由于各种原因导致操作失败。为避免造成双方数据库不一致，采用数据库系统的两阶段提交（two phase commit）及失败回滚（roll back）技术。同时，在本地系统和银行系统的前置机之间，可以采取实时数据核对及恢复、日结账数据核查及错账冲正等措施保证双方数据库的一致性。

（1）提供事务（交易）失败的恢复。利用日志对失败的事务进行自动恢复。服务器通过"快速恢复"算法提供自动再启动和恢复功能。"快速恢复"是指当每次数据库转变成联机状态时，它会检查数据一致性。如果发现数据不一致，它能够在应用程序使用数据库之前自动恢复。

（2）提供通信失败的恢复。选用的数据库产品利用远程双机热备和数据复制，保证远程数据和本地数据的完整性和一致性。自动的两阶段提交，保证通信失败时数据及事务的完整性不受破坏，并在通信恢复时，自动完成提交事务或回滚未提交事务，保证通信失败对数据和提交的事务不产生影响。所有这些恢复均为自动完成的，无须人工介入。

（3）提供服务器及其介质失败的恢复。当服务器失败时，双机数据库热备功能可以保障服务器失败时数据的完整性及一致性。

（4）提供客户或应用程序失败的恢复。提交表示已成功地执行现行事务，在事务中，对数据库所做的全部修改都永久地体现在数据库中。commit 不是在发出时完成的，而是在整个事务完成之后，才真正地完成提交工作。所以它保证了事务和数据的完整性。回滚表示事务出现异常时，需要进行取消，该事务所做的工作全部进行回退。

8. 系统业务的安全

由于某些交易涉及转账等资金流动项目，存在一定风险，因此需要对安全性做一定的考虑。主要考虑的环节在于客户通过电话网传输的账号及密码存在不安全因素，由于目前的公用电话网传输缺乏有效可行的硬件加密方法，而一些主要通过软件实现的加干扰音等手段尚不完善，因此，包括国外的一些大银行的呼叫中心都是通过行政手段加以控制。现有电话银行系统转账及电话委托股票交易的控管方法可以借鉴：

（1）用户使用转账等服务以前，须与银行签订合约，承担一定风险。

（2）电话银行密码与 ATM 机上提款密码不可以相同。

（3）设置专用的转账密码。

（4）指定转账账户。

（5）限定转账金额上限，包括次限额、日限额、月限额。

（6）为代缴费业务限定缴费金额上限。

（7）在每笔转账交易时，输入客户的转账密码。

（8）同时，对于此类交易，如通过坐席员完成必须进行交易录音，以便事后查询，避免人为舞弊。

本章小结

电话银行（telephone banking）存在不同种类的定义，但从这些定义中我们可以看出电话银行即金融电话服务，是与公共电话网络连接的银行电脑系统，也就是说，电话银行就是金融机构提供的一种服务方式，它允许其客户通过电话进行交易。现在我们所说的电话银行大多意义上是指呼叫中心，除少数小规模银行仍在使用传统规模的电话银行外，多数银行均在自己经营区域内成立了自己的呼叫中心，它是 CRM 的重要组成成分，对银行稳健快速的发展起着至关重要的作用。从电话银行的定义中，我们可以看出其与手机银行的区别。

电话银行是在激烈的金融服务竞争中发展起来的，在发展过程中大致经历了 3 个不同的阶段：人工服务阶段、自动语音服务阶段与电话银行阶段。

电话银行一般由 CTI 子系统、PBX 子系统、IVR 子系统、CSR 子系统、录音子系统、APP 子系统 6 个基本的子系统构成。为保障用户的财产和利益，电话银行在设计过程中特别注意做好安全方面的考虑。

电话银行为客户主要提供了两大类服务功能：一是交易处理功能，二是交易处理功能以外的功能。其具有安全、操作简单、使用方便、服务形式多、实时操作、覆盖面广等方面的特点。

电话银行支付是指消费者使用电话（固定电话、手机、小灵通）通过电话银行系统就能从个人银行账户里直接完成付款的方式，是一种创新的可脱离互联网限制的电子支付方式。电话支付从完成支付的机构来划分可以分为两类：一类是由银行电话银行直接完成的电话支付；另一类是银行通过与第三方的电话支付提供商合作，完成的电话支付。

在电话银行的发展过程中存在诸多的风险，为防范这些风险，应从三方面着手——首先，商业银行自身应加强防范；其次，普通客户也应当提高电话银行安全意识；最后，加强法律法规的规范。

关键术语

电话银行　　手机银行　　电话银行支付　　呼叫中心　　支付流程

习　题

一、填空题

1. 电话银行经历了（　　）、（　　）和（　　）三个发展阶段。

2. 电话支付从完成支付的机构来划分，可以分为（　　）和（　　）。

3. 电话银行系统基本的子系统包括（　　）、（　　）、（　　）、（　　）、（　　）和（　　）。

二、简答题

1. 什么是电话银行？电话银行与手机银行的区别是什么？

2. 简述美国银行中各服务方式的比较。

3. 试阐述电话银行产生的原因及其存在的意义。

4. 试通过现实中的实例来说明电话银行有哪些功能。

5. 试阐述电话银行的支付分类及支付流程。

6. 试阐述电话银行的系统架构。

7. 简述电话银行存在的风险及其解决方式。

三、讨论题

登录中国农业银行网站，了解农行电话银行的业务及特点，并与中国银行、中国工商银行、中国建设银行等各大银行比较，结合各银行电话银行的发展情况，讨论我国商业银行的电话银行发展中存在的问题，并根据自己的理解找出具体的解决措施。

案例分析

兴业银行电话银行

兴业银行电话银行集产品咨询、交易受理、理财规划于一身，提供涵盖个人业务、信用卡业务、公司业务、银行信息等各项业务的全方位服务，让客户足不出户就可以随时查询账户信息、产品信息、市场活动等信息，还可进行约定转账、缴费、购买国债、银证转账、基金交易、外汇交易、代客理财、挂失等多项交易。客户只需拨打全国统一的电话银行服务号码"95561"，通过自助语音和人工服务，全天候为客户提供 7×24 小时的不间断服务。

一、兴业银行电话银行的办理

1. 个人客户

它主要为个人注册客户提供服务，其办理要求为：

（1）无须签订书面协议，即可享受"95561"自动语音查询与人工咨询服务。

（2）办理转账、缴费等涉及账户资金变动的业务，需持本人有效证件，到银行柜台签订书面协议。

2. 企业客户

它主要为企业注册客户提供服务，其办理要求为：

（1）无须签订书面协议，即可享受"95561"人工咨询服务。

（2）使用自动语音账户查询功能，需持企业授权说明书和办理人身份证件，到开户行申请。

3. 兴业银行电话银行的功能

兴业银行电话银行的功能如表 5-3 所示。

表 5-3　兴业银行电话银行功能列表

自助语音服务	信用卡业务	申请进度查询、挂失、额度查询、账单查询、积分查询、转账还款、缴费、确认收妥、密码修改等
	个人业务	账务查询、交易明细查询、积分查询、口头挂失、转账、活期转定期、定期转活期、约定转存、自助缴费、密码修改、第三方存管（银证转账）、外汇买卖、国债、自在增利、基金业务、黄金业务等
	公司业务	账户余额查询、交易明细查询、基金查询、密码修改等
	信息咨询	网银回单查询、信息传真、支票保付等
人工服务	各项业务	咨询、受理客户建议
	个人业务	口头挂失、账户余额查询、国债查询、理财查询、贷款账户查询、基金业务（开户、认购、申购、赎回、撤单、查询委托、查询对账单、查询基金账户信息）、活期转定期、定期转活期、活期与理财账户的互转、国债购买与兑付、定向转账、自在增利（登记、支取、修改、撤销、查询等）、基金短信服务等
	信用卡业务	申请进度查询、账务查询、交易查询、积分查询、开卡、挂失、设置/取消消费密码、设置/取消短信服务、重置查询密码、管制/解管，换卡（补发）、补寄密码函、补寄账单、资料更新、销户、额度调整、账务调整、积分兑换、自扣修改、购汇交易等
	信息咨询	利率查询、外汇牌价查询、基金净值查询、存贷款利息试算等

二、兴业银行电话银行主要业务办理

1. 自助语音业务

兴业银行电话银行自助语音菜单包括信用卡、个人业务、公司业务、网上银行及手机银行、外语服务、建议与信息咨询、人工服务、重听几种，如图5-10所示。

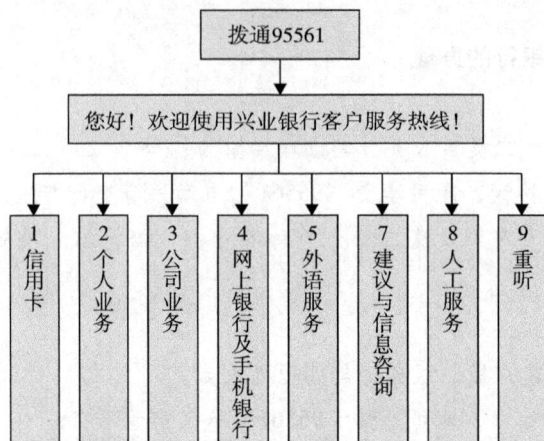

图5-10　兴业银行电话银行语音菜单

2. 人工服务

兴业银行电话银行人工服务的业务包括信用卡、个人业务、公司业务、网上银行及手机银行、自在理财、商旅服务等，办理流程如图5-11所示。

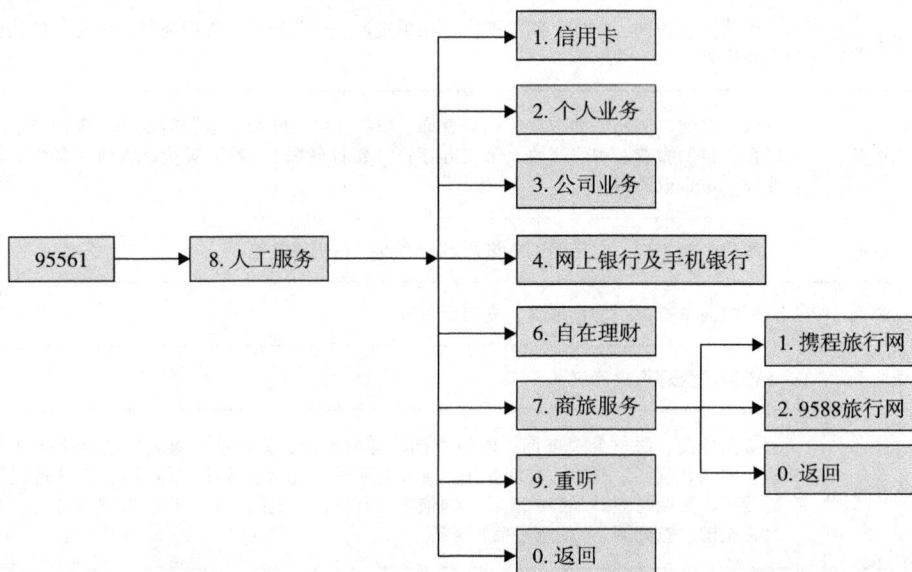

图5-11　兴业银行电话银行的人工服务

三、兴业银行电话银行的一些相关问题

1. 如何拨打客户服务热线

可以通过固定电话、手机拨入。在兴业银行有营业网点的地区，直接拨打"95561"，否则

需先拨开户行所在地区号，再拨"95561"。

2. 如何进入客户服务热线自动语音系统

个人客户第一次使用客户服务热线自动语音系统时，系统将提示设置查询密码，成功后凭此查询密码进入；公司客户需到开户行申请查询密码后方可使用。

3. 查询密码和取款密码有什么不同

查询密码是在客户服务热线系统中设置、使用的密码，办理查询类业务时需输入；取款密码即账户密码，通过客户服务热线系统办理资金交易业务时需输入。

4. 忘记密码怎么办

个人客户忘记查询密码，在登录时输错 3 次后系统会自动提示重新设置，无须到银行柜台办理。公司客户忘记查询密码，需到开户行办理重置手续。

个人客户忘记取款密码，需持本人身份证件，到银行柜台办理密码挂失手续。

资料来源：兴业银行网站 http://www.cib.com.cn。

问题：请读者自己上网查询其他银行的电话银行功能及使用情况，结合上面的分析，比较各优缺点，并分析电话银行的发展趋势，以及还存在哪些亟待解决的问题。

第6章
手 机 银 行

教学目标与要求

☞ 了解手机银行的产生与发展过程；

☞ 掌握手机银行的类型以及各自的特点；

☞ 掌握手机银行系统的构成；

☞ 了解手机银行启用的安全策略与技术。

知识架构

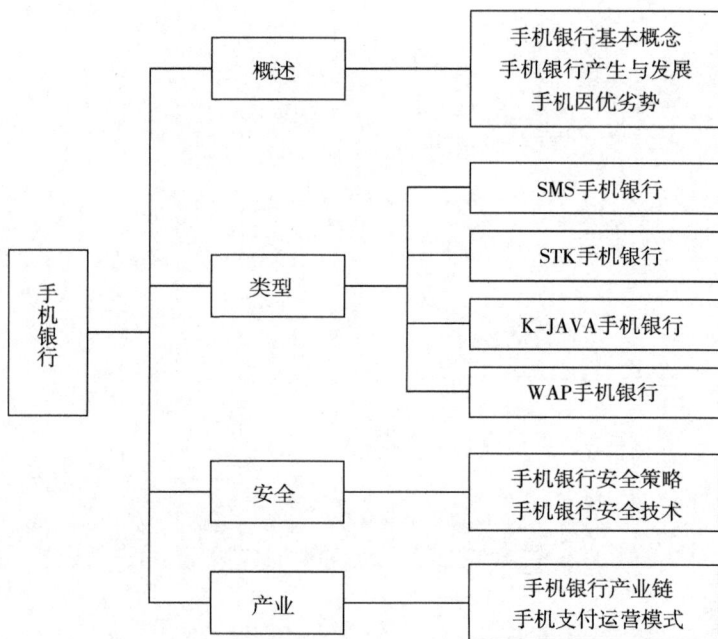

导入案例

案例一 手机银行认知度不断提高

2009 年，各大银行对手机银行愈加关注，拥有手机银行业务的银行不断对产品进行升级和改版，而此前没有手机银行业务的银行也纷纷推出相应产品，不少银行希望借手机银行发力占领市场，突破现有竞争格局。

艾瑞咨询最新发布的调查显示，近一年来，听说过手机银行的网民比例高达 89.1%，而使用过手机银行的网民比例为 33.2%。手机银行的网民使用率和网民认知率存在较大差距。数据还显示，在不使用手机银行的网民中，有 74.4% 的网民表示对手机银行有兴趣，未来可能会使用。这说明在网民群体中，手机银行用户的增长仍有潜力可挖。

此外，出于便捷的考虑，使用手机银行的网民中，有 65.4% 使用手机短信银行，WAP 和客户端的使用率以较大差距落后于短信。这是因为短信银行推广时间较长，操作方便简单，用户接受程度较高。

使用手机银行的网民表示，平时使用率较高的业务依次是查询银行账户、转账汇款、话费缴纳，使用率分别为 84.4%、53.7% 和 53.1%。用手机银行网上购物，用手机银行理财虽然也有一定的使用率，但显然还未被大众所接受。数据显示，用户最需要手机银行提供的服务依次是查询银行账户、转账汇款、话费缴纳，与手机银行使用率排序一致。在手机购物购卡、订票买票这些业务中，使用意愿目前还远远高于使用率。

（参考资料：人民网，2009 年 9 月。）

案例二 民生银行手机银行交易金额突破 2 万亿元

据报道，10 月 23 日民生银行手机银行交易金额突破 2 万亿元。

据民生银行负责人介绍，目前市民大多倾向于通过手机银行进行账户查询、转账汇款、购买理财、缴费充值等各种金融业务在线处理，方便快捷，这是移动金融市场发展的必然趋势。

民生银行行长毛晓峰表示，民生银行将牢牢抓住移动金融大发展的契机，大力发展手机银行战略，将手机银行打造成助推民生银行业务做大做强的重要平台。

据悉，2014 年民生银行手机银行业务发展迅速，继 8 月 26 日总客户数突破 1 000 万户后，9 月 17 日该行手机银行客户数赶超网银客户数。

资料来源：新华网，2014 年 1 月。

6.1 手机银行概述

6.1.1 手机银行基本概念

在知道什么是手机银行之前，需要先对几个相关的概念进行区分。现在很多人都将移动支付、手机支付、手机银行混为一谈，认为这几个概念只是说法上的不同，没有什么本质的区别，下面将对这几个概念一一进行解释。

1. 移动支付

根据 2002 年"移动支付论坛"（mobile payment forum）[⊖]的说法，移动支付（mobile pay-

---

⊖ Mobile payment forum（2002），White paper："Enabling Secure, Interoperable and Userfriendlymobile payments"，2002（12）。

ment）就是交易双方使用移动设备转移货币价值以清偿获得商品或服务的债务。这当中"移动设备"被定义为"一种无线沟通设备，包括手机、PDA、移动 PC 等"。

移动支付被提出的重要背景就是移动电子商务的快速发展。有线网络的全球普及促进了广义电子商务的发展，紧随无线通信业与信息业的发展，商务的移动性需求接踵而至，人们开始希望商务的开展能够真正实现随时随地，无须受到"网线"的牵绊和办公空间的限制。于是体现移动与商务完美结合的"商务 + 互联网 + 无线网络技术"模式——移动电子商务应运而生。世间万物的发展总有一定的规律，就如当初电子商务迫切需求各类在线支付方式予以支撑，移动电子商务同样也需要与移动支付方式进行整合。各种移动设备用户规模的扩大也给移动支付的应用提供了必要的基础条件。

2. 手机支付

有一种比较普遍的说法是将手机支付与移动支付等同，但笔者认为移动支付的概念包含了手机支付的概念，手机支付是指允许手机用户使用其移动终端（主要指手机）对所消费的商品与服务进行账务支付的一种服务。手机支付与移动支付包含的其他支付区别在于所用的终端不同，而手机支付自身也包含了几种实现形式：手机银行、手机钱包与直接手机支付。

手机银行的概念放在后面加以详细解释，这里先对另外两种形式进行说明。手机钱包的概念在国外的应用较早，而在中国的应用源于中国移动与中国银联的合作。2003 年 8 月，中国移动与中国银联合资成立了北京联动优势科技有限公司，目的在于让联动优势成为专业化比较强的移动支付服务商，专门为中国移动用户提供"手机钱包"与"银信通"的服务。很多人们在出门以前都会在心里默念"手机、钱包、钥匙，出门三件宝，一样不能少"，这让我们欣喜地发现手机已经成为人们生活必不可少的组成部分了，这句话也让移动运营商等看到了商机，为何不将"手机、钱包"合二为一呢，于是"手机钱包"的理念就在这样的环境中诞生了。2003 年，广东发展银行率先打出"有了手机，还用带钱包吗？"这样的广告语，更是说明了这两者结合的实际意义。借鉴联动优势对手机钱包的定义：手机钱包是通过将客户的手机号码与银行卡等支付账户进行绑定，使用手机短信、语音、WAP、K-Java、USSD 等操作方式，随时随地为手机客户提供移动支付通道服务。2008 年 12 月 15 日，"手机钱包"新业务平台在北京上线，因其具有便捷迅速、安全可靠等特点，已经受到广大消费者的广泛喜爱，北京每月就有近 150 万的"手机钱包"用户通过"手机钱包"完成缴费、充值、购物等业务。这些用户在享受手机缴纳移动话费、公共事业费等服务，并在手机投保、手机理财、福彩购买、移动电子商务等一系列个性化服务的过程中，对手机钱包有了高度的认可和依赖。联动优势、中国银联、上海捷银等都开展了移动支付平台相关业务。据资料显示，2013 年，中国第三方移动支付市场进入爆发式增长阶段，总体交易规模突破 12 197.4 亿元，增长率同比高达 707.0%。

手机支付的另外一种形式是直接手机支付，指利用无线射频技术，通过手机智能卡直接进行支付。这属于移动现场支付，是在购物现场选购商品或服务，而通过手机进行支付的方式。如在自动售货机处购买饮料，在报摊上买杂志，付停车费、加油费、过路费等。现场支付分为两种：一种是利用手机通过移动通信网络与银行以及商家进行通信完成交易，另一种是只将手机作为 IC 卡的承载平台以及与 POS 机的通信工具来完成交易。这里所讲的"直接手机支付"就属于后者，这种支付方式在韩国、日本、芬兰应用比较广泛，属于手机支付比较初期的方式。

芬兰将手机作为支付工具是走在世界前沿的，早在 2000 年就在赫尔辛基试运行其手机支付停车费的系统，经过一年多的试运行之后于 2001 年 1 月 15 日开始正式提供服务。这种初期的使用形式是：用户加入服务系统之后，当需要缴纳停车费时，先用手机拨该地段的停车收费专用电话号码，开车离开时再拨相关的停车终止电话号码，便完成了停车交费程序，而资金的划转是通过用户定期的电话账单进行扣除的。有关检查人员通过其携带的 WAP 手机可随时抽查停车者是否履行了交费手续。

在韩国，手机除了作为通信工具以外，还常常被看作信用卡的替代物，用手机代替现金或信用卡来付款已经是很常见的事情了。这种情况可以归因于两个方面的准备：一方面，很多手机用户申请采用具有信用卡功能的手机智能卡，只要在手机中装上这种芯片，就能够与各个地方的无线传输器相连接，付款时只需将手机在无线传输器前面挥一下就可以了；另一方面，在韩国到处都有无线传输器，从公共汽车到地铁，从街头的饮料贩卖机到大型商场和餐厅，用户都可以通过手机来代替现金或信用卡进行付款。韩国的三大移动运营商：SK 电信、LG 电信和KTF 已经将"无线结算服务"作为其重要业务之一，电信公司也与信用卡公司合作提供理财服务，把手机付费的金额添加到用户的信用卡账单上，使得结算方式可以多样化。

在日本，由于索尼公司的"FeliCa"智能芯片技术，使得手机增加很多附加功能，可以实现信用卡、身份识别卡、电子车票、住宅钥匙等的功能。因此在日本，直接手机支付的应用也非常广泛，包括用手机付车费，在麦当劳用手机付费等。由日本移动运营商 NTT DoCoMo 公司与三井住友信用卡公司合作开发的手机支付贩卖机业务被可口可乐公司采用，并宣布从 2007 年 10 月 31 日开始在日本推出自动售货机手机支付业务，这种付费方式的应用相对于投币式售货机来说，可以为可口可乐公司节约很多维修成本。

3. 手机银行

手机银行是手机支付的一种实现形式，同时也是电子银行的一种服务形式，将手机作为银行为用户提供的一种现代化银行服务渠道。可以将手机银行定义为：利用移动网络与移动通信技术实现银行与手机的连接，通过手机界面操作或者发送短信完成各种金融服务的一种电子银行创新业务产品。

手机银行这种服务形式的出现与发展是依托于手机用户基础规模的增大和一些基础设施、技术的改进等。

根据中国工业和信息化部发布的统计，截至 2013 年 3 月底，全国的手机用户数达到 11.46 亿户，手机普及率达到 84.9%，这使中国成为世界上手机用户最多的国家，其中使用手机上网的用户也超过了 8.173 9 亿。因此，我国还在继续增加的手机用户数目及普及率都为手机银行保证了庞大数目的应用对象，也让社会各界看到了手机银行的市场潜力。移动通信技术的飞速发展为手机银行应用的实现提供了技术支撑，为培育手机银行用户的土壤洒下了充足的沃肥。目前是我国移动通信系统从 3G 向 4G 过渡的重要阶段。早前国家信息部的人员就表示，4G 手机服务的推出将会使手机上网的用户大幅增加，更能让人看到手机支付应用的美好前景。

手机银行业务的本质就是以手机为载体，利用移动网络，将手机号码与银行账户绑定，实现手机支付、手机理财等业务功能。虽然目前手机银行在各种形式的电子银行中所占的比重还不是很大，但是它带来的一些便利是其他电子银行形式所不能实现的，随着个人业务的深入开展和个性化服务的开展，手机银行肯定会成为银行提升竞争力的重要环节。

6.1.2　手机银行的产生与发展

有人曾经说，最近几年的中国电子支付形式可谓是互联网支付平台群雄逐鹿，手机支付应用高潮迭起。手机支付起源于美国，而目前手机支付已成为欧洲和日韩主流的电子商务支付方式，在我国手机支付也已经获得了相当规模的发展。各种手机支付形式中与银行密切联系且表现最为突出的则是手机银行。

1. 国外手机银行的发展

根据资料显示，世界上最早的手机银行出现在东欧，是由捷克斯洛伐克的 Expandia 银行同移动运营商 Radiomobile 公司在布拉格地区联合构建的手机银行系统。该系统从 1998 年 5 月 1 日开始运行，以实现商业运作为目的，推出后不久便吸引了超过 4 000 个银行客户，在当时的情况下看来，此项举动取得了很大程度上的成功。该手机银行业务的实现是基于 STARSIM 卡，每个申请了此项手机银行业务的客户都能得到一张 STARSIM 卡，通过这张卡客户能够获得 Expandia 银行和 Radiomobile 公司提供的各种新颖服务，诸如利用手机可以要求账户结算，查询账单支付，获得股票汇率信息等。

美国的手机支付存在两条发展主线：一条是银行与运营商联手推出手机银行，比如 1999 年，美国花旗银行就与美国 M1 公司和法国 Gemplus 公司合作，实现形式主要是通过短消息来执行交易和查询等，同时，花旗银行也提供了个人化菜单的下载，以便简化操作。另一条主线就是由信用卡公司领头，推动手机支付平台，Visa 信用卡公司已经与芯片开发商高通公司、手机制造商京瓷无线公司达成协议，共同推出手机支付平台，用手机支付来代替刷卡支付方式，当然这种模式在美国还处于起步阶段。但是不管是手机服务运营商还是其他一些支付公司都看好手机支付，认为手机支付是增加客户忠诚度的一种新型方法，同时也是赢得新客户的关键。

日本是手机支付业务开展较早且应用比较成功的国家，手机银行业务在日本的运作模式是以运营商为主导的，其中尤为典型的就是 NTT DoCoMo 于 1999 年开始推出的 i-mode 业务，客户可以利用手机上网处理银行业务。该业务系统能够为客户提供三大类基本服务：资金转账、账户信息查询、交易明细查询。如今日本的很多城市银行、地方银行、信用合作社、邮局、信用金库等都已广泛采用 i-mode 业务。日本手机银行呈现相对繁荣的景象主要受益于其手机使用者的迅速增加，早在 2001 年，日本的手机普及率就达到了 50% 以上。运营商在拓展用户市场的过程中，明智地将个人客户中的年轻人作为服务限定对象，这使得业务在推广过程中比较顺利。

2. 国内手机银行的发展

受到国外金融创新的影响，国内金融业也纷纷寻找新的竞争点以加快我国网络金融业的整体发展。2000 年 2 月 14 日，中国银行与中国移动通信集团签署联合开发手机银行服务合作协议，设下了手机银行在中国应用的起始点。在之后短短的几年之内，工商银行、招商银行、光大银行、广东发展银行等商业银行先后采取策略与中国移动、中国联通等运营商进行合作，在各地纷纷开展手机银行业务。银行与运营商相互合作所推出的手机银行主要是基于 STK 卡形式，用户需要先更换具有手机银行功能的 STK 卡，这个过程中就涉及了银行、移动运营商、芯片制造商、手机用户等多方主体之间的利益均衡。另外，这种方式的安全性较差且功能单一，无法做到全网接入，因此没有得以广泛推广。

2004 年以前，国内手机银行的发展都还处在初始阶段，所提供的服务基本是查询账户等信息类的服务，主要是因为银行自身的系统应用功能还不完善，移动通信技术还不能满足手机银行进一步的发展需求，以及人们对手机银行这一新兴事物的认识才刚刚开始。综合各个方面的因素来看，手机银行在这个阶段的发展是受到很多制约的。

经过几年的市场培育，人们对新技术的认知有了很大程度的提高，国内手机银行市场的环境逐渐趋向成熟。到 2008 年，中国的手机客户群体有了急剧的增长，同时，移动通信技术也有了飞跃式的发展。在很早以前就提出移动通信技术要从 2G 迈向 3G，然而 3G 是一个比较浩大的工程，牵扯的层面很广并且很复杂。所以在这个过程中又出现了 2.5G 技术，例如 GPRS、WAP、蓝牙等，这一系列的技术为手机银行的发展提供了必要的支撑。2009 年年初，随着 3G 牌照的发放，中国也正式进入了 3G 时代。手机银行可以借助 3G 网络高带宽和高传输速率的特点，使其作为一种融合电子货币与移动通信的新型金融服务，这不仅丰富了银行服务的内涵和外延，而且也满足了人们在任何时间，在各种场所，甚至在旅游、出差中高效便利地处理各种金融业务。可以说，国外手机银行的蓬勃发展和中国手机银行的迅速兴起，都显现出手机银行和无线金融业务未来良好的前景。与此同时，相应的监管体系也在逐渐的完善过程之中。2006 年，中国银监会出台了《电子银行业务管理办法》、《电子银行安全评估指引》，首次将手机银行业务纳入了监管体系。此举有助于规范手机银行业，降低可能存在的风险，保障消费者的合法权益，这对该市场的健康发展有着积极的保障作用。

2009 年 10 月底，国际电信联盟（ITU）全球 4G 提案工作计划结束，我国的 TD-LTE-Advanced 技术被定为候选技术之一。2010 年，4G 标准之争进入白热化阶段。2011 年，国际电信联盟确定国际通用的 4G 标准，进入了从 3G 到 4G 的过渡阶段。数据显示，截至 2014 年 9 月 30 日，中国移动用户总数达到 7.99 亿户。其中 4G 用户总数达 4 095 万户，单季度增长 2 701 万户，增幅达 194%；3G 用户总数 2.444 6 亿户，较上月减少 594 万户。按照中国移动第三季度 4G 用户增速，第四季度 4G 用户将继续增长 3 000 万户左右，年内 4G 用户将达 7 000 万户左右，超额完成年初 5 000 万 4G 用户的发展目标。

6.1.3　手机银行优劣势

1. 手机银行的优势

与另外两种主要的电子银行形式——网上银行和电话银行相比，手机银行有着更加独特的优势。

（1）"贴身性"强。相对于电话机与计算机来看，手机是人们随时随地都会随身带着的通信工具，无须考虑网上银行的上网条件、电话银行的范围限制，能够更加实在地体现"AAA"服务模式，有些人还直接把手机银行说成是"全球流行的贴身金融管家"，这个说法非常贴切。手机的可移动性更是起到了重要的作用，尤其是对于那些经常出门在外同时资金来往频繁的人来说，手机银行可以让他们随时随地了解账户动态以及执行资金操作等。

（2）私密性较强。手机银行的用户一般都是机主，只要保管好自己的手机就能使交易信息保持机密。同时，手机银行在使用时传输的信息是全程加密，而解密所用的密钥保存在银行主机内部，在移动通信网络里面是无法获得解密密钥的，并且解密过程也是在银行主机内部进行，这使得用户的交易信息以及加解密密钥的安全性和保密性都得到了保障。

（3）银行的主动性强。银行为用户提供手机银行服务过程中一个重要的实现形式就是通过短信的发送，这相对于网上银行、自助银行来说，银行有着很强的主动性。在银行提供的多种服务渠道中，多数情况下都是由客户发起服务请求与命令开始，银行被动地给予服务。传统营业网点服务过程中，必须要客户前往柜台才能办理相应的业务，而网上银行、自助银行都需要客户先进入服务界面才能进行操作。但是银行却能够通过手机银行的服务主动地将账户变动信息、金融理财信息等以短信形式发送给客户，让客户感受到银行为其提供的有针对性的、个性化的服务。因此，手机银行改变了其他服务模式的单向性，使得银行与客户的互动更为贴切。

（4）用户规模基础更好，市场潜力巨大。一方面，据 ITU 发布的新闻公报称，截至 2012 年年初，全球手机注册用户数量已达 60 亿，普及率为 87%。根据中国工信部调查数据显示，2014 年 1 月，全国电话用户净增 497.6 万户，总数突破 15 亿户大关，达到 15.01 亿户。其中，固定电话用户规模继续萎缩，占电话用户总数的比重降至 17.7%。移动电话用户在 3G 带动下持续增长，1 月份净增 615.7 万户，总数达到 12.35 亿户。其中 3G 用户 1 月份净增 1 762.7 万户，创历史新高，2G 用户连续 14 个月负增长，3G 替代趋势日益明显。这些数据表明：手机对固定电话的替代作用在加强，按照这种趋势手机用户与固定电话用户的比例会越来越大。

另一方面，根据中国互联网络信息中心 2014 年 7 月发布的《第34次中国互联网络发展状况统计报告》，截至 2014 年 6 月，我国互联网普及率达到 46.9%。同时，我国网民数达到 6.32 亿，网民上网设备中，手机使用率达 83.4%，首次超越传统 PC 整体 80.9% 的使用率，手机作为第一大上网终端的地位更加巩固。可见，手机上网已逐渐成为一种主流的网络接入方式。由这一系列的数据可以看出手机用户数量、手机网民数量、手机普及率等指标都在屡屡刷新，这也使手机银行相对于网上银行、电话银行更有用户基础，可预见的市场潜力会更加巨大。

2. 手机银行的劣势

（1）涉及的产业链较长，对各环节的兼容性要求更高。手机银行所涉及的产业链比较长，包括银行、信用卡组织、移动运营商、支付服务提供商、手机制造商、手机供应商、手机软件开发商、内容提供商、手机用户等。如果产业链中的任何一个环节对数据和技术出现了不兼容，都会影响手机银行的正常使用，因此对各个环节的兼容性与协调性有着更高的要求。

（2）受到网络环境的制约。一方面是由于无线网络带宽较窄，且稳定性也较差，容易产生信息阻塞，影响手机银行的快速、正常使用。另一方面，无线网络的内容提供商与软件开发商等发展起来之后，手机无线网络的资源质量和数量都远远差于互联网所提供的资源，这也使得手机银行的应用推广在一定程度上受到了制约。

6.2　手机银行类型

就目前国内外手机银行的应用情况来看，手机银行的发展经历了几个不同的阶段，区别点就在于所用技术的不同。

6.2.1　SMS 手机银行

所谓 SMS（short message service）手机银行也被称为短信手机银行，是指客户通过手机编辑发送特定格式的短信到银行的特服号码，银行按照客户的指令为客户办理各种业务的服务形式，而操作的结果也是以短信的形式告知客户。

这种类型的手机银行对于复杂业务的运用来说，短信输入比较麻烦，因而所包含的功能主要是账户信息查询与金融信息通知两大类。其优势就在于它不限定手机型号，不需要特定的手机卡，凡是能收发短信的手机都可以申请此业务，它对硬件的要求非常低，因而其目标客户的范围非常广，市场的拓展也相对更容易。服务的开通非常方便，在开通时将指定的手机号码与银行账户绑定，设置支付密码。银行还能主动通过短信向客户提供有用的信息，以便提高客户的忠诚度。但是 SMS 手机银行也有其不足之处，主要在于安全性较低，因为短信在传输的过程中是明码形式，很多如账号、密码等关键信息就不能出现在短信中，因此业务类型会受到诸多限制。出于安全因素的考虑，目前 SMS 手机银行都对转账金额进行了严格的限制，以中国工商银行的手机银行为例，其转账金额累计每天不得超过 1 000 元。

国内提供 SMS 手机银行的典型就是中国工商银行，工行在 2004 年正式在全国范围内推出基于短信的手机银行服务，该服务的本质是为个人网上银行用户提供的增值服务。申请该项服务需要两个基本要求：必须是中国工商银行网上银行的用户；还必须拥有一部能够收发短信的手机，且是中国移动的用户。申请过程也完全自助，用户只需在网上注册后就可以开通。服务推出之初，工行的个人网上银行用户就已经超过 1 000 万，这些用户只需通过手机发送短信至工行的特服号码 777795588，便可以获得信息查询及其他支付类的金融服务。经过一段时间的试用与推广，2007 年，工行统一调整了其手机银行特服号码，变更为 95588，并且通过手机银行可定制的服务范围也有所扩增。除了当初可办理的查询、转账、汇款、捐款、消费支付、缴费等以外，用户还能定制一些自己需要的金融类短信消息，供选择的服务包括：账户余额变动提醒、证券、汇市信息、基金净值、理财金卡、信用卡、贷记卡对账单、定期存款到期提醒、卡透支提醒、密码连续输错提醒等。

据数据显示，2013 年上半年，工行手机银行交易额同比增长 11.6 倍，客户数量比上年末增长 22.8%。移动银行、个人电话银行客户总量更是相继突破 1 亿户。

6.2.2　STK 手机银行

STK（SIM tool kit）手机银行使用的一个重要前提就是用户必须将手机原有的 SIM 卡换成 STK 卡，存在换卡成本。STK 卡与 SIM 卡一样都能够在普通的手机上使用，但是 STK 卡具有很高的存储量，能够运行应用软件。该技术的应用非常广泛，包括手机银行、金融理财、股票查询与交易、外汇买卖等。

与其他类型的手机银行相比，STK 手机银行申办所带来的换卡麻烦与成本都阻碍了新用户、新市场的拓展。客户要享受手机银行的服务必须另外花钱换 STK 卡，每次使用都需要交费，手续方面还需要到电信部门提出申请，并在银行办理相关的手续。除此以外，每张 STK 卡只能使用一家银行的手机银行服务，对于用户来说，除了代交代付及信息查询外，难以实现不同银行之间的转账。另外，各家银行所发行的 STK 彼此之间难以兼容，使得通用性很差又成为该类手机银行的一大缺陷。

中国银行、建设银行、招商银行等都曾提供过 STK 手机银行，但在随后的发展中，多数都被其他类型的手机银行所代替。以招商银行为例，1999 年 10 月，招商银行就与中国移动合作开发手机银行业务，2000 年 1 月试运行，同年 3 月 15 日正式在深圳推出，经过两个月的尝试，于该年 5 月 15 日开始向全国市场推广此项业务。招商银行 STK 手机银行用户需先到银行指定的移动电话营业厅更换 SIK 容量卡，才能办理此项业务。招行通过 STK 手机银行办理的业务每天都在 2 000 笔左右，招行采取免收服务费的策略吸引客户，虽然没有获得服务费收入，但在一定程度上带动了相关业务的增长。但是 2007 年 9 月，招商银行与中国移动纷纷发表公告表示停止招商银行 STK 手机银行服务，因此，STK 手机银行受本身缺陷的影响，其趋势必然就是被其他类型的手机银行所取代。

6.2.3　K-Java 手机银行

K-Java 手机银行是通过手机上网方式，用户登录移动网上服务界面，根据菜单提示，自主进行相关业务操作。该类型的手机银行不管是对硬件还是软件都有特殊要求，一方面 K-Java 手机银行对手机型号有一定的要求，必须支持 Java 的扩展应用；另一方面用户需要在 GSM 和 CDMA 手机上下载客户端软件，而且客户端软件是针对特定的手机终端开发的，因而在很大程度上限制了客户群的范围。

目前为止，国内提供 K-Java 手机银行服务的典型代表是兴业银行和工商银行上海分行。兴业银行 K-Java 手机银行提供的服务主要包含两大类：外汇和银证。客户使用兴业银行 K-Java 手机银行前，必须先用手机上网，访问其 WAP 手机银行主页，下载 K-Java 手机银行客户端软件。与短信式手机银行相比，K-Java 手机银行的优点可以体现为：界面友好，输入输出方便，网络传输快。而与 WAP 手机银行相比，其缺点就在于必须先下载客户端。

6.2.4　WAP 手机银行

WAP（wireless application protocal）手机银行是指通过移动电话，基于 WAP 协议，利用移动通信网络，为客户提供网上银行产品与服务的一种服务方式。WAP 手机银行出现于 2005

年，其实现形式是通过手机内嵌的 WAP 浏览器访问银行网站，无须下载客户端，便可获得在线的金融服务，实现实时交互。有人曾经提出，WAP 手机银行与 K-JAVA 手机银行的区别其实就类似于大众版网上银行和客户端软件版网上银行。

WAP 手机银行与生俱来的方便性、实用性优势，使其已经成为手机银行领域内国际发展的趋势，很多国际著名银行都已经开通 WAP 手机银行业务。在我国也是几乎所有银行都在着力提供 WAP 手机银行服务，竞相抢占市场。2004 年年底，交通银行推出了国内第一家采用无线上网技术，能同时连接中国移动和中国联通的手机银行，具有免办手续、"零"服务费等特点。随着手机 3G 时代的到来，为了更好地满足客户在 3G 时代的银行服务需求，2009 年 8 月，工商银行推出了手机银行（WAP）3G 版服务，这是国内首个 3G 版手机银行业务，被称为"移动网上银行"。用户只需注册开通工商银行手机银行，登录手机银行地址 wap. icbc. com. cn，点击"手机银行 3G 版"菜单，就能使用工商银行最新的移动金融服务。

图 6-1 就是工商银行 3G 手机银行界面，工商银行推出的手机银行（WAP）3G 版具有以下几个特点：首先，其功能丰富强大，能够提供 7 大类、数十项服务功能，满足了广大客户的日常金融服务以及投资理财需求；其次，页面绚丽美观，界面设计采取了符合手机用户浏览习惯的图片式引导页面和下拉菜单；再次，其使用便捷高效，充分体现了 3G 技术传输速度快、数据处理能力强的特点。

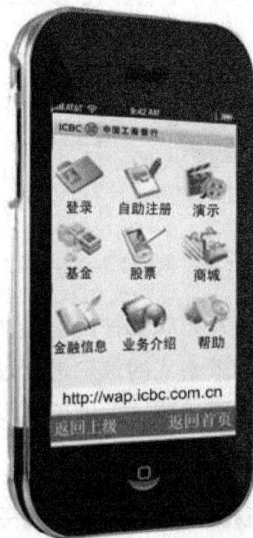

图 6-1　工商银行 3G 手机银行界面

6.3　手机银行系统构成

手机银行同时具备了现金支付与银行卡支付的优势，随着移动通信技术和金融电子化发展步伐的加快，手机用户数目稳步增长、终端功能日益丰富，银行之间的竞争又有了新的体现——能否跟上现代化信息技术的发展并提供相应的服务，赢得更多的客户。本节内容将从手机银行的系统构成方面进行介绍，让读者对手机银行系统的结构框架以及各部分的功能有个大致的了解。

根据普天信息技术研究院 2004 年倾力打造的"CP ESC02 普天手机银行系统"的设计，手机银行的系统结构如图 6-2 所示。相关的权威人士都对这一系统表示好评，该系统充分考虑了商业银行的业务需要，能够提高银行自身的核心竞争力，减轻柜台、ATM 等的营业压力。

普天设计的手机银行系统主要由 6 个部分组成：业务接入网关、交易处理中心、银行清算网关、数据处理中心、操作维护服务器与客户服务中心。

下面对各部分的主要功能加以介绍。

1. 业务接入网关

业务接入网关作为与移动通信网络的连接模块，主要任务在于将互联网与移动通信网络进

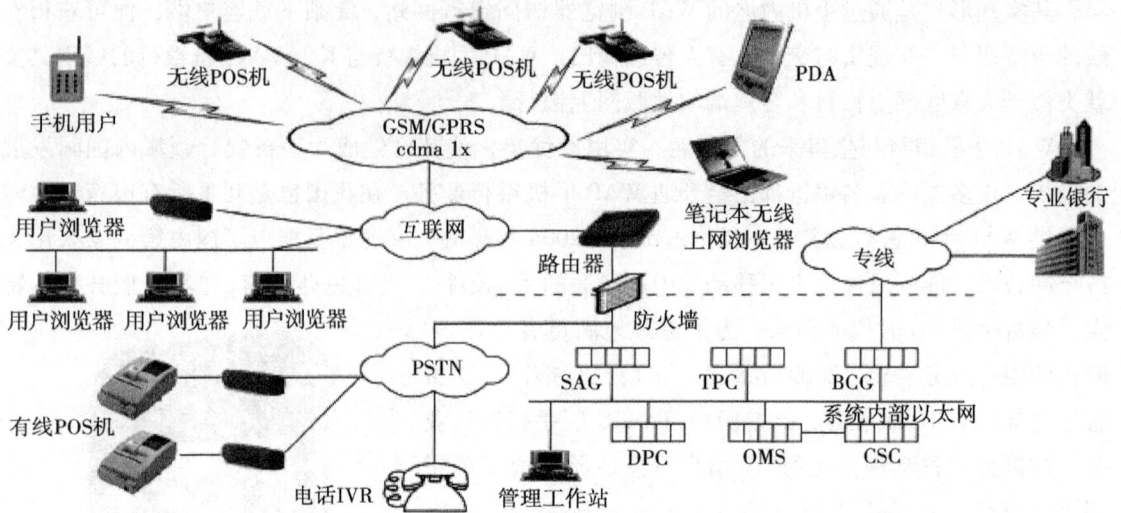

图 6-2　手机银行系统结构
资料来源：普天信息技术研究院《手机银行金融服务系统》。

行连接，并完成几种协议相互之间的转换以及语言编码的转换，保证通信信息的顺利传输，并且对非要求格式的信息进行过滤。该网关有发出、接受读取数据的作用，将读出的数据按照接口格式进行拆分，并向手机发送交易处理的结果。

2. 交易处理中心

交易处理中心处在银行系统的业务处理层，包含了几个功能模块：业务总调度、业务处理、通用业务驱动器。其中，交易总调度是整个手机银行系统的总出入口，实现对交易的通用控制，比如用户权限、交易的完整性等，同时还能完成一些公用参数的设定。业务处理模块直接运用银行系统本身的交易处理模块，关键只在于通道的建设。通用业务驱动器能够结合前台界面的自动生成，交易处理定义表的参数设定，实现交易的定制机制和部分业务的增减变化。

3. 银行清算网关

银行清算网关是作为与银行系统的接口模块，也可称为支付网关，主要任务是实现金融专用网与外部互联网及移动通信网络的连接，进行不同协议之间的转换，保证不同网络之间信息的有效传送。

4. 数据处理中心

数据处理中心为手机银行系统提供数据库及其接口，所处位置是在数据层，数据库周期性地整理数据以支持信息管理与决策。

5. 操作维护服务器

操作维护服务器主要负责整个系统性能的管理、配置的管理，形成故障报告以及实现远程管理等。

6. 客户服务中心

手机银行的客户服务中心主要是手机用户的 Web 应用模块，为客户提供操作指导等。

还需要实现手机银行用户开户登记、客户档案修改、手机银行客户档案查询与销户等功能。

手机银行系统构成的 6 个组成部分所能实现的系统业务以及系统内数据流的走向，如图 6-3 所示。

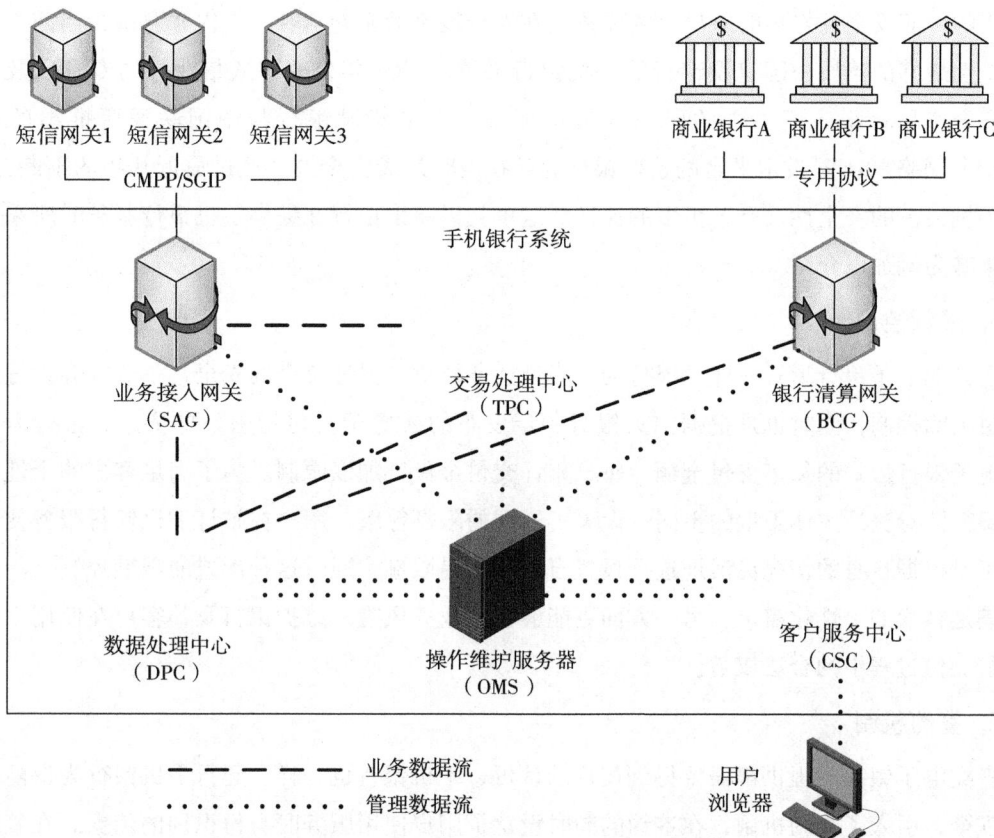

图 6-3　手机银行系统业务与数据流
资料来源：普天信息技术研究院。

6.4　手机银行安全

手机银行作为一种全新的概念出现在人们面前，颠覆了传统银行的操作概念，同其他形式的电子银行一样，手机银行在使用的过程中，支付指令与资金的传递等过程都是无法让人们通过直观的感觉感受到的，因而当人们在了解、认识进而使用这些新的电子银行形式时，往往最担心的就是安全问题。从艾瑞智慧的《2009 年中国网民使用手机银行情况调研报告》的调研结果可以看出，在使用手机银行的网民中，有 73.5% 的被访者最希望手机银行的安全保护有所改进，而在不使用手机银行的网民中，有 63.5% 的被访者表示担心安全性是其不使用手机银行的原因。可见，无论是网上银行、电话银行、自助银行还是我们所讲的手机银行，用户对安全的顾虑都是阻碍各自发展的首要因素。所以，在本章中对手机银行应用中的一些安全策略与安全技术加以说明，是必不可少的。

6.4.1　手机银行安全策略

安全不仅仅是技术的问题，起到关键作用的还是机制的设定，考虑充分的安全策略还能在很大程度上弥补安全技术的不足。其实目前多数银行在手机银行方面所采用的安全技术都是大致相当的，而安全性好坏的差异就主要体现在安全策略的完善与否。国内普遍认为当前手机银行安全性最好的当属中国建设银行的手机银行系统。2004 年，一些通信业界的专家以及中国信息安全产品测评认证中心的研究人员均证实，中国建设银行与中国联通所推出的基于CDMA1X 网络 BREW 技术平台的手机银行业务在当时是最安全的。经过最近几年的不断完善，建行手机银行的安全性又有了更多的保证。这里就以建设银行在提供手机银行服务时所采取的安全策略为例加以介绍。

1. 限额控制

同其他电子银行形式一样，银行为了降低业务风险与保证资金的安全，一般都会设置适当的支付限额控制，同时也是根据中央银行制定发布的《电子支付指引》的要求，银行需要对各类电子银行形式的每笔支付金额、每日累计交付金额都加以限制。为了满足客户的个性化需求，银行针对交易主体类型的不同，设置了不同的限额等级。用户在签订手机银行服务使用协议时可以根据自身的情况灵活地选择设置自己的交易限额。通过这种形式的限额控制，一方面可以满足客户的个性化需求，另一方面更能够控制业务风险，维护银行及其客户在使用手机银行进行支付过程中的合法权益。

2. 签约机制

各类电子银行的提供都需要得到用户的认可，手机银行也一样。建行手机银行为保障客户资金安全，引入了签约机制，在签约的同时设定了用户使用服务时身份识别的依据。在签约阶段，用户可以通过多种形式开通手机银行，包括手机开通、网站开通以及网点开通。多种开通方式的共同点就是用户必须同意接受服务协议，输入身份证号、银行账号、账号密码以及设置登录密码。通过这些步骤，用户就可以轻松便捷地使用银行所提供的查询、缴费、转账汇款、消费支付、投资理财等服务。

3. 身份识别

在申请手机银行服务的时候用户设置了手机银行登录密码，为了进一步强化手机银行身份识别的安全性，一些银行采取了双重密码保护的策略。除了用户自己设定的密码外，识别系统随机产生另一组 6 位号码的密码数字，并通过短信方式发送到用户手机上，用户需要重新输入这组新密码才能够通过身份识别系统的认证，进行手机银行操作。在这种双重密码保障身份识别的机制下，即使被黑客获得银行客户的手机和密码资料，却因无法获得第二个密码而无法进入银行系统。除此以外，该机制还能起到预警报的作用，若用户莫名其妙地收到由银行系统发来的密码，则可立即想到可能是有人在盗用他的银行账户，便可即刻通知银行，从而避免蒙受财产损失。除此以外，身份识别系统还有密码输错次数的限制，每日登录密码连续错误输入 3

次，当日无法再次登录手机银行。这种策略对于那些试图试用密码进行盗用账户的行为有了严格的限制。

4. 信息自动清除

客户每次退出手机银行之后，系统会自动清除手机内所存的关于卡号、密码等关键信息，而其他交易信息、账户密码、别名设定、卡号绑定等内容只保存在银行核心主机里，确保不会因为手机的丢失而影响到客户的账户安全。

6.4.2 手机银行安全技术

1. 信息加密技术

手机银行业务从手机终端到银行服务器实现了全程 SSL 加密，采用了 RC4、1024 位 RSA、3DES 等多种加密算法，同时还采用了数字签名机制、手机与卡的绑定机制。信息安全产品测评认证中心研究员方官宝分析，手机银行过程中所采取的各种加密集合，增强了信息在各个阶段传递过程中的加密强度，想要破译是非常困难的。例如要破解电脑网络的某种加密算法需花 1 个月时间和 10 亿美元的代价，而破解联通建行手机银行加密的成本是破译上述算法的 10 的 12 次方倍，破译成本之高、代价之大，是网络黑客根本无法承受的，由于无法破译，也无法在系统里植入手机可以运行的病毒。

鉴于各个阶段的不同，系统在设计时各阶段采取了不同的加密技术。在交易数据传送以前，主要目标是在手机终端与银行服务器之间建立安全通道，这也是对用户身份进行识别的过程，系统采用 1024 位的 RSA 公钥加密算法对客户的账号密码等信息进行加密，并验证其 DES 密钥与客户信息等，若匹配则可快速搭建安全通道。数据在传输过程中，采用硬件方式来实现 RSA 和 DES 的加、解密算法，两种加密算法的结合有助于提高系统运行的速度，进而同时保证手机银行服务的实时性与安全性。

2. 数字摘要技术

加密技术只能保证数据在传送过程中的保密性，为了完善信息传送的安全性，确保数据不会在传输过程中被篡改或部分丢失，系统还需要引入数字摘要技术来确保数据的完整性。对于所有交易数据，手机和银行加密机都会对交易数据进行摘要处理，产生交易数据的校验信息，服务器接受到交易数据与传送过来的校验信息之后，采用相同的 HASH 函数，对交易数据进行摘要处理，形成另一条数字摘要，并将其与校验信息进行对比，若一致则可说明数据在传输过程中其完整性得到了保证。

3. 网络的封闭性

手机银行系统是专用网络，与互联网在物理层是分开的。网络银行处在开发的互联网中，容易受到黑客攻击与木马入侵等，因此，客户的账户与密码等信息有可能被非法获取，但是手机银行处在封闭的移动数据网络中，而且目前所有的手机终端还暂时没有统一的操作系统，因此，受到黑客攻击与木马入侵的机会比较小，相对而言安全性比较高。

6.5　手机银行产业链

6.5.1　手机银行产业链介绍

手机用户规模的不断扩大，为手机关联产业营造了不可限量的市场空间，面对如此巨大的市场蛋糕，移动通信运营商以及手机生产厂商想尽办法在手机上增加新的功能，开发新的应用，以期借此来扩大自己的市场份额。同时，也有更多的主体嵌入产业链中，创造新的价值，丰富各种产业价值链。

手机银行从出现发展至今，已经逐步形成一条丰富且完整的产业链条，当中涉及了很多主体，甚至有些是在手机支付出现以后才诞生的。现有的手机银行产业链一般包含了手机制造商、内容提供商、应用提供商、移动运营商、银行和手机银行用户等。在产业链条中主体之间的关系可用下图6-4描述：

图6-4　手机银行产业链

任何产业的发展都离不开用户，没有用户就没有利润，产业价值链就失去了存在的意义。手机银行用户是整个产业链的价值起源，产业链中所存在的各个环节都是为满足用户的各类需求所产生的。同样，用户也在接受服务与获得产品的同时付出了相应的费用，这些费用就是产业链中的各环节需要进行利益分配的源泉。用户使用手机银行的前提条件有几个：首先，用户得拥有符合相应技术或功能的手机，这就使得手机制造商参与到产业链中，并根据客户需求的提高，不断改进手机制造技术以及完善手机的功能。其次，用户的手机必须联网，能够联入通信网络，才能发送短信或者通过手机上网，以便获得手机银行服务，于是移动运营商在产业链中必不可缺。再次，当需要用户登入银行网络的手机银行服务类型成为趋势时，内容提供商与应用提供商的出现就完全是应时而生。因此，手机银行用户在产业链中起着决定性的作用，能够决定产业链包含哪些参与者，牵连多少环节，同时也是产业链的价值源泉。

银行是手机银行产业链的核心。之所以成为手机银行产业链，肯定不能缺少银行的参与，没有银行参与的手机支付有多种，包括手机钱包、手机直接支付等，但有别于手机银行的概念。手机银行推行的目的是以手机作为实现银行服务的新型渠道，将银行服务的平台从传统柜台、网络界面延伸到手机终端，因此，服务的本质始终还是由银行提供的关于账户或其他金融信息的服务。对于银行来说，参与手机银行产业链能够节约许多成本，据国外某金融机构进行的调查显示：用手机银行处理每笔交易的成本为0.16美元，而传统面对面处理业务的柜员交易需要每笔1.07美元的成本。手机银行的出现丰富了银行服务的内涵，使得银行能够通过便利、安全、高效的方式为其客户提供全方位的金融服务，实现银行服务电子化。银行在推动手机银行的应用方面有着先天的优势，其账户资源是其他任何参与主体所无法获得的。但是目前从国内的发展情况来看，许多银行因为手机银行没有明显的获利优势，都还缺乏足够的动力去推动手机银行。在韩国,银行独家运营手机银行的模式已经形成了一定的规模,其主要原因就在于韩国的银行业对手机支付相当重视。因此,银行作为手机银行产业链的核心,需要看重长远收益,加强对产业链上其他主体的合作,力推手机银行的使用。

移动运营商是手机银行产业链的另外一个核心,它是连接产业链所有环节的关键桥梁,必不可少。移动运营商投入成本搭建移动支付网络,为移动支付提供安全的通信渠道,在推动移动支付业务的发展中起着关键性的作用。移动网络的覆盖能力、网络的智能化水平、网络的可控可管能力都对手机银行服务的质量有着直接的影响。在手机银行产业链中,移动运营商在品牌与客户资源方面有着独特的优势,它为移动商务提供信息交易平台,负责协调产业链各环节之间的关系,控制着整个产业的核心资源,并肩负设立行业标准的责任,因此,移动运营商在产业链中起着决定性的作用。能否有效地与产业链的参与各方形成良好的合作关系,能否督促产业链中各主体都发挥所长实现自身的发展,都是产业赋予运营商的职责,它决定着整个产业的发展方向与竞争优势。另外,移动运营商除了参与手机银行支付,其主要的业务还是提供移动通信网络,必须注重从客户需求出发,为满足客户需求进行业务创新,明确各种业务的目标客户,为其用户提供个性化、差异化、多层次的服务,使得其通信业务推广扩大用户群的同时也为手机银行积累了客户资源,培育了手机支付的习惯。有研究对移动运营商所提供的附加服务进行了分类:第一种是提供捆绑服务,这种是最为常见的,就是以折扣的形式向用户提供不同的商品或服务的组合,如通话月租套餐形式;第二种是扮演银行前台终端的角色,这点类似于手机银行,但最大的差异就在于用户直接向运营商进行支付;第三种就是扮演可信任的第三方,移动运营商以第三方的身份对交易的过程进行担保。手机银行产业链中的重要特征就是移动运营商与银行相互合作,保证电子商务信息传递的准确性与安全性,以及确保增值服务的顺利进行。

应用提供商是指通过对服务内容和应用进行优化、整合,使其成为最终用户认可的产品与服务,并从中获得利润的经济实体。应用提供商必须与移动运营商进行合作,提供符合标准的产品类型才能生存。以中国移动为例,它所需要的应用提供商主要是合作开发 ADC(application data center)业务和 MAS(mobile agent server)业务,这些业务能够为集团客户提供基于移动终端的一揽子信息化应用服务解决方案。

内容提供商是指通过移动网络向手机用户提供特定内容的主体。目前的内容提供商大多是一些拥有丰富基础信息的经济实体,拥有内容的版权,是信息创造的源头,可以利用业务的专业化分工和集成做专、做强,提供丰富多彩的内容以拉动用户需求,培育用户习惯。随着 3G 业务的盛行,内容提供商的重要性也大有提高,一方面,作为重要内容来源的 WAP 网站,很多有价值的内容不是免费的,而且 WAP 网站不像传统互联网那样互相之间有大量链接;另一方面,本地信息库无线搜索应用,其作用对比互联网搜索平台来说更重要,这部分数据拥有者的话语权将大大提高。

手机制造商也就是手机银行终端设备的提供者,也是连接用户的最后环节。从终端的角度来看,手机银行服务的一个必要条件就是手机必须符合一定的要求,随着移动通信由 2G 向 3G 的演进以及移动数据业务的不断兴起,手机制造商已开始提供集通信、娱乐、记事、个人 ID、支付各种功能于一体的终端设备。这些类型的手机被终端厂商推出市场,为手机银行的不断发展创造了条件。

目前看来，银行、移动运营商等各合作方之间在权利与责任的划分、成本的投入、利益的分配等方面都还存在一定的分歧，在一定程度上影响了手机银行的推广。无论是何种产业，想要有长远快速的发展，必须得在各方主体之间营造一种平等合作、多方共赢的局面，这样才能保证产业价值链中各个环节的价值提升。银行与移动运营商都是产业链的核心，应当勇担产业龙头的重任，联合手机银行产业链的各方主体共同推动手机银行业务的发展，形成利益的增值。

6.5.2 手机支付运营模式

手机支付的概念包含了手机银行，而手机支付价值链所涉及的方面就更广了，除了银行、移动运营商、应用提供商、内容提供商、手机制造商外，还可能涉及手机支付平台、标准制定组织等。手机支付的运营模式是由手机支付价值链中各方的合作关系和利益分配原则所决定的，需要充分考虑价值链的各个环节，实现利益共享与利益平衡。手机支付在发展过程中一直都呈现着多样化的特征，依据产业链中占据主导地位的主体不同，以及参与者相互依赖关系的不同，手机支付的运营模式可以分成几种：以银行为主导的模式，以移动运营商为主导的模式，以第三方支付服务商为主导的模式，银行与移动运营商合作为主导的模式。

1. 以银行为主导的手机支付运营模式

银行独立地提供移动支付服务，手机只是作为支付的媒介，对于信息的传递，只是借助移动运营商的通信网络，并交付信息服务费。移动运营商不参与运营与管理，只负责提供信息通道。用户将手机与银行账户进行绑定，直接通过语音、短信等形式完成支付过程，如图 6-5 所示。银行作为用户银行账户的管理者，拥有一套完善的体系，能够保证用户支付过程的顺利进行。

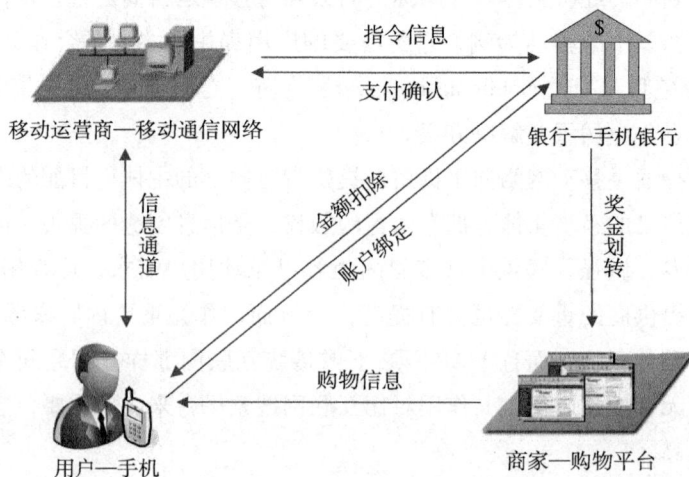

图 6-5 以银行为主导的手机支付模式

在这种模式中，主导地位的确定能够为银行带来几个方面的收益：第一类收益是最直接明显的，就是每次手机银行支付业务所获得的交易费及服务费分成。第二类收益是手机银行账户上用户的预存款,有利于增加银行的储蓄金额。第三类收益是有助于唤醒睡眠卡,目前银行卡在推广中面临的一大问题就是存在大量的睡眠卡,然而手机银行能够通过移动支付业务去激活银行卡的使用。第四类收益是借助手机的功能将手机终端扩展为银行服务的渠道,有助于巩固和扩展用户规模,提高银行的市场竞争力。第五类收益是能够有效地减少银行营业网点的建设,减少其经营成本。

以银行作为主导的手机支付运营模式在韩国的应用取得了骄人的成绩,所有提供消费金融服务的银行都在手机支付方面进行了投资。韩国央行曾对 2004 年 6 月的交易量做过一次统计,当月共有 58.1 万韩国人用手机完成了 400 万笔金融交易。原因主要在于韩国银行业对手机支付的高度重视,同时,其电子技术、电子货币的普及以及人们的消费观念都为手机支付业务的发展奠定了基础。

我国大部分商业银行都陆续推出了此类手机银行业务,用户可以方便地通过手机进行账务查询、银行转账、外汇买卖、缴纳花费、证券交易等金融服务项目。但是这种模式的手机支付也有许多弊端,此类模式的手机支付属于手机银行的某些类型,如 STK 手机银行,用户需要先到银行将其 SIM 卡换成由银行提供的对应了其银行账号的 STK 卡,这造成了用户的成本的上升,阻碍用户加入使用队伍。另外,各家银行只能为本行的客户提供手机银行服务,不同银行之间不能互通,也在很大程度上限制了此类手机支付的应用范围。

除此以外,银行站在主导地位仍然面临着诸多困境,因此,国内银行在这方面显得动力不足。手机支付的应用主要是在小额支付领域,银行能够从中获得的直接收益即交易费比较少,而且银行还得为购买运营商的通信服务与加密措施等服务支付一定的费用,大多情况下,银行所赚到的钱还不足以支付给运营商,因此,银行在这种模式中的角色像是有苦难言。

2. 以移动运营商为主导的手机支付运营模式

这种模式是以移动运营商代收费业务为主,银行完全不参与其中,所需的技术成本比较低。运营商可以完全控制整个产业价值链,由于提供了移动网络的接入,有机会引导用户在手机上浏览的过程,获取盈利的机会,同时,运营商在这种模式中还可以同时提供支付服务与内容集成等。在进行手机支付时,一般是将话费账户作为支付账户,用户实现购买移动运营商所发的电子货币来对其话费账户充值,或者直接存话费账户中的预存款,当用户采用手机支付形式购买商品或服务时,交易费用就直接从话费账户中扣除,如图 6-6 所示。

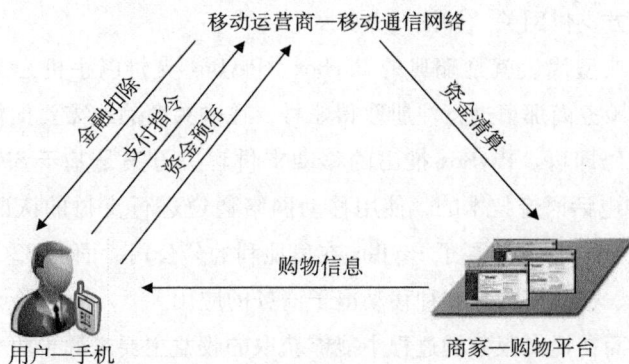

图 6-6　以移动运营商为主导的手机支付模式

移动运营商基于通信服务的同时提供支付服务能够为其带来更多的额外收入。通过提供定位信息、支付处理，就能控制服务的关键参数，获得更多的用户群体，并开发用户贡献率。除此以外，运营商在这种模式中还能从众多内容提供商、广告商和其他参与者中获得收益。由于这种模式没有银行的参与，大多属于小额支付，安全级别要求相对较低，主要应用在购买彩票、电影票、游戏点卡、付费下载等领域。

以移动运营商为主导的手机支付模式应用的典型是日本移动运营商 NTT DoCoMo 推广的 i-mode FeliCa 手机电子钱包服务。FeliCa 是一种可以作为信用卡、会员证、钥匙使用的非接触型 IC 卡技术，塑料状。该技术通过与 i-mode 的 i-apply 以及网络功能结合，能够提供各种有益的服务，相当于把多种功能集中于一台终端上。用户可以通过手机的查看功能，对订票信息、购物情况、电子货币充值等信息一目了然。经过几年的推广，日本手机支付的普及情况有了很大的进步，统计显示现在每三个日本人中就有一个人使用 i-mode 业务。这主要源于日本的移动运营商能够充分利用其在产业链中的优势地位来推动该业务。

在我国，移动运营商作为主体的手机支付运营模式，发展前景不太被看好，主要存在三个方面的原因。一是，在支付过程中存在预付费的行为，而目前在我国移动运营商的征信方式暂时还难以比过银行，因而需要适当的金额限制。二是，中国在手机支付方面还缺乏相应的监管，移动运营商参与金融交易，需要承担部分金融机构的责任和风险，如果没有经营资质，将与国家的金融政策发生抵触。三是，商业银行不会眼睁睁看着移动运营单独主导手机支付市场，本身从我国的情况来看，商业银行在金融资源方面处于垄断地位，而中国又有几亿的手机用户，若是所有的手机用户都用手机来购买东西，那任何一家商业银行都不是移动运营商的对手。

3. 以第三方支付服务商为主导的手机支付运营模式

所谓第三方支付服务商在这里是指独立于银行和移动运营商，利用移动通信网络资源和银行的支付结算资源，进行支付的身份认证和支付确认。第三方支付服务商在该模式中的主导地位可以表现在以下几个方面：首先，其需要构建手机支付平台，并与银行相连完成支付。其次，其可充当信用中介，为客户提供账号，并且还为交易的进行承担部分担保责任。最后，随着业务的发展，为获取更多的业务增值点，一些第三方支付服务商开始进行交易资金代管，由其完成客户与商家的支付后，定期与银行统一结算，或者与银行密切合作，实现多家银行卡的直通服务，充当第三方支付网关，如图 6-7 所示。

这种模式应用的典型代表就是瑞典的 PayBox。PayBox 支付以手机为工具，取代了传统的信用卡。用户只要到服务商那里进行注册取得账号，在购买商品或需要支付某项服务费时，直接向商家提供手机号码即可。PayBox 推出的移动支付解决方案是基于 SMS/MMS（Multimedia Messaging Service）和电话语音技术的，使用移动网络通道进行支付的认证、数据的传输以及支付确认。2003 年，Mobilkom 购买了 PayBox 在奥地利的分公司，面向 B2C 和 B2B 方式推出了移动票务、移动购物、移动博彩等多种移动电子商务的应用。

第三方支付服务商在提供服务的过程中能够获取的收益主要来源于两个方面，一是向运营商、银行、商户收取设备与技术的使用许可费；二是与运营商及银行就用户的业务使用费进行

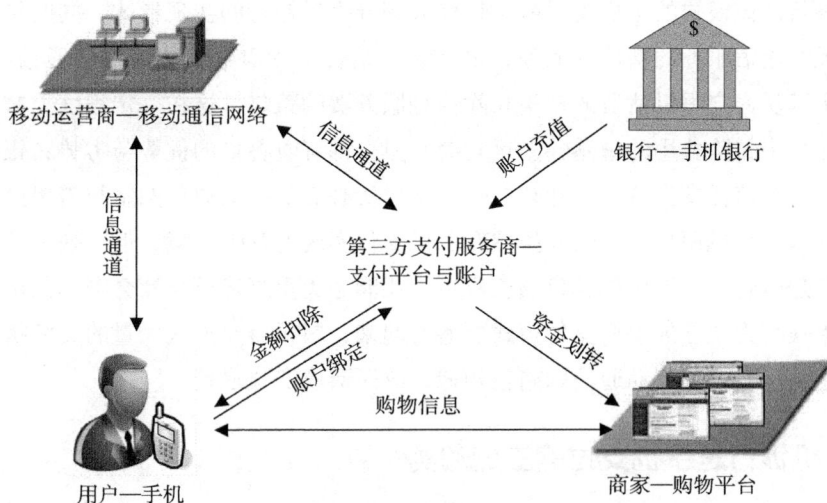

图 6-7　以第三方支付服务商为主导的手机支付模式

分成。第三方支付服务商在该模式所处的主导地位决定了市场对其在市场能力、资金运作、技术能力方面都有很高的要求，尤其是在国内正要出台第三支付组织管理条例的情况下，此模式的发展更加需要审慎应用。

4. 以银行与移动运营商合作为主导的手机支付模式

银行与移动运营商进行合作互补，充分发挥各自的优势，共同运营手机支付业务。银行在资金清算与信用管理领域有着长期经营的历史，有足够的经验资源与权威性，而移动运营商拥有移动通信网络，能够完全控制手机网络中信息的传递并采取分级加密措施等，故而在手机支付安全方面可以提供可靠的支持。二者进行合作可谓是强强联手，可以各自关注自己的核心产品与服务，如图 6-8 所示。

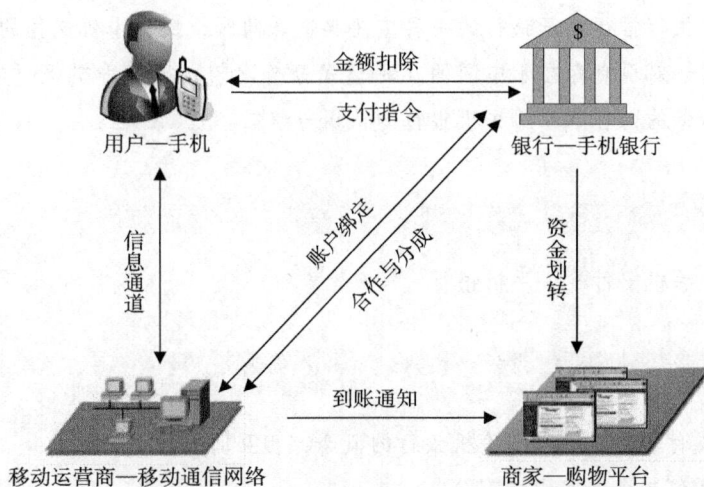

图 6-8　银行与移动运营商为主导的手机支付模式

目前在中国，这种模式是发展最为成功的，典型的代表就是中国建设银行与中国联通合作推出的手机银行。该模式的手机支付就是目前大部分手机银行的实现形式，同时结合了银行的金融服务与无线通信服务的增值性业务，也可说是结合了货币电子化与移动通信的新型服务。合作双方制定了从客户手机话费账户中扣除信息服务费的策略，这在一定程度上减轻了直接从客户的银行账户中扣除费用的敏感性。运营商与银行都有着各自的优势与劣势：银行虽然拥有长期形象化的公众信任度支持，但却缺乏手机支付所必需的接入通信网络与需要经过移动运营商同意才能介入的手机用户；运营商虽然有手机支付实现的基础环境，但却缺乏管理支付风险的能力。二者进行合作，不仅能各自扬长避短，还能避免重复建设与社会资源的浪费，就如网络建设，如果银行为主导的手机支付模式要盛行起来，银行需要投入大量的资源搭建专线实现手机支付，这与运营商的移动通信网络很相似，故而形成资源浪费。

6.5.3 手机银行是手机支付的主流趋势

通过对手机银行产业链的分析，银行在整个产业链中占据着核心地位，又经过几种手机支付运营模式的比较，可以看出，当前在国内比较盛行或者发展趋势比较良好的当属第四类，以银行与移动运营商合作为主导的手机支付模式，即主要的手机银行模式。银行通过与移动运营商签订协议进行合作实现互联，将银行账户与手机账户绑定，用户通过银行卡账户进行手机支付。银行为用户提供交易平台和付款途径，移动运营商为银行和用户提供信息通道，收取信息服务费并抽取交易佣金，而不参与支付过程，不但能够在产业链中正确定位，发挥专业优势，提升服务价值，而且规避了很多金融政策风险和其他风险。

本章小结

手机支付的实现方式多种多样，从国内外手机支付的应用状况来看手机支付包含了几种类型，通过本章的分析可以看出手机银行是最有发展潜力的一种形式。经过几年时间的发展，手机银行已经成为各银行推行电子银行的一种重要渠道。同时，探讨手机支付的发展模式一直在各界展开，本章通过对现有存在于中国的几种模式分析比较，提出手机银行的良好发展趋势，让读者可以通过本章的内容加深对手机银行的认识与信任。

关键术语

移动支付   手机支付   手机银行

习 题

1. 比较移动支付、手机支付、手机银行的概念，相互间有什么关系？
2. 手机银行系统包含哪些组成部分？
3. 手机银行可以分为哪几种类型？
4. 目前中国存在哪些模式的手机支付？各种模式有哪些特点？
5. 手机银行产业链包含哪些参与方？

案例分析

3G 加速手机银行接替网银，用户需谨防诈骗

3G 商机的日益凸显拓宽了手机银行的市场。我国手机银行业务经过先期预热后，逐渐步入成长期。

来自新华网等多家媒体的综合消息，新版手机银行成为国内多家银行眼下的"宠儿"。建设银行、光大银行、工商银行、民生银行、兴业银行、招商银行、农业银行、交通银行、浦发银行 9 家银行正在高调推出此业务，如工行推出了手机银行 WAP 体验版，交行推出了新版"e 动交行"等，一场围绕手机银行的市场争夺战逐步进入白热化。

据了解，手机银行以能使客户在任何时间、地点处理多种金融业务，尤其受到大学生、白领和中小企业主的青睐。但与此同时，社会上一些不法分子借机翻新手段行骗并得手的案件也在与日俱增，这就提醒消费者需谨慎再谨慎，也对银行自身的业务安全服务提出了更高要求。

一、3G 催热新功能服务，网银的今天将是手机银行的明天

3G 时代，对于手机银行来说，无疑也是一次革命。眼下各大银行推出的手机银行业务，除了几乎覆盖网银常用功能的查询、转账、理财、缴费等业务，新功能服务也成为银行业的逐鹿焦点。

以工行为例，从佛山分行获悉，其推出的手机银行（WAP）业务正是凭借 3G 的如火如荼和未来前景，通过手机 WAP 浏览器上网办理各种金融业务，实现用户操作的便捷性。推出仅半年，累计客户数就突破 300 万，市场速度让业界惊呼"始料未及"。

另据建行福建省分行有关人士介绍，眼下金融业务尚无法实现无卡取钱，随着手机银行业务功能和服务的完善，这一愿望完全可能成真。因此，除了大学生和刚工作的白领是手机银行市场的主要用户群，中小企业主出于对资金运作效率和低成本的考量，对手机银行业务的使用热度也在升温。

二、不法分子巧立名目，手机银行诈骗渐增

然而，消费者不可大意的是，在手机银行业务走俏的同时，也暗藏了一些社会不法分子的鬼胎。来自《天府早报》的消息，某月初，用户李先生就遭遇了两个自称"能提供免担保免抵押高额贷款"的男子行骗。信以为真的李先生按照提示新开账户，并开通手机银行业务，并存入 1 000 元保证金后，不仅未拿到贷款，连保证金都血本无归。

另外，从河北靖民律师事务所的张律师处了解到，用户张先生曾在某银行存入人民币 2 万元，仅过 4 天时间，该款便悄无声息地被转入河南李某名下。在张先生因此状告银行的案件纠纷中，法院审理了解到，原告张先生办完传统银行存款后，是因为通过手机开通了"手机银行"业务，输入河南李某的手机号码，并将密码告知了对方才导致钱财损失，由此驳回原告诉讼。

类似事件还有很多，相关人士对此表示，相关诈骗分子最重要的行骗手段就是诱导消费者开通"手机银行"业务并骗取密码，随即通过手机修改密码进而转走钱财。这就突出了手机银行眼下发展的最大短板——安全保障。

一方面，随着目前金融机构提供的服务与日俱增，网上银行、手机银行等各种业务密码独

立分开的安全便民服务，却成了犯罪分子可钻的空子；另一方面，消费者自身对相关业务运作知识的欠缺以及安全防范意识的薄弱，直接成为泄露密码和个人信息的源头。

三、银行业加大安保力度，用户需增强密码保护意识

对此，银行自身安全认证保障工作就显得尤为重要。眼下，在各大银行的比拼中，安全这道关也成为焦点。

例如工商银行手机银行通过绑定手机号和银行账号，在进行交易时使用电子银行口令卡进行身份认证，并以预留信息作为办理开通手机银行业务的"通行证"。

建设银行的特点则是建立客户身份信息与手机号码的唯一绑定关系。通过登录密码的验证与控制，建立客户身份信息、手机号码、登录密码三重保护机制，并设置密码错误次数日累计限制，同时在防黑客和木马程序的移动数据网络安全上也下了功夫。

兴业银行设有图片附加码保护功能，招行设有图形验证码机制等，各大银行在相关技术认证和单笔、日限额上都进行了严控。

从这个意义上说，手机银行的安全保障问题已经引起广泛重视，并具备一定现实基础。只要加强自我防范，这一业务大可不必让人不敢靠近。专家因此建议，用户在使用手机银行时，首先要提高警惕，谨防欺诈和虚假 WAP 网址及网络钓鱼，任何时候都不可削弱密码保护意识。第一，用户应妥善保管好手机和密码，建议将查询密码和交易密码设置为不同的密码值；第二，手机银行更适用于小额资金的转账及交易；第三，请勿将银行卡号和密码存入手机，一旦手机丢失，建议第一时间更改手机银行登录密码；第四，用户在使用完手机银行后应及时退出。

资料来源：人民网 http://www.people.com.cn。

问题：根据上面的案例，分析 3G 手机时代的到来对手机银行有哪些方面的影响。

第 7 章
自 助 银 行

教学目标与要求

☞ 理解自助银行的概念、功能和类型；

☞ 掌握自助银行与银行卡和零售业务之间的关系；

☞ 掌握自助银行系统中的 ATM 系统和 POS 系统；

☞ 了解自助银行的业务构成和总体结构；

☞ 掌握自助银行的现状和发展趋势。

知识架构

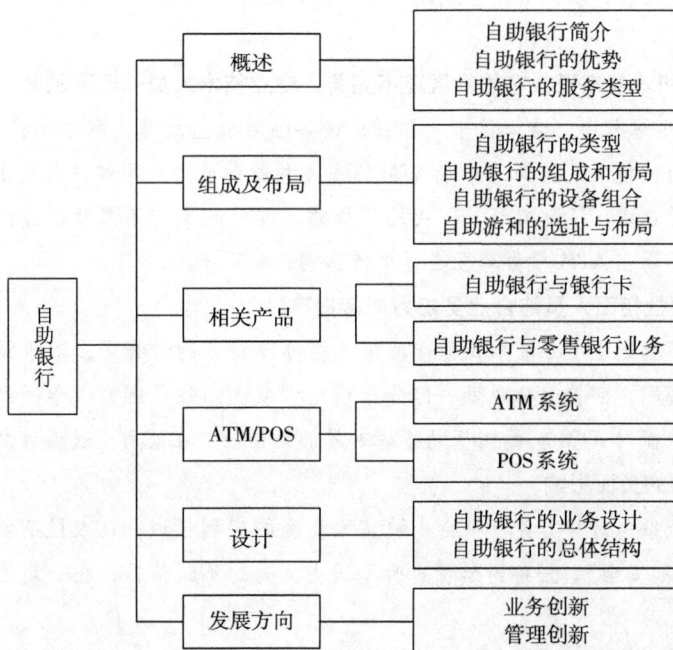

🌀 导入案例

浅析农信社 ATM 自助银行的现状和发展

随着我国农村经济的快速发展，农村信用社业务发展不断壮大，多元化服务日趋完善，在服务县域经济、推动农村经济快速发展方面，发挥着不可替代的重要作用。ATM 自助设备作为农村信用社的一种新生事物，正越来越显示出其在群众经济生活中的快捷与便利。对于面向三农、服务三农的农信社来说，ATM 机的应用与发展具有深远意义。

一、农村信用社 ATM 机的发展现状

在 ATM 机为广大群众带来便捷的同时，也应该看到，ATM 机本身的使用率还不高，究其原因，大致有以下几点。

（一）ATM 机在覆盖率低、布局方面有待改善

农信社的网点遍布城乡，但由于资金不够充裕、安全管理短板、网络不稳定等方面的原因，农信社 ATM 机布局上存在许多的空白点，从××省平定县的情况看，全县 10 个乡镇，除县城及临近县城的乡镇所在地布设外，在其他镇村基层，商业银行 ATM 机布局为 0。县辖农信社 ATM 机也仅有18 台，而且 9 台集中在城郊，其他乡镇存在 ATM 空白，这在一定程度上影响了 ATM 机的发展。

（二）农村信用社 ATM 机的市场认知度还不高

农信社 ATM 机相对于其他专业银行来说上市较晚，尚属新生事物，且服务的客户群体为广大农民。农民群众由于文化差异、观念差异、理解接收程度的差异等方面的原因，接受并适应 ATM 机还需要一段较长的时间。有些人甚至还有抵触等负面的情绪存在，在接柜的过程中，我常常能听到这样的言语："卡里是不是有钱？我们看不到，会不会丢了？""密码记不住怎么办？""你还是给我换成存折吧！"心里不踏实的情绪表现很强烈，相对于 ATM 机，他们更倾向于存折、存单等一目了然的东西。再从操作方面讲，农民群众喜欢越简单越好，这在很大程度上阻碍了 ATM 机的发展与推广使用。

（三）从 ATM 机本身来说，它的发展还不完善，专业技术人员处理不及时

在 ATM 机的使用过程中，诸如吞卡、吞钞，设备临时发生故障，网络不稳定等现象时有发生，加之农信社专业方面的技术人员少，排除 ATM 机基本故障的能力还不够，时间上要等待，处理不及时，难免使客户产生急躁、不满情绪，一次的不如意，导致一生的不愿意，进而出现宁愿在等候区等候柜台办理，也不愿在 ATM 机办理业务，严重影响了使用率。

（四）农村信用社柜面人员综合业务能力尚待提高

一线柜员业务不够熟悉，专业知识似懂非懂，在办理业务的过程中，对于顾客提出的诸如跨行手续费如何收取等问题，回答模棱两可。部分柜员由于缺乏耐性，解释工作不到位，难免使顾客产生猜忌、疑问等，从而对 ATM 机的使用功能缺乏足够的信任，在使用上敬而远之。

（五）一些个例的负面影响

网络媒体、报纸杂志时常有关于银行卡被盗取资金的实例报道，让农民朋友望而生畏，从此认定了"使用 ATM 机不安全"，任你再解释也听不进去，有的不断传播，在一定区域内产生了不小的负面影响。

二、提高农村信用社 ATM 机使用率的应对措施

针对目前 ATM 机的发展现状，农信社应该采取行之有效的措施，来提高 ATM 机的使用效率，更充分、更全面地发挥其功能，使之能够更好地服务群众。

（一）加大宣传力度

把宣传工作作为长期的工作来抓，通过电视、电台等媒体，加大对 ATM 机的宣传力度。宣传不仅局限在城郊，还要深入到偏远的村庄，尽最大可能达到家喻户晓，营造一种浓烈的氛围。同时，在宣传上做到通俗易懂，通过简单的方式，把宣传服务做好做实，逐步引导群众从认识到接触，最终广泛使用。当前，顾客对于 ATM 机的使用方式还较为单一，大多还仅限于存款、取款业务等。农信社应通过大堂经理对客户进行面对面、手把手的服务，合理引导顾客在 ATM 机办理转账、修改密码等业务，使广大群众能更加全面地认识、更加熟练地应用 ATM 机，有效减轻柜面压力，增加 ATM 机的使用率。同时在服务宣传之前必须把 ATM 机方便、快捷、安全等方面的功课做实做好，通过正面宣传，逐步消除那些负面的影响。

（二）完善 ATM 机的各项功能

目前，农信社的 ATM 机各项功能还不够完善，还需要与 ATM 机设备厂商进行积极的配合，积极反馈运行过程中的系统问题，对 ATM 机进行定期的调试、升级等，减少故障发生，为广大群众带来最方便、最快捷的自助金融服务。同时，培养一批专业技术型人才，保障随时发现问题并能及时处理问题，减少客户等待时间，逐步增强客户对于 ATM 机的信任感。

（三）强化培训，提高能力

加强对柜面操作人员的学习培训，临柜人员要有全面熟练的知识，特别是切实提高自身在 ATM 机的操作与使用方面的基本知识。服务做到耐心、细致，解释工作深入、易懂，增强群众对 ATM 机的信任感和认知度。

（四）合理布局延伸服务触角

在人员比较集中的地区，适度布设 ATM 机，解决有卡却没有设备的困境。农行、邮政这些金融机构正紧盯农村这块蛋糕，"抢占最后一公里"的服务竞争正在悄然展开，农信社服务功能的提升和 ATM 机的及早布设越来越成为服务延伸的必要。

农信社 ATM 机相对于其他商业银行来说，起步较晚，但是在短短一两年内已显示出了良好的发展势头。随着农信社各项制度的不断完善和发展，ATM 机通过不断的调试与改进，已有了较大的改观与进步，它的服务也越来越多样化。相信在不久的将来，农信社 ATM 机会在市场经济的发展中发挥出更加重要的作用。

资料来源：金融网，2014 年 8 月。

7.1 自助银行概述

传统的银行业务是通过传统营业网点中的柜员操作来完成的，在 20 世纪六七十年代，随着商业银行的不断发展和壮大，银行客流量迅速增长，很多客户排队只为办理查询和小额存取款等简单的业务，使柜台办事效率低、速度慢。银行为了分流办理简单业务的客户，减少柜台工作量，提高服务效率，开发并引进了自助设备。这些设备在空间和时间上延伸了银行的柜台服务，也显著减低了银行的营运成本，很快得到了客户的认可，并从单一的自助取款设备发展到多种自助设备，从银行营业网点发展为单独的服务网点。

7.1.1   自助银行的简介

自助银行首先在国外得到应用。银行为了在节省成本的前提下，分流柜台客户流量，减轻柜台工作压力，从而产生了引入自助取款机设备的想法，后来在技术供应商的支持下应运而生。接着又扩展到自助存款机、外币兑换机、信息查询机等一系列自助银行设备。世界上第一个完全意义上的自助银行（self-service banking）是 1972 年 3 月在美国俄亥俄州哥伦布市开设的亨奇顿国民银行的总行中。这种新型银行自动服务的诞生，为客户提供了跨越时空限制的多功能银行服务。

在我国，1988 年中国银行深圳分行推出国内第一台联机服务的 ATM 机；1994 年中国银行又在广东、湖南、福建等地开通了"中国通—银联网"，客户可以在华南地区的 ATM 机上办理取款及查询业务；1997 年年初，我国的第一家自助银行是由中国银行上海市分行开设在虹桥开发区的无人银行，它的出现标志着我国无人银行的研究开始从技术准备阶段转向实现阶段。

目前，国内外各大商业银行都已推出了不同规模层次的自助银行，自助银行已成为衡量商业银行现代化水平的重要标志之一。

自助银行系统就是指客户在一个独立、安全的室内区域，根据银行提供的各种自助设备，由客户自己操作，能够独立完成存取款业务、外币兑换业务、账户金融信息查询等一系列操作的银行系统。简单地说，自助银行就是一种现代化的银行服务方式，它是商业银行为满足客户的理财需求而开发的金融创新产品，属于银行柜面业务的延伸，是银行电子化和自动化的一部分，它将银行的自助服务终端集中起来，为客户提供全天候 24 小时的综合全面的金融服务，一般由自动柜员机（ATM）、现金存款机（CDM）、外汇兑换机、存折补登机、夜间金库、自助查询终端等多种自助设备组成。

7.1.2   自助银行的优势

银行的自助银行服务改变了银行的服务方式，与柜台相比自助服务具有明显的优势。

1. 弥补现有网点的不足

银行可以通过设置自助银行来为客户提供 24 小时的连续服务，以此来作为营业网点和营业时间的延伸和补充，可以有效缓解业务快速发展而带来柜面资源不足的矛盾，并且改变业务增长方式，提高业务发展步伐，增加效益的有效途径。

2. 降低柜面劳动强度和营业成本

自助银行对空间面积的要求很低，所以建立一个自助银行比建立一个传统营业网点的投入成本要低得多，并且当其形成规模效益后，它的管理成本也会逐渐下降。

3. 有利于树立银行形象

随着我国金融业的快速发展，金融自助设备开始全面建立，发展自助银行业务，有助于在公众和同业中树立良好的企业形象。

4. 拓宽银行中间业务收入渠道

客户通过使用银行卡在自助设备上进行交易，不仅能给银行带来收益，还能减少银行的服务成本。随着客户对自助银行服务认识的不断提高，客户更加乐于使用自助银行服务并沉淀为稳定客户。

5. 以客户为中心

银行利用计算机网络技术及银行自助设备向客户提供自助式服务，可以满足不同的市场和客户的需求。这将会推动客户理财服务，强化客户与银行的关系，使银行经营更具特色。

6. 交易信息完整及时

自助银行的金融交易均采用联机实时交易方式，自助银行系统内、分行监控中心、分行主机之间的金融交易信息和大量非金融交易信息，如系统监控信息、统计信息、管理信息等都能及时得到处理。

7.1.3 自助银行的服务类型

自助银行基本上是一个功能完善的零售业务系统。随着更多种类的银行自助设备不断推出，自助银行提供的服务也越来越完善。目前，自助银行提供的服务，按其性质可分为以下几种类型。

1. 交易服务

交易服务指银行提供的一些传统服务功能，即一般的柜台业务功能，包括银行卡的存款、取款、转账，密码修改、账户资料查询、存折补登、对账单打印、夜间金库服务等。

2. 销售交易

此类服务功能可以帮助银行吸引更多的客户，提高银行的业务量，主要包括信用卡贷款和信用卡购物消费，新开户申请、支票申请、信用卡申请，银行业务介绍和查询。

3. 客户服务

此类服务主要是为客户提供理财服务、资讯服务等方便客户的一些辅助功能服务项目，如公共事业缴费、理财试算服务、自动保管箱服务、金融顾问服务、信用卡交费等。

4. 资讯服务

此类服务为客户提供金融信息，使客户享受高质量的金融附加服务，如金融市场行情、汇率、利率、股市行情、房产销售情报、热点购物信息等。

7.2 自助银行的组成及布局

随着计算机技术和通信技术的发展，具备不同功能的自助银行终端的种类日益增多，功能也日趋完善。

7.2.1 自助银行的类型

随着更多种类的银行自助设备不断推出，自助银行提供的服务种类越来越丰富，自助银行的应用组合也越来越多。目前，从国内外来看，自助银行的银行营业网点主要有以下三种组合形式。

1. 附行式自助银行

在现有银行网点中划出一个部分作为自助银行的服务区域，放置自助银行服务设备，白天可以分流银行柜台工作，夜间可以提供自助银行服务，以满足客户 24 小时的需求。

2. 离行式自助银行

该银行为完全独立与传统营业网点的自助银行。该模式的自助银行规模较大，功能完备且设备齐全，一般设置在城市中心、繁华的商业地段等人口密集的区域。这种方式的自助银行是传统营业网点的延伸，并能节省开办营业网点的巨大开支。

3. 便利型自助银行

在需要频繁使用银行自助设备的场所配备其所需要的自动服务设备的自助银行。如在机场、宾馆等放置 ATM、外币兑换机等；在商场安置 ATM 和夜间金库等；在高级住宅区，可放置多媒体查询系统、自动保管系统等，以方便客户存款和提款，满足客户理财的需要。

7.2.2   自助银行的组成和布局

随着计算机技术和通信技术的发展，具备不同功能的自助银行的终端种类也日益增多，自助银行按设备可分为现金交易类设备、非现金交易类设备、保安监控设备、门禁设备、消防设备、电源及配电设备、照明设备、空调及统发设备等。其中，最主要的是现金交易设备和非现金交易设备。现金交易设备包括：自动柜员机、现金存取款机、外币兑换机、夜间金库或组合上述功能的设备。非现金交易设备包括：自动存折补登机、查询机、IC 卡圈存机等。自助银行有以下一些基本的设备配置及功能。

1. 自动柜员机 （ATM）

自动柜员机是自助银行中的主要设备之一，在具有不同配件的情况下，具有取款、查询余额、修改密码、转账等功能。

2. 现金存款机 （CDM）

现金存款机能够识别钞票的真伪，并及时将钞票存入客户的账户，在很大程度上为客户提供了方便。它的及时入账与传统的 ATM 的 T + 1 天才能处理存款交易的方式不同，及时入账能给客户以安全感。

3. 外币兑换机 （foreign exchange machine）

外币兑换机可以将港币、美元等外币兑换成人民币。它不仅可以方便客户，还可以通过收取手续费来获得一定的收益，另外，通过外汇的买卖差价也可以赚取利润，同时它也是吸收外汇的一种途径。

4. 自动存折补登机 （automatic passbook utility machine）

自动存折补登机可以用于打印存折未登明细，它是一种方便客户存折信息更新需要的自动服务终端设备。

5. 销售终端机 （point of sale， POS）

销售终端机是一种多功能终端，它把信用卡的特约商户和受理网点中的计算机联成网络，实现了电子资金自动转账，它具有支持消费、预授权、余额查询和转账等功能。

6. 多媒体信息查询系统 （multi-media service inquiry）

多媒体信息查询系统可通过触摸屏、磁卡阅读器、热敏打印机和电话等设备来向客户提供银行服务及客户信息的全方位多媒体查询。多媒体信息查询系统一方面可分担查询、转账等在内的非现金交易，另一方面还可以提供利率、汇率、牌价查询、银行业务、网点介绍、个人理财服务、投资收益比较、公积金、社会保障查询等信息。

7. IC 卡圈存圈提机 （IC card transfer machine）

为作为电子钱包和现金卡用的 IC 卡提供存、取款服务。

8. 电话银行系统 （telephone banking system）

利用储蓄电话银行系统进行账户余额、明细等信息查询和转账等操作。

9. 夜间金库 （night deposit）

可方便客户在夜间将现金、票据和有价证券等贵重物品存入银行。它提供两种存款方式：一种是信封投入，这种方式无须钥匙；二是钱袋投入，客户需要钥匙打开钱袋入口，存入钱袋。

10. 自动保管系统 （automatic safe locker system）

自动保管箱由金库安全壁、整理室隔间、移栽机、保管箱存储架、整理室搬动机、检修专用门、前室卡片读入器等构成。客户只需将保管箱卡片插入装置并输入密码，保管箱就会自动从金库传到指定的整理室，使用完毕后又自动返回金库收藏。其最大的好处是其安全性和对客户隐私的高度保护。

7.2.3 自助银行的设备组合

按照自助银行中所配置的自助银行设备种类，可以将自助银行分为三种类型。

1. 基本型

基本型配置组合通常是在附行式自助银行中，一般配置一台取款机、一台存款机和一台多功能自助服务终端，是自助银行的最小配置。

2. 综合型

综合型自助银行一般选择设置在个人业务量集中、效益好的网点或地区，它对设备种类、地点、外部形象的要求较高，在设置前需要进行调研和业务分析以充分发挥自助银行的经济效益和社会效益。

3. 混合型

混合型自助银行是通过自助设备来办理个人业务，同时增加了理财窗口和房产交易、证券交易等内容。

7.2.4　自助银行的选址与布局

自助银行的选址对于开设自助银行来说非常重要，直接关系到自助银行被广大用户的接受程度和使用程度。在选址前应该考虑周围居民的年龄、学历，以及对新科技的接受能力、收入水平、人口密度和其他银行的网点数与自助设备数量等因素。自助银行最好选择建设在大型商业区、旅游区、购物区等人口流动量大、消费水平高的地区。选址过程中还需要统计调查周围客户的金融需求和对自助设备使用频率，以此作为自助银行功能选型的重要参考依据。自助银行可以作为银行网点功能的一种补充，也可以作为一个单独的银行网点来运行。前者可以使用面积较大的营业网点，单独划分出一块区域来放置自助设备，白天作为对柜台业务的补充，晚上可单独作为一个自助银行系统来延续银行的各项服务；后者可以选择人口流动量大、客户相对集中的地点建立一个单独的自助银行，利用其功能齐全、设备先进、安全性高等特点来为客户提供全方位、全天候的服务。

此外，银行可根据不同地区、不同客户群体的需要，来制定不同的自助机具配备方案，并在此基础上对各个网点的自助机具进行合理的布局和调整，以更有效地服务客户。对一般性的营业网点而言，只需配备 1 ~ 2 台 ATM 机；对于市区等人流量集中的区域则增加自助机具的布放，并设立离行式自助银行。一般地，自助银行的平面布局如图 7-1 所示。

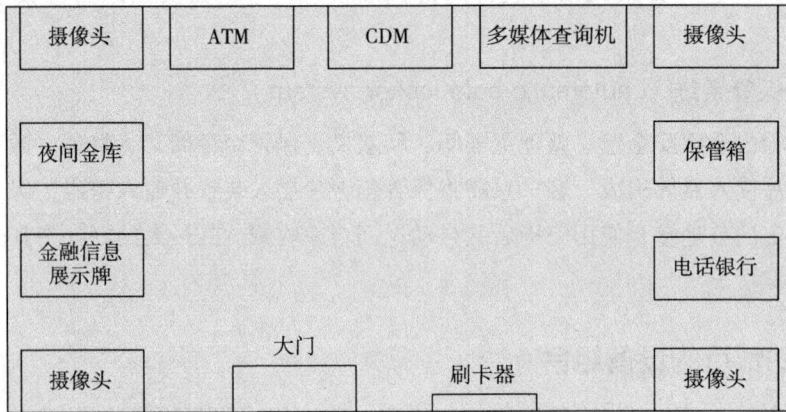

图 7-1　自助银行的平面布局

从自助银行平面布局图中可以看出，自助银行安装了自动刷卡门系统和闭路电视监控设备，对自助设备和大门进行监控。客户持卡在刷卡器上刷卡后，就可以进入自助银行内部进行所需要的操作。客户可以通过自助设备完成存取款等操作，也可以通过金融信息展示牌了解最新的金融信息，还可以使用夜间金库、保管箱等操作，在需要人工服务的情况下，可以通过拨打电话银行来取得人工服务。客户在自助银行内部的一切操作都将被监控设备录制下来，这样也保证了客户交易的安全性。

自助银行的网络布局如图 7-2 所示，通过 TCP/IP 协议，各自助银行的自助终端通过广域网连接到前置机上，前置机和银行主机相连，ATM 终端提供给客户业务界面并将客户的交易数据传给前置机，前置机对 ATM 终端上送的数据进行校验，并将 ATM 的交易信息转发给银行主机；前置机还负责 ATM 的日常管理，同时监控 ATM 的运行状态并将 ATM 运行信息和交易信息记录在数据库中；银行主机根据前置机上送的交易信息进行相应的账务处理、查询或更新数据库，并记录此交易的日志；同时，银行分行中心通过局域网连接前置机和银行主机，银行主机再通过分行广域网与总行交换中心和清算中心连接，这样就实现了自助银行联机管理系统。

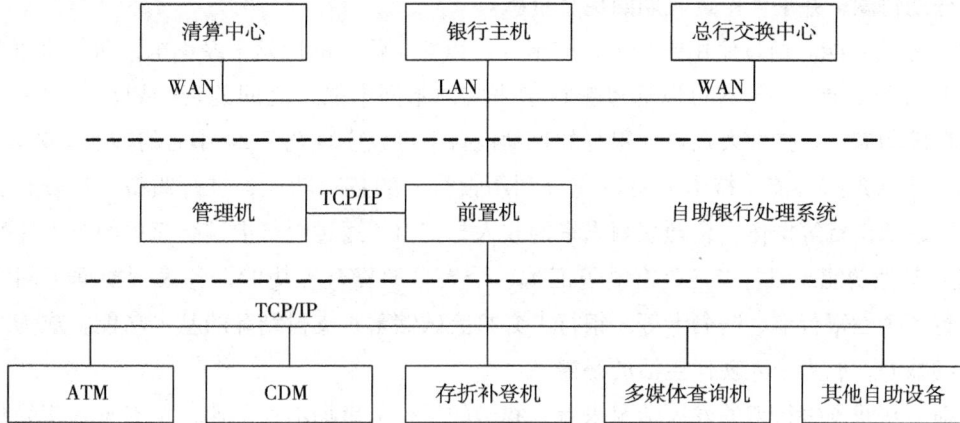

图 7-2　自助银行的网络结构

7.3　自助银行与银行卡、零售银行业务

银行卡具有信息传递和存储的功能，通过银行卡作为交易媒介，自助银行可以提供更多、更好的服务；零售银行业务是银行重要的利润增长点，自助银行对零售银行业务也起着巨大的推动作用。

7.3.1　自助银行与银行卡

1. 自助银行与银行卡概述

自助银行是以自助的方式向客户提供金融服务，所以其绝大部分服务都要通过使用银行卡来完成，银行卡是客户取得自助服务的必要条件，也是自助银行提供自助金融服务的载体和途径。所以，要了解自助银行，还需要了解银行卡。

银行卡包括借记卡和贷记卡。借记卡是指由商业银行向社会发行的具有消费信用、转账结算、存取现金等全部或部分功能的支付工具，不能透支；贷记卡是由银行或信用卡公司向资信良好的个人和机构签发的一种信用凭证，持卡人可在指定的特约商户处购物或获得服务。

银行卡具有信息储存和信息传递的功能，其特性使其可以成为银行传统资产负债表的载体，成为便利的支付结算工具、银行中间业务的纽带和拓展市场的有效媒介，更成为银行电子化服务的先锋。通过银行卡，可以实现如下功能：

（1）支付结算功能。银行卡可以替代现金行使支付的职能，持卡人在特约商户处可以凭借银行卡直接购物消费，这大大方便了人们日常的消费和结算。

（2）储蓄汇兑功能。持卡人可以在发卡机构指定的银行受理网点办理存款和取款手续。发卡行对持卡人在借记卡上的储蓄额按一定的利率支付利息。一张银行卡可以包括不同的账户和不同的币种等，持卡人可以根据需要选择不同的账户，还可以通过银行间的联网，使用银行卡进行汇兑转账。

（3）消费信贷功能。只要持卡人具有良好的信用记录，就可以申请到信用卡，享受提前消费、分期付款，并享受一定时期的免息贷款。

（4）缴费功能。通过使用银行卡，持卡人可以登录银行的网站来缴纳电话费、水电费等。

（5）转账功能。持卡人可以通过银行卡来实现不同卡账户之间的资金划转，省去了来回取现和存款的麻烦。持卡人在自助银行的自助设备上可以实现全天24小时的转账服务。

（6）个人理财功能。持卡人可以充分利用银行卡的各项功能，进行缴费、投资证券、购买保险、超前消费等操作，合理规划未来的收入与支出，通过银行卡进行简单的个人理财。

（7）其他功能。银行卡还具有电子汇款、个人自助贷款等功能，各银行根据不同客户的需要发行了个性银行卡、联名卡等。银行卡必将突破储蓄、支付结算的基本功能，成为个人理财服务的核心，成为个人现代生活的必需品。

目前，从我国银行卡的发展情况来看，我国的银行卡市场增长迅速，发卡量、交易量都呈明显增长态势，用卡环境也大大改善，ATM 和 POS 机具大幅增长，如表 7-1 所示。

表 7-1 我国银行卡相关统计数据

年份	2001	2002	2003	2004	2005	2006	2007	2008
发卡量（万张）	38 282	49 651	64 860	76 870	95 900	117 500	147 000	180 000
存款余额（亿元）	4 520	7 031	11 387	15 299	—	—	—	—
交易金额（亿元）	84 279	115 601	179 827	263 779	330 943	600 000	1 200 000	1 270 000
特约商户（万户）	19.8	23	25.7	30.6	39	52	74	118
ATM（台）	39 957	48 966	59 736	68 352	84 000	98 000	123 000	167 500
POS（台）	299 982	285 990	330 232	349 448	622 000	810 000	1 180 000	1 845 100

资料来源：中国金融年鉴，中国银联研究咨询，中国人民银行网站，国家统计局。

据央行 2013 年 2 月发布的《2012 年第四季度支付体系运行总体情况》显示，截至 2012 年第四季度末，银行卡发卡量持续增长，发卡总量突破 35 亿张。信用卡发卡量为 3.31 亿张。各类银行卡业务总体呈增长趋势，同比增速回落。

2. 银行卡的作用

近 10 年来，中国银行业发生的巨大变革和银行卡的使用密切相关。之前银行业所能提供的服务都是以产品或账户为中心的，而银行卡的出现使银行卡成为一个个人理财的基本账户，使银行系统转变为了以客户信息为中心的综合业务系统，在掌握了大量客户信息的基础上，能更有效地推动零售银行业务的发展，为银行带来更多的中间业务收入。

（1）通过银行卡，银行有了一种新的争取银行卡客户存款和特约商户的手段，将有利于扩大银行转账结算服务，增加银行信贷资金来源，加快社会流动资金的周转速度。

（2）银行卡可以满足客户随时随地的支付需求，安全、方便、易携带等需求，这些需求也可以为银行其他金融产品的出现提供可能。银行卡还可以保证金融产品的业务完整性，客户可以通过银行卡进行存款，也可以进行借款，还可以使用代缴代付等中间业务，银行也可以通过银行卡来对客户进行个人金融产品的交叉销售。

（3）通过对持卡人信息的收集，银行可以从中分辨出客户的层次，并为不同的金融产品找到不同的目标群体，通过银行卡业务的发展，商业银行还可以建立起与个人客户的长期关系，为客户提供一站式金融产品服务方案，并以此为切入点来培养客户的忠诚度。

（4）由于金融行业的产品同质性较高，所以要赢得更多的客户资源，银行必须在创造并维持金融服务的差异性上下功夫。为客户量身定做差异化的服务，实现服务方案的复合型和一站式提供，这样银行才能不断提高自身的服务水平来争取更多的优质客户资源。

银行卡越来越成为银行的核心业务和主要利润来源。银行卡的出现使得客户对传统柜台网点的依赖程度大大减弱，绝大部分业务都可以通过在自助银行来完成。银行卡业务的不断发展也使中小银行和外资银行能绕过网点较少的劣势情况，通过银行卡和自助银行的结合来发展零售银行业务，这样仍然可以在成本较少的情况下大大增加客户数量。

7.3.2　自助银行与零售银行业务

零售银行业务是指以客户为中心，运用现代经营理念，依托高科技手段，向个人、家庭和中小企业提供的综合性、一体化的金融服务，包括存取款、贷款、结算、汇兑、投资理财等业务。它是银行针对个人客户和中小企业的盈利手段，能有效提高银行服务范围的深度和广度，实现银行的规模经营，是银行重要的利润增长点。目前，随着我国经济的不断发展，居民收入也不断提高，且居民贷款额度较低，这加大了居民对零售银行业务的需求，为零售银行业务的发展提供了良好的机遇。

根据个人零售业务以客户为导向的营销理念，充分考虑到不同客户的消费需求，商业银行充分利用了自助银行这一工具来促进零售业务的发展。根据不同的情况，在不同的地点设置自助银行，就产生了如下自助银行模式。

1. 社区模式

在居民区、办公楼及其附近提供银行服务的分行模式，强化中间业务服务及营销，以自助设备为主，并不定时地配合必要的人工服务，以期同时达到高效率服务和业务推广的双重业务目标。

2. 商业区模式

在商业区、人口流动量大的区域提供快速现金服务的自助银行，以快速取现服务为主。

3. 校园模式

在校园及其附近提供简单存取款服务，培养潜在客户，以"频度高、单次交易额小、业务单一"为主要特征。

4. 店中行模式

在机场、加油站、商场、酒店等其他行业的营业厅内提供银行服务。在这些场所提供银行服务能给银行储户提供最大的方便。

5. 顾问银行模式

又称 VIP 分行，一种专门为其 VIP 客户提供专业理财服务的网点，其目标是提高对 VIP 客户的服务，培养其忠诚度。

与传统的网点不同，这些新型模式的网点具有更强的针对性，更贴近普通社会大众的生活，可以根据目标客户群的不同需要，采用不同的自助设备和设计风格，以满足目标客户群的需求，这些将是未来银行网点发展的主要形式。

商业银行建设自助银行的目的是发展业务，最大限度地争夺客户份额，留存忠诚客户。所以银行在进行营销渠道的布局建设时，必须对目标客户群的特征进行正确的分析。根据不同城市的不同消费特点，不同区域的市民的不同的消费要求，和不同客户的收入、职业等情况的不同，将客户分为若干个不同的客户群，在一个城市区域范围内，往往需要采用多种网点的整合布局以达到最大服务覆盖，有区别地为不同的客户提供不同服务方式，又能确定出目标客户群的分布及数量多少，从而确定出自助银行的城市区域布局，在合适的地点建设合适类型的自助服务网点。

7.4   自助银行中的 ATM 系统和 POS 系统

随着银行卡业务的迅速发展，自助设备在我国得到了广泛的使用，其中的自动柜员机 ATM 和销售点终端机 POS 则是其中数量最多、使用最为广泛的自助设备。由数量众多的自动柜员机 ATM 和销售点终端机 POS 构成的 ATM 系统和 POS 系统是自助银行系统的重要组成部分，有效地提高了银行的运作效率，降低了运营成本，并大幅度提高了银行的利润。

7.4.1   ATM 系统

自动柜员机系统即 ATM 系统（Automated Teller Machine），是利用银行发行的银行卡，在自动柜员机 ATM 上执行存取款和转账等功能的一种自助银行系统。该系统有效地提高了银行的效率，降低了银行的运行成本，是最早获得成功的电子资金转账系统。

1. ATM 系统概述

ATM 系统中的 ATM 是自动取款机装置，客户可直接在 ATM 上，自行完成存取款和转账等金融交易。ATM 既可安装于银行内，也可安装于远离银行的其他公共场所。通过 ATM 系统，银行可以把金融服务扩展到银行柜台和银行网点以外的地方。ATM 系统的方便快捷性使客户能够得到随时随地的服务，所以一经推出就得到了迅速的发展。

最有名的国际性信用卡组织 VISA 和 MasterCard 在全球积极推广其 ATM 服务，并建立了它们各自的全球性 ATM 系统，从而大大促进了全球 ATM 系统的发展。目前，Visa 全球 ATM 网络（visa global ATM network）拥有商户 2 900 万家，拥有超过 120 万台 Visa/PLUS ATM，为全球持卡人提供全天候的现金存取服务。Master Card 组织的 ATM 网络遍布全球 210 个国家和地区，总共有超过 100 万台的 ATM。

我国也在大力发展 ATM 系统。截至 2014 年 8 月，我国联网 ATM 数量已经达到 52 万台，连续 7 年增速在 20% 以上。从每百万人口拥有的 ATM 数量指标来看，国内每百万人口拥有的 ATM 数量每年都加速递增，截至 2011 年年底，中国每百万人均 ATM 数量从 2007 年年底的 104 台剧增至 265 台，翻了一倍多。可见中国 ATM 需求缺口依然很大。与世界每百万人均 343 台的水平相比，中国 ATM 市场处在成长期，发展迅速，发展空间大。

2．ATM 的主要功能

ATM 系统中，只能作现金配出器使用的终端机被称作 CD（现金配出器）；不仅可用于取现，还可接收存款，可在不同账户之间进行转账的终端机被称为 ATM（自动柜员机）。ATM 系统可提供多种功能。一台典型的 ATM，可提供下述一部分或全部功能：

（1）取现功能。从一张支票账户提取，从一个存款账户提取，从一个信用卡账户提取。

（2）存款功能。存款到一张支票账户，到一个存款账户，到另一个账户。

（3）转账功能。从支票账户到存款账户，从存款账户到支票账户，从信用卡账户到支票账户。

（4）支付功能。从支票账户扣除，从存款账户扣除，函内支付。

（5）账户余额查询功能。当顾客提出查询请求时，系统就检索该特定账户的余额，并将结果显示于屏幕上，或打印出来。

（6）非现金交易功能。例如修改个人密码（PIN）、支票确认、支票保证、电子邮递、验钞，缴付各种公共事业账单等。

（7）除了交易和非交易功能外，ATM 还能提供各种管理性处理功能。例如：查询终端机现金余额，终端机子项统计，支票确认结果汇总，查询营业过程中的现金耗用，填补及调整后的数据，安全保护功能等。

当今的 ATM 系统，正向多功能化发展。ATM 不仅可用于存取款作业，还可当作自助银行的一台自助银行终端机使用。

3．ATM 系统的交易处理流程

持卡人在 ATM 上做交易时，在 ATM 系统内的数据传输过程如图 7-3 所示。

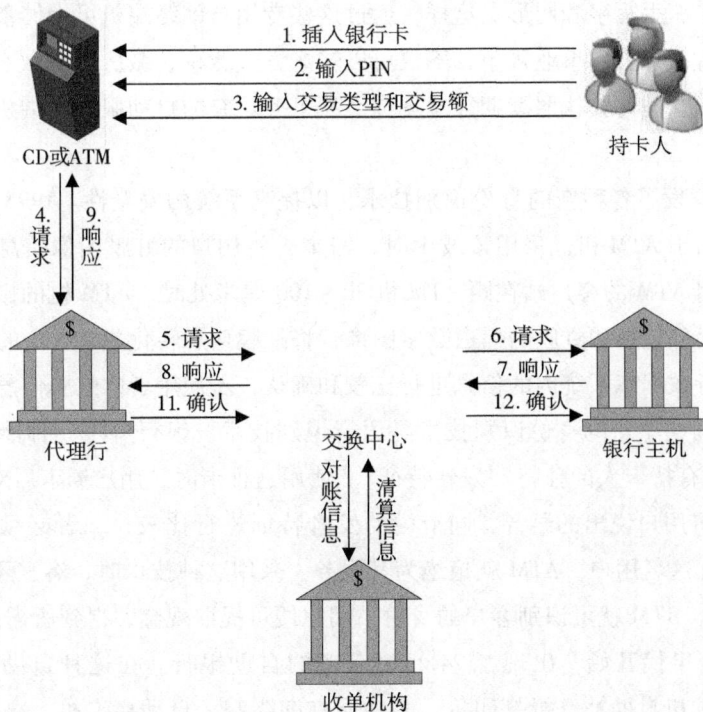

图 7-3　ATM 系统的数据传输过程

持卡人将银行卡插入 ATM，经 ATM 的读卡机检查是合法的银行卡后，就提示顾客输入 PIN。ATM 对输入的 PIN 格式进行检验，若检验通过，就提示顾客输入交易类型和交易额，并将请求信息（含银行卡信息和顾客输入的相应数据）发往银行主机。银行主机对请求信息进行检验，检验操作者是否是该卡的合法持卡人，是否有权进行本笔交易，若检验通过，存款交易时，还需进行相应的账务处理。银行主机作完上述响应处理后，向 ATM 发出响应信息。ATM 根据响应指令作相应的处理，例如，如果响应信息是肯定性指令，则打印单据、退卡，取现交易时还要吐现金；若响应信息是否定性指令，ATM 则吞卡或按响应指令作相应处理。

4. ATM 系统的发展趋势

从推出 ATM 系统以来的 30 年里，ATM 系统始终保持快速发展的势头。在发达国家，银行不断投资、扩大和完善 ATM 系统，增强 ATM 系统的服务功能，并采用一系列措施吸引客户使用 ATM 服务。可以预计，ATM 服务还将在全球范围内保持持续强劲的发展势头。

目前，为了增加 ATM 系统的服务功能，特别是非现金交易功能，已研制开发能处理多种类型资料的 ATM 或专用自助终端机，从而使 ATM 系统能提供支票存款、支票兑现、识别和验证现钞，以及缴付各项账单，提供各种非现金交易服务等多种自助服务。例如，有的专用自助终端机能读取写在支票上的金额，在支票存入或兑现之前，能核查付款人在支票上的签名和收款人在支票背面的签名。客户在具备手写识别技术的专用终端机上，凭手写的支票可进行提款、存款和转账。有的专用自助终端机具有磁性墨水字符识别（MICR）和光学字符识别（OCR）功能，能读取公用设施账单和汇款单上的磁性墨水字迹、光学字符条码线，还能识别账单上的各种文字、手写字和图形。这样，通过这些专用自助终端机可为储蓄户提供验证现钞服务，可用之缴付各种公共事业账单，不仅可以转账方式缴税、缴房租、缴水电费，甚至还可用它缴停车罚款，办理驾驶执照续期等非现金交易事务。有的自动服务终端机，还可为储蓄户办理提款和打簿。

ATM 系统还开发了各种新的身份识别技术，以提高系统的安全性。1998 年，NCR 公司将虹膜识别技术应用于 ATM 机。采用该技术时，需事先将用户的虹膜图像信息存入银行的数据库；此后，当使用 ATM 的客户站在距 ATM 机 30～100 厘米处时，ATM 机的摄像镜头就开始工作，拍摄客户的面部轮廓和虹膜的黑白数字图像，将虹膜信息转化成 256 位的"个人条形码"，并将其与存在银行数据库系统内的信息进行比较和确认，若使用者的虹膜信息被接受，使用者就可使用 ATM。另一个新的身份识别技术是语音识别技术。银行可将一种能储存语音特征的"智能卡"中储存有持卡人的独特"发音特征"。使用这种卡时，用户插卡后对着 ATM 说 1～2 个字，ATM 就会将用户说出的语音，同卡内的发音特征进行比较，二者必须相符，才能进入系统。若有人假冒这名用户，ATM 就拒绝为其服务。采用这种技术时，客户不必输入 PIN，只需对着 ATM 说话，ATM 就可识别客户的身份，用户便可提取现金，得到所需的服务。

从 20 世纪 90 年代开始，出现了 24 小时服务的自助银行。在这种自助银行里，安装了 ATM 机、自动存款机自助补登折打印机、多功能查询终端、自动换卡机、自助缴费机、IC 卡圈存圈提机、自助外币兑换机和各种专用自助终端，并将这些自助终端机连接到 ATM 系统里。

这样，通过 ATM 系统，就可为客户提供全天候、全方位的自动自助的电子银行服务。

随着其他电子银行系统的开发应用，将会有更多的 ATM 系统，可同其他的电子银行系统，如柜员联机系统、POS 系统、家庭银行系统等作联动处理。就是说，ATM 系统将作为电子银行系统的一部分，同其他电子银行系统集成在一起，为客户提供综合的业务服务。

7.4.2 POS 系统

销售终端系统（简称为 POS 系统）是通过把销售终端机安装在银行卡的特约商户和受理网点中，而形成的具有消费、预授权、余额查询和转账等功能的自助银行系统。POS 系统能记录客户记录，并能处理银行卡和网络上其他系统的连接。

1. POS 系统概述

POS 是一种多功能终端，POS 的网络覆盖面广，服务网点多，能够提供实时的、全天候的电子资金转账服务。POS 系统最早适用于零售业，后来逐渐扩展到金融、服务行业等。

第一代 POS 系统产生时，由于当时通信技术不够发达，POS 系统不具有通信能力，POS 机只能作为单机适用，可以进行计算、记录商品名称和简单的汇总，不能进行分类统计、查询，能够实现的功能非常有限，因而没有得到广泛的使用。20 世纪 80 年代后，发达国家开始大规模地开发各个银行都参与共享的 EFT 网络，第二代 POS 系统有内置调制解调器、条形码接口、电话接口等，可以登录互联网。第二代 POS 系统成功地与信用卡系统相结合，系统功能也由直接转账，扩展为兼具直接转账和信用挂账的双重功能。第三代 POS 系统是在 PC 基础上实现的，POS 机成为多功能的信息处理工具，能够运行商业管理信息系统。这促使 POS 系统得到了飞速的发展。

2. POS 交易的普及所产生的社会影响

发达国家的 POS 服务，从 20 世纪 80 年代起就获得了起飞所需的支持。经济状况的改善、技术的进步、广阔的前景，刺激了银行、零售商等对 POS 服务的兴趣。随着 POS 服务及其他电子银行服务的推广和普及，对社会产生了深刻的影响：

（1）深刻地改变着人们的金融习惯和社会的支付体制。POS 交易的普及，使人们在购物时的现金和支票支付转向使用 POS 的电子转账。这深刻地改变着人们的金融习惯和社会的支付体制，并且电子货币的转账速度明显快于支票和纸币的流通速度，这必将加速社会的商品生产和流通，对一国的经济产生了巨大的推动作用。

（2）使银行业务扩展到商品流通领域。银行业务扩展到商品流通领域后，不仅大大加强了银行的金融中介作用，增加了大量的非利息的劳务收入，更重要的是扩大了银行的职能，并为银行从交易领域进入信息领域奠定了重要的基础。

（3）零售商进入金融领域并参与金融领域的竞争。由于 POS 系统能给零售商带来巨大利益，当今欧美各国的零售巨商几乎都建立起了自己的庞大的信用卡和借记卡系统。这样，这些零售巨商具有作为非银行企业进行金融运作的有利条件，并可以提供各种名副其实的银行业务服务，从而开创了各大百货公司和超级市场联号进入银行竞争领域的历史。

3. POS 系统的发展趋势

（1）虚拟 POS。虚拟 POS 是采用网络计算机和虚拟存储等新的信息处理技术，通过多种虚拟 POS 终端，使一台 PC 或 PC-POS 变成由多达几十台 POS 机组成的分布式收款系统，使之同时处理商业企业前台售货、柜台自收款、收款处收款和后台商业管理等实物，并构成适用于柜台售货、开架售货、连锁超市、副食行业和餐饮娱乐等多种经营模式的商业自动化系统。

（2）JavaPOS。在软件方面，1998 年，Sun、IBM、EPSON 等 20 多家主要零售商和技术公司联合发布了 JavaPOS 的应用标准。使用 JavaPOS 的规范可以降低系统的运行费用，加快应用程序的开发和使用速度，实现 POS 系统跨平台，跨网络运行，并且使 POS 系统连接 Internet。

（3）客户关系管理（CRM）。POS 是客户购物的必经之处，也是零售商与客户交换信息最集中的地方。因此，POS 可以通过收集客户个人信息、记录购物历史来分析客户的偏好，向客户提供个性化、有针对性的促销。

（4）无线 POS 支付系统。无线 POS 支付系统是在原有的 POS 终端基础上，通过 GPRS、CDMA 等无线网络，使传统 POS 摆脱电源和电话线的束缚，建立移动的商务模式系统，为客户提供了方便、可靠的随时随地的移动支付方案。无线 POS 极大地方便了持卡人，改善了用卡环境，有力地推动了银行卡业务的发展。

7.5 自助银行的设计

自助银行的设计要充分考虑到银行和客户的需求，在一定的设计原则指导下进行。其中，需要考虑自助银行中需要包括的业务种类、自助银行的网络结构等重要内容。

7.5.1 自助银行的业务设计

个人金融服务包括个人中介服务、个人理财服务和对私人贷款，其比重一般都超过银行业务量的 30%。但国内的商业银行长期以来并没有把个人的金融服务当成是资产与负债业务的中心部分。

与此同时，自助银行是银行个人金融服务的一个有益补充，自助银行设备只有具有强大的客户服务功能，才能吸引更多的客户使用自助设备，增加发卡量，减轻柜台压力，树立银行的良好形象。在自助银行中，一般能实现如下业务功能。

1. 查询

持卡人可以查询银行卡的余额情况；还可以在输入时间段后，查询在该时间段卡中的交易明细情况，并提供打印功能；可查询银行卡的消费积分，并显示积分信息；还可查询客户证券工资资金卡上的余额等信息。

2. 修改密码

持卡人在修改银行卡的个人密码时，要求输入旧密码，然后输入新密码进行修改。

3. 取款

根据持卡人输入的提款金额提取现金，并返回账户余额情况。

4. 存款

持卡人按照提示放入现金，并输入放入的张数和面额，自助设备对放入的现金进行伪钞识别，进行存款处理，并显示相应的处理信息给持卡人。

5. 转账

持卡人插入银行卡后，选择转账交易，输入转入方的账号和转账金额，自助设备进行转账处理后返回交易信息给持卡人。

6. 银证转账

持卡人可在输入券商代码和转账金额后，将银行资金转给券商，也可以将持卡人存放在券商个人资金账户中的资金转移到本卡账户中。

7. 缴费查询和实时缴费

其属于中间业务类交易，持卡人在选择缴费查询后输入代缴类型和代缴户号等要素后，查询到需要缴纳的费用；在查询后，客户可从本账户进行转账缴费。

7.5.2 自助银行的总体结构

自助银行的整体设计和规划，是依据银行和客户的需求来制定的。为了吸引更多的客户，广泛开展各项自助服务，充分展示银行的形象，在设计自助银行时，应遵守以下原则。

1. 设计原则

（1）产品的成熟性。所选择的设备应具有成熟稳定的技术、先进的功能，并采用整合式设计的产品。

（2）安全性能好。系统在软、硬件方面都要具有安全措施，所有传输的数据均需经过加密传送，重要的自助服务设备应具有自动报警和监控功能。

（3）兼容性强。考虑各种型号的自助服务设备的兼容和接入方案，考虑现有的 ATM 的联机方式，与现有交易系统可实现无缝连接。

2. 自助银行的网络建设

在建设商业银行的自助银行网络时，需要充分考虑到已有的网络，应当充分利用现有网络，减少重复投资。自助银行的网络建设要争取做到在现有网络的基础上，扩充和升级自助银行网络，并使其能兼容各种软件，满足银行卡的各类业务需求，必须具有高度的安全性、可靠性和灵活性。

自助银行的连接布线如图 7-4 所示。

3. 自助银行系统的组成

自助银行系统由银行卡业务处理系统、自助银行管理平台和自助银行设备等共同组成，如图 7-5 所示。自助银行的设备通过广域网络和自助银行的管理平台相连接，采用 TCP/IP 协议

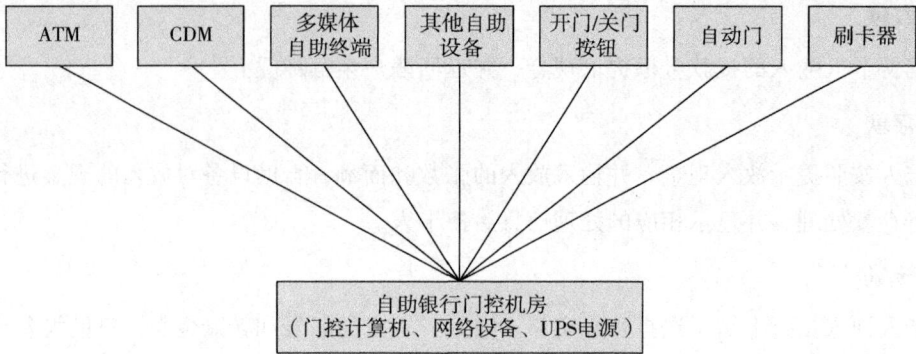

图 7-4　自助银行的连接布线图

进行数据交换，每台自助设备作为一台终端通过专线和相关网络设备连接到前置机，对向自助
银行的管理平台发送业务处理请求，作为支持运行多种操作系统平台和不同应用软件的自助银
行终端设备的前置系统，自助银行管理平台对自助银行设备的业务进行实时监控和管理，并完
成通信、网络连接和数据转换工作，向卡处理中心提供一致的"面向交易"的数据报文，减
轻主机的管理工作，并将主机和网络服务器的授权下传给相应的设备，这样能大大节省主机的
通信资源，实现更多的设备接入，如图 7-5 所示。

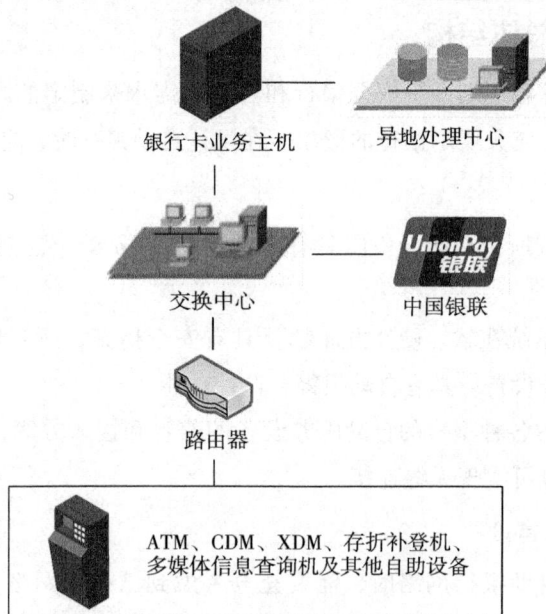

图 7-5　自助银行系统的组成

7.6　自助银行的发展方向

　　自助银行的出现大大减轻了银行柜台的工作压力，为客户提供了全天候的服务，并树立了
银行品牌和形象。但是，如何继续发挥自助银行的作用，提高服务效率，加强金融业务的创新

和管理能力，使其真正成为银行与客户的沟通桥梁，还需要进一步的探讨。

7.6.1　业务创新

1. 丰富自助设备的功能，延伸柜台服务

现阶段自助银行应用最广泛的功能仍然是存取款、查询余额、修改密码等基本服务。为提高自助银行的使用效率，需要在提供传统服务的同时，不断鼓励客户使用代收代缴业务、转账业务等，使自助银行能发挥更大的作用，方便客户，提升银行形象。

2. 加强中间业务的开发，提供全方位服务

现阶段，中间业务已经成为商业银行业务发展的重点，而国内商业银行开发的大量代理业务主要集中在柜面上，对传统的存取贷业务形成冲击，所以，使用自助银行来提供这类服务是最佳的选择。这样既可以充分利用银行资源，也方便了银行客户。大力发展自助银行的中间业务，不断开发自助银行对零售银行业务的巨大作用，使自助银行成为银行的利润来源，是自助设备服务发展的方向之一。

（1）证券资金转账。实现客户银行卡资金和券商个人资金账户之间的互相划转，方便持卡人进行个人理财，提高银行的工作效率。

（2）自助转账。可实现代理缴费业务中的代理水电费、通信费、保险费等转账类业务。

（3）代理售票。可以代理电影院、文艺演出、体育比赛、航空铁路、彩票等的售票。

（4）实现广告功能。可以在自助设备中进行产品促销和企业形象宣传。

3. 利用自助银行实现其他银行业务

可以在控制风险的基础上，将银行柜台的小额贷款和还款等业务移植到自助设备上实现，客户可通过使用自助银行完成此类业务，这样既可以方便客户，又可以提高银行服务效率。

7.6.2　管理创新

1. 合理布局，充分满足客户对银行服务的需求

银行应首先优化调整自助银行布点，加大对自助服务需求量较大区域的投放力度，并根据需要对客户的自助交易数据进行分析，合理布放不同类型的自助机具，发挥自助机具的最大效益，增加交易量，提高经济效益，降低运营成本。

2. 加强自助设备的维修维护和应用开发

对于自助银行设备的日常使用和维护，银行应该建立一套完整科学的工作流程来防止不必要的损坏，加强自助银行设备的监控和维护工作，确保运行正常。

3. 加强自助银行的风险管理，保证银行和客户的安全

因为自助银行具有自动取款和无人值守等特点，所以必须加强防范利用自助银行进行的犯罪活动，以保障和降低银行和客户的风险。自助银行主要存在以下外部的安全问题。

（1）犯罪分子在加钞人员安装点清机、加钞时进行抢劫、侵害，形成犯罪风险。

（2）犯罪分子偷窃客户密码和卡号，使用伪造的银行卡在自助银行进行非法交易。

（3）自助银行的自助设备被破坏，如被塞异物，被撒上液体等，导致设备停止服务，并给银行带来损失。

以上的安全问题可通过加强银行人员加钞时的安全保护和加设录像监控设备，并加强自助设备日常运行管理和风险防范管理等措施，来加以解决。

本章小结

自助银行是银行为客户提供 24 小时自助服务的场所。客户可以通过使用自助银行中的自助设备，自行办理存款、取款、转账、证券买卖、外汇买卖、自助贷款、自助缴费、账务查询、补登存折、打印对账单、修改密码、查询利率和外汇牌价等业务。

自助银行设备是由自动柜员机、现金存款机、外币兑换机、自动存折补登机、多媒体查询机、销售终端机等自助设备构成。其中，自动柜员机 ATM 和销售终端机 POS 是其中数量最多，使用最为广泛的设备，也是自助银行系统的重要组成部分。

银行卡是取得自助服务的必要条件，它具有信息存储和信息传递的功能，对自助银行的发展至关重要；零售银行业务是银行业务中很重要的一个部分，自助银行的发展可以大大促进零售银行业务的发展。

在建立自助银行时，要根据银行和客户的需求，合理设计自助银行所覆盖的业务、布局、网络结构等。

随着社会经济和金融的不断发展，自助银行的业务必将更加丰富，布局更加合理，安全性更高，更能满足广大客户的需求。

关键术语

自助银行　　POS 系统　　ATM 系统

习　题

1. 什么是自助银行？自助银行具有哪些优势？
2. 自助银行有哪些设备？分别具有什么功能？
3. 自助银行能够提供哪些服务？
4. 自助银行与银行卡、零售银行业务有何关系？
5. 什么是 ATM 系统和 POS 系统？它们分别具有哪些功能？

案例分析

案例一　自助银行进农村

2014 年 10 月 23 日，云南兰坪县金顶镇大龙村委会农民在一家农业开发公司使用农行自助设备办理还款业务，如图 7-6 所示。近年来，农行云南兰坪支行积极推进自助设备建设，设立惠农通自助银行 650 台，全县农民实现了村内自助贷款、自助还款、自助缴费、自助查询，十分便利。

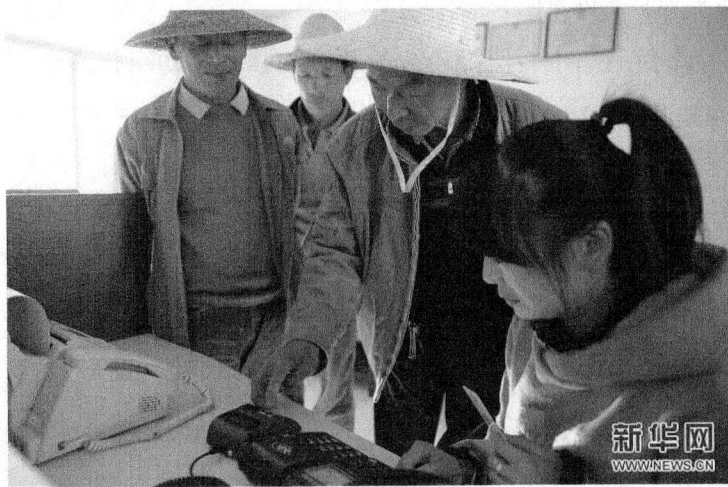

图 7-6 自助银行进农村

资料来源：新华网，2014 年 10 月 23 日。

案例二 宁波银行致力打造精品电子银行

姚女士是一家外贸企业的财务经理，由于公司离开户行较远，为了向银行递交信用证等单据，常常需要在路上花费很多时间，到了银行网点后，又要填表单、排队。了解到姚女士的情况后，宁波银行客户经理向她推荐了网上银行，其中网银自助交单功能可以在线申请信用证下交单和托收项下交单，让她免去来回奔波的烦恼。

网银自助交单功能是宁波银行网上银行诸多功能中的一项。宁波银行网上银行包括企业网上银行和个人网上银行。企业网上银行涵盖账户管理、收款付款、国际业务、投资理财、融资业务、集团服务、票据中心七大功能平台，可针对不同的企业设计专业的解决方案，满足企业个性化的服务需求。个人网上银行具备账号管理、超级网银、转账汇款、支付缴费、信用卡还款、投资理财、自助贷款等多种功能，个人客户足不出户就可以完成多数非现金业务。

除了网上银行外，宁波银行同时致力于打造业内领先的移动银行金融服务平台，先后发布了移动银行 iPhone 版、iPad 版、安卓版和 WinPhone 版，覆盖了主流移动操作系统。

宁波银行移动银行不仅涵盖了网上银行传统业务，还增加了二维码转账、无卡预约取现、掌上理财、充值缴费、影视票务等特色服务，同时还具备地图定位功能，可以精准定位到客户周边的宁波银行网点、ATM 机和优惠活动合作商户，真正实现"宁波银行就在您身边"。

针对客户最关心的安全问题，宁波银行移动银行采取硬件设备认证，登录密码校验、资金交易动态密码验证等在内的多重安全保障措施。

紧随移动互联网发展新趋势，宁波银行近日已推出微信银行（微信号：nbcb95574）和智能机器人平台，其结合营销、互动、交易、业务推送于一体，为客户提供多元选择和优质体验。

近年来，宁波银行始终坚持以客户需求为导向，不断完善网上银行、移动银行、电话银行和自助银行"四大电子金融服务平台",不断追求电子银行服务的创新和突破,努力打造业内领先的精品电子银行服务品牌。

资料来源:新华网,2014年10月24日。

案例三　中行鹰潭市分行首家加强型自助银行开业

新华网江西频道10月22日电　近日,中行鹰潭市分行首家加强型自助银行开业,该自助银行按社区银行模式运营,创新的服务方式吸引了大量周边社区市民。

中行鹰潭市分行梅园加强型自助银行是当地第一家进社区且有人驻守的自助银行,下一步将升级打造为社区银行。该自助银行配置了存取款一体机、ATM、自助查询终端等设备,设有可办理非现金业务、理财业务的服务专区。该行将根据梅园新区人口密集的特点,派驻客户经理、柜员开展社区便民银行服务。

资料来源:新华网,2014年10月22日。

问题: 通过阅读以上三个案例,了解目前国内自助银行的发展现状及发展方向,并结合现实生活说明自助银行为我们带来了哪些便利。

第 8 章
第三方支付

教学目标与要求

☞ 把握第三方支付的定义、特征，并且了解其产生的背景与存在的原因；

☞ 了解第三方支付存在的风险以及对应的风险控制策略；

☞ 掌握几个比较典型的第三方支付组织及其市场现状、竞争情况及发展策略。

知识架构

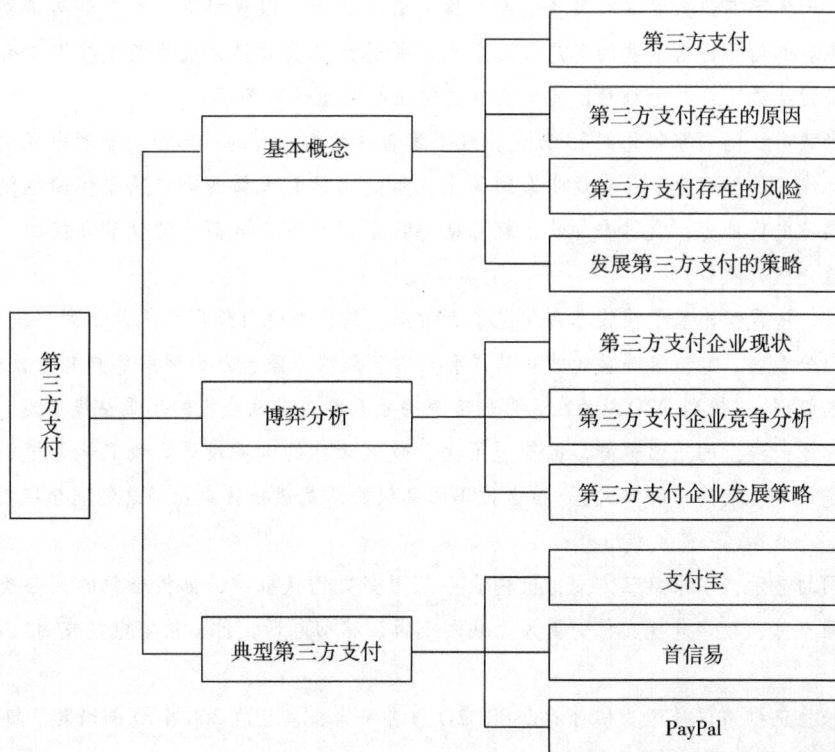

🌀 导入案例

<h2 style="text-align:center">第三方支付布局多元化</h2>

经济观察报　记者　胡群

随着央行对第三方支付机构加强监管及产业环境在发生重大变化，目前多家第三方支付公司已成立数据公司、金融公司以及电商公司，从单纯支付业务的提供商转型为综合金融服务提供商。

"支付将不再仅仅承担原本单一的收付款功能，而是可以与财务管理、金融服务、营销管理等各类应用场景进行叠加，从而让支付的效应得以延展，让企业的整体效率得以持续提升。"快钱 CEO 关国光向《经济观察报》说道。

布局 O2O

自 2004 年支付宝问世至今，第三方支付已经走过了 10 年的历程，获得牌照的机构达到 269 家。以当前支付企业主要业务来看，大部分围绕收付款，即支付本身的功能来开展业务。不过，经过 10 年厮杀，支付领域早已是一片红海。

同时，移动互联网和 O2O（Online To Offline，线上到线下）迅猛发展，用户的消费行为亦在发生迅速变化，第三方支付公司开始基于支付进行行业的转型和突围。"支付捆绑了商户最真实的资金流和信息流，是一座有待开采的巨大金矿，如果仅仅停留在支付本身的业务层面，无疑是对资源的极大浪费。"关国光向《经济观察报》表示，如果支付不仅承担单一的收付款功能，而是各类场景持续叠加，为客户带来更高效的营销管理、财务管理、金融服务，这将为第三方支付产业提供更为广阔的市场。

此外，广大线下商户愈发渴望具备电商一样的营销能力，以吸引周边客户到店消费，实现线上到线下的导流。如何将进店消费的客户沉淀下来，并进行二次营销，最终实现按消费金额支付营销费用，始终是困扰线下商户的难题，而第三方支付正在瞄准这一商机。

在关国光眼中，国内零售总额 23 万亿，线下零售占到相当大的一部分，虽然电子商务的成长非常快，许多标准化的物理化产品在逐步搬到线上，但是仍然有大量的需求需要体验性消费。线下零售商户需要具备电商能力，支付叠加营销就可助力线下商户具备电商的营销管理能力，以此撬动需求、扩大价值并提升收益。

今年 8 月，快钱推出基于快钱综合化电子支付平台的云端会员管理系统，为商户提供整合支付、营销管理、积分管理、储值卡等功能的一站式会员管理解决方案，从而帮助商户有效提升客户黏性，实现精准营销管理。"提到 O2O，大家认为是传统的互联网企业从线上的场景往线下走，但是在这里会发现一些问题：线上的东西很好，但是下不去，缺乏天然的消费场景。我们认为把线下的场景往线上融合会是很有价值的一种方式。"拉卡拉集团高级副总裁兼社区事业部总经理李广雨向《经济观察报》说道。

据央行网站显示，多家第三方支付机构业务范围变更已获批准，如拉卡拉的业务类型由银行卡收单、互联网支付、数字电视支付变更为互联网支付、移动电话支付、数字电视支付、银行卡收单、预付卡受理。

目前拉卡拉正打造以社区为核心的电商 O2O 服务平台，其已在 300 个城市积累了超过 50 万的终端运营网点。

据李广雨透露，拉卡拉社区电商模式正在快速建立并被社区商户认可。一方面，其产品搭载了拉卡拉开店宝的商户，借助拉卡拉平台上承载的大品牌商品，可以直接进行 O2O 模式的电商销售，低成本、高效率、信息对等的优势让其成为社区环境中至关重要的消费环节。另一方面，商户通过开店宝后台系统，可以为周边用户直接提供还款、缴费等金融服务，从传统意义上的店铺升级为多功能的社区网点。"拉卡拉业务覆盖支付、生活、金融、电商四大领域，第一步做社区缴费，第二步发展为社区生活服务，现在我们的社区电商业务推出来，后面还会有社区金融服务，都是沿着企业规划好的路线一步步走下来。目前而言，拉卡拉的定位是用互联网技术为中小微商户提供社区金融服务与社区电商服务的运营商。"李广雨称。

跨向金融

不仅拉卡拉要跨向金融领域，其他第三方支付机构已悄然发展金融业务。

今年 6 月 22 日，汇付天下更是联合西南财经大学家庭金融调查与研究中心联合发布了"汇付 – 西财中国小微企业指数"。该指数显示，金融机构的融资服务仍不完善，小微企业金融压抑强，小微企业金融市场仍有巨大市场空间。据业内人士透露，下一步汇付将开展小微企业的信用支付业务。

继银联商务与中信银行（4.61，−0.02，−0.43%）开展 POS 网贷之后，快钱于近日推出"快钱快易融"。据快钱市场部总监王钊表示，此业务是快钱联合多家商业银行推出的金融服务，也是快钱迈向支付叠加金融服务的第一步。在快钱的规划中，快钱金融服务平台将以数据为基础，整合信用评级、风险评估等各类措施，形成一整套综合化金融服务解决方案，旨在为中小企业等资金需求方提供成本合理、获取便捷的全方位金融服务。

据了解，汇付天下也已开始集团化运作，下设汇付数据、汇付金融、汇付科技三家子公司。其中，汇付金融的目的之一正是希望搭建一个民间金融家的平台，变收单服务商为理财服务商，即所谓的"民间金融家"，将其作为渠道拓展理财服务销售，对接信托、券商资管的投资标的，为企业理财。

在易宝支付 CEO 唐彬看来，互联网公司之所以可以做金融，其背后的商业逻辑就是现有的金融体系满足不了经济发展的需要。支付充当了金融创新和普惠的先锋队，也成为互联网金融进一步发展的基石。

易观分析师李烨指出，"支付开始从单纯收单业务的 1.0 时代，进入产业升级，在支付基础上提供增值业务的 2.0 时代。在支付 2.0 时代，第三方支付公司通过多年累积的用户数据，形成信息流、资金流的闭环，在这之上发展理财、融资、营销等多元化跨界服务，成为业务开拓的新亮点。""对于基础设施来说，支付体系永远是重点。很多人认为支付的战争已经结束，我们有支付宝、财富通这么多第三方支付机构，市场已经相当整合，但是我们认为不是这样的。"波士顿咨询董事经理张越在"首届互联网金融资产交易峰会"上表示，随着技术的创新，这场战争会重新开始，不一定未来就是手机占主导，这场战争可以一直打下去，所以支付还是一个重要的制高点。

资料来源：新浪财经，http://finance.sina.com.cn，2014 年 10 月 22 日。

8.1　第三方支付概述

8.1.1　第三方支付概况

1. 第三方支付基本概念

"第三方支付"是具备一定实力和信誉保障的独立机构，采用与各大银行签约的方式，提供与银行支付结算系统接口的交易支持平台的网上支付模式。在第三方支付模式中,买方选购商品后,使用第三方平台提供的账户进行货款支付,并由第三方通知卖家货款到账、发货;买方收到货物,并检验商品进行确认后,就可以通知第三方付款给卖家,第三方再将款项转至卖家账户上。

而第三方支付平台是指平台提供商通过通信、计算机和信息安全技术,在商家和银行之间建立连接,从而实现从消费者到金融机构以及商家之间货币支付、现金流转、资金清算、查询统计的一个平台。

第三方支付平台的盈利模式,主要还是靠收取支付手续费。即第三方支付平台与银行确定一个基本的手续费率,缴给银行,然后,第三方支付平台在这个费率上加上自己的毛利润,向客户收取费用。

2. 第三方支付分类

当前,从事此类网上支付业务的第三方支付服务公司(机构)已经多达50多家,其业务模式有:支付网关模式——首信易支付,账户支付模式——支付宝两大类。

第一类是支付网关模式。这是电子支付产业发展最成熟的一种模式。包括银行和很多第三方支付公司提供的在线支付实际都利用到了银行卡网关支付。限于这种支付形式所提供的实际应用价值相对有限,而且并不十分方便,所以一定会被其他的支付方式所取代。

第二类是账户支付模式。比如支付宝,支付者可以通过网上的支付账号直接进行交易,然后是网上银行的资金流通,最后是银行。目前大多数商户首选这样的支付方式,同时这种支付方式还嵌入了数字证书之类的安全手段,加上它提供的多种配套服务以及符合中国人使用习惯的模式,使它占领了中国 B2B 以及 C2C 领域的大部分市场。

目前主要的第三方支付平台有:淘宝网、eBay、慧聪网都分别推出了各自基于第三方的支付工具——"支付宝"、"安付通"、"买卖通"。同时,专门经营第三方支付平台的公司也纷纷出现,如网银在线、YeePay、支付@网、快钱网等。到目前为止,全国有一定规模的第三方支付公司已有 20 余家。

3. 第三方支付交易流程

第三方支付模式使商家看不到消费者的信用卡信息,同时又避免了信用卡信息在网络多次公开传输而导致的信用卡信息被窃事件,以 B2C 交易为例的第三方支付模式的流程如图 8-1 所示。

(1)消费者在电子商务网站选购商品,决定购买后下订单;

(2)消费者选择利用第三方支付作为交易中介,通过第三方支付平台选择发卡银行等信息;

(3)商家将客户在第三方支付平台的账号和支付信息传送给第三方平台请求支付;

(4)第三方平台将信息转发到相关银行;

(5)相关银行处理支付请求,给予消费者应答;

(6)第三方支付平台将应答发给网上商户;

(7)商家确认交易成功后向消费者提供服务、发货等;

(8)第三方支付平台根据协议向商户提供支付、清算、差错服务;

(9)银行向第三方支付平台提供支付、清算服务。

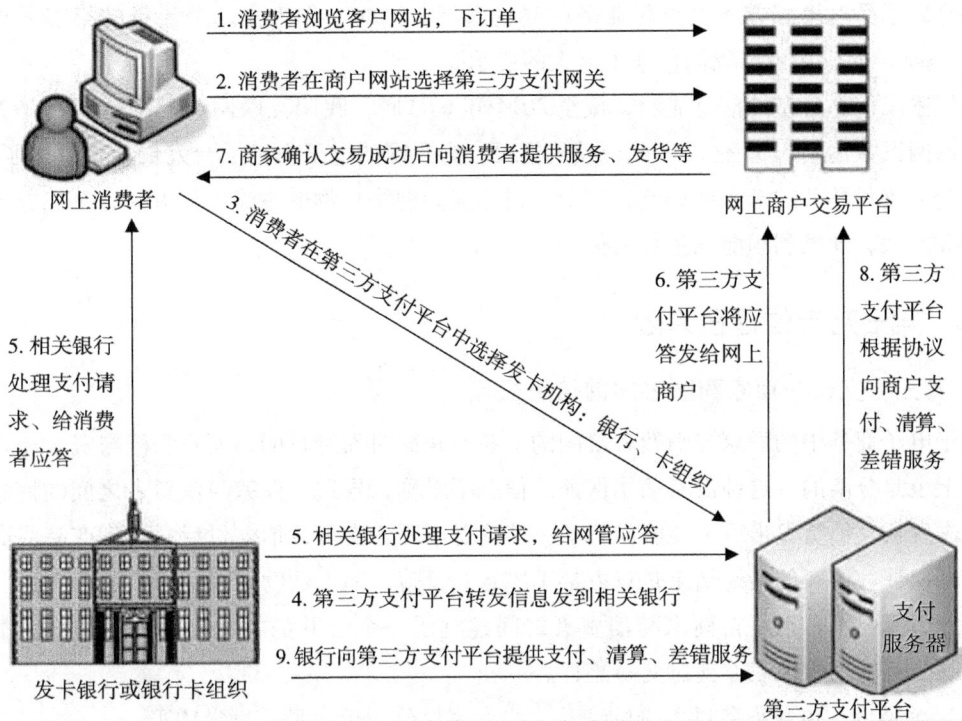

图 8-1　第三方支付交易流程图

4. 第三方支付的特点

（1）第三方支付平台提供一系列的应用接口程序，将多种银行卡支付方式整合到一个界面上，负责交易结算中与银行的对接，使网上购物更加快捷、便利。消费者和商家不需要在不同的银行开设不同的账户，可以帮助消费者降低网上购物的成本，帮助商家降低运营成本；同时，还可以帮助银行节省网关开发费用，并为银行带来一定的潜在利润。

（2）较之 SSL、SET 等支付协议，利用第三方支付平台进行支付操作更加简单而易于接受。SSL 是现在应用比较广泛的安全协议，在 SSL 中只需要验证商家的身份。SET 协议是基于信用卡支付系统目前发展得比较成熟的技术。但在 SET 中，各方的身份都需要通过 CA 进行认证，程序复杂，手续繁多，速度慢且实现成本高。有了第三方支付平台，商家和客户之间的交涉由第三方来完成，使网上交易变得更加简单。

5. 第三方支付现状

网上支付是电子商务顺利运行的必由之路，是现代商户环境的重要组成部分。不同的支付目的决定了用户选择不同的支付工具，安全、方便、快捷是选择的首要考虑因素，而单一银行提供的网上银行业务显然不能满足这种需求，规模较小的网站和商务也无法承担与多家银行接口所必需的复杂技术和昂贵的建设维护费用。在这种情况下，第三方支付平台成为网上支付市场的热点，尤其在 B2C 和 C2C 等小额支付领域。

来自 2005 年中国首届网上支付论坛的消息，当时提供网上支付服务的企业已超过 50 万家，其中规模较大的近 10 万家，它们的年处理交易量在亿元或几亿元左右。另外，已有超过10 万家的网上商店采用了网上支付。国内以易趣、淘宝网站为首的大型电子商务平台已经在不同场合表示了对第三方网上支付业务的高度重视。同时，作为全球最流行的第三方支付工具，"Paypal"的成功也给我们带来了巨大的启示。

据国家工信部公布的信息显示，截至 2014 年 6 月底，我国互联网普及率达到 46.9%。同时，我国网民数达到 6.32 亿。如此规模的网民，为我国的电子商务平台发展前景奠定了基础，而电子商务支付环节的未来亦如此，网上支付已成为网络购物的主流支付方式，第三方支付的潜力十分巨大，开发利用前景指日可待。

8.1.2   第三方支付存在原因

1. 第三方支付是商家和顾客间的信用纽带

由于电子商务中的商家与消费者之间的交易不是面对面进行的，而且物流与资金流在时间和空间上也是分离的，这种没有信用保证的信息不对称，导致了商家与消费者之间的博弈：商家不愿先发货，怕货发出后不能收回货款；消费者不愿先支付，怕支付后拿不到商品或商品质量得不到保证。博弈的最终结果是双方都不愿意先冒险，网上购物无法进行。

第三方支付平台正是在商家与消费者之间建立了一个公共的、可以信任的中介。本文以B2C 交易为例，介绍第三方支付交易流程。

（1）消费者在电子商务网站选购商品，与商家讨价还价，最后决定购买。

（2）消费者选择支付方式（选择利用第三方支付平台作为交易中介），用借记卡或信用卡将货款划到第三方账户，并设定发货期限。

（3）第三方支付平台通知商家，消费者的货款已到账，要求商家在规定时间内发货。

（4）商家收到消费者已付款的通知后按订单发货，并在网站上做相应记录，消费者可在网站上查看自己所购买商品的状态；如果商家没有发货，则第三方支付平台会通知顾客交易失败，并询问是将货款划回其账户还是暂存在支付平台。

（5）消费者收到货物并确认满意后通知第三方支付平台。如果消费者对商品不满意，或认为与商家承诺有出入，可通知第三方支付平台拒付货款并将货物退回商家。

（6）消费者满意，第三方支付平台将货款划入商家账户，交易完成；顾客对货物不满，第三方支付平台确认商家收到退货后，将该商品货款划回消费者账户或暂存在第三方账户中等待消费者下一次交易的支付。

从以上支付过程中，我们可以看出第三方支付平台作为信用中介解决了买卖双方的信任问题，但第三方并不涉及双方交易的具体内容，相对于传统的资金划拨交易方式，第三方支付较为有效地保障了货物质量、交易诚信、退换要求等环节，在整个交易过程中，可以对交易双方进行约束和监督。

2. 第三方支付平台充当交易各方与银行间的接口

第三方支付平台将多种银行卡支付方式整合到一个界面上，充当了电子商务交易各方与银行的接口，负责交易结算中与银行的对接，使电子支付更加简单、快捷。

在我国，目前网上支付主要有两种方式。一是直接通过公用网与金融专用网之间的支付网关完成；二是在公共网络环境中加入第三方支付平台，通过第三方支付平台与支付网关连接完成交易。

当消费者在网上选择好商品，选择支付方式的时候，网页上可能提供了几种甚至几十种银行卡在线支付方式。这是因为不同银行卡在不同地区具有支付功能，为了在网上能购买到满意的商品，消费者可能要在不同的银行开设不同的账户，并分别开通其网上支付业务。这对于消费者来说太过繁杂，而且会增加其在网上购物的成本。商家为了争夺客户也必须在多家银行开设账户。

引入第三方支付平台后，商家和消费者只需在第三方支付平台注册，由第三方支付平台和各银行签署协议进行账务划转，省去了商家和消费者与多家银行的交涉成本，使网上购物更加便利。同时，第三方支付平台的出现也是对银行零散的小额支付业务的补充，并为银行带来相应的利润。目前，第三方支付平台对接入的商家收取每笔交易金额 2% 的费用，其中 1% 是银行收取的费用。与第三方合作的银行越多，第三方经营业务的范围就越广，在同行业中的竞争能力就越强，要争取最广泛地与银行合作，也是第三方支付平台成功的关键。

8.1.3　第三方支付存在的风险

第三方支付在我国的迅速发展给企业、个人等带来了便利，随之也产生了许多问题，其中最受关注的是网上交易及第三方支付所存在的巨大风险。虽然各个第三方支付平台公司采取了大量措施，但是风险的降低程度仍不尽如人意。

1. 信息安全问题

第三方支付能否快速地成长及发展壮大，其网上交易的信息安全性是至关重要的。

一方面，由于第三方支付服务商是通过在线提供支付服务，产业链中的任何一个环节出现了安全隐患，都有可能将其转嫁到支付平台上；另一方面，网络技术的变化日新月异，对于提供钱包支付的服务商，其安全的级别不能低于银行的级别，要不断投入、时刻监控、应急处理等各种纠纷。国外支付商的经营预算中有相当比例的收入是投入到安全性与安全性纠纷中的，对于国内第三方支付商在几乎没有盈利的背景下，这种不确定性的风险，也加大了支付商的经营压力。

2. 信用风险

从第三方支付平台的业务运行来看，买方向卖方支付的货款在第三方那里至少要停留两天时间，在这段时间里，这笔资金归第三方支配。只要每天都有大量交易产生，第三方必然会积累起大量的、稳定的沉淀资金。如果买卖双方达成协议，约定每周或每月清算一次，那么沉淀资金的量还要放大数倍。暂且不考虑用户资金在第三方支付平台产生的利息归谁所有，仅就这笔资金的安全性而言，也是一个值得我们认真思考的问题。2006 年 7 月，中国社科院金融所在一份报告中对这一问题提出警示：目前，依托于中国银联建立的第三方支付平台，除少数几个不直接经手管理往来资金，将其存放在专用的账户外，其他都可直接支配交易资金。这很容易造成资金不受监管，甚至越权调用的风险。

资本具有很高的逐利性，哪里有高收益，哪里就有大量的资本，这个道理在 2006 年到 2007 年前 5 个月的中国股市上得到了很好的体现。在这期间中国股市的暴涨行情吸引了大量资金的疯狂追捧，有合法合规的居民存款、QFⅡ、开放式基金、打新股的理财产品资金、社保资金、保险资金，也有违规的房贷资金，以及通过地下钱庄、进出口贸易和外商投资等各种渠道进入我国的非法外资，这些资金大都在这轮行情中赚得盆满钵满。而第三方支付企业的沉淀资金在银行取得的利息收入显然无法与股市所带来的高额回报相比，再加上股票又是一种流动性较高的投资工具，所以，这些第三方支付企业极有可能把沉淀资金投入股市。但是，高收益伴随着高风险，一旦这些第三方支付企业铤而走险，把用户的沉淀资金投入股市，将给广大用户带来巨大的信用风险，如若投机失败，还会引发严重的债务危机。即便第三方能够置身事外，抑制投机冲动，仍存在老板和员工为了私利卷款逃跑的可能。2007 年 1 月，网上有篇帖子广为流传，称支付宝的一位出纳人员卷走巨额资金，旋即引起轩然大波。虽然事后支付宝宣称这一事件为"竞争对手造谣"，但从中仍能反映出第三方支付企业的沉淀资金存在监管空白。

3. 洗钱风险

2006 年 10 月，反洗钱国际组织——金融行动工作组（financial action task force，FATF）的一份报告称，互联网支付特别让 FATF 担心，因为用户可以在网上匿名开账户，所需仅是信用卡和银行账号，有时甚至只是一张长途电话卡。信用卡与银行卡还能追溯到个人，长途电话卡可以匿名购买，根本无从追到个人记录。据中央电视台"经济信息联播"、"第一时间"等栏目报道，通过第三方支付平台洗钱已经成为一股汹涌的暗流，不仅对我国电子商务的健康发展积累了巨大风险，更挑战了我国金融监管的底线。随着第三方支付平台的不断发展，它的业务范围必然扩展到跨国交易支付上。届时，不仅国外黑钱可以通过第三方支付平台洗钱并进出入我国，国外热钱也可以通过它畅通无阻地投资于我国资本市场。虽然，我国的第三方支付平台还没有开展跨国支付业务，但绝不能忽视这种潜在风险，只有预先制定好相关的法律政策，才能在出现问题时及时应对。

4. 套现风险

信用卡套现是我国央行明令禁止的违法行为。2006 年 12 月初，一篇题为"用支付宝，成功套现 25 000 元"的帖子在网上广为流传，作者详述了自己如何利用支付宝账户，通过虚假交易，从信用卡套现的全过程。信用卡的提现有一套控制制度，即通过交易成本限制它的使用，而在免费的第三方支付平台上，交易完全避开了这些提现成本。尤其是在我国股市行情较好的那段期间，大好的行情更加激发了人们套现的欲望，利用信用卡套现炒股的情况也日益严重，已经影响了银行资金的安全，如果这种现象持续下去，给我国银行体系和金融体系带来的危害将是毁灭性的。

5. 政策的风险

在低层次竞争与多样化支付需求不对称的情况下，支付商为了经营与发展必然进行各种金融性服务的尝试。政策因素对支付商的主体服务资格与服务范围的不确定，影响着投入和服务的水平，同时使得有些服务扭曲变形，产业链源头和企业端的合作也掺杂了更多人为的因素。政策的不确定性与部门资源的垄断增加了寻租，扭曲了服务，而随着服务量与用户的快速增加，经营的风险已经箭在弦上。

8.1.4　发展第三方支付的对策

网络第三方支付平台的历史都很短暂，是最近几年才出现的新鲜事物，因此我国没有现成的法律法规对它们进行定义和约束。如果任由这些第三方支付平台打法律法规的擦边球，钻政策的空子，那它们所蕴含的风险也将越积越多，积累到一定程度会造成一次大的爆发，到时再来解决这些问题就要付出高额的成本。所以，我们应该未雨绸缪，在这个行业的初步发展阶段就制定相应的法律法规，加强对它们的引导和监督，保证它们的健康发展。

1. 对第三方支付企业发放牌照，并纳入金融监管范围

国内的第三方支付平台大都把自己定义为提供网络代收代付的中介机构，力图避开相关的法律法规约束。但实质上，它们所提供的代理收付业务和支付结算服务都是银行的专有业务。由于第三方支付企业的资质与金融机构的要求相差甚远，所以，由它们来从事金融机构的业务就存在很大的风险。因此，笔者建议对它们制定市场准入要求，并将这类金融机构纳入金融监管范围，以控制它们所隐含的风险。

第三方支付企业的日渐增多和这个市场的迅速扩大，引起了银行监管者的注意。2005年6月，央行第一次发布了《支付清算组织管理办法（征求意见稿）》，2006年3月，央行又提出了新的征求意见稿。在这两次征求意见稿中，央行都把监管重点放在了"准入要求"和"业务监管"两个方面。2006年，一次征求意见稿中将资本门槛分为全国和省两档，最低限额分别为1亿元和3 000万元，外资比例不得超过25%，另外，还提出了保证金管理并设立风险基金。此外，还要求第三方支付公司配合有关部门的反洗钱工作，及时报告可疑交易信息。

据悉，《支付清算组织管理办法》将会很快出台，这意味着只有符合《支付清算组织管理办法》的第三方支付企业才能拿到牌照，那些达不到《办法》要求的第三方支付企业只能关门、收购或者改行，也意味着央行正式将第三方支付企业纳入了金融监管的范围。

2. 规范业务发展，明确用户交易资金的利息归属

首先，第三方支付企业可以像基金管理公司一样把用户交易资金托管到商业银行，保障用户交易资金的安全性，防范挪用用户资金的行为，降低信用风险。其次，研发网络监控系统，对用户违规操作信用卡的行为进行监控，并制定应对措施。例如，第三方发现可疑交易时，可先冻结该交易账户的资金，经银行核查属违规操作后，再将冻结资金返回原来的信用卡账户。最后，还要明确用户交易资金的利息归属问题。如果把这些利息归为用户所有，仅就利息的分配而言就存在很大的难度。因为，用户交易资金在第三方的账户上停留的时间长短不一且金额不等，而且每天都有大量的交易通过第三方支付平台完成，如果每天都要为用户计算利息，成本太大。如果把这笔利息归为第三方支付企业所有，又可能引起用户的不满，毕竟这笔利息是由用户的交易资金产生的。综合考虑各方面因素，笔者认为这笔利息可以作为风险基金，转入专门的风险基金账户，用来保证买卖双方和第三方所构成的整个交易体系的安全和稳定。

3. 对第三方支付企业进行评级

促使第三方支付企业不断进行技术改造，降低网络风险，提高服务质量。目前的第三方支付平台大都建立了买卖双方的信用评级系统，使得用户可以根据对方的信用级别选择交易对象，控制交易风险。这种互相监督使得买卖双方极为重视自身信用，保证了网络交易

的良好运行。而网络交易中的另外一个当事人——第三方支付平台又靠谁来监督呢？笔者认为，仅靠央行将来发放的牌照，很难反映出这些第三方支付企业未来的服务质量与风险控制问题，应把它们也纳入一个评级系统，促使它们不断进行技术改造以降低网络风险，提高服务质量。例如，用户可根据第三方的服务质量以及网络安全等因素进行综合评比，评比结果每年公布一次，排名落后者会面临市场份额减少的压力。如果把网络交易中的三方都纳入一个互相监督、互相制衡的系统，整个网络交易体系就能保持安全稳定的良好状态，更好地服务于我们的生活。

8.2　第三方支付企业

第三方支付是在中国特殊的文化背景中产生的一种支付方式。近几年，也有不少关于第三方支付的研究，他们分别从支付的模式、支付中存在的问题及法律监管等方面做了探讨。而第三方支付作为一个新型的行业，发展非常迅速，在新的环境下，从市场角度去研究第三方支付市场中企业的去留、进退显得非常的必要。

目前，第三方在线支付企业通过近几年的发展和洗牌，国内市场上第三方电子支付企业约有 50 多家，按照是否有独立的在线支付平台分，第三方在线支付企业可以分为非独立的第三方在线支付平台企业和独立的第三方在线支付平台企业两大类。

非独立的第三方在线支付平台是指依托于某个电子商务 B2C 或 C2C 平台，为该电子商务平台，或为其他电子商务平台提供在线支付服务的第三方在线支付平台。如支付宝、财付通等。

独立的第三方支付平台是指不依托于任何电子商务 B2C 或 C2C 平台提供在线支付服务的第三方在线支付平台。如中国银联、环讯、快钱、易宝、首信易支付等。

8.2.1　第三方支付企业市场现状

1. 行业整体规模发展情况

在政策鼓励及第三方电子支付企业的努力和创新下，近年来，电子支付市场发展十分迅速。根据研究数据显示，2013 年全年中国第三方支付机构各类支付业务的总体交易规模达到 17.9 万亿，同比增长 43.2%。其中线下 POS 收单和互联网收单分别占比 59.8% 和 33.5%，移动支付增长明显，线上线下进一步融合。从中商情报网的数据来看，2013 年中国第三方支付机构银联商务交易额份额占比 42.51%、支付宝占比 20.37%、财付通占比 6.69%、快钱占比 6.02%、汇付天下占比 5.98%、通联支付占比 5.11%、易宝支付占比 2.31%、环讯支付占比 1.07%。

从图 8-2 中的数据可以看出，第三方在线支付交易额随第三方电子支付交易额的增长而逐渐增长，同时其占比也呈上升的趋势，可以推知，第三方电子支付的交易额规模的增长在一定程度上可以反映第三方在线支付交易额的发展趋势，从而我们可以推知，第三方在线支付将有一个更大的发展空间，如图 8-3 所示。

单位：万亿元

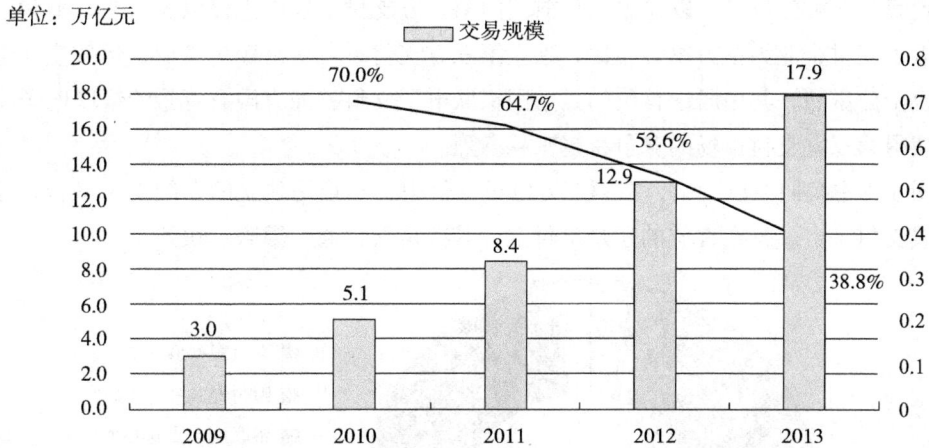

图 8-2　2009～2013 年中国第三方支付市场交易规模

资料来源：中商情报网 http://www.askci.com。

单位：亿

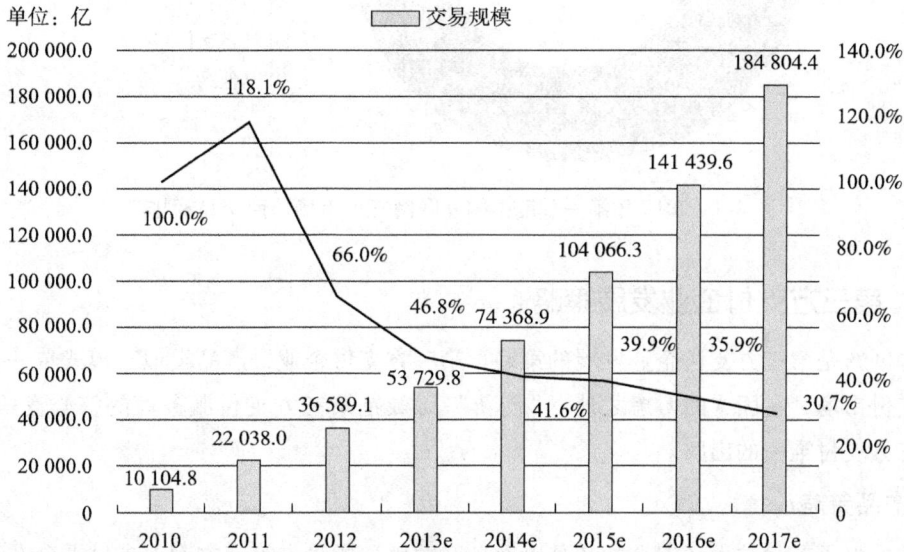

图 8-3　2010～2017 年中国第三方网上支付交易规模（2012 年后数据为预测值）

资料来源：艾瑞咨询 2010～2017 年中国网上支付行业发展报告。

2. 行业内部各企业的发展情况

互联网支付主要应用于网上 C2C、部分 B2C 及 B2B 市场，其中网上 C2C 是最主要的应用市场。据研究数据显示，在 2007 年，725 亿元的第三方在线支付交易额中，就有 468 亿元来自网上 C2C 零售市场，占总的网上交易额的 64.6%。

在中国当前的第三方在线电子支付市场中，企业集中度非常高。非独立第三方在线支付平台依托自身的 C2C 购物平台和背后强大的集团公司的资源和实力支持，使其市场商户和用户的占用率迅速地攀升。据研究数据显示，2009 年第一季度在互联网支付细分市场中，支付宝以 582.5 亿元的交易规模继续排名市场第一位，占据了 56% 的市场份额，环比增长达 22%。财付通和 Chinapay 该季度交易规模分别为 224 亿元和 81.5 亿元，分别以 21.5% 和 7.8% 的市场份额分列第二、第三位。可以看出，目前国内第三方支付市场中主要以支付宝、财付通、快钱等民营电子支付企业为主力军。相比，独立第三方支付平台交易额规模少，但数量众多，其间的竞争也十分激烈，其中居于首位的是中国银联电子支付，拥有国有背景的银联电子支付加入竞争，使得第三方支付市场的竞争将越来越激烈。

从图 8-4 中我们可以看出，在第三方电子支付中，不管是独立的在线支付平台，还是非独立的在线支付平台，排在首位的还是支付宝，其次是财付通、银联、快钱。

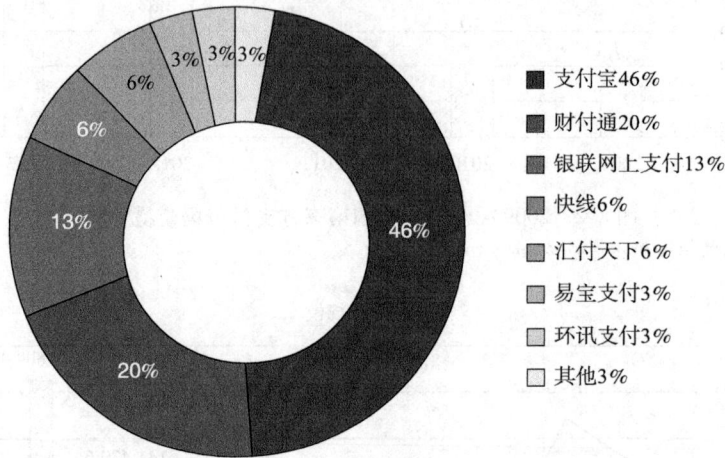

图 8-4　2013 年第一季度中国互联网支付市场厂商交易额排名

8.2.2　第三方支付企业发展策略

固本创新是第三方支付企业发展的策略。第三方支付企业，产品类似、模式单一、高度同质化的支付市场，在固本的考虑之外，"创新"无疑是第三方支付服务商的核心竞争力所在，也是第三方支付唯一的出路。

1. 产品策略

先进的电子支付技术、安全的产品以及良好的服务质量是第三方网上支付平台在竞争中制胜的关键因素。所以，各网上支付平台必须进行研发投入以获得技术进步，减少和消除支付信息被窃取、掉单率高等关键问题，保证网上支付的安全性。实践证明，单纯靠收取网关服务的交易费用无法保证长期的盈利状态，不能保持竞争优势。因此，技术开发和服务拓展将是网上支付服务提供商的竞争"法宝"。

2. 渠道策略

进一步强化细分市场。电子支付可以区分为通用类支付、行业支付、定制化服务或者基础支付层、骨干支付层、应用支付层等不同类别，按照支付的载体还可以再细分银行卡支付、电子钱包等。第三方支付可以根据自身的资源优势准确定位，形成有效的细分市场，避免蜂拥而上的同质化竞争。电子商务模式的不同导致了多样的网上支付需求。第三方网上支付平台应积极进行市场细分，找到市场空白，提供与此匹配的产品和服务。

3. 价格策略

与银行和商家的紧密合作。网上支付产业显示出明显的"规模经济"效应，增加客户基础是盈利的关键。设置代理机构是常见的策略之一，在成本较小的条件下使客户基础最大化。谁拥有的客户多，谁将在成本上占据优势，这种优势将对利润有着直接的影响，并转换为竞争优势。为了获得这种优势，第三方网上支付平台应集聚庞大的客户基础，所以，初期的顾客寻找或者争夺便显得十分关键。此时，低价格是常用的手段之一。同时，各网上支付服务提供商应与各银行保持良好密切的合作关系，银行的早期发展已经树立了值得信任的品牌，拥有完善的渠道，由此而得到大众的认可和商家的信任。网上支付服务商应借鉴国外的成功经验，加强和银行的深度合作，与银行保持密切的合作关系，借助银行品牌和渠道推广新的服务，从而提供本地化的支付平台。此外，在全球范围内，国际信用卡的使用日益广泛，如 VISA 卡、MAS-TER 卡等；在中国，各种国际信用卡将大量涌入国内。着眼于未来的发展趋势，各网上支付平台应结合自身的条件和优势，争取与国际发卡机构建立业务对接，支持国际信用卡支付方式，更广地扩大业务区域范围。

4. 多元化策略

创新多元化支付模式。第三方支付平台商应在提供网上支付服务的同时，提供在线支付、手机支付、电话支付、虚拟支付等其他电子支付手段，形成立体化的支付体系。在线支付包括网关银行卡支付，也包括会员支付以及包月的服务等。多元化策略的意义在于能满足更多用户的多样支付需求，能够扩大用户基础，提高第三方网上支付平台服务提供商的交易量。

5. 促销策略

创新营销策略。开展互动营销第三方支付之所以陷入价格战的非良性竞争，最大的原因是缺乏差异，只有在产品策略、价格策略、渠道策略、促销策略等营销手段上开展深度创新，才能共同把网上支付的蛋糕做大。通过和商家开展互动营销则可以避免诸侯割据的价格战，以达到优势互补，进而实现双赢。网上支付平台的免费试用是效果比较显著的促销手段，除此以外，购买赠送被认为是比较实用的，如缴纳一年的年费，免下一年前半年的年费。这种手段对于处于推广期的第三方网上支付平台尤其适用。另外，由于交易者选择网上支付平台时都会有对于安全性的顾虑，一些网上支付服务提供商大胆地提出赔付。当然，此举要求支付服务商必须具备良好的技术基础和雄厚的资金实力，并有能力承担风险。

8.3　典型第三方支付平台分析

在由商业银行、第三方电子支付公司、安全认证机构、商户以及用户等组成的电子支付产业生态链中，银行与支付公司是其中的核心纽带。

8.3.1　典型的第三方支付

1. 支付宝

（1）支付宝简介。支付宝是浙江支付宝网络科技有限公司是国内领先的提供网上支付服务的互联网企业，由全球领先的 B2B 网站——阿里巴巴公司创办。支付宝（www. alipay. com）致力于为中国电子商务提供各种安全、方便、个性化的在线支付解决方案。

支付宝交易服务于 2003 年 10 月在淘宝网推出，短短 3 年时间内，迅速成为使用极其广泛的网上安全支付工具，深受用户喜爱，引起业界高度关注。用户覆盖了整个 C2C、B2C，以及 B2B 领域。2012 年，支付宝宣布其用户数正式突破 8 亿大关，2012 年 6 月，日交易笔数峰值达到 1.58 亿笔。同时，入驻天猫的企业超过 6 万家，淘宝卖家超过 700 万家。8 亿的注册用户数和快速的用户增长率预示着网上消费时代的到来。网络消费已不再是少数人的小众时尚活动，而成为新经济时代一项全民参与的主流消费方式。

支付宝庞大的用户群也吸引了越来越多的互联网商家主动选择集成支付宝产品和服务，目前，支持使用支付宝交易的商家涵盖了虚拟游戏、数码通信、商业服务、机票等行业。这些商家在享受支付宝服务的同时，更是拥有了一个极具潜力的消费市场。

支付宝以其在电子商务支付领域先进的技术、风险管理与控制等能力赢得银行等合作伙伴的认同。目前已和国内工商银行、农业银行、建设银行、招商银行、上海浦发银行等各大商业银行以及中国邮政、VISA 国际组织等各大机构建立了战略合作，成为金融机构在网上支付领域极为信任的合作伙伴。

支付宝交易是互联网发展过程中的一个创举，也是电子商务发展的一个里程碑。支付宝品牌以安全、诚信迎得了用户和业界的一致好评。支付宝被评为"2005 年网上支付最佳人气奖"、"2005 年中国最具创造力产品"、"2006 年用户安全使用奖"，同时支付宝也在 2005 年中国互联网产业调查中获得"电子支付"第一名，名列中国互联网产业品牌 50 强以及获得"2005 年中国最具创造力企业"称号。2006 年 9 月，在中国质量协会用户委员会及计世资讯主办的"2006 年中国 IT 用户满意度调查"中，支付宝被评为"用户最信赖互联网支付平台"。另外，支付宝还获得"2006 年卓越表现奖之创新产品奖"和"2006 年中国 IT 十佳市场策划"等多项殊荣。

据国外媒体报道，阿里巴巴上市后，随着支付宝估值的上涨，可能将会有数位阿里巴巴高管跃居亿万富翁之列，其中包括阿里巴巴集团联合创始人、支付宝母公司小微金融服务集团（下称"小微金服"）第二大股东谢世煌。

（2）支付宝网上银行支付流程。使用支付宝网上银行分为以下 7 步：

第 1 步，选择您要使用的网上银行（以工行电子口令用户为例），目前支付宝有 13 家网上银行通道可供您付款的选择：工行、农行、招行、建行、兴业、浦发、广发、深发、民生、交通、邮政、中信、VISA（仅限香港地区），如图 8-5 所示。

第 2 步，显示您的应付总价以及您选择的网上银行，点击"去网上银行付款"，如图 8-6 所示。

第 3 步，输入卡号、验证码，点击"提交"，如图 8-7 所示。

第 4 步，确定您在工行的预留信息，点击"确定"，如图 8-8 所示。

第 5 步，输入您的口令密码、网银登录密码、验证码，如图 8-9 所示。

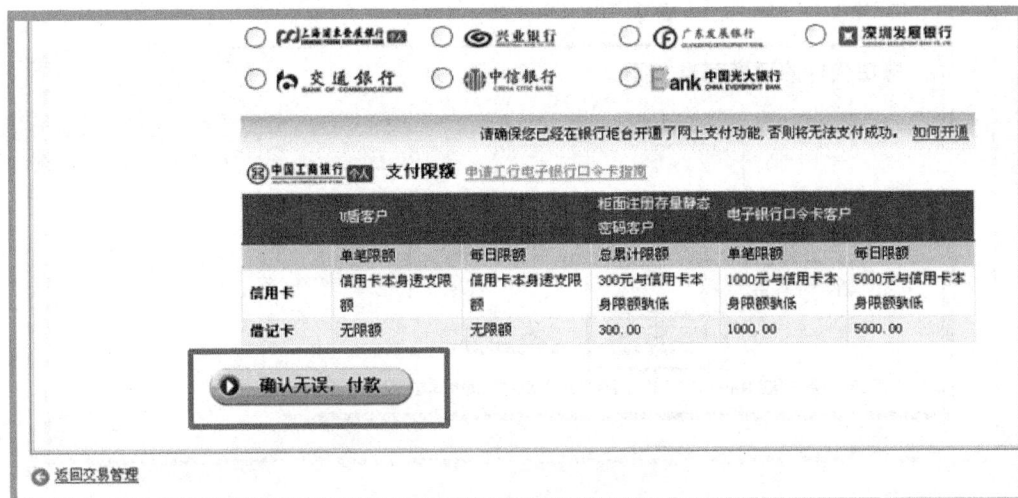

图 8-5　选择网上银行

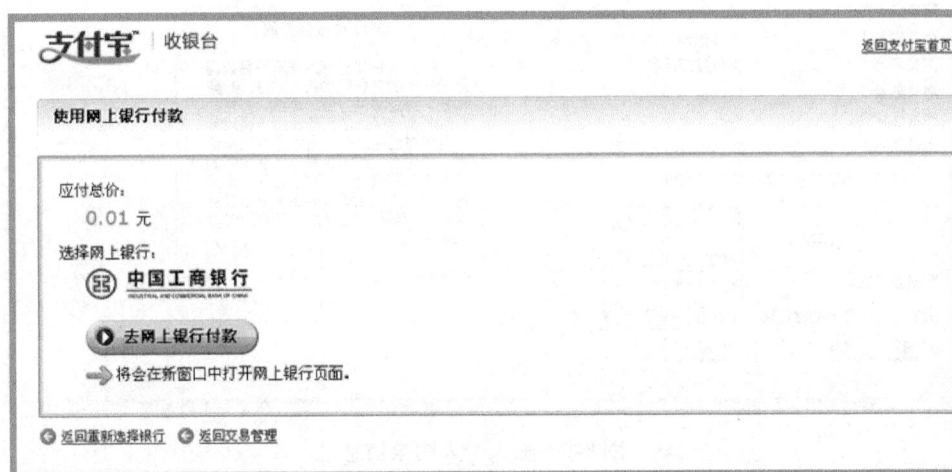

图 8-6　点击"去网上银行付款"页面

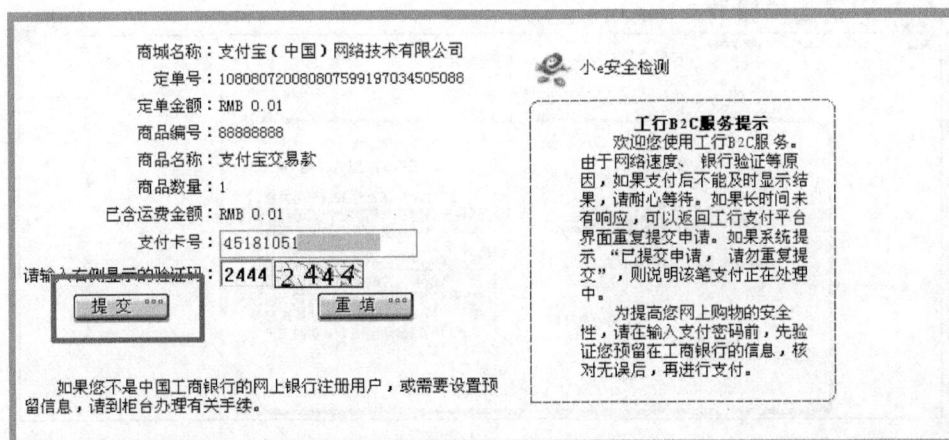

图 8-7　输入卡号、验证码等信息

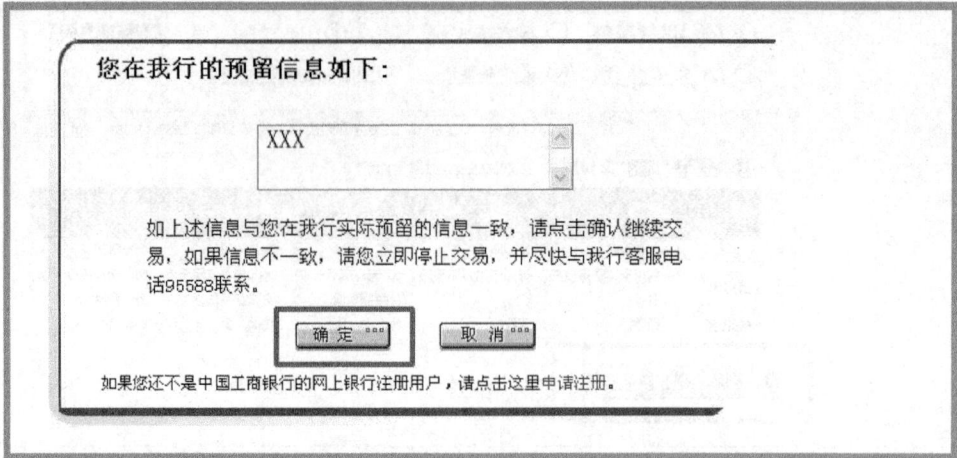

图 8-8 个人的预留信息

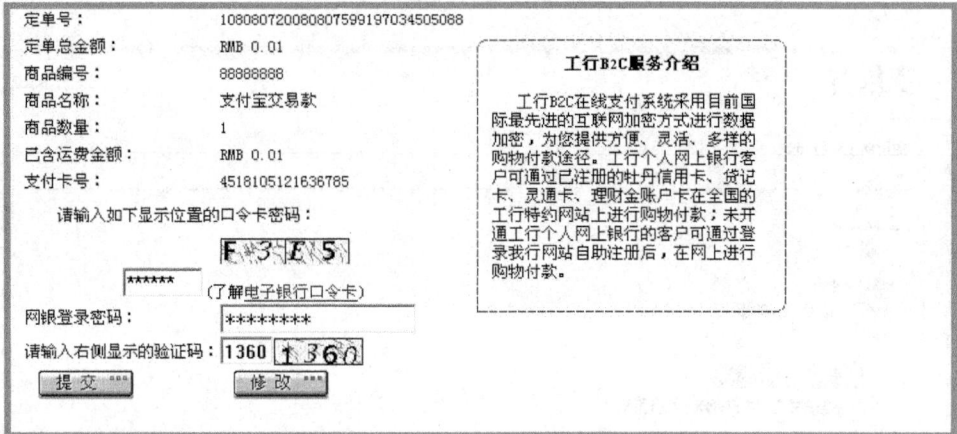

图 8-9 输入个人网银信息

第 6 步，支付成功，如图 8-10 所示。

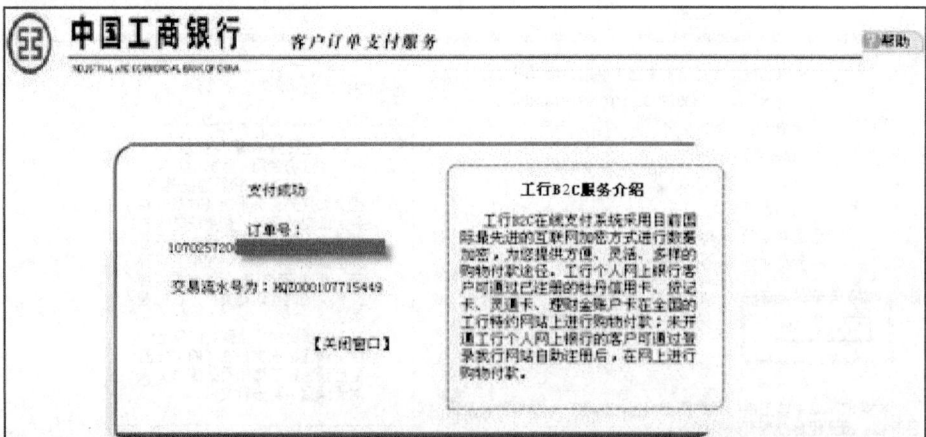

图 8-10 支付成功页面

第7步，支付宝页面人性化的提示点击"已完成付款"；在您付款遇到问题时也可以点击"付款遇到问题"查找原因，如图8-11所示。

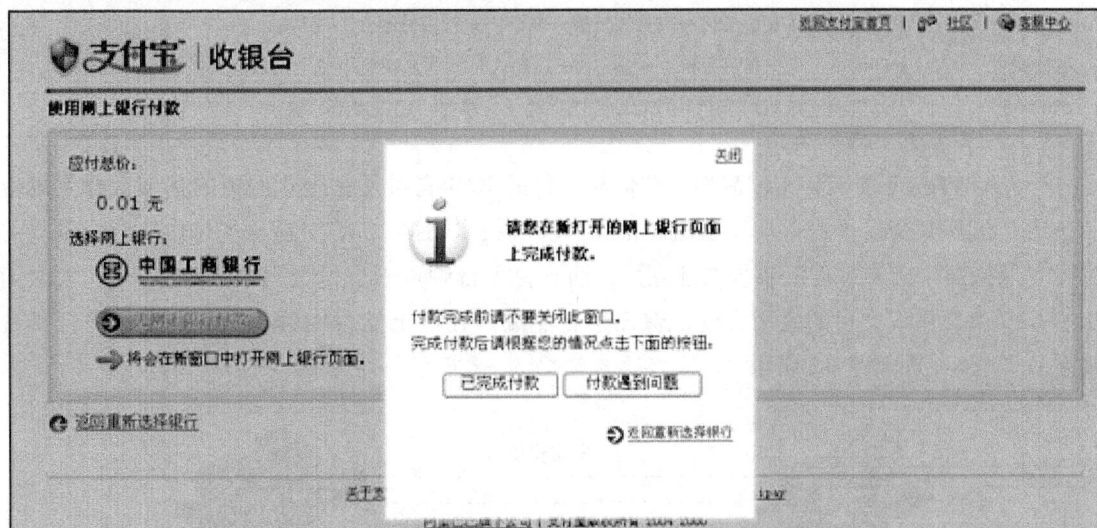

图8-11 点击"已完成付款"页面

2. 首信易支付

（1）首信易支付业务简介。首信公司在电子商务支付领域可谓"资深"，早在1998年，这家具有政府背景的企业便开始从事电子商务第三方交易支付服务，开创了国内B2C在线支付先河。2006年，首信信息发展股份有限公司旗下的首信易支付对现有业务进行了全面整合，并携手中国工商银行、招商银行率先推出了包括B2B业务在内的系列新业务，又将矛头瞄准了将引领电子商务未来的B2B业务。

根据最新发布的《2013年中国电子商务B2B市场数据监测报告》数据显示，2013年中国电子商务B2B市场交易规模达7.1万亿元人民币，环比增长19.7%；2013年中国电子商务B2B市场收入规模达169.8亿元人民币，环比增长25.1%。B2B已经成为电子商务发展的主要推动力。首信易支付的B2B业务走过了相当长的酝酿期。从2000年首信易支付便开始涉足B2B支付业务，直到2006年7月13日才正式推出B2B支付交易平台，首信易支付之所以涉足B2B业务，是因为预见到了B2B业务领域对第三方支付的需求潜力。推出B2B支付平台，将电子商务企业交易的"信息流"与"资金流"在首信易支付的平台上实现最佳整合，可谓是水到渠成。截至目前，首信易支付已经开通了包括手机支付、短信支付、WAP支付、自助终端支付等多种支付方式。

（2）首信易支付B2C支付流程。如表8-1所示。

表8-1 首信易支付B2C支付流程

支付途径	用户使用流程
银行卡	下订单→进入支付平台选择银行卡→去银行网站输入卡号密码→成功
会员账户	下订单→在支付平台以会员登录→校验支付密码并通过→成功

（续）

支付途径	用户使用流程
电话银行	下订单→选择电话支付→拨打银行服务电话→银行审核通过→成功
移动支付	下订单→手机支付→手机（短信/WAP）确认付款（从银行卡或会员账户中扣款）→成功
POS 支付	下订单→选择 POS 支付→在自助终端上输入订单号→刷银联卡，输密码→成功

（3）首信易支付 B2B 支付流程。首信易支付的 B2B 支付是在企业网银的基础上开发的应用，建立在 B2B 交易平台后端（通过标准接口实现技术衔接），将交易与支付作为两个独立的过程（保持商户交易过程及系统的独立性，而支付平台侧重于支付过程的专业服务），大大简化了 B2B 商户在线支付的应用难度，保证了企业账户在网上支付中的安全性，支付平台具备较高的实用性，如图 8-12 所示。

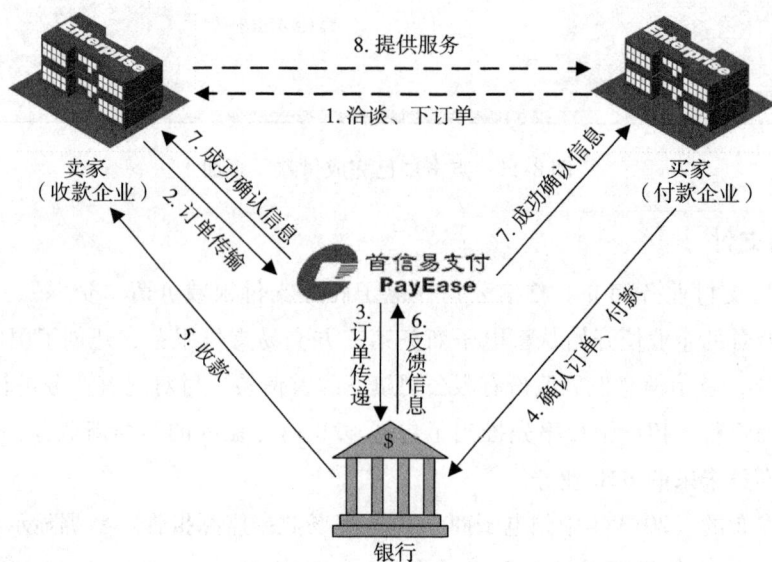

图 8-12　首信易支付的 B2B 支付流程

3. PayPal——在线支付

PayPal 是全球领先的在线支付提供商之一，也是全球最大的网上拍卖网站 eBay 的子公司之一。自 1998 年成立至今十几年，凭借快速、安全、方便三个特质当仁不让地成为在线付款解决方案的全球领导者，同时也是跨国交易的理想解决方案。目前 PayPal 在全球 190 个国家和地区，有超过 2.2 亿用户，已实现在 26 种外币间进行交易。据《2013 年海外第三方支付企业研究报告》显示，2012 年年底，PayPal 的营收规模达 55.7 亿美元，同比增长 26.2%，占 eBay 整体营收的 39.6%；处理支付业务交易额为 1449.4 亿美元，同比增长 24.8%，其中 B 端商户支付服务占比 67.1%。

（1）PayPal 的发展历程如下：

- 1998 年 12 月，PayPal 由 Peter Thiel 及 Max Levchin 建立。

- 2000 年，PayPal 陆续扩充业务，包括于其他国家推出业务及加入美元以外的货币单位，计有英镑、加元、欧元、澳元及日元。
- 2002 年 10 月，全球最大拍卖网站 eBay 以 15 亿美元收购 PayPal，PayPal 便成为 eBay 的主要付款途径之一。
- 2005 年，PayPal 中国大陆中文网站开通，中文名称是"贝宝"，但是 PayPal 和贝宝实际上是两个相互独立的账户，因为贝宝使用人民币作为唯一的支付货币。2010 年 4 月 27 日，阿里巴巴公司和海外最大的第三方支付平台 PayPal 联合宣布，双方达成战略合作伙伴协议。2012 年 8 月 18 日，PayPal 与麦当劳合作测试移动支付服务，在法国的 30 家麦当劳餐厅部署了这一功能。

（2）PayPal 简介。下面从其概念和其功能与服务进行介绍：

PayPal 的概念，简单地说，PayPal 是一种以网络作为平台进行支付的付款方式，是一种网上的免费信用卡。

PayPal 功能与服务简介，PayPal 在早期便提供了面向个人和中小商家的购物车功能，并取得很高的接纳度。新型 API 接口包含了更强的功能，主要的模块包括：

- TransactionSearch，可根据支付日期、客户名称等字段进行搜索。
- GetTransactionDetails，对于一笔特定的交易，该模块能够返回与之相关的所有交易细节，包括客户的电子邮件地址、支付时间、订单明细等。
- RefundTransaction，交易撤销的处理，包括向买方退款的功能等。
- MassPay，大宗支付功能，自动向多个收款人进行资金转账，取代个别操作与支票寄送步骤。
- PayPal 特别强调服务价格的低廉，月交易额超过 10 万美元的商家可享受 1.9% + 0.3 美元的费率，更大型的商家还可以与 PayPal 进行协商。

2004 年，PayPal 还通过与通用消费金融服务公司的合作将其服务扩展成为信用卡发卡机构，向接受 PayPal 支付的其他网站用户提供一定的信贷额度。根据 PayPal 的"买方信贷政策"，用户发现收到的商品与描述不同时可得到全额的买方保护；另外，卖方在交易完成后可以立即收到全款而没有任何信贷风险。对于 200 美元以上的商品，根据"买方信贷政策"，eBay 卖家可选择 3、6、12 个月不同利率的回款方式，卖家选择越长的收款周期，就可以得到 PayPal 越高的折扣。

（3）PayPal 的申请及运作流程。其申请的过程主要分为向 PayPal 账户存款和从 PayPal 账户中提款，如下所述。

向 PayPal 账户存款

第一，注册 PayPal 账号。根据邮件地址、密码及其他相关资料注册账号。

- 个人账户。只能接收对方以 PayPal 账户余额方式进行的支付，每月收款限额 500 美元（美国用户，下同）。
- 高级账户。可以接收对方以信用卡等任何方式支付的款项，无收款金额限制。享有优惠费率、免费客服、可申请 PayPal 借记卡等各项服务。

- 公司账户。仅用于公司用户。拥有比高级账户更加先进的功能和服务，可对不同使用者设置不同权限。

第二，从银行账户向 PayPal 账户存款。PayPal 只接受通过银行账户向 PayPal 账户充值的方式。PayPal 确认收到资金后（一般约 3 ~ 5 个工作日到账），即增加用户的 PayPal 账户余额。

第三，向卖家或收款人付款。选择支付选项中的一种方式付款。付款总额有一定限制，认证用户额度较高。

- 信用卡支付。PayPal 向付款人发卡行取得在线授权后，立即增加收款方的 PayPal 账户余额。
- 银行账户支付。PayPal 向付款人开户行提出请款要求，3 ~ 5 个工作日资金到账后，即相应增加收款人的 PayPal 账户余额。用户也可以选择"直接支付"，只要其能提供备用的支付选择，一旦资金无法到账，可以通过备用方式支付，则 PayPal 系统对交易通过验证后，会立即增加收款方的 PayPal 账户余额。
- PayPal 账户余额支付。PayPal 确认付款人账户余额后，立即增加收款方 PayPal 账户余额。
- 买方信用支付。具备一定资格的用户可以申请到数额不等的信用额度。支付款项时，可以选择使用信用支付。

第四，在 PayPal 账号中添加支付选项。添加信用卡账户、银行账户等资料，一个账号可关联多张信用卡或银行账户。

- 未添加任何支付资料。不能通过 PayPal 向他人付款。
- 添加信用卡账户。添加成功后，可以向他人付款，但付款、提款总额有比较严格的额度限制。不能向 PayPal 账户存款。
- 添加银行账户。添加及确认成功后，即成为"认证用户"，付款、提款的额度相应增加。可以向 PayPal 账户存款。

从 PayPal 账户中提款

为保证安全，PayPal 对取款总额也有限制。认证用户的额度比较高。

- 转入银行账户。提起交易后约 3 ~ 5 个工作日，资金会到达用户的银行账户。PayPal 不允许用户将资金转入信用卡账户中。
- PayPal 借记卡。具备资格的用户可以申领 PayPal 取款/借记卡，与其 PayPal 账户余额实时关联。在任何有万事达、万事顺、cirrus 标识的地方都可以消费或取款。
- 留存在 PayPal 账户中。这些留存资金保存在 FDIC 保险的银行的消费者账户中；也可以移入 PayPal 货币市场基金，赚取利息。
- 虚拟网上借记卡。可以在任何接受万事达卡的在线商户中使用，每日消费限额 150 美元。

以支票形式寄出：约需 1 ~ 2 个星期到达。

PayPal 的运作流程图如图 8-13 所示。

图 8-13　PayPal 的运作流程图

8.3.2　竞争行为

这里我们主要是通过价格、产品创新、合作关系及营销四个方面对支付宝、首信易支付及贝宝竞争行为进行分析。其中，我们主要对 PayPal 在中国市场的竞争行为做出分析。

1. 价格战成为重要竞争手段

（1）支付宝价格竞争行为。随着整个电子支付行业的迅速发展，为了规范电子支付市场，促进行业的良性发展，支付宝公司自 2007 年 4 月 2 日起，针对签约商家和非签约商家（在淘宝网和阿里巴巴网站的交易除外）按照不同的费率标准进行系统实时收费，在交易成功后自动实时扣除商家交易手续费。

支付宝签约商家享受最高不超过 1.5% 的费率，同时享受更多服务。

支付宝非签约商家（2007 年 4 月 2 日之前未与支付宝公司签署收费协议的商家）发生交易则按 3% 的费率进行系统自动扣费，如需升级为签约商家享受更低费率（最高不超过 1.5%）。

同时，对使用支付宝进行网上支付的所有买家，支付宝公司将继续提供免费服务，用户在使用支付宝进行充值、支付、提现等操作时，将不收取任何费用。

（2）首信易支付收费标准。如果需要接入"首信易支付平台"，委托首信易支付代收电子商务款项，可以商议确定适合业务模式的服务种类，约定收费标准。基本的服务收费标准如表 8-2 所示。

（3）PayPal 支付收费标准。在当前，不管是购物还是销售，贝宝都是免费的。没有任何费用——无须开户费用、无须商家费、无须交易费、免费提供反欺诈保护。

对买家来说，使用 PayPal 是免费的。对卖家来说，与其他跨国付款方式（比如外币支票、国际汇票或银行转账）相比，PayPal 的跨国交易费用是非常有竞争力的。在扩大生意时，还可以得到更优惠的定价等级。高级和企业账户根据月交易量支付标准等级或商业费率。所有的高级和企业账户在取得商业费率资格之前都是从标准等级开始的。

表 8-2 首信易支付基本的服务收费标准

	A 型	B 型	C 型	D 型
接入费（一次性）	￥2 000	￥2 000	0	0
年服务费（每年）	￥4 000	￥3 000	￥980	0
交易手续费（每笔订单金额的）	人民币 1.0% 外币 3.7%	人民币 1.2% 外币 4.2%	人民币 2.2%	人民币 3%
电话银行支付功能（工行、招行、民生、建行）	√	√	√	—
自助终端支付功能	√	√	√	—
会员账户支付功能	√	√	√	√
手机支付功能	√	√	√	√
能否增加网上退款功能	可选	可选	—	—
能否开通中国银行长城信用卡支付功能	可选	可选	—	—
能否开通国际信用卡外币支付功能	可选	可选	—	—
转账周期	2 次/周	2 次/周	2 次/月	1 次/月
起转金额	北京商户 200 元，外地商户 600 元	北京商户 200 元，外地商户 600 元	北京商户 1 000 元，外地商户 1 500 元	北京商户 1 500 元，外地商户 2 000 元

2. 寻求产品创新，创造新的业务增长点

（1）支付宝产品创新。2005 年 8 月，支付宝推出了 AA 收款功能，从此组织 AA 活动就再也不用一次次亲自跑去收款，你只要输入参加 AA 活动成员的手机号码和 E-mail 地址，支付宝就能通过短信和邮件提醒你的朋友向你交 AA 款，真正做到安全、简单、快捷。

2007 年自 1 月 17 日起，支付宝将对短信提醒服务：账户金额变动超过 100 元，将收到支付宝发送的免费短信提醒；支付宝交易中，买家付款到支付宝的短信仍将发送。

在以下情况下可以收到邮件提醒：支付宝账户信息变更时；使用"即时到账交易"时；当交易即将"超时"时；作为买家收到的信息，如卖家发货、卖家修改交易价格时；作为卖家收到的信息，如买家付款时。其他提醒邮件如有会员需要，可以登录"支付宝信使"订制接收的提醒信息项目。

继推出"网上 AA 制"、"短信提醒"等服务之后，又率先推出手机和小灵通网上充值服务，支付宝会员只需点几下鼠标，就可在网上购买到同面值价格最低的充值卡。

2007 年 2 月 1 日，支付宝"客服中心"最新发布强大的搜索功能。客服中心与雅虎知识堂强强联手，只要进入客服中心的页面，在搜索框中输入相关的问题，立刻就能搜索出相应的答案，解决问题的过程也许只需要几秒钟的时间。

（2）首信易支付产品创新。首信易支付率先提出并领导实施"全息服务"的重要服务标准，其核心特征是全方位、全过程。全方位，即包含诚信安全体系化、商户接入全面化、个人服务增值化、支付产品多线化、应需定制柔性化、运营结算规范化、行业应用深度化、价格体

系阳光化共 8 大要素，而这 8 个要素又以和谐统一为原则，相辅相成地贯穿于整个支付服务全部过程中。

作为电子支付的推动者，首信易支付为政府决策提供了许多有价值的数据及建设性意见。一直以来致力于社会性服务事业，例如研究生网上报名交费、公共英语考试网上交费等，同时还积极参与公用缴费平台的建设，协助政府为向市民提供综合缴费平台。

首信易支付研发的"国际会议收费"解决方案成功地把基于互联网的网上支付技术引入到了国际会务领域，为用户提供网上登记注册、缴付各种费用、查询资料等高素质的服务。会议组织者从此不再为收费、结算而困扰，能够办出高质量的国际会议，信息化达到国际先进水平。

此方案的特点是按需、主动式的服务：

- 减少银行汇款的繁杂手续，避免了大量现金流动的风险。
- 国际付款不受地域和时空限制，交易成功信息即刻返回。
- 为用户提供高质量、主动式的服务，既省时又便捷。
- 可应用于研讨会、展览会及其他商业社交活动的报名，亦可支持网上的学术交流会议。
- 另外，首信易支付还助力于民航业电子商务的发展以及打造考研网上支付平台。

（3）PayPal 支付产品创新。

虚拟的"银行账户"模式创新 从形式上看，PayPal 目前提供的基本模式是一种"电子邮件支付"方式。从本质上看，PayPal 是一种基于其平台的虚拟银行账户的记账和转账系统。资金的转移是在付款人的银行账户、PayPal 账户以及收款人的账户之间进行，而电子邮件起到传递信息和通知的作用，其运转离不开银行账户、电子资金转账以及信用卡等传统支付工具。

这种模式的特点在于，网络交易的收款人（卖家）只要告诉付款人（买家）自身的电子邮件地址，即在 PayPal 上的用户名，那么付款人就可以通过 PayPal 完成付款。PayPal 的用户发出的金额和收到的金额都是对其 PayPal 账面金额的增减，用户可以通过 PayPal 账户的指令支付，提现或者变为银行的存款。还可以发出指令，使 PayPal 寄出支票，或者通过转账将资金划至用户指定的银行账户中。付款人和收款人可以在两个不同的银行开户，也可以在两个相距甚远的国家或者地区的银行开户，但是只要他们都是 PayPal 的用户，就可以减少跨行之间、跨国和跨地区之间的转账烦琐。无疑，这种一站式的便利以及以电子邮件地址作为 PayPal 账户的方式大大有别于传统的依赖于金融系统上的交易和转账模式。

推出买家赔付工具 PayPal 能做到实时支付并提供买家赔付工具是建立在 PayPal 专有的反欺诈、风险控管系统之上的。赔付的这项服务是针对中国特别推出的，2 000 元赔付是针对中国提供的特色服务。这个功能让很多对于网络购物不信任的用户有了更多的信任感。

3. 安全创新

与支付宝、安付通等第三方支付工具相比，PayPal 不是第三方介入，而是直接支付。用户只需要在 PayPal 网站上注册一个账号，就可以通过这个账号支付和收货，充值时只需在 PayPal 页面上按几个按钮就可以把银行卡上的钱划拨到 PayPal 的账号上，用户无须向 PayPal 提供自己的银行账户信息。

对于支付安全来说，Paypal 的作用和防火墙有些相同，在收款者和用户的信用卡资料间筑起了一道安全屏障。以前用信用卡购物，需要在网上商店提供的付款页面上输入卡号，这么做当然很方便。但是如果网站没有实现加密传输信息，或者有些仿冒网站（spoof site）恶意骗取信息交易，安全性就要大打折扣——信用卡资料会被网站工作人员或者别的什么人获取。现在就不同了，通过 PayPal 进行转账或者付款给商家，只要输入 PayPal 账号和密码，这就多了一层密码保护，而且支付页面由 PayPal 提供，而不是由网上商店提供。最终在 PayPal 站上完成加密的支付过程，没有第三方（包括网上商店）能够接触到用户的银行账户和信用卡持卡人的个人资料。

4. 多方合作，搭建战略合作性伙伴关系

（1）支付宝多方合作关系。目前支付宝有 13 家网上银行通道可供用户付款的选择：工行、农行、招行、建行、兴业、浦发、广发、深发、民生、交通、邮政、中信、VISA（仅限香港地区），如图 8-14 所示。

图 8-14　支付宝合作银行

2006 年 8 月，阿里巴巴旗下国内目前最大的第三方支付平台支付宝公司正式对外宣布，已经与互联网应用服务提供商厦门华众（www.hzhost.com）签约，将在 IDC 行业在线支付、电子商务领域展开全面合作，共同开拓国内在线支付市场。

登录厦门华众网络科技公司的主页，看到该公司的系统已经能够提供在线支付的功能。据悉，已经使用厦门华众公司产品的用户，只需要提供支付宝账号和使用系统的网址就可以申请免费使用支付宝，实现企业资金的在线支付，享受收付款、即时到账等服务，彻底将企业的信息流和资金流打通。

2006 年 10 月 24 日，中国建设银行股份有限公司与阿里巴巴（中国）网络技术公司共同举行全面战略合作协议签署一周年暨"支付宝龙卡"发布会，正式发布国内首张真正专注于电子商务的联名借记卡——支付宝龙卡，并推出电子支付新产品——龙卡支付宝卡通业务。支付宝龙卡是双方基于打造"快乐网购"而为网上购物一族专门量身定制的银行卡。该卡除了具有建行龙卡借记卡的所有功能外，还能使持卡人享受到电子支付创新产品"龙卡支付宝卡通"的服务。持卡人将支付宝账户与支付宝龙卡通过建行柜台签约绑定后，可登录支付宝账户，直接通过支付宝龙卡账户，完成持卡人在支付宝平台的在线支付业务。同时，持卡人还能通过"龙卡支付宝卡通"完成支付宝龙卡账户余额和支付限额的查询服务。

2006 年 11 月 22 日，国家邮政局与阿里巴巴集团在北京共同签署电子商务战略合作框架协议和产品协议。双方将在电子商务信息流、资金流、物流等方面达成全面、长期的战略合作伙伴关系，共同拓展电子商务市场。

按照协议规定，双方将开展电子商务速递业务合作。国家邮政局下属的中国速递服务公司（EMS）与阿里巴巴旗下第三方网上支付平台——浙江支付宝网络科技有限公司将全面完成产品整合，EMS 成为最大的支付宝推荐物流服务提供商。

双方合作后，中国邮政速递网络系统将与支付宝系统进行对接，用户的货物运输信息通过支付宝网上传递给邮政速递公司，公司根据获得的信息，安排人员上门取件，并将结果反馈支付宝。

中国邮政为本次合作专门推出了一款新产品——e 邮宝（EMS 电子商务经济快递）。e 邮宝是中国速递服务公司（EMS）针对个人电子商务特别推出的经济型物流，采取全程陆运模式，价格较普通 EMS 有较大幅度下降，将为从事电子商务的个人卖家节约更多成本。

（2）首信易支付合作关系。2006 年 11 月 7 日，电子支付服务商首信易支付获得新一轮融资 1 450 万美元，主要投资方包括美国中经合、首都信息发展股份有限公司等，以及个人投资者中国台湾麦宝董事长方国健。据首信易支付的一份公开资料介绍，该公司目前已经可以通过 SMS 为用户提供手机支付功能。

（3）PayPal 合作关系。2005 年 7 月 11 日，PayPal 推出了面向中国用户的 PayPal 贝宝。最引人注目的是贝宝与银联的合作。由于银联几乎联合了中国所有的商业银行，PayPal 得到了 15 家银行、7 000 万借记卡和 1 000 万信用卡的用户，他们可以通过 20 多种不同的银行卡在贝宝平台上进行网上支付。另外，PayPal 还能够实现从银行账户到 PayPal 账户以及不同 PayPal 账户之间的实时到账，甚至能够扩展到在线汇款、公益事业资助，以及个人之间发生的商业活动的支付等。大多数 eBay 卖家希望 PayPal 能帮助他们大幅提高销售额。

目前，贝宝中国已与网易、TOM 在线、Kijiji 展开合作。鉴于中国市场的特殊性，贝宝中国目前只能以单纯的人民币系统为基础，数据库也单独设立，不能与 PayPal 的国际业务相联接。

此外，贝宝还解决了不同银行之间不能网上支付或转账等麻烦，贝宝与银联电子支付合作，中国用户能用 15 家银行的 20 多种银行卡通过贝宝便利地支付。目前，贝宝上流通的货币只限于人民币，国内用户借助这一工具，将摆脱到邮局、银行排队等候汇款，和需要在网上透露出银行账号，以及第三方支付工具不能及时转账到账等现有支付方式的种种不便。

5. 加大营销力度，积极进行业务推广

（1）支付宝营销。公益营销策略：2007 年 8 月，支付宝公司在京正式启动"支付宝互联网信任计划"，该计划旨在改善互联网信任环境的大型公益活动。作为"支付宝互联网信任计划"的重要组成部分，支付宝公司宣布从 30 万家外部商家合作伙伴中选出 100 家具有良好信用记录的"先锋商家"。支付宝公司还制定了严格的退出机制，一旦由于商家的原因导致用户蒙受损失，支付宝有权对于该商家处以罚款，并取消其先锋资格。支付宝还将采取一些措施，杜绝网络失信行为的发生。例如，每天进行网上巡查，查看商家在网站上的宣传是否有夸大、虚假的内容。支付宝信任计划把网站的诚信度表现为具体的"信用标签"后，也就顺理成章地成为网民选择购物网站的一个重要标准。据易观国际数据显示，75% 的网民进行网上交易最看重商家的诚信和资质，16% 的网民会选择自己最看重的商品，价格因素已不在网民最关注的问题之列，73% 的网民表示网上交易前，会先考察商家信誉。可见，支付宝的这一策略的确得到了网民的接受，并且也成为了网民选择商品的重要依据。

（2）首信易支付营销。首信易支付面向广大互联网和电子商务企业，以"互动营销"、"服务广大会员"为理念，共同打造：

- 销售同盟，搭建消费者与商家间的沟通渠道，促进商品流通及合作商户营收。
- 品牌同盟，结盟众多优秀企业，以品牌、诚信抓住消费者。
- 服务同盟，向消费者提供个性化、多样、优质、放心的服务。

同时，整合消费者零散的消费行为，以会员制增强凝聚力，实现消费者、企业、首信易支付"三赢"。

互动营销平台的组成部分：

- 顾客消费系统，是商品/服务的展示与销售平台。
- 实时结算系统，包括在线支付、实时结算、会员消费积分。
- 客户服务系统，首信易支付与商家共同维护客户关系，获得大批忠诚用户。
- 基础数据系统，数据收集、积分、分析、挖掘，为商家的经营与决策提供依据。
- 联盟商家系统，各类网上、网下 B2C 商家与首信易支付进行合作，实现双赢。

而首信易支付互动营销平台的优势在于：

- 首信易支付中立第三方的定位，使得利益基点中立，具有公信度，能够与各类商家共同发展。
- 能消除 B2C 信息的不对称性，建立买卖双方之间良性的商品流通渠道、沟通渠道。
- 给商家更多的推广支持，帮助商家迅速提升知名度和销售额，获得更广泛的忠实用户。

（3）PayPal 营销。自 2005 年贝宝进入中国市场以来，除了与银联、TOM 在线和网易的合作外，陆续开展了各种手段拓展业务，包括同招商银行合作开展购物送车活动，同开源论坛 phpwind 捆绑等。同时，也借用 PayPal 在美国发展之初的做法，进行优惠奖励活动。

在 2006 年 3 月 24 日至 3 月 31 日期间，贝宝曾推出有奖推广活动。在活动期间，凡是推荐自己亲戚朋友或者同学来注册的，注册认证成功一个，贝宝将给推荐人支付 15 元。

2006 年，贝宝推出与商家联合回馈活动。PayPal 贝宝与 ShopEx 携手回馈活动，此次活动遍及 ShopEx 万余家商户，活动将进行在线网店推广，并与互联网媒体合作宣传活动进程。

活动期间，使用 ShopEx 提供的特定版本网店系统的商家，提供有较高价格竞争力的商品吸引顾客购买，下订单的顾客则可得到礼品奖励，同时，每月将根据贝宝交易量，从参与活动的商家中评选出优秀网店奖获得者名单，获奖的网店除了获得相应的奖励外，都将获得一定的媒体报道和网店推广的机会，并且还可以获得抽取大奖的机会。ShopEx 还将根据参加活动的具体情况，向部分用户赠送超值的商业版软件。

8.3.3　竞争力评价指标

根据目前第三方支付的现状和发展方向，我们从价格、产品创新、多方合作、营销 4 个方面对支付宝、首信易支付和 PayPal 进行的分析。从分析结果来看四个方面是第三方支付存在和发展重点和方向。在这里我们就将价格，产品创新、多方合作、营销作为第三方支付竞争力评价指标。

（1）价格。从中国目前第三方支付现状来看，价格竞争是最激烈的。中国现在第三方市场被一些大型的第三方支付企业分掉了绝大部分市场份额：截至 2012 年年底，使用支付宝的用户已经超过 8 亿，支付宝日交易总额超过 30 亿元人民币，日交易笔数已达亿级。也就是说，支付宝一周的交易额，将超过许多第三方支付厂商的年度总交易额。[⊖]为了获得市场份额，增加使用客户，各个第三方支付企业都进行了价格战，如支付宝将对所有买家继续提供免费服务，用户在使用支付宝进行充值、支付、提现等操作时，将不收取任何费用。商家分为签约和非签约，其收费最高不超过 3% 的费率。贝宝对购物和销售都是免费的，没有任何费用，无须开户费用、无须商家费、无须交易费、免费提供反欺诈保护。

这种价格战使得现在中国的支付行业运作困难重重，也变相地抬高了第三方支付的进入门槛。

（2）产品创新。在计算机技术飞速发展的今天，电子产品成为人们生活必不可少的部分。对于像第三支付这样的纯服务型企业来说，寻求产品创新，创造新的业务增长点也成为提高竞争力的一个重要方面。从目前我国第三方支付企业的变化来看，各个企业在这个方面也在努力发展。如 2007 年自 1 月 17 日起，支付宝推出短信提醒服务：账户金额变动超过 100 元，将收到支付宝发送的免费短信提醒。2007 年 2 月 1 日，支付宝 "客服中心" 最新发布强大的搜索功能；腾讯财富通推出了邮件注册，不用 QQ 用户注册；PayPal 目前提供的基本模式是一种 "电子邮件支付" 方式，等等。

（3）多方合作。第三方支付提供的就是网络交易支付方面的服务，与交易各方合作是第三方支付存在和发展的基础。除了与各个银行建立合作关系外，还要同各类网络交易平台、邮政、物流等相关企业合作。如支付宝与中国邮政合作，在提高了物流速度的同时，对客户提供了透明化的物流信息；贝宝与银联的合作得到了 15 家银行、7 000 万借记卡和1 000万信用卡的用户等。

（4）营销。第三方支付是服务性质的企业，要想获得市场份额，就得大量推广自己的企业，所以营销对于第三方支付企业的存在和发展也是不可缺少的前提。

本章小结

第三方支付是通过与银行的商业合作，以银行的支付结算功能为基础，向政府、企业、事业单位提供中立的、公正的面向其用户的个性化支付结算与增值服务。突出表现在：

⊖　《电子商务世界》。

首先，提供成本优势。支付平台降低了政府、企业、事业单位直连银行的成本，满足了企业专注发展在线业务的收付要求。中国有大中小企业 2 600 多万家，而能与银行直连的企业平台与商务平台少之又少，大量的企业走上电子商务后，还需要选择第三方支付的服务。

其次，提供竞争优势。利益中立避免了与被服务企业在业务上的竞争，企业在第三方支付平台上，不会出现其业务与其他类型支付平台的业务直接、间接竞争，也避免了用户、推广、网上渠道直接、间接被其他支付平台操纵的情况。

最后，提供创新优势。第三方支付平台的个性化服务，使得其可以根据被服务企业的市场竞争与业务发展所创新的商业模式，同步定制个性化的支付结算服务。而其他类型的支付服务，其平台在产业链的特征，某种程度上限制了企业用户在商业模式上的创新。因为其大量的企业用户的业务，实质上是在一种总的商业模式下变换而竞争的，这对企业长期发展是有风险的，因为商业模式的创新会受到局限，商业信息的保护可能不够。

关键术语

第三方支付   第三方平台   信用风险   监管

习　题

1. 试举例分析目前第三方支付存在哪些问题和风险。
2. 结合目前第三方支付市场的现状，分析第三方支付企业需要采取哪些发展策略。
3. 详述利用支付宝进行支付的流程。
4. 比较分析支付宝、首信易支付、PayPal 的异同。
5. 若要对某一第三方支付平台进行评价，可以借助哪些指标？

案例分析

央行摸底：第三方支付牌照待产

2009 年 4 月下旬，央行公告要求从事支付清算业务的非金融机构须在今年 7 月 31 日之前进行登记备案，这是央行首次摸底第三方支付清算业务。而在公共事业缴费、航空电子机票等多个领域，非银行机构的第三方支付平台已经开始和银行网银进行了直面交锋。

一、普及率低

从 2009 年至今，已有超过 10 家银行在网银领域推出新产品，网银业务交易额也屡创新高。如光大银行主要针对集团客户的"现金管理"平台，招商银行的"super-bank"企业网银平台，宁波银行"商盈在线"的中小企业平台等，中国银行则针对个人网银业务的支付限额进行了调整，多家银行在今年开通了直接利用银行卡进行网上支付的渠道。

在金融危机情况下，出于降低成本考虑，开设网上银行的企业也越来越多。"如果一个公司旗下有多个子公司，之前的贷款都需要各个子公司自行向银行申请，但母公司开通网上银行平台后，网银就能成为母公司的结算中心，统一规划子公司的资金需求。"光大银行相关人士告诉《中国经营报》记者。以该行的数据为例，今年 1 季度网上银行企业开户数增速为 30% ~40%。

而银行也很乐意推广网银业务。对银行来说，网上银行可以大幅度降低其运营成本。有数据统计，每次网上银行交易的平均成本大约只有 1 分钱，而每次在银行固定实体网点交易的平均成本超过 1 元钱。有银行人士认为，该业务未来也可成为银行新的利润增长点。

一些银行甚至在网银业务上开始打价格战。一位股份制银行人士告诉记者，虽然央行跨行转账等业务方面有费率标准，不过该行网银业务的收费从 2008 年起就开始打起了 8 折，"主要是提高普及率而不是增加收入"。

宁波银行人士介绍，对于企业而言，网银业务一般有批量转账功能，一般交易满 20 笔以上便可免年费，内容涉及批量转账、网上结汇、开信用证等，可以降低中小企业的成本。此外，今年以来网上银行的第三方存管和投资理财业务甚至成为企业开设网银业务的新热点。

不过，整体而言，国内网银的普及率并不高。2007 年，由于国内理财市场的火爆，无论对个人网银还是对企业网银的使用都达到了高峰，2008 年则都有所回落。数据显示，2007 年中国网上银行用户新增比例突破 20%，2008 年则下降至 16.7%，回落至 2006 年水平。同时，根据艾瑞监测的个人网银用户覆盖数变化趋势来看，2008 年年底，个人网银用户覆盖数达 6 474.5 万，同比增长 33.7%，相比 2007 年同期增速（54.2%）下降。

早在 2007 年工商银行就提出过到 2010 年把 40% 业务都搬到网上的目标计划，不过据了解，即使是网银业务比较先进的招商银行，目前网银比例都不高。究其原因，网络安全是一个重要因素。4 月初，上海地区某银行出现千万元存款被挪案，涉案人员就是利用了网银业务的漏洞。

二、第三方支付命运

目前，在公共事业缴费、航空电子机票等领域，非银行机构的第三方支付平台已经开始和银行网银进行直面交锋。不过网银覆盖率低的现实，使得商业银行不得不和国内第三方支付平台进行合作。

自 2009 年民生银行等宣布退出与支付宝在信用卡领域的合作后，2009 年 4 月初，中国银行正式开始和支付宝开展在信用卡等领域全面合作，支付宝公司客户与公众沟通部负责人陈亮告诉记者，目前支付宝已经和国内的 52 家银行开始了合作，包括 19 家全国性银行和 34 家城商行。易观国际发布的数据显示，2008 年，中国第三方支付市场中支付宝的交易额份额达到 54.83%。显然，支付宝的渠道对商业银行网银业务的提升作用是不可忽视的。

不过，第三方支付平台的非金融机构性质和能够"沉淀资金"的天然隐患，早就引起了监管部门的注意。银监会在 2009 年 3 月下旬已向各大银行下发了《关于"支付宝"业务的风险提示》，银监会"建议对网上信用卡支付业务实行适度收费制度……一旦网上支付业务出现重大风险隐患，各行应停止与支付宝等第三方支付机构之间的业务合作"。银监会此次发文共提出 5 大风险，分别包括第三方支付机构信用风险、网络黑客盗用资金风险、信用卡非法套现风险、发生洗钱等犯罪行为风险以及法律风险。

另外，目前国内第三方支付平台把资金托管给银行的企业还不多，为此，央行要求第三方支付机构在 2009 年 7 月 31 日之前进行登记备案，以摸清非金融机构的支付清算业务。陈亮告诉记者，目前支付宝已经开始了登记的准备工作，从 2007 年起，支付宝就开始每个月定期向央行报告交易和账户的情况。

　　包括资本金规模和资金托管在内，记者了解到，这是目前业内预估央行发放第三方支付牌照的重要标准。由于一些第三方支付企业的诞生时间都比较晚，规模较小，同时该行业前 3 名的企业占据了市场 81% 的份额，因此，目前普遍预计不会出现第三方支付企业蜂拥登记的场面。

　　资料来源：中国经营报。

　　问题： 阅读以上材料，对于央行向第三方支付企业发放牌照你有何看法？

第 9 章
支付工具与支付方式

🌀 教学目标与要求

☞ 了解传统支付领域和电子支付领域各自存在的支付工具和支付方式；

☞ 了解支付工具的本质及其发展规律。

🌀 知识架构

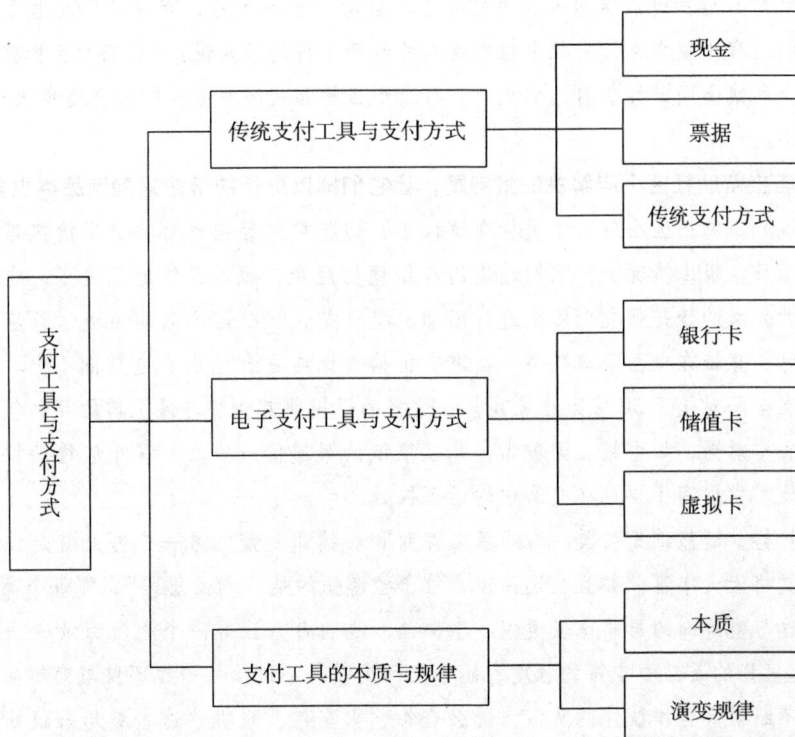

🔄 导入案例

拉卡拉也做社区O2O：推出"开店宝"，从社区零售入手，
欲全方位服务社区小店及居民

最近，社区O2O的冰与火之歌使之再次成为了一个热门话题。一方面，叮咚小区在宣布获得巨额天使投资后又爆出资金链断裂难以为继的新闻；另一方面，依然不断有社区O2O项目拿到大额融资。而最近我也得知，一直做便民金融服务的拉卡拉也开始做社区O2O的生意了，并且已经做了有半年之久。在我看来，拉卡拉做社区O2O生意有着它天然的优势，它所选择的打法也比较扎实。

拉卡拉与社区小店之间的合作已不是一朝一夕的事了。作为国内第一批取得支付牌照的线下第三方支付公司中的一员，近10年来，拉卡拉通过自己布在300多个城市中的便利店、社区小店以及银行网点中的自助刷卡终端向附近居民提供便民金融服务，如信用卡还款、公共服务缴费等。渐渐地，拉卡拉也不满足于只做一个支付公司了。2013年年底，拉卡拉成立了专门的电商公司，依托于自己遍及全国的社区小店资源，进军社区O2O服务领域。

拉卡拉做社区O2O生意的支点是一个叫作"开店宝"的智能平板终端，社区中的便利店和小店（后文统称为社区小店）通过开店宝来使用拉卡拉提供的一系列社区O2O服务。这"一系列服务"包括什么？总的来说就是两大块：电商服务和金融服务，具体则包括自主银行、生活服务、便民缴费、电子货架和POS收单五大功能。并且，拉卡拉开展社区O2O服务的节奏是：先B端，再C端，最终搭建一个B2B2C的业务形态。

先来看看针对B端的开店宝服务。该服务正式启动于今年3月，至今已经运营了半年有余。这部分服务包含的内容比较丰富，用拉卡拉电商副总经理李岳的话来说："我们的目标就是帮助社区小店更好地在线下和线上同时经营自己的生意，与这个目标相关的服务我们都会逐步跟进。"下面，我来逐个解读一下。

第一，开店宝帮助社区小店解决进货问题，让它们能以更低的价格采购到品类更多的商品。

很多三四线城市的社区小店由于进货规模很小，因此在与经销商协商进货价格等一系列条件时缺乏话语权。而且，很多情况下，它们进货的经销商已经是二级、三级经销商了，在价格上更没有优势。拉卡拉首先做的就是帮它们降低进货门槛。也就是说，社区小店店主通过开店宝终端进入拉卡拉的电商网站，直接在上面下单购买，其进货价格要比店主自己出去进货低不少。为什么能做到这样？拉卡拉在全国对接了30多万小微商户，这样的规模使其能够与最上游的品牌供应商以及各地的一级经销商直接对话，如中粮、国美等，并以很低的渠道价进货。社区小店借助拉卡拉所织起来的一张大网，无形中提高了自己在交易中的话语权。

除了降低价格，还能扩充品类。与一级品牌商和经销商对接的另一个好处就是社区小店所能采购到的商品品类将大大丰富。并且在选品上，拉卡拉遵循的是"精品思路"，即每个品类中选择有代表性的精品，这与爱鲜蜂的思路比较类似。李岳说，他们希望让每一个小店都做成一个"小型家乐福"。当然，这里指的是品类丰富的程度，而非实际规模。不过，拉卡拉不仅与商超品类的供应商合作，他们还在不断扩大合作伙伴的队伍，什么金饰、火车票、飞机票这些看起来跟社区小店不沾边的商品也可以在社区小店里销售。当然，这些交易能够得以实现基于的是社区居民与这些小店多年来建立的信任关系。

在这项服务中，拉卡拉并不涉及物流环节。店主下单后，将由当地的经销商负责给社区小店配

货发货，理论上 24 小时内到货。而拉卡拉的商业模式无疑是赚取供应链上下游之间的差价。

第二，拉卡拉借助开店宝和移动端 app 帮助小店拓展交易场景。

其实这也就是针对 C 端的服务了。消费者可以在社区小店中通过开店宝购买拉卡拉提供的电商产品，也可以通过一个名为"身边的便利店"的 app（尚在开发中，名字也未最终确定）让用户使用基于社区小店的电商服务。

从基于开店宝进行网购这一消费场景来看，其目标用户群体应该是三四线城市中平时不习惯在网上购物的那些人。而在开店宝上购物的这个消费习惯也需要小店店主帮助他们来建立。目前来看，这种服务并不是非常便利，应该也是作为过渡形态存在，而基于 app 的消费场景才是未来 C 端服务的主战场。

未来，用户可通过 app 登录拉卡拉的电商网页，选品下单，后台将显示附近有该商品存货的几家小店，小店店主都会收到相应的推送通知，采用抢单的形式进行响应，并由店主完成配送。基于移动端的购物无疑将帮助小店引流。不过，拉卡拉与社区小店在 SKU 上如何进行同步是一个重要的问题，目前的零售类社区 O2O 服务都存在这样的问题。

另外，李岳告诉我，拉卡拉在做地推的时候还会帮助小店店主建立自己的微信公众号，这样做的目的是希望让他们通过微信号能聚集起周围社区内的居民，与他们形成一种黏性更高的关系。

第三，开店宝给社区小店店主提供一系列配套金融服务。

一方面，居民依然能够通过开店宝获取便民金融服务，与以往无异；另一方面，开店宝还能向店主提供辅助性的金融服务。目前这项服务还在部署中，推出时间应该会在年底。虽然尚不清楚具体金融产品会有哪些，但我猜测可能会包括这几种：信用卡支付、供应链融资、简单的理财产品购买等。

截至目前，开店宝提供的服务主要为上文的第一种服务，并仅在北上广深等几个城市进行试点。但从数据来看，这半年来的成绩可谓让人眼前一亮的：日均订单量达到 3 万单，日销售额超过 220 万元。

那么问题又来了，与社区 001、爱鲜蜂、嘿店等基于零售服务的社区 O2O 相比，拉卡拉的优势是什么？

首先，毫无疑问是庞大的小店规模。据拉卡拉给出的数据，其在全国 300 多个城市运营着超过 30 万商户，覆盖了 80% 以上的社区，累积用户超过 8 000 万，累积服务用户超过 8 亿人次。社区小店与拉卡拉之间已经形成了多年的稳定合作关系，也建立起了基本的信任，而社区居民对这个品牌也有着较高的辨识度与接受度，这是目前任何一家创业型社区 O2O 公司一时半会儿难以做到的。

其次，社区小店与社区居民之间基于体验、基于信任的关系。何为基于体验？这是相对于传统电商而言的。用户在网购时是无法对产品进行试用的，而店主为了吸引居民购买拉卡拉的商品，往往会选择让居民试用产品。甚至有店主把大米焖成米饭放在店里邀请居民来品尝。何为基于信任？由于多年生活在一个社区，店主和居民之间往往有着邻里间的信任，这对于较大额的消费能起到很好的润滑作用。在小店里销售金饰就是基于信任关系的一种尝试。

再次，拉卡拉在金融服务上的优势。做便民金融服务出身的拉卡拉在 O2O 服务关键的支付环节已经无须费心，而它们与银行多年的合作关系也将有助于它们开展金融服务。

最后，拉卡拉"不差钱"。想要把社区 O2O 这种重线下的服务做扎实少不了资金的投入。作为联想控股的企业，拉卡拉自身的盈利能力也比较好。据他们给出的数据，基于自助刷卡终端，拉卡拉每月的交易额超过千亿元。有母公司力挺，拉卡拉电商在做地推、做促销方面很放得开手脚。这也促成了开店宝交易量的稳定攀升。

如作者沈超的分析：社区O2O服务的关键不仅在于把社区内的商家聚合起来，还要跟进服务预订、平台监督、用户反馈、支付等配套设施，同时向商家提供易用的效率工具和电商服务，帮助其持续优化经营。在我看来，拉卡拉此番尝试正是沿着这个思路在进行的。首先服务B端，做好B端与C端之前的平台搭建及配套服务，是进一步服务C端的基础。其实很多社区或非社区的O2O服务提供商都是采取这样的思路来搭建业务板块的，比如零号线、云家政、到家美食会等。并且，做社区O2O生意最忌"大而全"，一上来就想面面俱到无异于玩火自焚。拉卡拉基于支付所建立的消费场景，从零售入手，再延伸到金融服务，可以说是一套比较顺畅的走法。

资料来源：网易科技，http://tech.163.com，2014年10月。

9.1　传统支付工具与支付方式

支付工具是传达收付款人支付指令，实现债权债务清偿和货币资金转移的载体。支付工具可以分为传统支付工具和电子支付工具。传统支付工具包括现金、票据等，如表9-1所示，而电子支付工具包括由商业银行发行的银行卡，和由非金融机构发行的储值卡以及虚拟卡。

支付方式是近年兴起的一个概念，尚无准确定义，但从其表述上看，其都具有这样一种含义：提供包含有若干种操作的一个环境，通过在此环境上进行某种操作，可以完成支付结算活动。因此，我们不妨将它看做是一个通道，通过某接口进入此通道，通过此通道进入金融机构的支付结算系统，完成相关活动。支付方式同支付工具一样，也可以分为传统支付方式和电子支付方式。传统支付方式除了现金支付、票据支付，还有汇兑、托付承收、委托收款等，电子支付可以进行多种分类，这将在下面介绍。本节主要介绍传统支付工具和支付方式。

表9-1　传统支付工具说明表

支付工具名称	一般分类	使用规定和范围	当事人
现金	——	相关法规规定不能使用除外的范围	付款人和收款人
银行汇票	——	用于转账或支取现金，单位或个人进行异地结算	出票人和收款人
商业汇票	商业承兑汇票 银行承兑汇票	在银行开立存款账户，单位进行同城或异地结算	出票人、付款人和收款人
银行本票	不定额本票 定额本票	用于转账或支取现金，单位个人均可使用进行同城结算	出票人和收款人
支票	现金支票 转账支票 普通支票	禁止签发空头支票，单位或个人均可使用进行同城结算	出票人、付款人和收款人

9.1.1　现金

1. 概述

在中国，现金主要是指流通中的现钞，是由中国人民银行依法发行流通的人民币，包括纸币和硬币，是我国的法定货币。目前，流通中的纸币是我国2005年发行的2005年版第五套人民币，其中 6 个券别，保持了 1999 年版第五套人民币主图案、主色调、规格不变。此外，人民银行每年还会根据一些重大题材，不定期地发行一定数量的可流通纪念币（钞）。现金基本上分布在城乡居民个人和企事业单位手中，只有极少部分现金流到国外。

在中国，现金交易大部分发生在储蓄存取款、消费性现金支出，农副产品收购现金支出等。随着经济改革的逐步推进，特别是进入 20 世纪 90 年代以来，现金流通规律发生了变化，储蓄现金支出成为现金支付的主渠道。1985 年，工资性支出占现金总支出的比重为 31.36%，2000 年下降到 8%，而储蓄存款现金支出的比重则由 1985 年的 17.71% 上升到 2000 年的 64%。农副产品采购支出占现金总支出的比重却是逐年下降的，如 1985 占现金总支出的比重为 14.64%，1990 年下降到 9.98%，2000 年下降到 3%。

客户主要利用三种方式提取现金：一是通过使用储蓄存折或储蓄卡从各商业银行储蓄网点支取现金；二是使用银行卡在自动柜员机上提取现金；三是通过签发支票提取现金。

2. 优势

从总体来说，现金支付具有简捷、安全等特点，有利于促成商品交易的完成和商品交换的发展，特别是零售商品经济的发展。

从支付的角度而言，现金既是支付工具，又是支付媒介。作为来人式支付工具，现金交易无须支付验证（身份和支付能力查证等）；作为面对面支付工具，现金结算具有瞬时最终性，不存在付款人的流动性风险和信用风险；作为货币债权，现金是国家的法定货币，具有法定的清偿力，现金持有人无须担心现金作为货币债权的信用风险。另外，以现金支付我国境内的一切公共的和私人的债务具有法定强制力，任何单位和个人不得拒收。

3. 劣势

任何事物都会有两面性，现金的使用在具有优势的同时，也存在一定的劣势：

（1）现金需要保管、携带、运送、验点等，交易成本相对较高。

（2）没有转账结算的"痕迹"，因此经济活动的交易透明度不高，不便于审计跟踪和违约支付记录。

（3）加大了银行机构的营运成本。中央银行发行基金进入社会形成现金流通，或者现金退出社会流通，经过了两次发行或回笼，首先是中央银行向银行机构发行，其次是银行机构向社会公众发行；现金回笼则反之。为此，银行机构承担了现金二次发行和现金首次回笼的巨大成本。

9.1.2　票据

票据是指出票人约定自己或委托付款人在见票时或指定的日期向收款人或持票人无条件支付一定金额并可流通转让的有价证券，包括汇票、本票和支票。

随着金融体制改革和银行结算制度改革的深化，我国在 20 世纪 80 年代末期建立起了以汇票、本票、支票和信用卡"三票一卡"为主体的新的结算制度，允许票据在经济主体之间使用和流通。尤其是我国在 20 世纪 90 年代初确立了社会主义市场经济体制以后，票据得到了普遍的推广和广泛的运用。

票据行为具有要式性、无因性、文义性和独立性四个特征。要式性即票据行为必须依照票据法的规定，在票据上载明法定事项并交付；无因性指票据行为不因票据的基础关系无效或有瑕疵而受影响；文义性指票据行为的内容完全依据票据上记载的文义而定，即使其与实质关系的内容不一致，仍按票据上的记载而产生效力；独立性指票据上的各个票据行为各自独立发生效力，不因其他票据行为的无效或有瑕疵而受影响。

下面具体介绍三种票据：汇票、本票和支票。

1. 汇票

汇票是债权人向债务人发出的支付指令。根据《中国票据法》的规定，汇票是出票人签发的，委托付款人在见票时或者在指定日期无条件支付确定的金额给收款人或者持票人的票据。按照出票人的不同，汇票分为银行汇票和商业汇票；按承兑人的不同，可分为商业承兑汇票和银行承兑汇票；按付款时间不同，可以分为即期汇票和远期汇票；按有无附属单据分为光票和跟单汇票。

根据《日内瓦统一法》规定，一张汇票生效必须具有以下要件：

- 标明其为汇票字样。
- 付款地点。
- 注明付款人姓名或商号。
- 付款期限。
- 金额。
- 出票人签字。
- 收款人的名称等。
- 出票日期和地点。

下面从出票人的角度，介绍银行汇票和商业汇票：

（1）银行汇票。银行汇票是银行应汇款人的请求，在汇款人按规定履行手续并交足保证金后，签发给汇款人由其交付收款人的一种汇票。银行汇票的基本当事人只有两个，即出票银行和收款人，银行既是出票人，又是付款人。银行汇票是由企业单位或个人将款项交存银行，由银行签发给其持往异地办理转账结算或支取现金的票据。银行汇票具有票随人到、方便灵活、兑付性强的特点，因此，银行汇票深受广大企事业单位、个体经济户和个人的欢迎，其使用范围广泛，使用量大，对异地采购起到了积极的作用，银行汇票已成为使用最广泛的支付工具之一。

银行汇票以纸张汇票形式发出。汇票解付后，出票行与代理付款行之间的资金清算是通过各商业银行行内电子汇兑系统处理的。为扩大票据的使用，增强中小金融机构的结算功能，畅通汇路，中国人民银行于2000年发布了《支付结算业务代理办法》，规定部分因分支机构少、兑付汇票难的中小金融机构，可以实行代理制。主要有两种做法：一是采用签发本行银行汇票并委托他行代理兑付；二是采取由他行代理签发银行汇票的方式。从1989年起，人民银行为增加中小金融机构结算功能，对交通银行等股份制商业银行向未设机构的地区签发跨系统银行汇票，实行由人民银行代理兑付制度。自2000年人民银行推行支付结算业务代理制以来，原由人民银行代理兑付跨系统银行汇票的股份制商业银行陆续与国有商业银行建立了代理关系，签订了代理兑付银行汇票业务的协议。鉴此，人民银行于 2004 年发布《关于中国人民银行停止代理商业银行兑付跨系统银行汇票的通知》，明确从 2004 年 4 月 1 日起，人民银行停止办理股份制商业银行签发的跨系统银行汇票的代理兑付业务。汇票的代理兑付业务，由商业银行按照《支付结算业务代理办法》的有关规定相互代理。

（2）商业汇票。商业汇票是企事业单位等签发的，委托付款人在付款日期无条件支付确定金额给收款人或持票人的一种汇票。商业汇票一般有三个当事人，即出票人、付款人和收款人。按照承兑人的不同，商业汇票分为商业承兑汇票和银行承兑汇票。由银行承兑的汇票为银行承兑汇票，由银行以外的企事业单位等承兑的汇票为商业承兑汇票。商业汇票是适用于企业单位先发货后付款或双方约定延期付款的商品交易。这种汇票经过购货单位或银行承诺付款，承兑人负有到期无条件支付票款的责任，对付款人具有较强的约束力。购销双方根据需要可以商定不超过 6 个月的付款期限。购货单位在资金暂时不足的情况下，可以凭承兑的汇票购买商品。销货单位急需资金时，可持承兑的汇票向银行申请贴现。销货单位也可以在汇票背面背书后转让给第三者，以支付货款。

自 1995 年首先在煤炭、冶金、电力、化工、铁道 5 个行业推广使用商业汇票以来，商业汇票的使用量逐年增长。票据使用量的扩大，流通功能和信用功能的加强，对进一步发展、完善票据市场和中央银行实施的货币政策奠定了基础。目前，流通中的商业汇票大多是银行承兑汇票，商业承兑汇票使用较少。

2. 本票

本票是债务人给债权人发出的支付承诺。根据《中国票据法》规定，本票是出票人签发的，承诺自己在见票时无条件支付确定的金额给收款人或者持票人的票据。银行本票是申请人将款项交存银行，由银行签发凭以办理同一票据交换区域内转账或支取现金的票据。本票的基本当事人有两个，即出票人和收款人。本票主要有由工商企业签发的商业本票和由银行签发的银行本票两种，目前，在我国流通并使用的本票只有银行本票一种。银行本票是 1988 年在中国人民银行全面改革银行支付结算制度后推出的一种新的支付结算工具。目前在一些经济比较发达的城市和小商品市场比较发达的地区使用比较多。

根据《日内瓦统一法》规定，一张本票生效的要求要件主要有：

- 表明其为"本票字样"。
- 付款地点。
- 无条件支付承诺。
- 付款期限，如果没有写清楚的，可以看作见票即付。
- 出票人签字。
- 金额。
- 出票日期和地点。
- 收款人或指定人名称。

3. 支票

支票是银行存款户向银行签发的无条件支付命令。根据《中国票据法》规定，支票是出票人签发的，委托办理支票存款业务的银行或者其他金融机构在见票时无条件支付确定的金额给收款人或者持票人的票据。支票的基本当事人有三个：出票人、付款人和收款人。支票可以分为：现金支票、转账支票和普通支票三类。其中，支票上印有"现金"字样的为现金支票，只能用于支取现金；支票上印有"转账"字样的为转账支票，只能用于转账；支票上未印有"现金"或"转账"字样的为普通支票，可以用于支取现金，也可以用于转账；如果在普通支票左上角划两条平行线的，为划线支票，划线支票只能用于转账，不得支取现金。支票是在中国最普遍使用的非现金支付工具，用于支取现金和转账。在同一城市范围内的商品交易、劳务供应、清偿债务等款项支付，均可以使用支票。

一张支票生效的主要要件有：

- 标明"支票"的字样。
- 付款人名称。
- 无条件支付的委托。
- 出票日期。
- 确定的金额。
- 出票人签章。

支票通过同城票据交换，提交签发人开户银行审核后付款。持票人委托开户银行收款时，开户行将所有委托收款的支票通过同城票据交换所提交给出票人开户行。如果在规定的退票时间（隔场交换）内没有退票，收款人开户行即将款项转入到收款人账户内。在中国的各城市均建立了票据交换所，目前约有 20 个经济发达的城市建立了票据清分机处理系统。北京和天津、上海和南京、广州和深圳等地还打破行政区划，建立了区域性票据交换中心。

为加强支票的风险管理，人民银行规定，对出票人签发的空头支票、签章与预留银行签章不符的支票，银行应予以退票，并按票面金额处以 5% 但不低于 1 000 元的罚款；持票人有权要求出票人赔偿支票金额 2% 的赔偿金。对屡次签发的，银行应停止其签发支票。

从未来发展趋势来看，尽管包括电子支付在内的各种新的支付工具不断出现和被广泛使用，但支票的使用量仍保持在较高水平。特别是个人支票的推广使用，将会改变支票的结构，成为支票中富有生命力的品种。

个人支票具有现金和银行卡结算方式无法比拟的优势，个人支票有利于商业银行开拓个人金融业务，减少现金流通，提高社会信用。人民银行一直重视个人支票的推广工作，目前，在广州、武汉等城市已经有一定量的个人支票在使用。随着个人征信系统的建立和完善，个人支票业务发展前景广阔。

目前，我国票据业务发展呈现出以下特点：一是票据业务持续发展，市场规模迅速扩大；二是票据本身的融资功能被逐步发现，票据融资已成为中小企业重要的短期直接融资渠道，有助于以市场方式缓解中小企业融资难问题；三是票据业务在各金融机构之间发展不平衡，中小金融机构及股份制商业银行占有的市场份额较大；四是票据业务集约化经营进一步加强，跨地区交易明显增加，转贴现的异地交易趋势使各地的转贴现利率趋于一致，基本维持在略高于同业拆借市场利率的水平，并随同业拆借市场利率同向波动。

发展票据市场应与拓宽企业融资渠道，改善金融服务，促进商业银行转变经营方式，健全社会信用制度和完善货币政策传导机制的需要相适应，在发展中规范，以规范促发展。把发展具有贸易背景的票据市场作为加强货币市场建设的重要政策措施，加快票据市场基础设施建设，提高票据交易效率。同时，要进一步完善票据法规制度，整顿票据交易秩序，切实防范票据业务风险，查处票据的违规行为。要实行通报制度、退出交易制度和责任追究制度，以扶优限劣，保障票据市场规范、健康、可持续发展。

9.1.3 传统支付方式

根据我国《支付结算办法》中规定，我国支付结算方式主要有汇兑、托收承付、委托收款、信用卡和票据 5 种。信用卡与票据都是支付工具，使用它们进行支付结算活动是一类支付结算方式，而汇兑、托收承付、委托收款则是纯粹的支付方式，不属于支付工具范畴。下面将对这三种支付结算方式逐一简述。

1. 汇兑

（1）概念。汇兑是企业（汇款人）委托银行将其款项支付给收款人的结算方式。这种方式便于汇款人向异地的收款人主动付款，适用范围十分广泛。

（2）分类。汇兑一般分为信汇和电汇两种，信汇是以邮寄方式将汇款凭证转给外地收款人指定的汇入行；而电汇则是以电报方式将汇款凭证转发给收款人指定的汇入行。一般来讲，电汇的速度要比信汇的速度快，收费稍贵一点。

（3）汇兑的流程。以企业 A 向企业 B 办理汇兑业务，A 企业想通过汇兑方式向 B 企业付款为例。主要程序如图 9-1 所示。

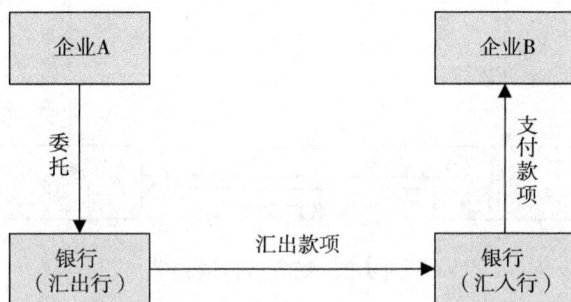

图 9-1 汇兑流程

（4）办理汇兑的程序。根据《支付结算办法》的规定，办理汇兑必须填写以下事项：

- 标明："信汇"或"电汇"的字样。
- 汇款人名称。
- 无条件支付的委托。
- 确定的金额。
- 收款人名称。
- 汇入地点、汇入行名称。
- 汇出地点、汇出行名称。
- 委托日期。

- 汇款人签章。

凡汇兑凭证欠缺以上汇款事项之一的。银行不受理。同时，如果收款人为个人的，收款人需要到汇入银行领取汇款，汇款人就应在汇兑凭证上注明"留行待取"字样；留行待取的汇款，需要指定单位的收款人领取汇款的，应注明收款人单位名称，信汇凭收款人签章支取的，应在信汇凭证上预留其签章。汇款人和收款人均为个人的，必须在汇入银行支取现金的，应在信、电汇凭证上的"汇款金额"大写栏先填写"现金"字样，后填写汇款金额。

汇出行受理委托后，主要会对企业的汇兑凭证进行审查。其审查内容主要有：

- 汇兑凭证填写的各项内容是否齐全、正确。
- 汇款人账户是否有足够支付的金额。
- 汇款人的印章是否与预留银行的印鉴相符合。

审查无误后，银行会给企业签发"汇款回单"表明银行已受理汇款委托。剩下的工作就是汇入行收到汇款后，向收款企业办理支付手续。

2. 托收承付

（1）概念。托收承付又叫异地托收承付，是指根据购销合同由收款人发货后委托银行向异地付款人收取款项，由付款人向银行承认付款的结算方式。该结算方式中有关结算款项的划回方式也分为邮寄和电报两种，由收款人选用。

（2）托收承付的流程如图 9-2 所示。

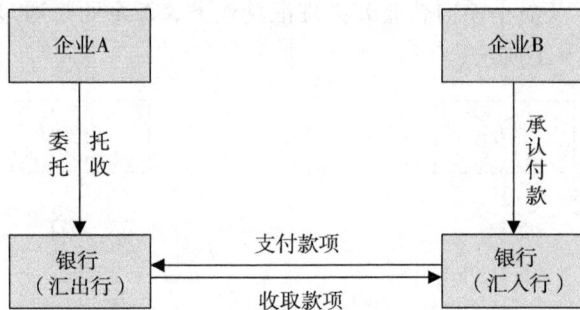

图 9-2　托收承付流程

（3）格式。《支付结算办法》对托收承付的格式，也作了严格的规定，托收承付凭证上欠缺记载上列事项之一的，银行不予受理。托收承付的结算方式必须注明以下内容：

- 标明"托收承付"的字样。
- 付款人名称及账号。
- 确定的金额。
- 收款人名称及账号。
- 付款人开户银行名称。
- 收款人开户银行名称。
- 托收附寄单证数或账号。
- 委托日期。

- 合同名称、号码。

- 收款人签章。

（4）承付期。承付期分为 3 天与 10 天两种。

验单付款的承付期为 3 天。从付款人开户银行发出承付通知的次日算起。付款人在承付期内，未向银行表示拒绝付款，银行视为承付，并在承付期满的次日上午银行开始营业时，将款项主动从付款人的账户内付出，划给收款人。

验货付款的承付期为 10 天。从运输部门向付款人发出提货通知的次日算起。收付双方在合同中明确规定，并在托收凭证上注明验货付款期限的，银行从其规定。

（5）适用范围。其适用范围受到严格的限制：

结算起点上　《支付结算办法》规定，托收承付结算每笔的金额起点为 1 万元；新华书店系统每笔金额起点为 1 000 元。

结算适用范围上　《支付结算办法》规定，托收承付的适用范围是：

首先，使用该结算方式的收款单位和付款单位，必须是国有企业，供销合作社以及经营较好，并经开户银行审查同意的城乡集体所有制工业企业。

其次，办理结算的款项必须是商品交易以及因商品交易而产生的劳务供应款项。代销、寄销、赊销商品款项，不得办理托收承付结算。

结算适用条件上　《支付结算办法》规定，办理托收承付，除符合以上两个条件外，还必须具备以下 3 个前提条件：

首先，收付双方使用托收承付结算必须签有符合《经济合同法》的购销合同，并在合同中注明使用异地托收承付结算方式。

其次，收款人办理托收，必须具有商品确已发运的证件。

最后，收付双方办理托收承付结算，必须重合同、守信誉。

根据《支付结算办法》规定，若收款人对同一付款人发货托收累计 3 次收不回货款的，收款人开户银行应暂停收款人向付款人办理托收；付款人累计 3 次提出无理拒付的，付款人开户银行应暂停其向外办理托收。

3. 委托收款

（1）概念。委托收款是收款人委托银行向付款人收取款项的结算方式。委托收款便于收款人主动收款，该结算方式适用范围十分广泛。该结算方式无论是同城还是异地都可使用，既适用在银行开立账户的单位和个体经营户各种款项的结算，也适用于水电费、邮电费、电话费等款项的结算。单位和个人凭已承兑的商业汇票、债券、存单等付款人债务证明办理款项的结算，均可使用委托收款结算方式。

（2）委托收款流程。如图 9-3 所示。

（3）格式。委托收款凭证格式，必须

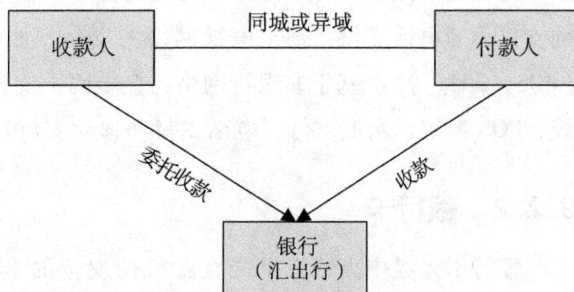

图 9-3　委托收款流程

包括如下几项主要内容，凡欠缺以上记载事项之一的，银行均不予受理。

- 标明"委托收款"字样。
- 付款人的名称。
- 确定的金额。
- 收款人的名称。
- 委托日期。
- 收款人签章。
- 委托收款凭据名称及附寄单证数。

同时，《支付结算办法》对一些特殊情形做出了如下特殊规定：

若委托收款以银行以外的单位为付款人做委托收款凭证必须记载付款人开户银行的名称。

以银行以外的单位或在银行开立存款账户的个人为收款人的，委托收款凭证必须记载收款人开户银行名称。

在银行开立存款账户的个人为收款人的，委托收款凭证必须记载被委托银行名称。

9.2 电子支付工具与支付方式

9.2.1 电子支付工具与方式概述

电子支付是指从事电子商务交易的当事人，包括消费者、商家和金融机构，使用安全电子支付手段通过网络进行的货币支付或资金流转，包括电子支付工具和电子支付方式。

电子支付工具是在电子信息技术发展到一定阶段后产生的新兴金融业务所使用的支付工具，多数依存于非纸质电磁介质存在，大量使用安全认证、密码等复杂电子信息技术。随着电子银行的兴起和微电子技术的发展，电子支付技术日趋成熟，电子支付工具品种不断丰富。电子支付工具从其基本形态上看是电子数据，它以金融电子化网络为基础，通过计算机网络系统以传输电子信息的方式实现支付功能，利用电子支付工具可以方便地实现现金存取、汇兑、直接消费和贷款等功能。目前，电子支付工具包括由商业银行发行的银行卡，和由非金融机构发行的储值卡以及虚拟卡等。

电子支付有多种分类方法。根据是否联机可以分为在线支付与线下支付。根据支付渠道可以分为：基于互联网的支付，即网上支付；基于移动网络的支付，即移动支付；基于电话网络的支付，即电话支付；基于电视网络的支付，如数字电视机顶盒支付；基于银行网络的支付（POS、ATM 等）；基于非银行网络的金融网上支付（如邮政、银联）。本书将主要介绍 ATM 系统、POS 系统、网上支付、电话支付和移动支付。

9.2.2 银行卡

银行卡是经中央银行批准金融机构发行的卡基支付工具。统计显示，截至 2008 年年末，全国累计发行银行卡 180 038.92 万张，其中，信用卡发卡量为 14 232.9 万张，至此，借记卡与信用卡发卡量比例约为 11.65:1。

银行卡可以按照多种方式进行分类。从物理特性上，主要有塑料卡、磁条卡和集成电路卡（IC 卡）和激光卡；从逻辑层特性上，主要有借记卡、贷记卡和准贷记卡和储值卡等；从用途上，主要有信用卡、转账卡、提现卡；从使用范围上，有个人卡和单位卡。

1. 按物理特性划分的卡基支付工具

现阶段卡基支付工具从物理层面上划分主要有四种：塑料卡、磁条卡、逻辑加密卡和激光卡。

（1）塑料卡。20 世纪 50 年代末和 60 年代初，工业发达国家的信用卡公司率先用塑料卡制成信用卡。客户消费时，必须出示此卡以示身份，验明无误后，即可享受信用消费。这种塑料卡与计算机无关。

（2）磁条卡（磁卡）。目前，国内银行卡普遍采用磁条卡。磁卡是一种磁记录介质卡片。它由高强度、耐高温的塑料或纸质涂覆塑料制成，能防潮、耐磨且有一定的柔韧性，携带方便，使用较为稳定可靠。通常，磁卡的一面印刷有说明提示性信息，如插卡方向；另一面则有磁层或磁条，具有 2~3 个磁道以记录有关信息数据。

磁条卡是在卡的背面贴有磁性条纹码或涂上一层磁性材料或在其内部置入磁带的卡片，在磁性材料上记录持卡人姓名、号码等信息。当持卡人使用时，可通过仪器读出这些信息，来查证磁条卡及其用卡人的真伪并启动相应命令。磁条是一层薄薄的由排列定向的铁性氧化粒子组成的材料（也称为颜料）。用树脂黏合剂严密地黏合在一起，并黏合在诸如纸或塑料这样的非磁基片媒介上。磁条从本质意义上讲和计算机用的磁带或磁盘是一样的，它可以用来记载字母、字符及数字信息。通过黏合或热合与塑料或纸牢固地整合在一起形成磁卡。磁条中所包含的信息一般比长条码大。

磁卡型信用卡在全世界已经非常普及，发卡量达数十亿张，并且已经形成了全球性的信用卡应用支付与结算网络系统，可以很方便地跨地区、跨国家使用。仅 VISA 国际组织的信用卡年交易额就在 8 000 亿美元以上。

（3）集成电路卡又称 IC 卡。其芯片卡是由法国计算机工程师 Roland Moreno 发明的。他于 1974 年在法国申请注册了这项便携式存储器的发明专利，将具有存储、加密及数据处理能力的集成电路芯片模块，封装在和信用卡尺寸一样大小的塑料基中。同年，日本发明家 Kunitata Arimura 取得了首项智能卡的专利。IC 卡在塑料卡上封装一个非常小的微型 IC 芯片，用以存储记录数据。由于磁条卡信息格式固定且极易被复制，因此安全性差。IC 卡除了比磁条卡具有更大的存储容量外，其数据保护手段也更安全。IC 卡的读卡原理与磁条卡不同，IC 卡的芯片与读卡设备有互换功能，可以验证 ATM 或 POS 机的可靠性，而且芯片卡可以进行离线交易，经读卡机读取后就可给予授权，而不必将资料传送回发卡行。这两个特点可以大大降低资料在读取和传动中被盗录的可能，增加了制造伪卡的难度。

依据 IC 卡上是否有 CPU 和其他元件，可将 IC 卡分为存储卡、智能卡和超级智能卡。其中，储存卡中不含 CPU，但是含有数据存储器、工作存储器或程序存储器，存储器用于存储持卡人的个人信息和账户信息。智能卡是在塑料卡片中嵌入含有微处理器、存储器和输入输出借口的 IC 芯片。因此，该芯片除了具有存储功能外，还具有信息处理功能。现在所说的 IC 卡，通常是指 IC 智能卡。除此之外，还有一种超级智能卡，它除了具有智能卡的功能外，还有自己的键盘、液晶显示器和电源，实际上是一部卡片式电子计算机。

2. 按逻辑特性划分的卡基支付工具

从逻辑层特性上分，主要有借记卡、贷记卡和准贷记卡等。

（1）借记卡（储蓄卡）。借记卡是指由商业银行向社会发行的具有消费信用、转账结算、存取现金等全部或部分功能的支付工具，不能透支，必须依托于持卡人的存款账户，具有电子存折的性质，在一定程度上是支票的替代品。它的特点是"先存款，后消费"，不允许透支。借记卡中用来提取现金的称为现金卡（如在 ATM 上提现），用来转账、消费的卡称为转账卡（如在 POS 机上消费）。这两种借记卡都需在发卡行有对应的账户，不允许透支，对存款余额按活期存款计息。我国各商行发行的储蓄卡则集上述两种功能于一身，与对应的活期存折通存通兑，十分灵活方便。

美国的借记卡分为签名借记卡和密码借记卡两种，大部分借记卡能同时进行签名交易和密码交易。签名借记卡通过核对持卡人的签名进行身份验证，其交易流程和信用卡完全相同，可以在所有能够接受信用卡的商户中使用。密码借记卡则要求持卡人输入个人密码来进行身份确认，在所有能够受理卡片的商户中约有 27% 能够受理此种卡片，密码借记卡的使用主要集中在加油站、超市等领域，43% 的密码借记卡交易发生在杂货店，22% 发生在加油站，每笔密码借记卡的消费金额约为信用卡的一半，因此，密码借记卡的主要应用领域是小额低端市场，在一定程度上抢占了低端信用卡的一部分市场。借记卡是银行卡中的借记卡基支付工具。

（2）贷记卡（信用卡）。贷记卡是由银行或信用卡公司向资信良好的个人和机构签发的一种信用凭证，持卡人可在指定的特约商户购物或获得服务。信用卡既是发卡机构发放循环信贷和提供相关服务的凭证，也是持卡人信誉的标志，可以透支。按照授信程度的不同，贷记卡分为真正意义上的贷记卡和准贷记卡。贷记卡是指发卡银行给予持卡人一定的信用额度，持卡人可在信用额度内先消费、后还款的信用卡。

世界上的五大国际信用卡分别是：VISA 卡、万事达卡（master card）、运通（american express）卡、大莱卡（diners card）、JCB 卡。这些国际信用卡是可以在全世界使用的"世界性电子货币"，是具有多种功能和多种附加值的国际信用卡。信用卡不仅具有现金支付功能和支票支付功能，还有信贷功能，所以，世界上的一些发达国家都把发展信用卡作为实现金融电子化和"无现金社会"的重要工具。对于消费者（持卡人）来说，在他持有某一种国际信用卡后，例如持有 VISA 卡或者万事达卡等信用卡后，他就可以利用电子商务服务器的服务功能在全世界各地使用这种国际信用卡进行购物和支付账款。在美国，顾客可以利用具有电子商务服务器的网络，将自己持有的信用卡与一些商业银行和信用卡公司连接起来，相应地进行信用卡业务处理。现在已经有很多商家和企业都在利用这种电子商务服务器的服务功能开展银行金融服务业务，一些商业银行和金融机构也在利用电子商务服务器的服务功能，以便保证自己能够安全保密可靠地在互联网上开展银行金融业的服务工作。

（3）准贷记卡。准贷记卡一般需要持卡人事先存入一定的金额，然后可在银行给予的信用额度内进行透支消费，但透支消费没有免息期。透支后银行按贷款向持卡人收取利息。这种不完全具备贷记卡特点的信用卡是我国金融环境尚不完善时所产生的一种新支付工具方式的一种表现。

9.2.3　其他电子支付工具

1. 储值卡

近年来，随着电子支付的发展，基于储值卡的支付也在不断发展和创新中。储值卡作为一种支付工具，发展迅速，使用领域也越来越广。

（1）储值卡的概念。储值卡又称支付卡，是指非金融机构发行的具有支付功能的支付工具，其价值是指储存卡上的磁带或电子装置，供使用者购买付款或互换储存卡上的价值。因此，储值卡又称为预付卡。储值卡一般以 IC 卡和磁条卡作为介质，目前以 IC 卡作为介质的居多。

（2）储值卡的本质。储值卡作为一种支付工具，其载体主要是电子货币。这类电子货币有一个真正的发行主体。这类发行主体通常是专业性的，并以提供电子货币服务为盈利手段，它们可以是商业或服务业网点，也可以是公共事业单位如煤气公司等。具体来说，这些发行主体发行电子货币，并负责回赎其发行的所有电子货币，同时，它还是整个电子货币方案的提供者和设计者。这主要体现在发行主体通常会提供电子货币系统的软件或硬件供顾客使用。

正是由于其发行主体的特殊性，储值卡货币具有以下基本特征：首先，它是一种信用货币，是在信用货币条件下产生的一种货币形式；其次，它是一种约定货币，目前世界各国发行的储值卡都不是由法定货币发行机关根据法律的直接规定发行的，它们本身都不是法定货币，而是法定货币之外的衍生货币或约定货币，是现有法定货币体系之外的当事人之间约定使用的一种货币。

（3）储值卡的发行。储值卡的发行主体大部分为企业、商家，也有部分银行与企业联合发行。按照银行是否参与储值卡的发行，可以把储值卡发行分为两种类型：

有银行参与的储值卡发行　这类储值卡里的电子货币的发行主体通常会在银行开设一个临时账户，而使用者购买储值卡货币时并不直接把现金交给发行者来换取储值卡货币，而是要求银行把自己的存款划一部分给发行者来购买储值卡，此时，银行把使用者在银行账户中的存款划一部分到发行主体在银行开设的临时账户中，此时，这笔资金已经归发行主体拥有，然后发行主体给使用者储值卡货币。使用者获得储值卡货币后，就可以到任何接受此种储值卡的地方刷卡消费。例如煤气缴费卡。

无银行参与的储值卡发行　对于这类储值卡，发行主体不仅发行电子货币，而且本身提供用其电子货币消费的商品或服务。这类储值卡货币已和银行完全脱离了关系，而与发行主体提供的商品或服务紧紧地联系在一起，因为这种储值卡货币除了购买发行主体提供或指定的商品和服务外，不能用于购买任何其他的商品与服务。

用法定货币购买这类货币的本质，就是我们用法定货币购买商家商品或服务的一个凭证，而我们只是分次消费而已。我们最常见的这类储值卡有电话卡、学校食堂的就餐卡、乘公交车用的公交卡等。这类储值卡货币，没有银行参与，只有发行主体与客户之间进行资金流动。

（4）储值卡的具体应用。储值卡主要有两种：一类是代表消费者价值符号的卡，消费者向提供商品或服务的发卡主体预交款项购买消费价值单位，并在封闭的系统和范围内使用，如电话充值卡、公交卡等；另一类是在一定区域内代表货币价值量的卡，消费者向发卡主体预交的款项以货币价值量储存和消费，其特性可以界定为不确定消费者对象或商品，如校园卡、商店发行的电子购物卡等。总的来说，目前主要的储值卡有：

公用事业单位发行的储值卡。公用事业单位发行的储值卡大多属于单一用途卡，主要用户支付固定的费用。主要有：公交公司发行的公交 IC 卡、公安管理部门发放的停车收费卡、公共事业单位发行的天然气卡、水卡、电费卡以及医疗卡、社保卡等。

电信部门发行的储值卡。其卡一般由总公司制作，委托分支机构或经销商销售，典型的如 IC 电话卡、充值卡等。

商业或服务业网点发行的储值卡。此类储值卡主要由商家发行，并在本商家的经营场所消费使用，主要有：商场、超市发行的购物卡、优惠卡，健身中心发行的消费卡，宾馆、俱乐部、酒吧、餐厅等发行的会员卡，石油石化行业发行的 IC 加油卡，移动部门发行的移动电话充值卡等。

校园卡。校园卡主要应用射频技术，是一种射频卡。它主要是在校园内部如食堂、商店、澡堂等专用的射频机具上刷卡支付，主要如饭卡、洗衣卡等。

由非金融机构发行的储值卡作为一种电子支付工具，是对目前传统支付方式的补充，对媒介商品交易、方便公众使用、减少现金携带、培养用卡习惯和观念具有十分积极的作用。

2. 虚拟卡

近几年，网上出现了各种各样的"网络虚拟货币"，几乎每家知名的网络服务商都推出了自己的网络货币，如腾讯的 Q 币、百度的百度币、新浪的 U 币以及盛大的盛大点券等。使用网络虚拟货币，可以在指定的范围内购买产品和服务，实现只有法定货币才有的购买力。

伴随着网络虚拟货币的产生，虚拟卡作为网络虚拟货币的载体成为电子商务中重要的网上支付工具。

（1）虚拟卡的性质及其分类。虚拟卡是互联网服务提供商为了方便消费者网上购物（包括实体购物和增值服务）而设立的虚拟账户，其本质是各种网络虚拟货币⊖的载体，是电子商务一种重要的支付工具。消费者通过这种卡载体的形式，使用其账户里的网络虚拟货币进行网上消费，如用 Q 币卡对 Q 币账户进行充值，然后利用 Q 币购买腾讯公司提供的各种增值服务，如 QQ 游戏、QQ 秀等，如表 9-2 所示。按照虚拟卡发行主体的业务类型，虚拟卡可分为 B2C 型虚拟卡和 C2C 型虚拟卡。按照虚拟卡的适用范围，虚拟卡可分为封闭式虚拟卡和开放式虚拟卡。

B2C 型虚拟卡的发行主体为 B2C 服务提供商，如腾讯、盛大、新浪等。这类虚拟卡主要解

⊖ 本书认为，网络虚拟货币也称网币，是指一定的发行主体以公用信息网为基础，以计算机技术和通信技术为手段，以数字化的形式存储在网络或有关电子设备中，并通过互联网以数据传输方式实现流通和支付功能的电子支付工具。目前，我国的网络虚拟货币主要有腾讯的 Q 币、新浪的 U 币、百度的百度币、网易的 POPO 币、猫扑的 MM 币、搜狐的狐币、联众的联众币、盛大的盛大点券、第九城市公司的魔兽世界的金币以及 paypal 账户中的网络货币等。

决了企业在网络上销售其商品或服务时消费者的支付问题，以支付的便捷性来促进其商品的销售。因此，B2C 型虚拟卡目前基本上属于封闭式，局限于各企业内部使用，相互间未形成正式的交换机制。但是，由于用户通常使用多家服务，因此，用户对不同类型 B2C 型虚拟卡的互通有较强的需求。百度币正是看到了这种发展趋势，希望成为互联网上的"通行证"。但目前仍是单向兑换，即其他网站的虚拟卡可购买百度币，而百度币不能购买其他网站的虚拟卡。

C2C 型虚拟卡的发行机构为 C2C 服务提供商，如淘宝网、PayPal 等。这类虚拟卡主要是为了解决消费者之间在其平台上交易时的支付问题，以支付的便捷性和安全性来提高其平台的竞争力。尽管 C2C 型虚拟卡目前主要应用于自身的业务和领域，但由于 C2C 服务提供商目前有向其他领域扩张的趋势，因此，C2C 型虚拟卡有举荐扩大适用范围，发展成通用虚拟卡的倾向。

表 9-2　我国主要网络虚拟货币使用情况

币种	发行公司	使用业务和服务	与现实货币交换价格	获得方式
Q 币	腾讯	QQ 会员、QQ 秀、QQ 游戏、QQ 宠物、QQ 交友包月、资料下载等	1Q 币 = 1 元	财付通、银行卡、电话银行、QQ
U 币	新浪	新浪邮箱续费、星座产品、网游点卡购买、单机游戏下载、纸货卡、新浪 UC 聊天室、istudy 外语课堂等	1U 币 = 1 元	固定电话、手机、宽带账号、银行卡等
百度币	百度	百度传情、影视、缴电话费	1 百度币 = 1 元	银行卡、快钱支付、YeePay 支付、手机
POPO 币	网易	购买道具、POPO 游戏、免费短信、下载 POPO 表情	无	使用 POPO、我行我泡上传图片、奖励
MM 币	猫扑	增值服务（社区管理、道具购买）	1MM = 0.2 元	固定电话、移动电话、银行卡
狐币	搜狐	搜狐付费增值产品及服务（VIP 邮箱、搜秀、摘星吧、星相紫微）	1 狐币 = 1 元	银行卡、手机、固定电话、宽带账号
联众币	联众	会员资格、联众秀、特殊标志、参加比赛	10 联众币 = 1 元	银行卡、电话银行、邮局汇款、支付网关
盛大点券	盛大	盛大游戏机器第三方签约商户系统中消费	0.5~2 点不等/1 元	手机、支付网关如云网
金币	第九城市公司的魔兽世界	购买武器或装备、提高游戏等级等	不定	打怪兽掉金币、玩家之间的买卖

（2）虚拟卡的支付模式分析。虚拟卡分别为 B2C 型虚拟卡和 C2C 型虚拟卡。

B2C 型虚拟卡　B2C 型企业既可向用户提供各类互联网增值服务，如盛大的网络游戏、网上收听音乐、下载正版电影、看网络小说，腾讯的基于 IM（即时通信）的各类虚拟产品等；也可以向用户销售各种实体商品，如卓越音像图书类商品等。现阶段，主要是互联网增值服务提供商发行各类虚拟卡，而单纯的 B2C 型商品销售企业尚未发行。

用户通过各种途径购买了这些公司的充值卡后会得到一串唯一对应的数字（序列码），用这串数字给对应的虚拟卡充值，充值完毕的虚拟卡账户便可以在网上购买这些公司的商品。这类虚拟卡的共性主要表现在：

第一，主要用于小额支付。因为虚拟产品的价格一般在 50 元以下，如腾讯的 QQ 道具价格多为 1~5 元。

第二，虚拟卡充值的频率较高。如盛大游戏点卡面额 10 元、20 元、30 元，如果按每个游戏玩家平均每月 60 元的费用计算，则每月至少有两次购买行为。

第三，虚拟产品标准化程度较高，因为产品的数值性，所以十分适合通过网上交易。

目前 B2C 性虚拟卡的充值途径主要分为两类，第一类是传统途径，如便利店、报亭等商店购买实体卡充值；第二类是电子途径，如手机、固定电话、互联网等。具体来说，有现金购买实物卡支付途径，通过网上银行转账和银行卡等银行途径，以及电话和宽带等通信费缴费途径、网吧支付、网上支付代理（如腾讯公司的 Esale7，腾讯公司通过互联网进行虚拟账户充值的一种方式）等。本书以腾讯的 Q 币虚拟卡为例，来说明 B2C 型虚拟卡的购买途径。Q 币虚拟卡的充值途径主要有 5 种：

第一，Q 币卡充值。Q 币卡以实物卡方式销售，实物卡面值有 3 种面值：10 元、15 元、30 元等，可在便利店、软件店、书报亭购买。

第二，通过财付通充值。财付通是腾讯公司的虚拟账户，通过银行卡（目前包括工商银行、农业银行、建设银行在内的银行）可以对财付通进行充值，等价于购买虚拟卡。

第三，宽带充值。中国电信的互联星空 Vnet（ADSL 宽带用户）和中国网通的 ADSL 宽带用户可以通过自己的 ADSL 账号充值 Q 币，费用从每月的账单里扣除，目前开通的区域有局限性。

第四，声讯电话充值。使用固定电话或小灵通拨打热线 16885885，按提示音进行操作就可以充值 Q 币到个人账户中，费用在每月的电话账单里扣除。

第五，其他充值方式。如上海用户可购买电信卡对 QQ 账户进行充值，上海联通用户使用手机拨打 1015908826 的方式可获得 Q 币，费用在手机账单中扣除。

C2C 型虚拟卡　PayPal 是国外应用比较成熟的 C2C 型虚拟卡支付模式，而国内应用比较成熟的是支付宝。其两者都是为消费者和商家分别提供账户，消费者对账户进行充值，然后通过虚拟卡账户支付货款；不同的是，PayPal 是专门的账户性支付模式，而支付宝提供了账户支付这种方式，并且它直接参与买卖双方之间的交易，为其提供信用担保。下面就以支付宝为例说明 C2C 型虚拟卡的支付模式，支付宝的具体支付流程如图 9-4 所示。

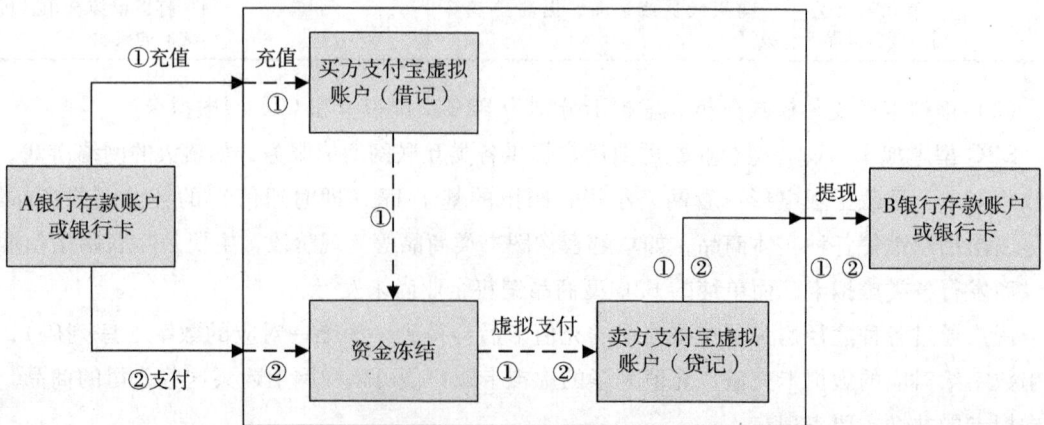

图 9-4　支付宝的支付流程

支付宝公司向注册用户提供可以用于网上支付的支付宝虚拟账户，所有的虚拟账户实际上都是支付宝公司大账户下的子账户。支付宝有两种支付方式。一是买方用户支付宝虚拟账户支付，"付款"可以通过两个虚拟账户的借记和贷记来完成，不需要银行进行资金清算，交易支付完全在支付宝公司内循环；二是买方用银行卡支付，买方资金先进入支付宝公司的大账户，然后再进入买方虚拟账户。无论哪种方式，在买方收到商品之前，资金都先冻结在支付宝公司的大账户内。

目前，C2C 型虚拟卡的充值途径只有一种，就是通过银行的网银给虚拟卡充值。如支付宝和工行、农行等多家银行的网络连接。

（3）虚拟卡的发展现状及发展趋势。随着电子商务的发展，在线支付的需求不断扩大，促使发行虚拟卡的企业也越来越多。在 C2C 方面，2006 年 3 月，国内最大的 IM 公司腾讯宣布推出拍拍网，正式进入虚拟卡市场。而支付宝占据了 C2C 虚拟卡最大的市场份额。同时，随着市场竞争的加剧，虚拟卡公司开始关注其他的新型支付领域，如 PayPal 在加拿大推出了手机支付。B2C 方面，网络游戏虚拟卡市场发展迅速，据艾瑞咨询的调查显示，2012 年，以互联网和移动网游戏市场计算，我国网络游戏市场收入规模达 601.2 亿元，同比增长 28.3%。其中，互联网游戏 536.1 亿元，同比增长 24.7%；移动游戏 65.1 亿元，同比增长 68.2%。

总之，电子商务市场的不断发展促进了虚拟卡市场的发展和变化，虚拟卡的功能将越来越强，应用范围将越来越广。总体来看，虚拟卡市场将呈现以下发展趋势：

首先，虚拟卡发卡机构数量逐步增大。目前，越来越多的公司开始进入虚拟卡市场，如旅行社、税务局、保险公司，甚至银行自身都开始发行虚拟卡。旅游业是典型的跨空间行业，对电子支付和结算有较大需求，目前，国内最大的两家旅游网站携程和 E 龙都为自己的客户提供了虚拟账户，虽然目前的使用率不是很高，但市场前景广阔。在定向缴费领域，虚拟卡也开始发挥越来越大的作用。为了方便纳税人缴纳税款和投保人缴纳保费，税务局和保险公司也相继开始在网上提供虚拟卡。同时，中国邮政也推出了网汇通虚拟卡业务，消费者通过购买中国邮政发行的网汇通虚拟卡，可以在网汇通的加盟商家网站上直接消费，也可以给其他网汇通客户转账。

其次，不同公司虚拟卡之间的相互兑换将成为发展趋势。目前虚拟卡品种繁多，由于虚拟卡发卡机构之间的利益冲突，虚拟卡之间上不能通用，这给用户带来了许多不便。2005 年 12 月，百度发起了百度币与 24 种虚拟卡之间的兑换行为，目前已经完成了单向对接，即 24 种虚拟卡都可以在网上购买到百度币。虚拟卡之间的相互兑换能加大虚拟卡的流通性，如果百度能够说服其他的虚拟卡发行机构与百度币相互兑换，百度币很有可能成为小额支付的通用工具。

最后，B2C 型虚拟卡与 C2C 型虚拟卡的融合。随着电子商务中 B2C 业务与 C2C 业务的不断融合，B2C 型虚拟卡与 C2C 型虚拟卡之间正相互渗透。如腾讯的财付通账户已经实现了内部 B2C 领域与 C2C 领域的通用。B2C 与 C2C 在业务上的日益融合必然导致虚拟卡的功能及应用范围扩大，今后可以在 B2C 领域和 C2C 领域同时使用的虚拟卡将越来越多。

9.2.4　电子支付方式

支付方式是近年兴起的一个概念，尚无准确定义，但从其表述上看，都具有这样一种含义：提供包含有若干中操作的一个环境，通过在此环境上进行某种操作，可以完成支付结算活动。因此，我们不妨将它看作一个通道，通过某接口进入此通道，通过此通道进入金融机构的支付结算系统，完成相关活动。在这种认识上，我们将对 ATM、POS、网上支付、电话支付、移动支付等逐一进行介绍。

1. 自动柜员机（ATM）

（1）概述。自动柜员机通常也被称为 ATM，是银行为银行卡持卡人提供服务而配备的一种自助式的专用银行设备，是商业银行实现客户自我服务的一种重要的现代化设备，是银行间相互竞争以及市场营销的产物。

（2）ATM 机功能。ATM 机的功能主要有查询、取款、转账、存款以及修改个人密码和为 IC 卡充值等。

查询。持卡人可在 ATM 上查询账户当前余额和本日可用余额（即当日可在 ATM 上支取的金额）。

取款。持卡人凭银行卡和个人密码可随时在银行的 ATM 上取款，票面由 ATM 预设程序指定，整个付款过程全部由计算机控制，无须手工操作。每次取款完成后，ATM 的客户打印机打印输出客户凭条给持卡人作为账单，凭条内容包括取款的 ATM 编号、取款时间、取款金额、取款是否成功等。

转账。持卡人可在 ATM 上进行银行卡账户与相关账户之间的款项划转，即由持卡人账户转出至另一指定的账户。在辖区内会计、储蓄、银行卡联网的情况下，自动转账可完成银行卡账户与会计账户、个人储蓄账户之间的账务划转。

存款。持卡人可在 ATM 上进行自助式存款。目前，ATM 上的存款功能大多是信封存款，即持卡人在选择存款业务后，将现金封入 ATM 吐出的已经打印有持卡人卡号和存款金额的专用存款信封，再从存款入口处放入 ATM 中。在接受业务后，ATM 将打印客户凭条给持卡人，凭条上打印有持卡人的存款金额及时间等，但由于存款功能不是实时记账，因此，银行对此凭条的正确性不承担任何责任，持卡人的存款金额在银行复点后，按实际金额入账，存款人不得对此提出任何异议。

修改个人密码。持卡人可随时在 ATM 上修改个人密码。密码修改时，ATM 的磁卡读写器将对卡上的磁条进行重新写磁。按照国际标准写磁的国际卡，由于使用只读的第 2 磁道，不能在 ATM 上更改密码。一般的，在 ATM 上修改密码后，销售终端机（POS）上使用的密码应为修改后的密码。

IC 卡充值。IC 卡充值是指 IC 卡持卡人利用安装有 IC 卡读写器的 ATM，将其合法拥有，且具有支付权利的账户资金转入指定的 IC 卡账户。IC 卡充值业务为银行发行循环使用的 IC 卡创造了条件。

（3）ATM 机的发展趋势。ATM 机从 20 世纪 60 年代出现以来，经过近 30 年的不断发展和完善，已逐渐成为商业银行业务中的一个重要组成部分。近几年，自动柜员机的发展具有以下几个显著的特点：

联网成为潮流。ATM 联网有多层含义，它首先是指发卡银行系统内各城市间的联网使用，即各城市通过各种网络模式联网后，其发行的银行卡也可在异地联网城市的 ATM 机上使用；其次是指跨行的 ATM 联网，即同一地区各家商业银行按照"金卡"工程的统一要求，通过设立信息交换中心，使各行布设的 ATM 可实现资源共享，持卡人可享受到更多便利，银行也节省了资金投入；再次是指国内的 ATM 系统与国际信用卡组织的全球网络联通，使 ATM 可以接受外汇卡的取款业务。

用户界面更加完美，操作更加简便。随着各国经济文化交流的不断加深，国际化趋势日益明显，为方便不同语种的人士使用 ATM，ATM 的提示界面已开始向多语种发展。

回流式自动柜员机（cash recycling system）开始应用。回流式自动柜员机是 20 世纪 90 年代最新开发的全自助式银行机具。它是在现金存款机的基础上增加了回流功能来实现的。现金存款机（CDM）是为了弥补普通 ATM 存款功能的不足而发展起来的。它可使持卡人直接将现金存入机器，无须再经人工操作即可存入持卡人账户。CDM 的推出彻底改变了原来 ATM 信封式存款所带来的入账不及时，容易造成银行与客户之间纠纷等弊病。CDM 采用先进的现金识别技术，可以自动识别客户存入的现金的真伪和面值，然后通过网络实时记载存款人账户，是开办无人银行的必需设备，为银行柜面业务的无人化创造了条件。而回流式自动柜员机则更进一步，它能够将客户从存款口存入的现金整理后回流到出钞钱箱，供取款人取款之用，从而进一步减少了银行定期为柜员机加钞的麻烦和风险，也减少了银行现金的积压。只要选择合适的安装地点，回流式自动柜员机甚至可以长时间无须银行人员进行加钞维护，大大提高了工作效率和经济效益。因此，回流式自动柜员机的推出和应用必将有力地推动银行自助化业务的发展。

2. POS 系统

（1）概述。POS 即销售点终端系统，是实现商业电脑化信息系统和银行电脑化信息系统紧密相连的关键系统。发达国家早在 20 世纪 70 年代后期就已开始普及销售点终端系统，现已成为它们货币支付的重要手段。销售点终端系统借助于 POS 设备，可以使用各类信用卡（银行信用卡或商业信用卡），采用以信用卡方式的授权、转账及信息处理，实现客户的消费转账结算。因此，销售点终端系统的建设不仅能扩大银行的服务范围，拓展银行的服务功能，提高银行的服务水平，而且能为商业现代化建设及电子商务奠定良好的基础。

POS 设备是由早期的电子收款机发展而来的，通常设在商场、宾馆、餐厅、超市、机场、加油站等消费场所的收费处，可为用户提供消费结账、退款、查询等服务。POS 可以直接或间接（经商户计算机系统）地通过公用电话网（PSTN）、公用分组交换网（X. 25）等与一家或多家银行（发卡机构）的计算机主机联网，实现自动授权、自动转账结算、自动传递信息的功能，这类 POS 通常被称为银行的 POS。

POS 的硬件配置通常包含主控设备、票据打印机和分离式密码输入键盘。常用的 POS 设备有 3 种，即简易型 POS、转账式 POS 和收银式 POS。简易型 POS 的结构很简单，一般由磁卡阅读器、键盘和显示器组成；转账式 POS 的结构较完善，除了有主控设备外还带有密码输入键盘和票据打印机，不仅能进行授权交易，还能提供查询、转账、清算等功能，常作为银行 POS；收银式 POS 配置有微机、外加钱箱、磁卡阅读器、票据及流水打印机等，能实现现金交易和转账交易，既可作为商场 POS 也可作为银行 POS。

（2）POS 系统功能。通常销售点终端系统的基本功能包括：对磁条卡、IC 卡、非接触卡的读（或写）；通过网络与上位机进行交易和管理等信息双向传输的通信；对相关信息、指令的存储处理；用于与卡片和上位机进行相互认证，加/解密通信及各种密钥存放；用于和人机交互的键盘输入、屏幕显示和票据打印等。

（3）POS 系统的优越性体现在以下几个方面。

操作简单、服务方便。利用销售点终端系统实现交易时只需将磁卡在 POS 终端上一刷，系统便可自动检测卡的有效性、合法性，用户输入密码正确后，操作员输入交易金额，几秒钟后一笔交易自动完成，操作简单、服务方便。

加速资金周转。由于销售点终端系统实时交易的方式使得卡上账户资金及时划转，改变了以往要等联行报单划回才能记账的状况。商户可在商品交易后立即得到资金，提高了商品交易的结账效率。而联网销售点终端系统的实现则更加速了各行持卡账户间的资金清算。

降低了透支风险。由于销售点终端系统的交易授权都直接由发卡行提供，每个持卡用户都有其相应的透支额度，当其交易余额超过限额时银行即不给予授权，交易也就无法实现，这样做既客观又科学，从而大大降低了恶意透支的风险。同时，用银行卡做 POS 交易也可以减少以往用支票付款时存在的呆账风险。

提高了资金使用的安全性。由于持卡使用销售点终端系统时必须提供用户密码，因此，持卡者即便发生遗失、被盗等情况只要密码不泄露交易便无法实现，确保了持卡者账户资金的安全。

有效地解决了多卡通用的问题。由于销售点终端系统与联网系统可以共享资源，使得各行发行的卡在各个 POS 网点的通用成为可能，而且避免了重复投资、资源浪费的现象，这样既方便了持卡用户也为银行商户带来了更大的经济效益。

3. 网上支付

网上支付是人们通过互联网完成支付的行为和过程，通常情况仍然需要银行作为中介。在典型的网上支付模式中，银行建立支付网关和网上支付系统，为客户提供网上支付服务。网上支付指令在银行后台进行处理，并通过传统支付系统完成跨行交易的清算和结算。在传统的支付系统中，银行是系统的参与者，客户很少主动地参与到系统中；而对于网上支付系统来说，客户成为系统的主动参与者，这从根本上改变了支付系统的结构。常见的网上支付模式有网银转账模式、商户直联网银模式、第三方支付模式。

（1）网银转账支付模式。依据转入账户和转出账户的不同，这种模式细分为"同行转账模式"和"跨行转账模式"。其中跨行转账模式需要多个银行的网银系统和转账系统，以及人民银行清算中心系统的共同参与，这使跨行转账的流程复杂、结算时间过长。

（2）商户直连网银支付模式。这种模式是指网上商户（电子商务公司）直接将银行网上支付网关接入到自己的电子商务交易平台，为用户提供支付功能。在这种模式下，商户不但要维护多个银行网关的连接和对账，还要在对应的各银行内开设清算账户以介绍客户支付的资金。

基本的流程为用户通过网站提供的接口，将购买物品的费用直接转入商家对应银行的账户，在成功转入银行账户后，将确认信息通过 E-mail 或者电话的方式与商家取得联系，确认信息正确后，商家将用户购买的商品发送给用户。如图 9-5 所示。

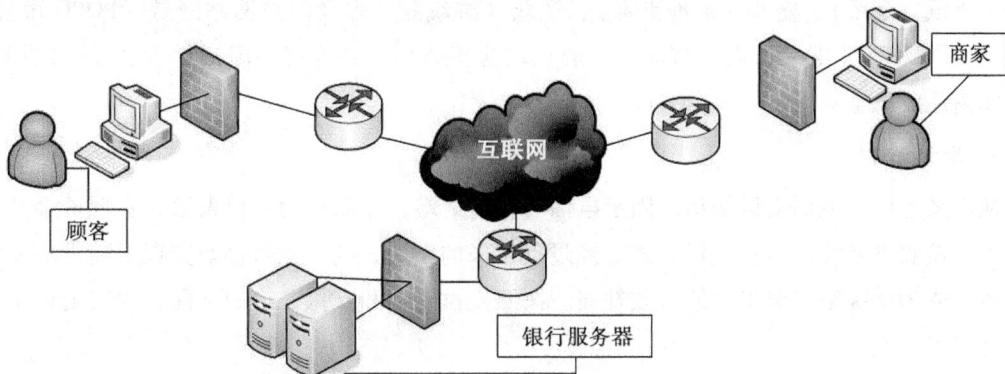

图 9-5 网上银行在线支付流程图

（3）第三方支付模式。其分为以下 3 种模式。

第三方支付平台账户支付模式。用户和卖家在同一个平台上，买家通过平台在各个银行的接口，将购买货物的货款转账到平台的账户上，平台程序在受到银行到款通知后，将信息发送给卖家，卖家在受到平台发送的确认信息后，按照买家的地址发货，买家确认货物后发送信息到平台，平台将买家的货款再转入卖家的账户。这种模式国内以支付宝、贝宝、财付通为典型代表。如图 9-6 所示。

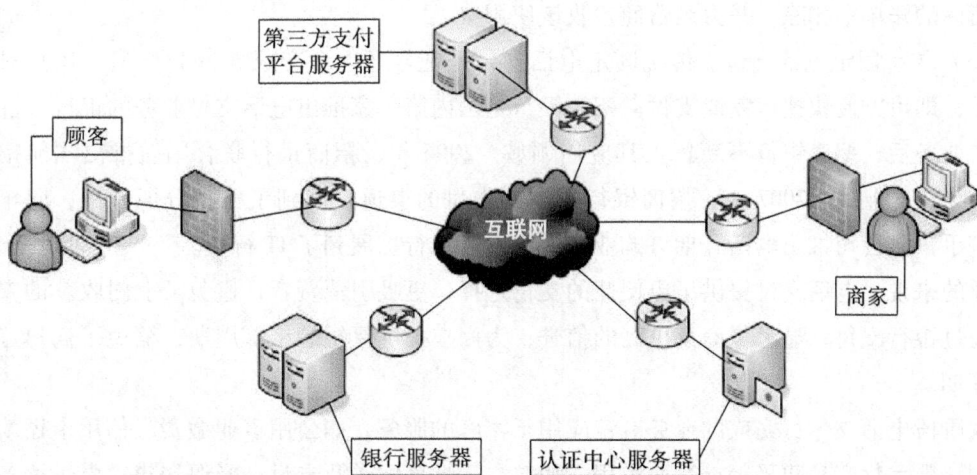

图 9-6 第三方支付平台账户支付流程

独立的第三方网关支付模式。独立的第三方网关是指完全独立于电子商务网站，由第三方投资机构为网上签约商户提供的围绕订单和支付等多种增值服务的共享平台。这类平台仅仅提供支付产品和支付系统解决方案，平台前端联系着各种支付方法供网上商户和消费者选择，同时平台后端连着众多的银行。由平台负责与各银行之间的账务清算，同时提供商户的订单管理及账户查询等功能。这种模式国内以首信易支付、百付通为典型代表。

虚拟网络货币支付模式。虚拟货币通常是商家自己发行的用于向自己提供的商品或服务进行支付的支付工具。用户需要通过其他支付方式购买虚拟货币，购买行为完成后，用户的资金已经向商户交付完成，而以后的消费支付只不过是双方交易的确认，并没有发生资金的转移。目前像腾讯（Q 币）、盛大（泡泡点券）、联众（游戏豆）以及门户网站网易（POPO 币）、新浪（UC 币）等互联网巨头都已经推出了自己的虚拟货币，并且有些虚拟货币已经可以用作购买实物商品的抵金券。

4. 电话支付

从广义上讲，电话支付是指以固定电话为支付终端，以固网为支付渠道，实现资金从支付方式方向接收方转移的一种支付方式。经过近年来的发展，电话支付逐渐实现了随需应变的解决方案，成为传统银行卡支付的有效补充。按照支付终端和支付账户的不同，我国电话支付可以分为以下三类：

（1）以信付通为代表的新型电话支付。信付通终端是将传统的电话机变为集语音、信息和支付功能为一体的新型理财终端。2005 年 7 月，招商银行与中国银联旗下的卡友公司联合在上海进行试点。以信付通为代表的电话支付凭借其使用上的便捷性和应用领域的广泛性，以及系统的灵活性和可扩展性，不仅获得了持卡人的认可，而且在多个行业中得到应用。中国银联积极探索电话支付的行业应用，结合行业客户的服务需求和持卡人的消费习惯，开创了电子账单支付、网上购物、电话订票刷卡支付等新型支付模式。

（2）以 eBilling 为代表的电话支付。eBilling 电话支付是互联网用户在使用网上收费内容时，只要提交付费申请，拨打特定的电话即可完成付费。用户在网上消费的收费内容直接从固网运营商的账单中扣除，并由运营商代收该使用费。

（3）传统固定电话支付。传统固定电话支付是把普通电话变成虚拟 POS 机，用户只需拨打电话，即可方便快捷地完成支付。招商银行是国内第一家推出电话支付业务的银行。自 2005 推出该业务后，招商银行不断扩大其应用领域。2006 年，招商银行联合国航推出国航招商信用卡电话支付业务，2007 年，招商银行将电话支付的渠道扩展到了电视分期领域，同年招商银行携手戴尔公司推出电话分期订购业务，将电话银行扩展到了 IT 行业。

总的来说，电话支付提供了更便捷的支付选择，更吸引消费者；避免了上门收款的安全隐患；通过银行支付，显示了商家更高的信誉；为商户提供更短的结算周期；缩短了商户订单的执行周期。

现阶段电话支付可完成的业务有：应用于家庭的服务，如公用事业缴费、信用卡还款、票务订购、数字化产品购买等；行业应用，如航空、烟草配送及支付、彩票销售、电子票务，以及其他物流配送领域等。

5. 移动支付

（1）移动支付概述。移动支付是移动运营商和金融机构共同推出的能够实现远程在线支付的移动增值业务。移动支付在狭义上是指使用手机作为终端的通信工具，而广义上的移动支付是指交易双方为某种货物或者服务，使用移动终端设备为载体，通过移动通信网络实现的商业交易。移动支付所使用的移动终端可以是手机、PDA、移动 PC 等，其手段包括手机短信、互动式语音应答（基于手机的无限语音增值业务的统称）、WAP 等多种方式。

具体来说，移动支付就是将移动网络与金融系统相结合，将移动通信网络作为实现移动支付的工具和手段，为客户提供商品交易、缴费、银行账号管理等金融服务的行业。它采用手机等作为支付手段，客户将消费的金额从手机费中扣除，服务提供方则通过与移动运营商的结算来获得收益。移动支付系统为每个手机客户建立一个与手机号码绑定的支付账户，客户通过手机即可进行现金的划转和支付。

在移动支付产业中，其整个系统由消费者、商业机构、支付平台运营商、银行、移动运营商等多个环节组成。移动支付的主要原理是在移动运营支撑平台上构建一个移动数据增值业务，把移动客户的手机号码当作关联支付账户，使移动客户可以通过手机进行身份确认和交易活动。关于移动支付的起源、发展以及应用，将在第 10 章至第 12 章做出详细的介绍。

9.3　支付工具的本质与规律

9.3.1　支付工具的本质

目前主要的支付工具主要有三类：纸质支付工具，包括现金、支票、旅行支票、官方支票、汇票；与纸币具有直接依附关系的电子支付工具，包括银行卡（信用卡和借记卡）、电子支票等；电子货币，它与纸币具有间接的依附关系。随着 IT 技术和互联网络的发展，银行卡以其安全、高效、便利等特点，在消费支付领域受到人们的广泛欢迎，并逐渐替代现金、支票等纸质支付工具，成为支付方式的主要发展方向。

支付工具的演变和货币的演变并非完全一致。支付工具总是领先于货币的演变。支付工具与货币的对应关系大致如表 9-3 所示。

表 9-3　支付工具与货币对应关系表

支付工具	法定货币	技术变革
足值货币→铸币	足值货币（原始货币，如牛、羊；贵金属，如金、银）	冶炼技术
铸币→银行券等	铸币	冶炼技术的进一步发展
银行券→国家纸币等	银行券	造纸术
国家纸币→银行卡→电子货币等	国家纸币	造纸术、印刷防伪技术、信息技术

从表 9-3 可以看出，支付工具本质上是直接或间接地依附于法定货币，是一种能直接或间接反映货币具有支付手段职能的载体。但支付工具与法定货币本身并非一一对应，它比法定货币具有更加广泛的内容。比如，目前法定货币为纸币，支付工具则由两大类构成：一类是直接反映纸币具有支付手段职能的现钞、银行卡（包括借记卡和信用卡）等；另一类是间接反映此职能的电子货币。现钞和银行卡等支付工具之所以能直接反应纸币的支付手段职能，在于它们与纸币在价值上具有一一对应的关系；电子货币虽然还不是法定货币，但其"价值量"依赖于与现行货币保持等额的兑换关系，从而电子货币也能间接地反映纸币具有支付手段职能。

9.3.2　支付工具的演变规律

在货币演变过程中，货币的信用担保主体逐步外化，但其信用结构最后都收敛为对货币具有普遍接受性能力的信任，所以货币的本质是信用，它贯穿了货币演变的全过程。在这个过程中，交易成本递减和货币的信用风险递增又是货币发展的两个本质规律，它们共同决定着货币演变的历程。支付工具从原始的实物支付演变到今天的电子化形式，与货币的演变具有十分相似而又不完全相同的规律。

1. 支付工具的演变必须实现价值保值

所谓价值保值，即与法定货币之间必须保持固定的等额兑换关系。某种支付工具要实现价值保值，可以通过两个途径实现：一是其本身由货币当局确认，通过立法的形式，确定其"价值代表"的身份，即法币；二是通过传统货币或银行信用的支持，确定它们与传统货币之间有稳定的兑换关系和偿付保障。比如，银行券出现后，在很长一段时间内都与黄金和白银保持固定的兑换比率。与此相似，电子货币在获得"法币"地位前，必须随时都能兑换成等额的中央银行纸币。第二种价值保值途径往往是通过支付工具的发行主体提供外在的信用担保，这又使其信用风险增加。

2. 支付工具的演变体现交易成本递减规律

布伦纳和梅泽尔（Brunner and Meltzer，1971）曾从信息成本角度提出产生交易媒介的两个充分必要条件，罗伯特·琼斯（Jones，R. A. 1976）证明了布伦纳和梅泽尔的假设并得出结论：只要存在某种商品 k，它具有较大成交概率，则以 k 为媒介作间接交易，效率更高即交易成本更低。可见，经济学家们一般用交易成本递减来解释交易货币化过程产生的原因，而交易货币化只是货币形态发展里程中的一个短暂瞬间，我们更应该看到贯穿货币等支付工具演变过程中所体现的交易成本递减规律。支付工具演变所体现出的交易成本递减，主要是从安全（易于识别、防止冒造）、便于携带保管、可重复使用、匿名性等方面理解。

3. 支付工具的演变也体现出信用风险递增规律

从信用角度看，在交易成本为零的情况下，人们总是愿意用有价值的物品作为交易媒介，因为这样可以最大化地降低交易的信用风险损失。前述支付工具的第二种保值途径和交易成本递减都使得支付工具的信用担保主体逐步外化。因此，支付工具演变史背后的支付工具信用担保主体逐步外化的过程就是支付工具信用风险递增的过程。

为了分析支付工具演变过程中上述规律如何发挥作用，我们假设两个地区最初使用不同的支付工具：**从交易成本角度看**。随着经济交往的日益密切，人们迫切要求两个地区共同使用一种支付工具来降低交易成本。用 T_A 表示 A 地区现在的交易成本，T_A 表示 B 地区现在的交易成本，T_{AB} 表示统一后的交易成本，其间满足关系式：$T_{AB} < T_A$，$T_{AB} < T_A$，即交易费用的节约程度 $\Delta T > 0$。**从支付工具的信用风险角度看**。有两种统一形式：要么一方支付工具取代另一方，要么在技术的推动下产生一种新形态的支付工具取代两方现有的支付工具。由于一种支付工具在使用较长一段时期后具有"自我肯定"的信用刚性，所以不管哪种统一形式都将使支付工具信用风险增大。这里所谓支付工具"自我肯定"的信用刚性，指的是支付工具的信用具有自我维持的特性，即如果人们知道别人用它作为交易媒介，那自己在交易中也会选它，这样支付工具的信用随着自身媒介的交易次数增多表现出自我肯定的刚性特征。用 R_A 表示 A 地区现有的支付工具信用风险损失，用 R_B 表示 B 地区现有的支付工具信用风险损失，用 R_{AB} 表示统一后支付工具的信用风险损失，其间满足关系式：$R_{AB} > R_A$，$R_{AB} > R_B$，支付工具信用风险损失的增加程度为 ΔR。在这两个地区统一成一种支付工具必须满足以下三个条件：① $\Delta T > 0$，即能够降低交易成本；② $\Delta R < \Delta T$，即交易成本的节约程度足以弥补支付工具信用风险损失增大的程度；③ ΔT 与 ΔR 的差额最大化，即交易成本的节约程度弥补支付工具信用风险损失增大程度后的余额最大的支付工具最有可能淘汰其他支付工具而胜出。

目前，电子支付技术正处于前所未有的变革洪流中，手机、生物识别、预付卡等这些层出不穷的支付手段似乎都在影响着未来支付方式。明天我们会应用什么技术，今天我们无法知道。但有一点可以肯定的是，电子支付工具将会层出不穷。新兴的支付工具必须更为方便、易于使用，同时，要比现有的支付工具更能节约成本。

本章小结

支付工具是传达债权、债务人支付指令，实现债权、债务清偿和货币资金转移的载体。收付款人的支付指令通过支付工具传达至其开立资金账户的金融机构，开户金融机构将按照支付指令的要求办理资金转账。

在传统支付结算领域，支付工具主要是现金和票据，但如汇兑、托收承付、委托收款等则应属于支付方式的范畴，不属于支付工具领域。随着电子信息技术的飞速发展，金融电子化的进程也在逐步推进，这使支付工具的种类大大增加，产生了信用卡、电子现金、电子钱包等各种新兴的支付工具，但也使支付工具、支付方式、支付平台等概念间的界限日益模糊，不易辨识。我们认为，如 ATM 机、POS 机等应是其所属支付平台的一个终端接口，它们与其背后的系统共同构成一个支付平台。客户使用不同的支付工具通过此终端接口在相应支付平台上完成支付结算活动。因此，此类机器不应属于支付工具。而网上银行、电话支付、移动支付等应当是传统支付系统在新的物理平台上的延伸演变，其地位与传统的柜台操作类似。

支付工具的演变和货币的演变并非完全一致。支付工具总是领先于货币的演变。在其演变过程中，存在实现价值保值、体现交易成本递减、信用风险递增的演变规律。

关键术语

支付工具　　支付方式　　银行卡

习　题

1. 简述传统支付领域存在的支付工具和支付方式。
2. 简述电子支付领域存在的支付工具和支付方式。
3. 支付工具的本质是什么？其演变遵循什么样的规律？

案例分析

信用卡成为银行卡消费中坚力量　电子支付创新发展

　　CTR 市场研究在 2008 年发布的《中国城市居民信用卡使用状况及品牌表现研究报告》中显示，近 47.3% 的信用卡用户每周至少使用 1 次信用卡，更有超过一成的高收入人群几乎每天都用信用卡，信用卡已经列入日常生活中相当重要的支付工具。日前，快钱推出的信用卡无卡支付方式就因为其便捷、安全、灵活的实用特性受到热烈追捧。

　　信用卡无卡支付，即无须随身携带信用卡，只需要在支付时输入或者通过电话报上信用卡卡号、有效期及持卡人验证信息即可完成付款。一方面，使用快钱信用卡无卡支付时无须开通信用卡网上支付功能，消除了用户对于网络安全问题的担忧；另一方面，快钱信用卡支付对于电话以及短信等支付手段的支持，使人们彻底摆脱了一般电子支付对于网络的依赖性，使信用卡业务获得了更广阔的成长空间。

　　据了解，早在 2007 年，快钱就率先推出信用卡跨行还款服务；2008 年，快钱创新推出了信用卡分期付款服务和信用卡无卡支付服务。至此，快钱完善了在信用卡支付领域的创新服务，形成了从支付到还款一站服务的完整支付链。

　　通过持续不断的创新，快钱在信用卡支付领域推出了完善的支付服务，形成了从借记卡向信用卡还款"收款"到通过网络、电话、短信等多种渠道"付款"，再到定时、定量"分期付款"等较为全面的信用卡业务，信用卡还款、信用卡分期付款、信用卡无卡支付就像快钱信用卡业务的三颗明星，使得用户在各类卡支付业务中形成完整的"闭合回路"支付链条，资金在其间自由周转，真正实现"越刷越愿刷，越刷越精彩"。

　　快钱 CEO 关国光表示，快钱将积极和银行、商户合作，让消费者通过快钱能够更方便、快捷地实现支付消费。关强调说，快钱会覆盖更多的用户群体，满足人们对于支付的各种需求。让更多用户可以更便捷地完成支付，这是快钱的重要目标。

　　资料来源：亚太经济时报。

　　问题：阅读以上资料，分析信用卡的特点，并与其他的支付工具进行比较。

第 10 章
移动支付发展历史提要

🕭 教学目标与要求

☞ 了解移动支付的基本概念、特点与分类；

☞ 掌握移动支付的起源与发展。

🕭 知识架构

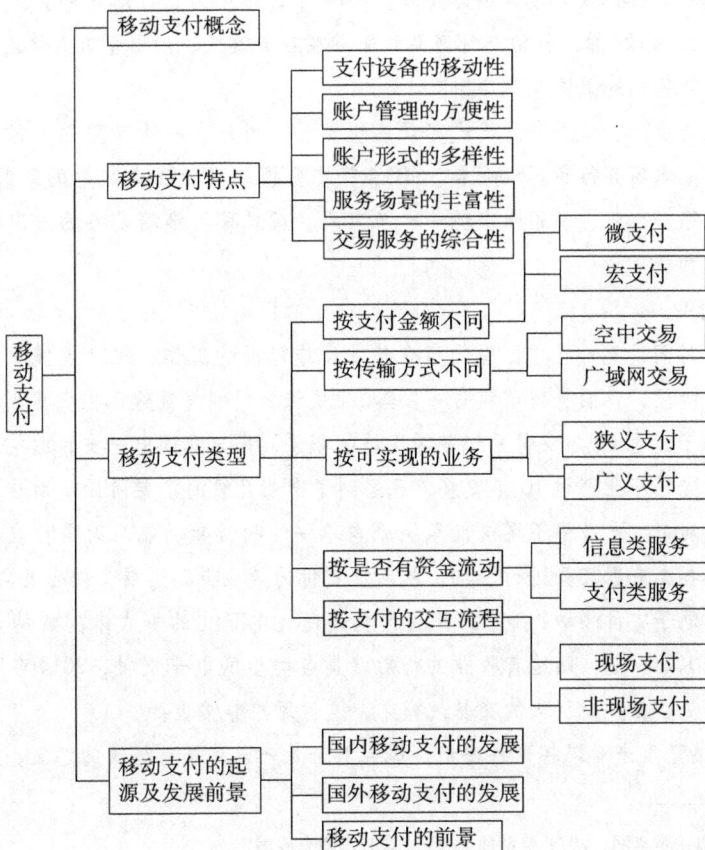

🌀 导入案例

移动支付同比增长超 1 倍　支付 2.0 时代或到来[⊖]

2014 年 8 月 18 日，央行公布该年度第二季度支付体系运行总体情况。数据显示，第二季度全国共办理非现金支付业务 150.38 亿笔，金额 456.20 万亿元，同比分别增长 23.35% 和 17.42%。而电子支付金额增速则远远大于整个非现金支付业务的平均水平。同期全国银行机构共处理电子支付业务 76.96 亿笔，金额 327.11 万亿元，同比分别增长 23.24% 和 30.31%。其中，移动支付业务 9.47 亿笔，金额 4.92 万亿元，同比分别增长 1.55 倍和 1.37 倍，移动支付业务继续保持高位增长。

相比之下，银行卡发卡量增速连续放缓。截至第二季度末，全国累计发行银行卡 45.40 亿张，环比增长 3.40%，增速较上季度放缓 0.79%。

移动支付未来仍将高速发展

中国社科院金融所研究员杨涛向《第一财经日报》表示，移动支付业务飞速发展的原因得益于电子商务的发展和互联网金融的推动。移动支付在未来一段时间还将继续保持较高增速。

实际上，自 2013 年以来，移动支付业务便发展迅猛。央行《2013 年支付体系运行总体情况》数据显示，2013 年中国移动支付笔数为 16.74 亿笔，同比增长 212.86%；市场规模达到 9.64 亿元，同比增长 317.56%。

杨涛称，互联网金融当中的理财产品和增值服务也促进了支付模式的利用。移动支付向金融理财、保险和生活服务等多领域延伸，跨行合作也不断升级，移动支付金融化趋势明显。

移动支付的发展运行特点促使其迅速发展。2014 年 5 月中国支付清算协会发布的《中国支付清算行业运行报告（2014）》称，移动支付产品和服务在业务模式、应用场景、终端载体等方面加速创新，提供差异化、特色化的便民及增值服务。

近年来，传统的线上、线下支付模式实现有机整合，用户在一次完整的支付业务流程中，可以完成交易、消费等基本商务行为。SIM 卡、SD 卡等安全模块成为资金账户的新载体，能够在学校、交通、物流、超市等多行业、多领域实现一卡多应用。新式移动终端设备的推出驱动着移动支付产业创新思路的更新和转变。

支付风控需把关

"前面 10 年的时间，支付在中国做的所有基础设施建设的工作、推动规模化的工作，开始逐步走向成熟，在初期阶段，我们觉得已经告一段落。"快钱公司副总裁兼风控负责人顾卿华向《第一财经日报》表示，基于过去 10 年支付系统基础设施的积累，未来我国电子支付的前景可观。

中国的第三方支付产业经过 10 年发展，已经到了产业升级的重要阶段。而这一阶段的标志，就是支付 2.0 时代的到来。支付将不再仅仅承担原本单一的收付款功能，而是可以与财务管理、金融服务、营销管理等各类应用场景进行叠加，从而让支付的效应得以延展，使企业实现加速发展。

顾卿华称，在电子支付领域，2/3 的预售消费是通过电子化的方式来完成的。2013 年，网络营收业的交易规模是 1.8 万亿，网络营收业的背后就是各类型的电子支付，2014 年年底，网络营收业数据预计为 2.8 万亿。在如此巨大的交易规模中，支付风控非常重要。

"从我们企业的角度来看风控这件事情，风控对企业来说还是有很大的意义，尤其在中国国内的

⊖　资料来源：新华网，2014 年 8 月 19 日，本书作者有改编。

支付行业中，至少对我们来说有不同的意义。"顾卿华表示，"做好风控，是监管机构要求的，有备付金的要求，有信息安全的要求，有应用管理的要求。"

随着通信技术和信息技术的迅猛发展，手机、移动 PC、PDA 等移动终端已经成为人们使用最普遍的通信工具。在此基础上，伴随着互联网、移动通信和计算机技术的快速发展和相互融合，移动支付应运而生，并成为支付方式发展的一种必然趋势。继卡类支付、网络支付后，移动支付俨然成为新宠。本章将主要介绍移动支付的概念、特点、类型及其发展状况等内容。

10.1　移动支付的概念

作为近年来的一种新兴支付方式，移动支付（Mobile Payment）正处于快速发展阶段，其内容也在不断地改变、更新、发展和丰富。业界对这一不断发展变化的概念还未做出标准统一的界定，相关组织机构、专家学者对其有不同的定义，但都是围绕着移动支付的特点和性质及技术实现而界定的。

"移动支付论坛"（Mobile Payment Forum）作为专门研究移动支付相关课题的国际性组织，也对移动支付给出了定义："移动支付是指交易双方为了某种商品或服务的交易而通过移动设备交换金融价值的过程。"此定义充分体现了"移动"和"支付"这两个关键词的核心内涵，其外延覆盖面非常广，我们可称之为广义的移动支付概念。现实中，手机是最为人们所认知、最能体现"移动"特性的一种终端设备，因此人们在讨论的过程中，通常将"移动支付"和"手机支付"等同起来。"用手机来实现资金在经济个体之间转移的过程"，我们称之为狭义的移动支付概念。下文所谈及的移动支付，如无特别说明，都是指狭义的移动支付。

有学者认为，移动支付即交易双方使用移动设备转移货币价值以清偿获得商品和服务的债务。这是一种依据短信、HTTP、WAP 或 NFC（近场通信技术）等无线方式完成支付行为的新型支付方式。移动终端可以是手机、PDA、移动 PC 等。目前手机是主要的移动支付终端，因此，也有人把手机支付称为移动支付。

另外一种定义认为，移动支付属于电子支付方式的一种，是指交易双方为了某种商品或服务，以移动终端设备为载体，通过移动通信网络或者 NFC 实现的商品交易，它属于移动电子商务支付的范畴。移动支付是移动终端由通信工具变成信用支付工具的一种功能性的扩展，同时也是移动电子商务过程实现的一种价值体现。

10.2　移动支付的特点

移动支付属于电子支付的范畴，因此具有电子支付的特征，但因其与移动通信技术、无线射频技术、蓝牙技术、互联网技术等相互融合，又具有自己的特征。

1. 支付设备的移动性

相比常规的支付工具，以手机为代表的移动终端具有更强的用户黏性，携带更为方便，支付更加便利。用户随身携带移动设备，消除了距离和地域的限制，信息获取更为及时。用户可以随时随地获取所需要的服务并完成整个支付与结算过程，提高了交易服务的及时性。

2. 账户管理的方便性

这是移动支付区别于传统卡类支付的重要特点。智能手机逐渐成为业界的主流，用户可以方便地通过手机使用移动互联网，随时随地查询账户余额、交易记录、实时转账、修改密码等，管理自己的移动支付账户，还可以通过手机客户端或者 UTK 菜单对离线钱包进行充值，减少了去营业厅或者充值点充值的麻烦，充分体现移动支付的方便时尚的特点。

3. 账户形式的多样性

移动账户可以集合多种账户形式，可实现第三方账户、银行账户（借记卡、信用卡）和移动支付专用账户等多账户于一机的形式，用户可通过一部移动终端实现线上远程支付与线下现场支付。

4. 交易服务的综合性

移动支付不仅为用户提供了移动电子商务的远程支付功能，同时也可以满足用户对公交、食堂等小额支付的需要，还可以提供门禁、考勤等服务。

5. 服务场景的丰富性

移动支付涵盖了线上线下多种支付场景。移动近端支付所提供的服务场景包括公共交通、商场、超市、食堂等众多传统卡业务所支持的场景；远程移动支付可完成互联网支付所支持的绝大部分内容。

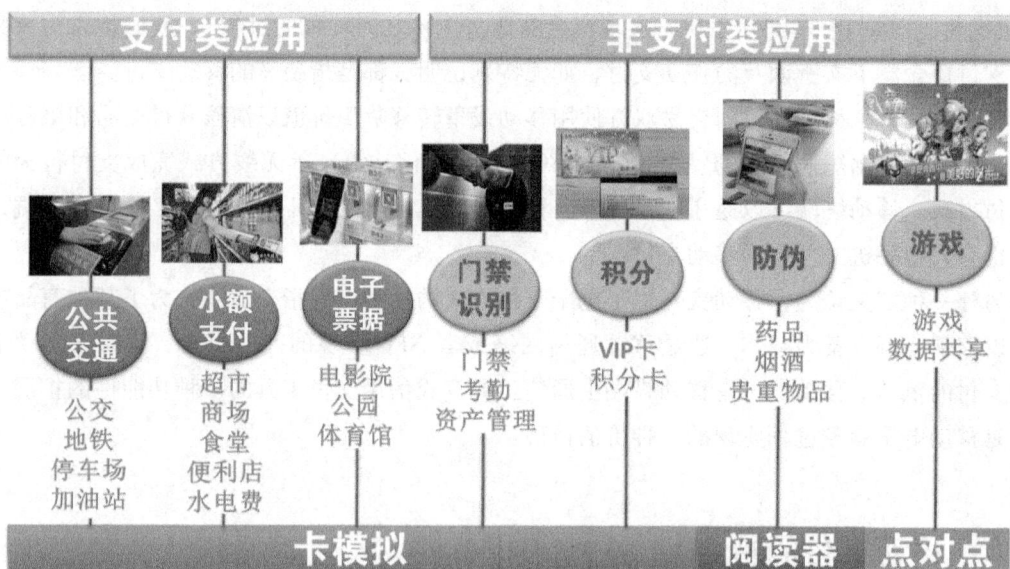

图 10-1　移动支付应用场景

10.3　移动支付的类型

按照支付金额的不同，手机支付可以分为微支付和宏支付两种。根据移动支付论坛的定义，微支付是指交易额少于 100 元的支付行为，通常是指购买移动内容的业务，例如游戏、视频下载等。而宏支付是指交易金额较大的支付行为，要求交易金额大于 100 元。例如在商场购物或者进行银行转账。两者之间最大的区别就在于安全要求级别不同。对于宏支付方式来说，通过可靠的金融机构进行交易鉴权是非常必要的；而对于微支付来说，使用移动网络本身的 SMI 条鉴权机制就足够了。

按照传输方式不同，手机支付可以分为空中交易和 WAN（广域网）交易两种。空中交易是指支付需要通过终端浏览器或者基于 SMS/MMS 等移动网络系统。WAN 交易则主要是指移动终端在近距离内交换信息，而不通过移动网络，例如使用手机上的红外线装置在自动贩卖机上购买可乐。

按照可实现的业务种类，手机支付可以分为狭义支付和广义支付两种。狭义支付主要指通过手机实现的现金类商业活动，包括：手机购物、手机订票、手机缴费等。广义支付主要指通过手机实现的交易类商业活动，包括：移动拍卖、移动银行、移动股票、移动保险。

按照手机与银行卡绑定后，是否有资金的流动，可以分为信息类和支付类业务两大类：信息类服务包括用户银行卡信息（余额）查询、银行卡账户变化短信通知、对账通知、到账通知、话费查询等，主要实现对银行卡资金变动情况的监控；交易类服务包括公共事业费用的缴纳、话费缴纳、购买各种卡（手机缴费卡、游戏卡等）、彩票投注、手机投保、网上购物等，主要通过手机完成交易。

按照支付的交互流程，移动支付可分为现场支付和非现场支付两类。现场支付也称非接触式移动支付，是用户使用内置支付芯片/功能的近距离接触消费终端，通过运营商提供的储值账户或银行账户直接实现支付的方式，它分为大额支付和小额支付两种，大额支付需用户授权和认证，而小额支付无须授权和认证，主要应用在公交、校园、超市、商场等社会应用支付终端，实现单次金额或月度累计金额低于某一限额的现场支付。非现场支付即远程支付，是指支付方和受付方不在同一现场，而是通过短信、WAP、IVR、APP 等方式远程连接到移动支付后台系统，实现账户查询、转账、信用卡还款、订单支付等功能。例如手机购买铃声就属于非现场支付。

10.4　移动支付的起源及发展

10.4.1　移动支付的起源

20 世纪 90 年代初，移动支付业务首先出现于科技产业异常发达的美国，随后在日本、韩国等国家出现并得到迅速发展。中国业界对移动支付的尝试始于 1999 年，由中国移动与中国工商银行、招商银行等金融部门合作，在北京、广东等地开始移动支付业务试点。移动支付出现后，在许多国家都得到了迅速的发展。

10.4.2　国外移动支付发展状况

在日本，NNT DoCoMo 公司率先与 Sony 共同推出的 "i-mode Felica" 移动钱包方案开辟了日本移动支付的新时代，该移动钱包主要应用于购物、交通支付、票务、公司卡、身份识别、在线金融等方面，主要合作伙伴包括连锁便利店、全日空、东日本铁路公司、航空公司、票务公司 PIA 等。其后，NNT DoCoMo 公司将"手机钱包"与信用卡进行了严格绑定，新的支付应用将不需要通过现金或网络方式进行充值而直接发起信用卡支付。除了 NNT DoCoMo，日本另外两大移动运营商 KDDI 与 Vodafone 也加入了 Felica 阵营，并与金融领域进行更深层次的合作。日本最大的铁路运营商——东日本铁路公司的非接触式支付方案称为"Suica"，主要开发零售、影院、机场、娱乐场所等多种应用。日本信用卡组织 JCB 拥有 5 770 万持卡人，其非接触式方案 Quicapay 拥有 7 万用户与 1 万受理点，便利店是主要消费场所。

在欧洲，随着 3G 网络技术的商用，各大移动运营商也在积极推广移动支付业务。以芬兰为例，2002 年 3 月，芬兰最大的电信运营商索内拉公司开始向该国首都居民提供用手机支付购物款的服务，用户可以在指定的数十家商店用手机购物。从 2004 年 5 月开始，芬兰国家铁路局在全国推广电子火车票，乘客不仅可以通过国家铁路局网站订购车票，还可以通过手机短信订购电子火车票。

在美国，移动电子商务与移动支付方面，近几年发展比较缓慢，美国有过几次 NFC 手机支付现场试验，如 2005 年 12 月，美国最大的移动运营商 Cingular 同诺基亚、大通银行、Visa 和美国亚特兰大的若干运动员和运动场等合作推出一个试点项目，但距离日本或韩国式的全国性大规模商业应用还很遥远。

针对韩国而言，它的手机用户占全国人口的 82%，宽带普及率世界最高，电子商务基础设施公认为世界级水平，这些都为韩国移动支付的发展提供了良好的基础。韩国移动支付快速发展的主要原因在于韩国政府在政策上的支持和鼓励，由政府主导的大型信息化项目以及相关鼓励政策的出台，还有良好的市场环境的支持。韩国的移动运营商采取了与金融机构合作的方式开展移动支付业务。韩国的三大移动运营商 LG、SK、KTF 分别于 2003 年 9 月、2004 年 3 月、2004 年 8 月联合金融机构采用红外线技术开展移动支付技术，后因移动运营商和金融机构之间的矛盾而合作破裂。2007 年双方再度携手，SK 联合 Visa、KTF 联合 Master Card 重新推出移动支付业务。另外在移动支付的发展过程中，韩国政府起到了极为关键的作用。政府出台了手机支付的鼓励性法律法规，规定对支持手机近端刷卡支付的商户可享受消费退税 2% 的优惠政策；还提出零售、餐饮、宾馆等行业的商户若不接受手机支付，将被作为重点税务检查对象。

10.4.3 国内移动支付发展状况

在我国，运营商从 2001 年开始推广通过手机短信接入的支付方式，这是中国最早的手机支付，以其快捷方便的特点得到了大众的认可并在小额支付领域大显身手。2002 年，中国移动在广州开始小额移动支付的试点。2004 年，银联也常常开展以手机和银行卡绑定的移动支付合作。2006 年，中国移动在厦门启动近场支付的商用体验。2008 年近场支付试点扩大到长沙、广州、上海、重庆等地。2010 年银联联合工商银行、农业银行、建设银行、交通银行等 18 家商业银行，以及中国联通、中国电信两家电信运营商，及部分手机制造商共同成立"移动支付产业联盟"。2011 年 6 月，央行下发第三方支付牌照，银联、支付宝、银联商务、财付通、快钱等获得许可证。但由于支付标准不统一等原因，国内的移动支付一直没有大规模推广。2011 年 4 月~2012 年 3 月，三大运营商相继成立了移动支付公司，2011 年 12 月，三大运营商移动支付公司子公司同时获得央行颁布的支付业务许可证，运营商在开发移动支付产品和推广上的积极性得到提升。

总体来说，我国移动支付的发展经历了四个阶段，如表 10-1 所示。

表 10-1　我国移动支付的四个发展阶段

阶段	时间段	技术演进	移动支付发展情况
移动支付 1.0	2000～2005	2G/短信	SP 主导，银行零星参与，短信支付广泛应用于互联网和移动互联网的小额支付领域，结算资金以话费为主
移动支付 1.5	2006～2008	2.5G/GPRS	短信代收费遭到工信部严厉打击，银行和第三方支付迅速进入到移动支付产业链中的银行资金和第三方资金参与阶段，SMS 和 WAP 使用率不相上下
移动支付 2.0	2009	3G/WCDMA	移动近端支付进入局部试运营阶段，移动互联网支付开始多方布局，手机短信与支付配合更为密切，银行资金参与结算的比重稳步增加
移动支付 2.5	2010 至今	3G、WIFI、NFC 并行	移动近端支付国标制定提上日程，读取终端布局开始；移动互联网支付应用场景日趋广泛；支付采取牌照办法，移动支付行业迎来产业链横向与纵向合作的高潮

艾瑞咨询公司在《2012～2013 年中国移动支付市场研究报告》中判断指出，未来几年将是移动支付产业取得突破式发展的关键时期，整体市场会迎来三个浪潮，一是移动互联网远程支付，即基于移动互联网把 PC 端照搬过来的模式；二是 O2O 电子商务支付，目前互联网支付巨头纷纷针对这一领域推出一些创新支付形态，如二维码，在经历一段市场调研之后，将会出现一些适合用户需求的产品形态，从而为移动支付产业带来一个短期的高速增长态势；三是非近端支付，随着近场行业标准、受理环境、应用场景、应用内容等基础条件的逐步成熟，将会迎来市场的爆发式放量。

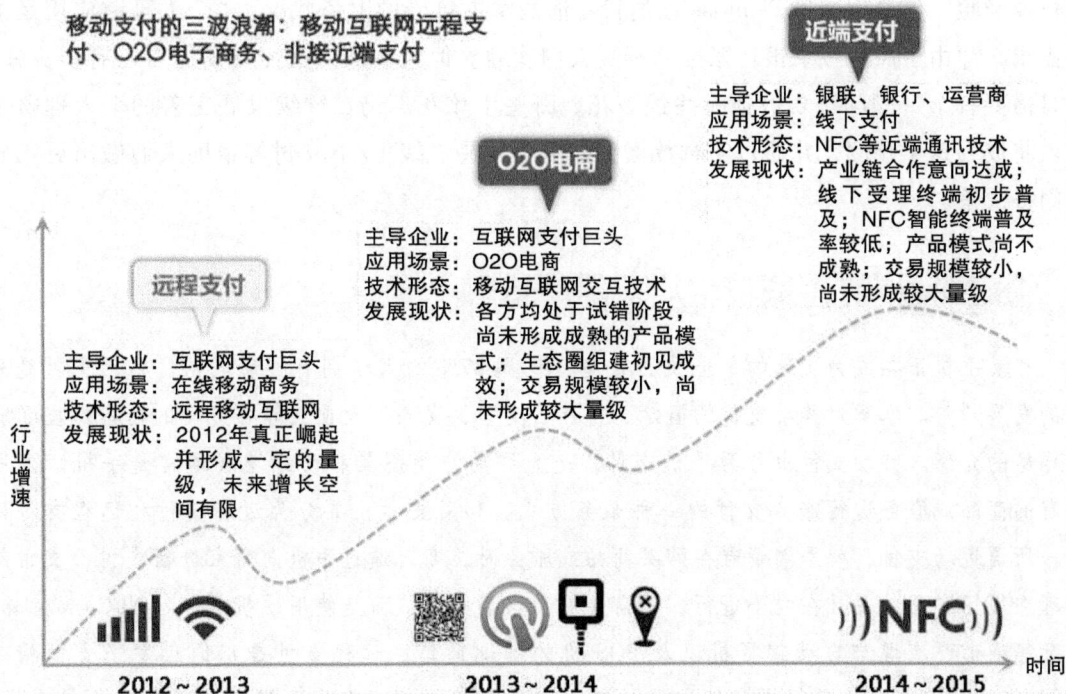

图 10-2　移动支付的三波浪潮

10.5 移动支付的发展前景

1. 代替纸币虚拟化

美国移动支付公司 Square 的出现引领了一场支付方式革命——抛却繁琐的现金交易和各种名目繁多的银行卡，你只需要一部智能手机或平板电脑即可完成付款；正如 Square 的宣传语一样，整个交易过程"无现金、无卡片、无收据"。包括 Square 在内，GoogleWallet、PayPal 以及其他 NFC 支付技术正带领我们走向一个无纸质货币时代。

2. 银行服务移动化

Simple 又名 BankSimple，是一个专注于移动银行业务的全方位个人理财工具。通过其 iPhone 应用，用户就能完成存取款、转账等各种操作，存取票据用手机拍照保存即可；你再也不用亲自跑去银行取号排队办理业务。通过与全美最大的无中介费 ATM 网络组织 Allpoint 合作，Simple 的所有操作都不需要任何手续费用。其 CEOJoshuaReich 称："目前的银行系统最大的利润来自各种各样让客户迷惑不解的手续费，而非银行服务本身。Simple 的宗旨就是让客户的银行业务简单明了，每一笔钱花在哪里都一清二楚。"

3. 理财工具贴身化

Planwise 是一款免费的个人理财软件，它能让普通消费者为不同的财务目标创建不同的理财计划，并根据实际消费随时进行调整。其创始人文森特·特纳有着 10 多年的金融互联网行业经验，他希望通过 Planwise 让消费者清楚掌控自己的财务状况。"个人理财应用是主流需求，却由于需要登录银行账号而不受人们欢迎。但大多数人又需要知道自己有多少钱，并且需要有个'顾问'告诉他哪些钱该花，哪些不该花。仍在继续发展完善的个人理财工具就将成为这个顾问，并通过实时数据比如历史交易、线上/下支付等帮助人们做出更正确的财务决策。"

本章小结

移动手机正在成为首选的智能支付设备，世界 87% 的人口拥有移动电话。移动支付是未来的发展趋势。本章对移动支付的概念、特点、类型、发展以及前景等各方面的内容做出了较为详尽的介绍。移动支付也称为手机支付，是允许用户使用其移动终端（通常是手机）对所消费的商品或服务进行账务支付的一种服务方式。移动支付主要分为近场支付和远程支付两种，所谓近场支付，就是消费者在购买商品或服务时，即时通过手机向商家进行支付，支付的处理在现场进行，并且在线下进行，不需要使用移动网络，而是使用手机射频（NFC）、红外、蓝牙等通道，实现与自动售货机以及 POS 机的本地通信；远程支付是指通过发送支付指令（如网银、电话银行、手机支付等）或借助支付工具（如通过邮寄、汇款）进行的支付方式，如掌中付推出的掌中电商、掌中充值、掌中视频等属于远程支付。

关键术语

移动终端　　移动支付　　手机支付

习　题

一、选择题

1. 通过手机银行进行余额查询、修改密码等属于以下（　　）支付方式。

A. 信息类业务　　　　　　　　　　B. 支付类业务

C. 微支付　　　　　　　　　　　　D. 宏支付

2. 下列属于广义支付的有（　　）。

A. 移动拍卖　　　　　　　　　　　B. 移动银行

C. 移动股票　　　　　　　　　　　D. 移动保险

二、简答题

1. 你如何看待中国的移动支付发展前景？

2. 你会在日常生活中使用移动支付吗？如果会，请简单描述你的使用经历；如果不会，请阐述理由。

三、讨论题

请根据你的网上购物经验，比较移动支付和其他电子支付的不同，并思考移动支付的发展前景。

案例分析

移动支付互联网金融2014年两岸互联网发展论坛热词探讨

2013 年，微信红包、余额宝两个创新应用引发了大陆对互联网金融的高度关注，移动支付、互联网金融理财等多种互联网金融应用展现出欣欣向荣的行业发展态势。在 9 月 10 日～15 日于台北举行的 2014 年两岸互联网发展论坛上，移动支付、互联网金融也成为参会人士的关注焦点。

移动支付将成为一个营销终端

2014 年春节期间，很多人的微信上都绑定了一张银行卡，有些人是为了除夕期间在微信群里"抢红包"，有些人是为了打车能节省 10 元钱。这是甲午马年，腾讯和阿里巴巴两位姓马的大佬——马化腾和马云，引导上亿大陆手机用户进行的一次"移动支付"的体验。

移动支付未来会发展成怎样？PC 端会逐渐式微吗？

AdTime 副总于捷认为，随着移动互联网的发展，使用越来越频繁之后，未来 PC 这种端口会逐渐成为专业人士的专业使用，而对普通人来说，在生活当中 PC 的功能会慢慢被淡化，随之由移动设备取代，比如移动的端口可能会成为未来人们获取信息的主要窗口来源。

"将传统 PC 上的盈利手段完全复制到移动互联网上是不可行的，所以未来移动互联网真正的盈利点应该是在更为专业的行业领域做些突破。在各行各业当中，无论是汽车行业、房产行业还是快消品行业，随之会产生更多的专业性、平台性产品服务于这些移动用户。"于捷说。

在于捷看来，在未来，存在屏幕的地方很多存在着营销，无论是现在的 PC、移动还是互联网电视，还是未来户外的智能大屏，随着互联网逐渐深入的应用，以及城市互联网质量的提升，有屏幕的地方终归会成为一种营销的手法，营销的终端。

监管不应成为互联网金融发展的瓶颈

互联网金融成为流行词不过两年时间，各类"宝宝"们此起彼伏地被推向市场，伴随而来的市场监管也成为业界关注的话题。

对此，嘉银总裁严定贵认为，金融是配置资源的一个工具，对于一个成熟的法制经济体来说，金融资源有效地配置对于整个经济发展的作用是显而易见的。

"金融资源工具，我们从监管的角度来说，不应该使监管成为发展的瓶颈，这点在地区之间应该变成共识，金融应该被监管，因为金融经营的是风险，风险是要受控的。但是对监管当局来说，对于监管应该给予足够的容忍度，因为互联网金融的发展过程与传统金融还有很大的不同，它围绕新经济，围绕移动互联网时代对经济的重构，有一定的先导作用。"严定贵说。

严定贵以第三方支付为例分析："比如第三方支付行业，大陆现在形成了支付宝或者财富通这样比较大的第三方支付企业，通过支付打通了企业在物流、资金流或者信息流方面的有效配置。这尽管对于传统的银行形成了非常大的竞争，但对监管层来说，它应该很好地评估。"

严定贵认为，传统的金融机构是需要改变的，网点布局、增信方式以及交易流程，显而易见是比较传统的，而且对于讲究效率是很难适应的。

当前，在技术应用创新驱动下，互联网以开放、融合的态势渗透到各个领域，更深层次地影响着经济社会的发展。移动互联网正创造着全新的商业消费模式，互联网金融也将不断拓展传统行业的市场。

资料来源：新华网，2014 年 9 月 17 日。

问题：根据案例，谈一谈你对"移动支付"发展的认识：目前，你接触过哪些涉及移动支付的服务？"移动支付"给我们的生活带来了哪些便捷？你认为移动支付应该严格监管吗？

第 11 章
远程移动支付技术

🌀 教学目标与要求

☞ 了解远程移动支付技术基础；

☞ 掌握典型的几种远程移动支付技术；

☞ 熟悉典型的远程移动支付技术方案。

🌀 知识架构

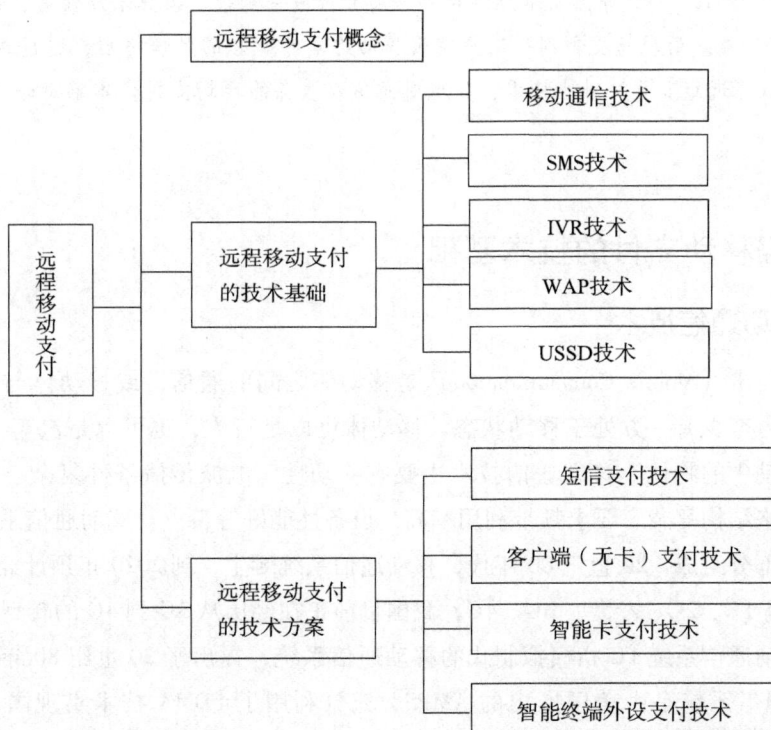

导入案例

中小公司研究：移动远程支付，蛋糕近在眼前[○]

根据 EnfoDesk 易观智库产业数据库《2012 年第二季度中国户外电子屏广告市场监测报告》显示，2012 年第二季度，中国户外电子屏广告市场规模达到 21.01 亿元，环比增长 16.1%，同比增长 7.1%。

苹果更改"最强大地图服务"描述向用户道歉。

北京时间 9 月 30 日消息，据国外媒体报道，苹果地图糟糕表现给该公司带来的问题看起来仍未结束，就在苹果 CEO 蒂姆·库克为此公开道歉后不久，苹果更改了官方网站上关于苹果地图的描述，不再称之为"最强大的地图服务"。

2012 年 7 月中国垂直文学网站日均覆盖人数 1 568 万人。根据艾瑞咨询推出的网民连续用户行为研究系统 iUserTracker 最新数据显示，2012 年 7 月，垂直文学网站日均覆盖人数 1 568 万人。

主题机会展望：移动远程支付，蛋糕近在眼前。

近场支付和远程支付构成了移动支付的两大实现方式。对于很多消费者来说，刷手机乘坐公交、地铁、超市购物等是与他们最相关的近场移动支付，这也是目前在我国不少城市广泛应用的业务模式，而一直被高度关注的支付标准之争也正是针对近场支付。海外市场速览集中展示美国市场和中国香港市场一周涨跌排名前五位公司情况，以期从国际市场运行的角度发掘可能蕴含的投资机会。

根据技术手段的不同，移动支付可分为远程支付和现场支付。远程支付是指用户使用移动终端，通过短信、WAP、IVR、APP 等方式远程连接到移动支付后台系统，实现账户查询、转账、信用卡还款、订单支付等功能。而现场支付则是用户使用移动终端和配套的受理终端，通过 NFC、RF—SIM、SIMpass、RF-SD 等近距离非接触式技术，实现对商品或服务的现场支付。本章将介绍远距离移动支付的内容。

11.1　远程移动支付的技术基础

11.1.1　移动通信技术

移动通信技术（Mobile Communication）是移动体之间的通信，或移动体与固体之间的通信，即通信双方至少有一方处于移动状态。移动体可以是行人，也可以是汽车、火车、轮船、收音机等在运动中的物体。移动通信技术主要有移动性、电波传播条件复杂、噪声和干扰严重、系统和网络结构复杂、要求频带利用率高、设备性能好等特点。移动通信系统由空间系统和地面系统两部分组成。20 世纪 80 年代，移动通信系统诞生，到 2020 年预计经过 5 代发展历程，5 代分别是 1G、2G、2.5G、3G、4G，我国目前正在经历从 3G 到 4G 的转型。

第一代移动通信系统 1G 指模拟制式的移动通信系统，提出于 20 世纪 80 年代，世界上第一个 1G 移动通信系统是由美国推出的 AMPS，充分利用了 FDMA 技术实现国内范围的语音通信。

○ 资料来源：新华网，2014 年 8 月 19 日，本书作者有改编。

第二代移动通信系统 2G 起源于 20 世纪 90 年代初期，是包括语音在内的全数字化系统，也就是风靡全球十几年的数字蜂窝通信系统，第一个商业运营的 2G 系统是 GSM（Global System for Mobile Communication）。

位于第二代和第三代移动通信系统之间的 2.5G，即通用分组无线业务（General Packet Radio Service，简称 GPRS），是在 2G 基础上提供增强业务，通过利用 GSM 网络中未使用的 TDMA 信道，提供中速的数据传递。GPRS 突破了 GSM 网只能提供电路交换的思维方式，只通过增加相应的功能实体和对现有的基站系统进行部分改造来实现分组交换，这种改造的投入相对来说并不大，但得到的用户数据速率却相当可观。

第三代移动通信系统 3G，即移动多媒体通信系统，又称 IMT2000，提供的业务包括语音、传真、数据、多媒体娱乐和全球无缝漫游等。1996 年，NTT 和爱立信着手开发 3G，国际电联于 1998 年推出 WCDMA 和 CDMA2000 商用标准，2000 年中国推出的 TD-SCDMA 标准于 2001 年 3 月被 3GPP（3rd Generation Partnership Project，第三代合作伙伴计划）接纳，第一个 3G 网络 2001 年由日本运营。

第四代移动通信系统 4G 的用户速率达到 20Mbps，是真正意义上的高速移动通信系统，其用户速率支持交互多媒体业务、高质量影像、3D 动画和宽带互联网接入，是宽带大容量的高速蜂窝系统。2005 年年初，NTT DoCoMo 演示的 4G 移动通信系统在 20KM/小时下实现 1Gbps 的实时传输速率，该系统采用 4×4 天线 MIMO 技术和 VSF-OFDM 接入技术。

11.1.2 SMS 技术

SMS 是 Short Message Service 的英文缩写，即短消息业务，是 GSM phase1 的一部分。短消息服务器使移动电话（包括 Pocket PC Phone）能够使用 GSM 网络发送短消息，一条短消息能发送 70~160 个字符（偶数二进制），但限于欧洲各国语言、中文和阿拉伯语，因此，该系统在欧洲、亚洲被广泛使用。

SMS 是一种存储和转发服务。也就是说，短消息并不是直接从发送人发送到接收人，而是始终通过 SMS 中心进行转发，如果接收人处于未连接状态（例如，电话已关闭），则消息将在接收人再次连接时发送。SMS 具有消息发送确认的功能，这意味着 SMS 与寻呼不同，用户不是简单地发出信息然后相信信息已发送成功，而是信息发送者可以收到信息回执，通知他们短消息是否已发送成功。SMS 是通过信令频道传输的，并不占用独立的频道，因此信息的发送和接收可以在 GSM 网络上与语音、数据和传真等服务同时进行而不会对彼此产生任何干扰。SMS 还可以支持国内和国际漫游，使移动用户可以使用短信服务向全球任何其他使用 GSM 系统的移动用户发送短信息。此外，基于 GSM、CDMA 和 TDMA 的 PCS 网络也同样支持 SMS，所以我们说，SMS 是名副其实的全球性移动数据服务。

SMS 系统框架和生命周期如图 11-1 所示。

图 11-1 中，1 为终端用户支付服务商/金融服

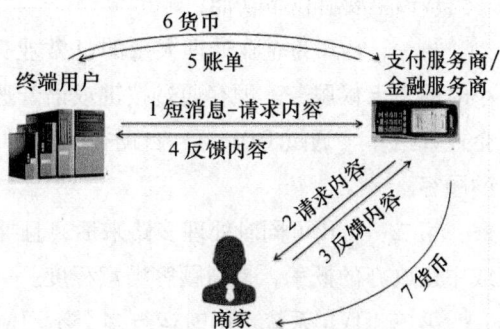

图 11-1 SMS 系统框架和生命周期图

务商，终端用户通过短消息形式来请求内容服务，如发送××到××来查询天气预报、新闻等；2为支付服务商/金融服务商至商家，金融服务商收到请求内容后认证终端用户的合法性及账户余额，如合法用户则向商家请求内容，不合法用户则返回相应错误信息；3为商家至支付服务商/金融服务商，商家收到支付服务商/金融服务商的内容请求后，认证支付服务商/金融服务商，如合法商家发送请求的内容给支付服务商/金融服务商，如不合法用户则返回相应错误信息；4为支付服务商/金融服务商至终端用户，支付服务商/金融服务商把收到的内容转发给终端用户；5、6、7为支付服务商/金融服务商从终端用户的账户中扣除相应内容的费用转账给商家。

在SMS系统中费用是从用户的话费中扣除的，账户的处理是由支付服务商/金融服务商来完成的。通常情况下，支付服务商/金融服务商是指移动运营商，即SMS系统一般不会涉及银行的参与，并且SMS系统适合于小额的信息服务。SMS系统的安全性取决于短消息的安全性。该系统的优点是费用低廉。移动金融服务通过发送一条短信完成一笔交易一般只需花费0.1元，而使现有手机带上银行服务的功能，只需将原先的SIM卡换成STK卡，成本也很低，并且还能保留原有的电话号码。这符合现阶段手机使用群体期望以低成本享受高质量金融服务的心态。但是SMS系统只适合于小额支付，主要是用于电子服务，如购买天气预报信息等，目前90%的电子服务室采用MOBILE TO MOBILE，只有10%用户采用移动交易。

11.1.3　IVR技术

IVR（Interactive Voice Response）即交互式语音应答，是一种功能强大的电话自动服务系统，用预先录制或合成的语音进行自动应答，并为客户提供菜单导航功能，可以提高呼叫服务的质量并节省费用。客户只需用手机或电话拨打自助热线，即可感受IVR提供的各种语音服务，并可根据提示进行进一步的操作。IVR发展的前身是固话声讯。在一体化呼叫中心平台中，IVR首先是一个子系统，它与其他子系统协同来实现呼叫中心平台的标准功能；其次它又是一个可以单独运行、维护和升级的独立系统，可以在只需要IVR的场合单独使用。随着技术的进步，IVR也有了一系列的发展，可根据用户输入的内容播放有关的信息，可以是操作提示也可以是具体的信息内容。

在Internet电话中使用的IVR经历了从集中到分布的过程，分布式IVR采用加入智能网关的功能，使得原本远程发送的语音提示信息现在只需要在本地发送，从而既减少了开销又提高了服务质量。

IVR主要有以下功能：

第一，IVR为企业处理大量的日常业务时无须通过业务代表，可提供每周7天，每天24小时的全天候服务。顾客通过按键或语音选择，向企业主机输入信息，在允许范围内访问各类企业数据库（通过ODBC），自助得到多种服务，令业务代表有更多的时间服务于有特别要求的顾客。

第二，IVR可同时处理多路来话，且拥有遇忙自动处理流程，可极大地降低顾客听到忙音或中途放弃的概率，提高顾客满意程度。

第三，IVR系统可同时运行多个不同应用，例如它可同时为企业内部人员或企业客户提供完全相互独立的信息系统应用。当它处理异路来话时，通过询问一些相关信息，如内部ID、供应商 ID、代理商 ID，等等，就可以自动选择应该启动哪个应用系统。

第四，IVR 是呼叫中心整体流程的先导，也可以是主控者。顾客来电可以自由地在人工坐席和 IVR 之间转移，在转移过程中携带顾客数据及相关信息。例如业务代表可以要求 IVR 验证顾客 ID，或播放咨询信息，并在结束后收回控制权。

此外，IVR 还可以从各个方面照顾好来电客户。在呼叫分配方面既可按照最优算法自动分配，也可根据用户指示处理呼叫；在容错方面，遇忙自动处理以减少顾客不耐烦而挂机，遇线路故障可自动报警等。IVR 还可支持多种语言，根据用户需求用不同语言播放提示或资讯信息。

IVR 可运用于许多行业，企业顾客可在任何时间打电话获取他们希望得到的信息，而无须等到上班时间或联系某个固定负责人。IVR 使电话成为顾客与企业或机构联系的桥梁，有效地提高了企业或机构的运营效率。例如，储户可拨打银行的自助服务电话进行账户查询、信用认证、利率查询等业务；保户通过拨打保险公司的服务热线进行投保信息查询、索赔资格认证、保单申请等业务；旅客可拨打铁路或航空公司自助服务电话预订车票/机票、查询车次/航班等。

11.1.4　WAP 技术

WAP 是 Wireless Application Protocol 的英文缩写，即无线应用协议，也称为无线应用程序协议，是一个在数字移动电话、Internet 以及其他个人数字助理机 PDA 与计算机应用之间进行通信的开放性全球标准。WAP 由一系列协议组成，从上到下依次是 WAE（Wireless Application Environment）、WSP（Wireless Session Protocol）、WTP（Wireless Transaction Protocol）、WTLS（Wireless Transport Layer Security）、WDP（Wireless Datagram Protocol）。其中，WAE 层含有微型浏览器、WML、WMLScript 的解释器等功能；WTLS 层为无线电子商务及无线加密传输数据提供安全保障。WAP 技术将移动网络和 Internet 以及企业的局域网紧密地联系起来，提供了一种与网络类型、运营商和终端设备都独立的、无地域限制的移动增值业务。通过这种技术，无论客户身在何地何时，只要通过 WAP 手机，即可享受无穷无尽的网上信息资源。

WAP1.0 是 WAP 的第一个版本，于 1998 年 5 月通过。这一版本推介出了 WAP 的核心内容、i.e. WAP 协议条款、WML 以及 WMLScript 等。WAP1.1 版本于 1999 年 6 月推出，这是 1.0 版本的改良版，是对以前的版本进行归纳反馈的结果。WAP1.1 是第一个商业版，这一版本中的主要变化仍然是用 XHTML 对 WML 进行编排以得出 W3C 的详细说明。这一版本支持 WBMP 格式的图像操作，从而提高了无线电话应用（WTA）规格及 WML 的所有标记，现在它已用小写取代了大写。WAP1.2 版本采用了 WAP 推进架构、用户代理结构（UAPROF）、WDP 通道，提高无线电话应用（WTA）规格以及包括支持附加的用户网络技术。目前 WAP 版本是 WAP2.0，是为加强 WAP 的实用性而设计的，迎合了市场的需求，并且适应了当前更高带宽、更快的数据传输速度、更强大的接入能力和不同的屏幕规格大小等最新的行业发展趋势。利用先进的网络和新增的服务功能，支持 WAP2.0 的终端将可以接入到各种基于互联网的内容、应用和服务，我们也可以将其视为一项非常有价值的从 PC 开始的扩展。

WAP 的系统框架图如图 11-2 所示。

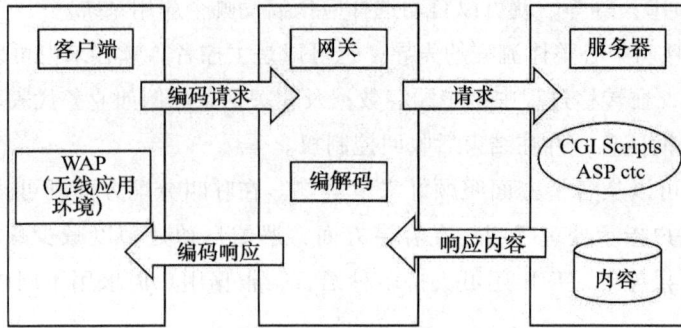

图 11-2　WAP 的系统框架图

由于 WAP 的设计采用了"瘦客户机器"的思想，将大部分的处理功能都留给了网关，所以客户端无须实现很复杂的功能。

从图 11-2 可以看出，当 WAP 终端发送的请求在网关经协议转换后，再向内容服务器传送；而从内容服务器返回的信息，经网关编程后，转换成较为紧凑的二进制格式，返回移动终端（即客户端）。WAP 网关用来连接无线通信网和 WWW 网。其中，客户端是无线通信网的一部分，服务器端是 WWW 网的一部分。WAP 网关实现的功能除了上述的协议转换盒、消息编解码这两个功能之外，还具有以下两个功能：

（1）将来自不同 Web 服务器上的数据聚合起来，并缓存经常使用的消息，减少对移动设备的应答时间；

（2）提供与数据库的接口，以便使用来自无线网络的信息（如位置信息）来为某一用户动态定制 WML 页面。

基于 WAP 的移动支付系统安全性是建立在 WAP 的基础上的，目前这种系统还存在以下缺点：

（1）移动终端只能通过采用 B/S 方式访问 Internet。WAP 是一种分层协议，其中底层是无线 WDP 和 WTP 等传输层协议，底层应用层中的 WAP 微浏览器只能访问 WML 脚本，而不是主流的 HTML，也不能显示格式复杂的图形。

（2）WAP1. X 解决方案需要移动终端手机通过 WAP 网关才能访问 Internet。由于 WAP 网关的存在不可避免地带来新的安全隐患，例如中间人的攻击等。因此，直到 WAP 2. 0 采用 TLS 才保证了端到端的安全性。

（3）WAP 解决方案不能访问终端设备本地存储区，需要运行于在线环境中。大量数据的交换增加了服务器负荷，并且增加了数据被窃听的可能性。

11. 1. 5　USSD 技术

USSD 是 Unstructured Supplementary Service Data 的英文缩写，即非结构化补充数据业务，是一种基于全球移动通信系统 GSM 网络的、实时在线的新型交互式数据业务。它基于用户识别模块 SIM（Subscriber Identity Module）卡，利用 GSM 网络的信令通道传送数据，是在 GSM 短消息系统技术基础上推出的新业务，在业务开拓方面的能力远远强于 SMS 系统。

USSD 技术单独使用或与短消息技术、通用分组无线业务 GPRS 技术相结合，可为客户提供种类繁多的增值业务，如移动银行、移动电子商务、金融股票交易、手机话费查询、气象信息预报和查询、收发电子邮件、航班查询、网上订票、民意测验、在线互动游戏等。USSD 在交互式会话中可以提供直观的菜单操作，方便用户使用，在一次信息服务中，只需拨打服务电话，之后即可按照菜单提示进行下一步操作，可以建立类似 WAP 的门户网站来提供电信增值服务。采用 USSD 对原有系统结构影响较小，且运营商还可以针对本地网的具体情况灵活地推出功能业务，方便为移动用户提供各类数据业务；另外 USSD 不仅可用于一些信息服务，利用移动运营商提供的通信网络，还可应用于工业范围，USSD 的应用可使工业监控通信的范围大大扩展，功能增强，成本降低，所以这种业务在中国香港特区、新加坡等地已有广泛的应用，在中国内地也有广阔的应用前景。

USSD 和 GPRS 适合不同的用户群。工业环境中，在通信量不大、每次通信量只有几 K 数据量的情况下使用 USSD 的费用较为低廉；而 GPRS 传送带宽高，适用于信息量大的数据传输。目前市面上的手机大多支持 USSD 服务。在工业应用中，大多具有 SMS 和 GPRS 功能的通信模块或芯片也支持 USSD 服务。

USSD 与短消息业务（SMS）都是通过网络的信令通道传递的。不同之处在于短消息属于存储转发方式，USSD 则属于面向对话方式。当用户访问 USSD 业务时，该对话通路保持连接，直到对话结束。

总的来讲，USSD 具有如下特点：

1）快速。在交互式应用中，由于只需建立一次连接，减少了多次建立信令连接的时延，来回一次的响应时间比短消息业务短，最短是短消息的 1/7；

2）便捷。用户无须进行逐级菜单选择，而是直接输入 USSD 命令字串；

3）支持漫游。USSD 的每一条命令都要经过 HLR（Home Location Register，归属位置寄存器），因此用户漫游时，以基于 USSD 业务的同样方式运行；

4）广泛适用。USSD 可在目前所有的 GSM 手机上运行；

5）功能强。能以对话方式和信息业务菜单方式提供服务。

USSD 本身也有一些局限，例如：USSD 命令字串较难记忆。但用户可将常用的 USSD 字串存入手机电话本，以减少记忆和输入难度。

11.2　远距离移动支付的技术方案

按照所使用的技术类型，远距离支付方案主要包括短信支付、客户端（无卡）支付、智能卡支付和智能终端外设支付四种技术方案。

11.2.1　短信支付技术

1. 实现方案

短信支付指的是用户通过编辑并发送短信完成的支付业务。在短信支付交易过程中，包含支付信息的短信指令从用户的移动终端（一般指手机）发送到短信处理平台，通过识别、审核和交换后，支付信息被转发到移动支付接入平台与账户管理系统完成相关业务。

短信支付的技术架构很简单，主要通过短信处理平台与移动支付接入平台交互完成支付处理，如图 11-3 所示。

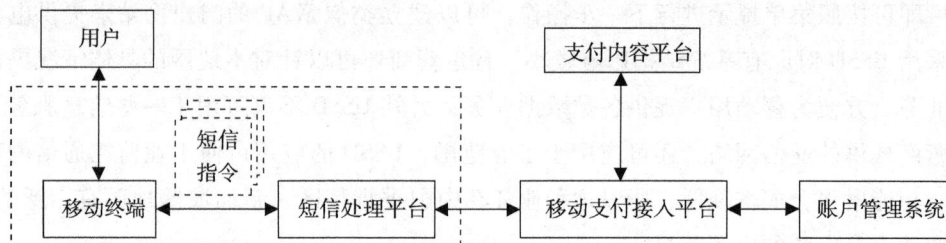

图 11-3　短信支付技术架构图

短信处理平台由移动运营商建立和管理，依约定的格式，在移动终端和移动支付接入平台之间进行短信转发。为保障短信支付的安全性，短信的传输应采用健壮的通信传输协议，保证传输可靠性，而且不能在一条短信中同时出现账号、密码等敏感数据。

2. 技术特点

短信支付的方案实现简单、方便快捷，使用门槛低；而且现有的手机和通信网络环境无须做任何改造就能实现，业务实施成本低。但短信支付方案的用户交互体验不够好，且无法保障短信的可靠传输，因此难以承载需要复杂交互的支付业务。

3. 典型业务

典型的短信支付业务有上海电信推出的手机缴费业务和肯尼亚电信运营商推出的 M-PESA 业务。移动支付之"手机缴费"是中国电信上海公司和付费通公司合作推出的一项基于天翼手机的新型电子支付产品，用户通过短信、WAP 等方式，足不出户就可实现支付电信账单、电信手机充值、公用事业费账单支付等服务，更可订阅账单，享受人性化的账单缴费提醒服务。在该业务中，用户首先将自己的手机号码与一个支付账户（比如付费宝）绑定，并针对要缴费的业务申请开通手机缴费功能。每月该业务账单生成后，系统向用户发送账单信息（包括条码号、金额等），用户可以编辑并发送短信到特定的支付服务接入号，发起手机缴费。具体流程即：用户提交支付请求→系统响应支付请求→用户确认支付→反馈回执提示绑定→用户响应绑定请求→反馈绑定信息。

M-PESA 在肯尼亚当地的斯瓦希里语中，就是"移动货币"的意思，M-PESA 是肯尼亚电信运营商 Safaricom 推出的全球首个由移动运营商独立开发和运作、传统商业银行不参与运营的新型移动银行业务。M-PESA 是一种虚拟的电子货币，用户开通 M-PESA 业务后，只需要通过发送短信就可完成转账，并且汇款人和收款人都不要求拥有银行账户，收款人持收到的转账短信即可到 M-PESA 代理点兑换现金。

11.2.2　客户端（无卡）支付技术

1. 实现方案

客户端（无卡）支付是指用户使用移动终端客户端，由移动互联网浏览器或客户端软件接受用户的支付请求，并通过移动互联网将支付请求发送给后台服务器，由账户管理系统进行资金转移的操作，然后将操作结果通知给移动终端客户端和服务提供方，完成支付的业务。整个过程在线完成，不需要其他现场受理终端的参与。客户端支付的应用系统架构如图 11-4 所示。

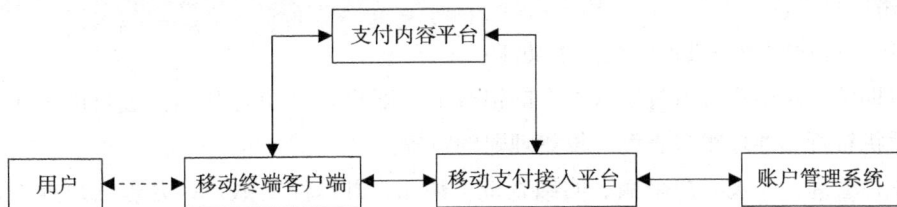

图 11-4 客户端支付应用系统架构图

2. 技术分类

客户端软件可分为浏览器和专用客户端两种，因此客户端支付也可分为浏览器支付和专用客户端支付两种技术形态。

浏览器支付：指用户通过移动终端的浏览器连接移动互联网，与移动支付接入平台和支付内容平台进行交互完成支付的技术。浏览器支付无须安装客户端软件，可通过浏览器或双因子验证方式完成支付操作。

专用客户端支付：指用户使用专用的移动终端客户端软件，连接移动互联网，与移动支付接入平台和支付内容平台进行交互完成支付的技术。专用客户端支付是专门针对某类支付业务设计的，功能强大，流程灵活，用户体验较好，并且可端到端加密。

3. 典型业务

典型的客户端支付业务有客户端版手机银行业务，如工商银行推出的客户端版手机银行，如图 11-5 所示。

图 11-5 工商银行手机银行客户端

工商银行的用户可在 iPhone、Android、WindowsPhone 等职能手机或平板电脑中下载安装工商银行手机银行客户端，使用银行卡或信用卡账号登录后，可办理银行账户查询、转账汇款、信用卡还款、充值缴费、申购/赎回基金及理财产品等多种金融应用，实现了"移动互联时代，银行随身带"。

工商银行客户端版手机银行有如下功能：

- 自助注册：用户可通过输入本人的银行卡（账户）即个人基本信息自助注册工商银行手机银行，办理账户查询、投资理财的业务。
- 账户管理：实现账户余额、明细查询，添加、删除注册账户，办理账户挂失，设置手机银行默认账户等。
- 转账汇款：用户可通过工行手机银行客户端办理注册账户间转账，向工行、他行账户转账汇款，查询转账汇款交易明细，管理收款人信息等业务。
- 手机充值：用户可使用工商银行客户端手机银行办理手机充值业务。
- 基金业务：用户可以办理基金购买、基金定投及管理、查询持有基金份额等业务。
- 贵金属：办理美元黄金、美元白银、美元铂金、人民币黄金、人民币白银、人民币铂金等多种账户贵金属的即时交易。
- 工银信使：提供注册账户余额变动提醒服务。

11.2.3　智能卡支付技术

1. 实现方案

智能卡支付是指用户通过存储支付数据的智能卡进行安全认证的远程支付。智能卡支付技术以具有安全芯片的智能卡作为银行卡、电子钱包、电子现金等支付账户的载体，提供基于 PBOC 规范流程的安全计算和存储，实现身份验证、交易数据保护、交易数据完整性和不可抵赖性的技术支持，从而保证支付交易的整体安全。智能卡远程支付的应用系统架构如图 11-6 所示。

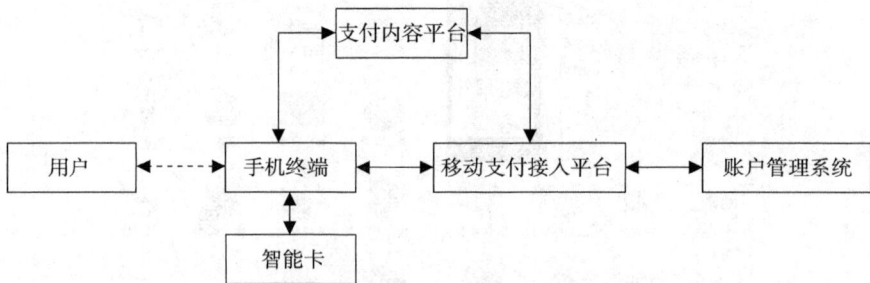

图 11-6　基于智能卡的远程支付系统架构

用户通过手机终端访问支付内容平台，选择相应的商品并发起支付请求，订单生成后，通过手机终端与智能卡进行交互，读取并认证卡内的支付账户后，将交易请求发送至移动支付接入平台，并最终转发至账户管理系统完成支付交易授权。

智能卡支付具有安全、高效的特点，可全方位支持各类支付交易，不必使用"签约绑定"

等额外安全手段，而且可使用客户端，为用户带来良好的交互体验。

2. 典型业务

使用智能卡远程支付的典型业务有银联 UP Cards 业务和银联 SD 卡远程支付业务等。

UP Cards（银联标准卡）是银联第三代移动支付标准应用，支持目前的银联标准卡（磁条）应用和 PBOC 2.0 借贷记应用。UP Cards 基于银联的 CUPMobile 手机支付系统，通过把银行卡绑定到智能卡上，实现银行磁条卡 IC 化，从而完成远程支付流程。使用智能卡进行远程支付时，用户先选择要支付的业务，后台系统生成订单后，发送数据短信给手机智能卡，激活其中的 STK/UTK 支付菜单，用户在菜单中输入密码后，手机智能卡通过加密的数据短信发送银行卡磁条信息和支付密码到移动支付后台系统，后台系统验证通过后完成支付。

11.2.4　智能终端外设支付技术

1. 实现方案

移动终端外设支付指的是通过移动终端的外接设备完成刷卡支付的业务。在移动支付的总体架构基础上，增加外接读卡器模块和移动终端客户端，用户通过移动终端发起支付请求，并通过移动终端的外接设备进行刷卡或账户访问操作，再由移动互联网与支付平台交互完成支付。

移动终端外设支付将移动终端改造为支付受理终端，大大拓展了银行卡等设备的受理环境，而且成本低，部署便捷，适合有收款需求的小型商户。但收单门槛降低的同时带来安全隐患，例如存在非法商户恶意收集用户银行卡等账户信息的风险。对于个人用户而言，用户必须同时携带手机和外接读卡器，没有其他移动支付方式便捷。

2. 典型业务

典型的移动终端外设支付业务有国内的拉卡拉和国外的 Square 支付产品。拉卡拉手机刷卡器全称为拉卡拉考拉手机刷卡器，是北京拉卡拉网络技术有限公司推出的自主知识产权的个人刷卡终端，这是一款通过音频进行数据传输的刷卡外设终端，支持 iPhone、HTC、小米等各类主流手机以及 pad 产品。主要提供信用卡还款、转账汇款、在线支付等便民生活的金融服务。

拉卡拉手机刷卡器主要具有体积小、易携带、不受时间地点限制、用户自主操作、无须网银、无须开办及登录等繁琐手续、安全便捷等特点。此外，拉卡拉手机刷卡器还解决了高单价产品支付上限问题。拉卡拉手机刷卡器实物图如图 11-7 所示。

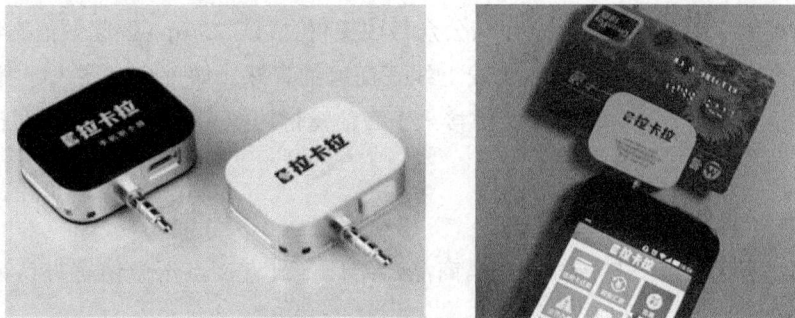

图 11-7　拉卡拉手机刷卡器实物图

拉卡拉手机刷卡器主要可实现以下功能：

查——用户可以进行银行卡余额查询业务、首款到账业务查询、汇款转账业务查询以及终端交易查询服务。

还——信用卡还款，提供跨行还款服务，支持26家银行发行的信用卡服务，可使用任意一张借记卡完成还款。而个人贷款还款则支持置顶的银行个人账户贷款还款业务，也可以使用任意一张银联借记卡完成账户还款。

转——通过手机端即可完成全国范围跨行转账汇款等业务，目前仅支持工、农、中、建、交这五大银行的业务。

收——拉卡拉手机刷卡器拥有收账功能，通过支付宝等直接进行房租、收欠款等第三方收款，简单安全、方便灵活。

缴费——通过拉卡拉能够直接进行如交水、电、煤气、宽带费在内的数十项便民服务，让您在掌上一键便可轻松完成。

11.3　远距离移动支付的技术案例

微信支付颠覆掌上体验

1. 微信支付简介

微信支付是由腾讯公司知名即时通信服务免费聊天软件微信（Wechat）及腾讯旗下第三方支付平台财付通（Tenpay）联合推出的互联网创新支付产品。2013年8月5日，腾讯发布微信5.0版本，正式加入了支付、游戏、二维码扫描条形码报价、扫描英文翻译、封面、街景等功能，腾讯携微信正式进军移动支付领域。

用户只需在微信中关联一张银行卡，并完成身份认证，即可将装有微信App的智能手机变成一个全能钱包，之后即可购买合作商户的商品机服务，用户在支付时只需在自己的智能手机上输入密码，无须任何刷卡步骤即可完成支付，整个过程简便流畅。目前，已经开通接口的银行包括中国银行、工商银行、农业银行、建设银行、招商银行、深圳发展银行、宁波银行、光大银行、中信银行、广发银行、平安银行、兴业银行、民生银行等银行，其他银行仍在陆续接入中。微信支付打破了财付通原有的支付体验，根据移动场景全新设计，"变身"成用户的随身小钱包，成了服务大众移动生活的新助手。

微信支付提供了扫二维码支付、微信公众号内支付、第三方App调起微信支付三种支付方式，由于更贴合应用场景，而受到广大线上线下商家的青睐。如大众点评、呷哺呷哺、优酷、南航、香港航空、招行、天虹等企业，都接入了微信支付功能。目前，微信支付已经迅速覆盖到多个行业，包含多种支付场景模式。

2. 微信支付使用流程

首次使用，需用微信"扫一扫"扫描商品二维码，或直接点击微信官方认证公众号的购买链接。

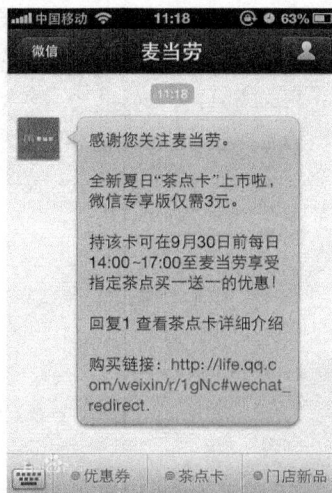

点击立即购买，首次使用会有微信安全支付弹层弹出。

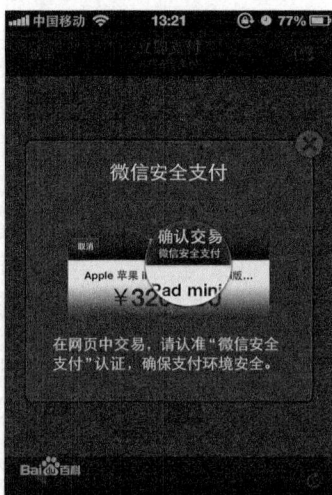

点击立即支付，提示添加银行卡。

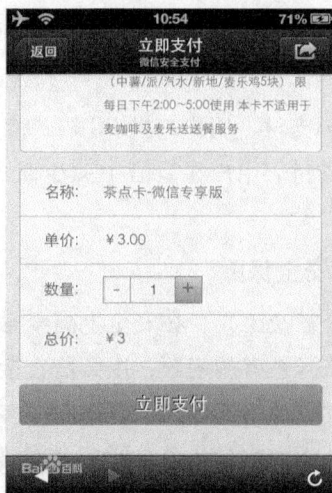

填写相关信息，验证手机号。

设置支付密码，购买成功。

3. 微信支付应用情景

（1）线下扫码支付。用户扫描线下静态的二维码，即可生成微信支付交易页面，完成交易流程。

（2）Web 扫码支付。用户扫描 PC 端二维码跳转至微信支付交易页面，完成交易流程。

（3）公众号支付。用户在微信中关注商户的微信公众号，在商户的微信公众号内完成商品和服务的支付购买。

4. 微信支付安全保障

微信作为一个社交工具，在安全上离金融级别的要求差距还比较大。和 QQ 一样，很多微信用户都遇到过账号被盗的问题，用微信直接绑定支付后，一旦账号被盗，后果不堪设想。因此安全性是微信支付的一大硬伤，媒体和很多公安系统的官方微博经常对微信的安全性做出预警。针对用户最关心的支付安全问题，微信支付以五大安全保障为用户提供安全防护和客户服务。

技术保障：微信支付后台有腾讯的大数据支撑，海量的数据和云计算能够及时判定用户的支付行为是否存在风险。基于大数据和云计算的全方位的身份保护，最大限度保证用户交易的安全性。同时微信安全支付认证和提醒，从技术上保障交易的每个环节的安全。

业态联盟：基于智能手机的微信支付，将受到多个手机安全应用厂商的保护，如腾讯手机管家等，将与微信支付一道形成安全支付的业态联盟。

安全机制：微信支付从产品体验的各个环节考虑用户心理感受，形成了整套安全机制和手段。这些机制和手段包括：硬件锁、支付密码验证、终端异常判断、交易异常实时监控、交易紧急冻结等。这一整套的机制将对用户形成全方位的安全保护。

赔付支持：如果出现账户被盗被骗等情况，经核实确为微信支付的责任后，微信支付将在第一时间进行赔付；对于其他原因造成的被盗被骗，微信支付将配合警方，积极提供相关的证明和必要的技术支持，帮用户追讨损失。

客户服务：7×24 小时客户服务，加上微信客服，及时为用户排忧解难。同时为微信支付开辟专属客服通道，以最快的速度响应用户提出的问题并做出处理判断。

5. 微信支付的发展

（1）微信支付功能愈发完善，但生态还不完整。微信支付最近添加了钱包和转账功能，在功能上与阿里的支付宝进一步对称，但由于微信支付自身生态还不完善，使得一些关键服务"只能形似"。比如有业内人士这样比较理财通和余额宝的区别：余额宝是用户在支付宝中长期储值后诞生的需求，为此阿里还收购了天弘基金实现了消费端（淘宝、天猫）、支付端（支付宝）、理财基金的统一，因此很轻松就能实现通过余额宝进行快捷支付。

而微信支付想通过理财通实现快捷支付，需要与基金公司达成协议，还需要基金公司准备 5%～20% 的垫资，以理财通千亿的规模计算，就是 50 亿～200 亿元，大多数基金公司都难以承担。因此，理财通更像是给金融产品导流的入口，而无法成为微信支付生态的一部分。这也导致微信支付在储值方面存在缺陷，只能通过"微信零钱"做小额储值。腾讯显然也意识到了这个短板，不管是财付通最近更名"财付通支付"，还是频频传出在前海设立民营银行的消息，都表现出了腾讯补强金融服务的态度。

（2）微信支付正努力拓展需求，但事实证明微信流量也有限。电商不给力，线下业务受限情况下，腾讯只好努力为微信支付去"创造"需求，比如手游微商店、机票、彩票，等等，还包括拉上京东一起开拓的服务号电商。但一方面这些需求的交易量有限，另一方面还非常依赖微信的流量注入，而京东入口证明了：微信的流量也是有限的。作为一款通信 App，微信始终对从朋友圈导流很小心，因此服务号电商等业务形态只能将希望寄托在微信广告上。而有腾讯内部人士透露，微信曾对订阅号广告流量进行过评估，结果是令人满意的，而另据了解，在微信广告系统逐渐运行起来的同时，微信广告还将尝试更多位置和形式，这其实成了微信支付继续前行的关键。

（3）二维码支付被禁，导致微信在线下拓展被延缓。其实在最初的规划中，线下才是微信支付最关键的部分，但由于央行对"二维码支付"的禁令，微信支付在线下拓展陷入很大困境。有业内人士透露，微信与上品折扣的体验店使腾讯遭遇了不小压力，预计腾讯近期不大可能在线下有大的动作。另外的隐忧在于，线下支付领域的霸主银联也缓过神来。

据了解，银联派出百人团队与苹果联合开发基于 iPhone 6 的 NFC 移动支付技术，同时还在开发线下二维码支付。因此，即使将来二维码支付解禁，微信支付在支付宝外，还要面对银联的挑战。

（4）投资京东，还没能为微信支付带来电商增量。根据公开文件，阿里电商在 2013 年的成交总额为 15 420 亿元，而支付宝在 2014 财年的总支付金额约为 38 720 亿元人民币，电商对网络支付的作用显而易见。但微信与京东在支付方面的合作似乎并不和谐，京东自有 App 和电商至今也没接纳微信支付，而京东不待见微信支付，其实很容易理解：一方面京东自己还做金融业务，大量应用微信支付会"饿死"自己的金融业务。另一方面，账号采用微信，支付环节也用微信，必然造成数据全面流向腾讯，强势如刘强东怎么可能把身家性命交给腾讯。因此，在京东不愿微信化的情况下，微信支付目前很难从京东传统电商方面获得什么支持，只能依靠自己的服务号电商和购物入口。

总而言之，微信支付颠覆了掌上支付的体验，让支付变得更为安全和便捷。但微信支付的杀伤力不局限于支付，更在于它正在以微信为基础，重新定义了移动电商的生态模式。

本章小结

远程支付突破移动互联网瓶颈，正如传统互联网发展轨迹一样，随着3G技术的日趋完善和移动市场的逐步成熟，电子商务和交易平台是移动互联网的最终发展方向。早期的移动支付以远程支付为主，即通过 STK、短信、WAP、USSD 等方式完成远程交易以及时下流行的手机客户端、应用支付插件等内嵌支付平台模式完成远程交易。后期，伴随着 RFID 技术（射频识别技术）的成熟商用，移动支付的另一个分支——近场支付也逐渐发展起来。2007 年 6 月，在重庆，国内第一个非接触式手机钱包业务——"长江掌中行"正式商用，由此移动支付领域远程支付与近场支付两分天下的格局逐渐成形。

据了解，我国的远程支付经历了 10 多年的发展，目前相关应用与软件的安全性已经历了初期的应用检验，用户安全体验较高。以"联动优势"远程支付软件为例，该软件采用 SSL 加密通信协议确保数据全程加密，同时采取登录超时控制、登录 IP 变动检测、交易额度限制等多种防护措施。在每笔交易中，增加短信二次验证与确认，有效地保障了资金安全。而近场支付因为面临大规模终端标准化改造的问题，支付的安全性仍待后期验证。

对于未来的移动支付行业，联动优势的凌翔认为近场与远程支付的融合发展会成为行业发展大势。纵向实现O2O，即线上与线下的支付融合，横向打通支付行业生态链、产业链，全面满足安全、便捷的支付需要，这就是我们对于未来移动支付的期待。

关键术语

远程移动支付　　非接触式技术

习　题

一、选择题

1. 通用分组无线业务（GPRS）是（　　　）。

A. 2G

B. 3G

C. 2.5G

D. 4G

2. SMS 是全球性移动数据服务，一条短消息发送（　　　）个字符。

A. 70～160

B. 160～250

C. 250～340

D. 340～430

3. 招商银行手机银行属于（　　　）。

A. 短信支付技术

B. 客户端支付技术

C. 智能卡支付技术

D. 智能终端外设支付技术

二、简答题

1. 远程移动支付和近距离移动支付的区别是什么？

2. 远程移动支付的技术基础包括哪些？

3. 请列举与现实生活相关的五个远程支付的实例。

案例分析

远程支付　你落伍了吗⊖

2014 年 9 月 iPhone 6 发布，由于没有过多的创新，遭到不少果粉吐槽。不过几家大型信用卡组织与苹果公司合作推出的 NFC 支付成为亮点，据说中国银联也成为合作商之一。NFC 是一种远程支付技术，只要下载相关的令牌符号或者更改手机卡就可以用手机进行支付。其实，远程支付在国内已使用，如果你还不了解这项业务，那你就落伍了。根据国内最大的独立第三方支付平台支付宝日前发布的统计报告，北京市在电子支付这一应用的普及率上目前位居全国第一，2008 年北京网民通过支付宝这种工具在网上共消费了 63 亿元之多。

NO1 iPhone 6 "移动支付"

随着 iPhone 6 的面世，全球支付公司 Visa、万事达也宣布，将支持新款 iPhone 6 及苹果其他终端设备的用户实现移动支付的应用。全新的 iPhone 6、iPhone 6 Plus 以及 Apple Watch 用户可以通过"苹果支付"使用项目参与银行发行的 Visa、万事达卡信用卡及借记卡。在商店中，消费者可以通过使用 iPhone 轻触非接触式终端，并将手指按在 Touch ID 上，轻松进行交易授权以完成支付。对于应用程序内的支付，消费者仅需点击支付，并使用指纹或密码进行授权，即可享受顺畅的支付体验，整个过程无须输入卡号或离开当前的应用程序。

Visa 方面表示，此次推出的称为令牌服务技术的工作原理是通过一串（虚拟）数字账号或一个可以被安全存储于移动设备内的"令牌符号"来取代传统塑料卡片上敏感的支付账号

⊖　资料来源：北京商报，2014 年 9 月 15 日。

信息的，同时可用于实体商店内的消费或苹果应用程序的购买。

NO2　NFC 全手机支付

移动支付作为新兴的支付手段，受到越来越多用户的欢迎。今年中国银联联合不少手机制造商推出了 NFC 全手机产品。具备 NFC 功能的手机出厂时内置了智能安全芯片，无须再更换 SIM 卡或其他硬件，即可直接在手机上申请并下载银行卡，实现近场支付和远程支付。

同时，目前已有超过 15 家商业银行正式接入银联移动支付平台，对于用户来说，正式接入的银行以及各地移动营业厅，均可咨询办理 NFC 手机支付业务。

NO3　银行自推支付产品

此前，浦发银行、光大银行也推出过 NFC 手机支付产品，主要是基于 SIM 卡的手机支付银行卡产品。该产品将银行卡信息写入手机 SIM 卡，直接通过手机空中完成包括卡片及账户充值、支付、换卡在内的诸多金融服务交易，无须任何银行网点或自助设备。产品同时支持远程支付与近场支付，其中近场支付实现了用户"一碰即付"的便捷支付体验。更简单的是，在客户已有的 SIM 卡上，直接贴入一张芯片，就能完成远程支付。这类支付产品主要可以在便利店、大型超市、餐饮娱乐商户、菜市场、公交、停车场等消费场所的 POS 机上使用非接触支付功能。

艾瑞咨询的调查数据显示，多数互联网专家认为 2020 年移动支付将取代现金和信用卡，成为主流支付方式。其中，65% 的受访专家认为，到 2020 年大多数消费者将采用智能刷卡终端进行支付。

问题：根据案例，谈一谈你对远距离移动支付发展前景的认识。

第 12 章
近距离移动支付技术

教学目标与要求

☞ 了解近距离移动支付技术基础；

☞ 掌握典型的几种近距离移动支付技术；

☞ 熟悉典型的近距离移动支付技术方案。

知识架构

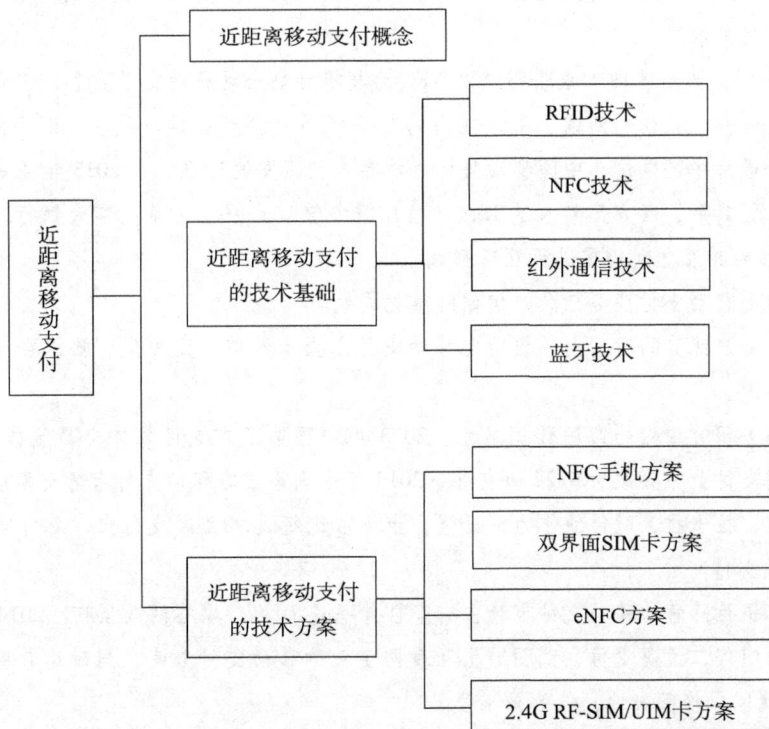

导入案例

iPhone 6，唤醒下一个移动支付巨人？ ⊖

2014 年 9 月，苹果 iPhone 6 携 NFC、ApplePay 问世。此前，业内已传出相关消息，Baird Equity Research 公司近期发布研究报告指出："eBay 及其 PayPal 受到了苹果 iPhone 6 移动支付系统的直接威胁。"移动支付行业再一次风起云涌。

NFC（Near Field Communication）是一种近距离通信技术，可以把手机模拟成信用卡、公交卡、购物卡，允许用户"刷手机"付费。苹果已联手 Visa、万事达、美国运通进军移动支付领域，同时，苹果还启动了 ApplePay 项目开展与本地商户和大型零售商的合作，扩大苹果用户的支付范畴。

《华尔街日报》曾将苹果形容为移动支付市场上"沉睡的巨人"，它发展了 8 亿绑定信用卡的 iTunes 消费账户，虽然这些 iTunes 账户只能购买苹果的产品。拥有超过 3.75 亿名 iPhone 用户、1.55 亿名 iPad 用户，苹果公司拥有推广移动支付的一切条件。

NFC、ApplePay 能够把 5 亿多名的终端用户转化为各种消费场所的支付者，这宣告了苹果在移动支付领域的苏醒。

NFC 的一滩浑水

美国知名科技博客 Business Insider 把移动支付分为四类：短信支付、NFC、刷卡支付、应用支付。目前，短信支付日薄西山，应用支付则已经基本被几大巨头跑马圈地。而最受青睐的 NFC 技术，却始终不温不火。

早在 2006 年，诺基亚就推出了业界首款 NFC 手机、描绘了未来移动支付购物的生活蓝图。由此也拉开了移动支付的序幕。

2010 年，中国三大运营商、银联相继以 NFC 为契机计划启动移动支付业务，但各方都希望能够借机掌控包含运营商、银行、商铺、用户在内的整个移动支付产业链。此后，两大阵营进行了近 3 年的标准之争，最终中国电信、中国移动妥协，放弃自己研发的标准，于 2013 年正式采用由央行牵头制定的标准。但其后，双方又陷入了 TSM（信托服务管理）平台之争，各大银行、运营商纷纷自建 TSM 平台，然后相互之间仍需进行互通测试。

两大阵营启动移动支付业务已久，但始终难见成效。

拥有渠道、用户优势的运营商、银行在移动支付上止步不前，而阿里、腾讯在移动支付领域却已经开始攻城略地。

中国电子商务研究中心的监测数据显示：2013 年中国第三方支付总体交易规模达到 17.9 万亿元，其中互联网支付业务金额为 9.22 万亿元；2013 年中国第三方移动支付市场交易规模达到 1.2 万亿元，而支付宝、拉卡拉、财付通作为前三强，市场占比超过 90%。支付宝、财付通主要采用"二维码"方式完成支付。

而运营商、银行阵营的移动支付市场占有率合计不足 10%，堪称两败俱伤。2014 年 3 月，央行以安全问题为由叫停二维码支付，试图遏止互联网企业的移动支付势头。同时运营商、银行不断加紧 NFC 业务步伐以求挽回失地，但效果不佳。

"一年前，上海移动刚推出 NFC 业务，赠送了我 50 元用于其钱包业务支付，至今为止，我一分

⊖　资料来源：经济学人，2014 年 9 月 10 日，本书作者有改编。

钱没花出去。"上海移动用户张龙称，"感觉不到来自 NFC 的推动力。"

被忽视的用户习惯

事实上，从安全、技术成熟度等角度而言，NFC 比二维码更适合移动支付。但力挺 NFC 的运营商、银行却一直鏖战产业链主导权，反而忽视了最为重要的商户、用户的体验以及习惯养成环节。

在今年年初的 2014 年第六届中国移动支付产业论坛上，中国移动支付公司副总经理贺新初曾宣称："为普及 NFC，每卖一台 NFC 手机，中国移动会补贴 30 元。"根据中国移动今年年初发布的《中国移动定制终端产品白皮书》，2014 年中国移动计划销售 3 000 万部 NFC 手机。也就是说，中国移动在 NFC 手机上的补贴金额将达到约 9 亿元。但与此同时，中国移动对其移动支付业务"和包"的用户补贴却寥寥无几。

同样，中国银联为支持 NFC 的 POS 机补贴，但没有政策鼓励消费场所使用 NFC 支付。

此外，电信、联通也均表示要重点发展 NFC 终端。值得一提的是，2013 年 9 月中国联通启动手机银行业务，曾主动为首批 1 万多名用户绑定交通卡，并充值 20 元。但其后，联通没有扩大补贴范围，用户增长也基本停滞。

记者赴运营商营业厅了解 NFC 支付业务时发现，用户如果想开通 NFC 业务，首先需要配备支持 NFC 的手机，然后在当地运营商营业厅更换支持 NFC 模块的 SIM 卡，其后，用户需要到银行、公交部门开通 NFC 业务，用手机钱包绑定相应业务卡，方能具备"刷手机"的资格，而且只能在支持 NFC 业务的场所去消费。一位北京移动营业厅人员告诉记者："开通 NFC 业务需要支付 10 元换卡费，无补贴。业务已经开通了挺长时间，但办理的人很少。"

相比之下，二维码支付几乎没有这些推广成本。对用户而言，无须冗长流程；对消费场所而言，打印二维码账单也没任何操作难度。而且，需要指出的是，腾讯、阿里在推广二维码支付的过程中给用户提供了极大比例的补贴。

"缺少主导者"

表面来看，目前运营商与银行系统合作分工明确。运营商提供 SIM 卡安全模块，推动终端产业链成熟；而银行系统则负责标准、POS 机改造。但需要指出的是，双方并没有"患难与共"的觉悟。

2014 年 6 月，记者曾在上海移动体验其"和包"业务，通过移动"和包"添加浦发银行信用卡时始终提示"系统错误"。系统不兼容的矛盾在运营商、银行、公交系统中普遍存在。

此外，"我们调研时发现很多支持 NFC 支付的消费场所，员工并不会操作 POS 机，"上海联通 NFC 业务负责人告诉记者，"他们会劝说用户使用信用卡付费。"2012 年，上海联通就曾与招商银行联合启动移动支付业务，但其后该合作因为分工、需求不明等原因被搁置，目前上海联通与招商银行合作基本停滞，其 NFC 业务场景仅覆盖公交、轮渡、地铁场所。

目前，全球运营商、银行体系合作推广的 NFC 业务大体类似，唯日韩国家例外。

早在 2005 年，日本运营商 NTT DoCoMo 先后入股三井住友、瑞惠金融两家银行，并推出 DCMX 移动信用卡，一举主导了 NFC 产业链。此后，NTT 联合 AM/PM、麦当劳、7-11 以及 JR-East（东日本铁路公司）推广 NFC 业务。截至 2013 年 4 月，NTT 的 NFC 用户已经超过其用户总数的 70%。而且，NTT 计划在全球 41 个国家的 50 万个以上的零售点推广移动支付业务。

但在国内，运营商、银行系统之间无法诞生一个主导者来打通整个业务流程，两大阵营僵持不下，已经基本成熟的 NFC 技术、手机、POS 机产业链始终难以打通，用户的消费环节也一直不温不火。所缺少的，恰恰是一个能够打通用户与消费场所的主导者。

此时，苹果 App Store 对于全产业链的掌控力方显价值。在 iPhone 6 支持 NFC 消息传出的同时，麦当劳宣称在全美境内所有麦当劳餐厅部署 NFC 支付系统，并且对所有员工进行操作培训。据外媒报道，麦当劳将在 9 月 15 日完成部署，为苹果接驾。iPhone 6，或许就是撬动 NFC 产业链的一个支点，而苹果公司也将借此成为移动支付市场上觉醒的巨人。

一位中国电信北京研究院高层向记者感慨："我们最好的时机已经浪费了，产业链培养起来也是给他人做嫁衣。"中国移动也在一份内部支付行业研究报告中这样评价苹果："苹果公司往往喜欢长期布局，然后在其他人跌得焦头烂额的时候意气风发地入场，毕其功于一役。"

值得一提的是，2014 年 3 月央行叫停二维码支付之后，支付宝在其 8.0.2 版本推出了 NFC 业务。6 月 18 日，支付宝宣布与住建部合作，推出"未来公交"业务。支付宝还整合了全国大部分高校的校园卡资源，用支付宝代替交通卡、校园卡。

支付宝可能与苹果一样，成为 NFC 移动支付的截和者。

移动近场支付指的是使用 NFC、红外、蓝牙等通道，实现与自动售货机以及 POS 机的本地通信。简单来说，就是像刷公交卡、校园卡一样"刷手机"，实现短距离小额支付。移动近场支付被视为移动支付中最重要，也是最容易实现的一种支付方式。本章将主要介绍近场支付的相关内容。

12.1　近距离移动支付的技术基础

12.1.1　射频识别技术

射频识别技术（Radio Frequency Identification，RFID），是 20 世纪 80 年代发展起来的一种新兴自动识别技术，无须人工干预，操作方便快捷，并具有可识别高速运转的物体及可同时识别多个标签的特点。

一套完整的 RFID 系统，是由阅读器（Reader）与电子标签（TAG）也就是所谓的应答器（Transponder）及应用软件系统三个部分所组成的，如图 12-1 所示。其工作原理是阅读器发射一特定频率的无线电波能量给应答器，用以驱动应答器电路将内部的数据送出，此时阅读器便依序接收解读数据，送给应用程序做相应的处理。

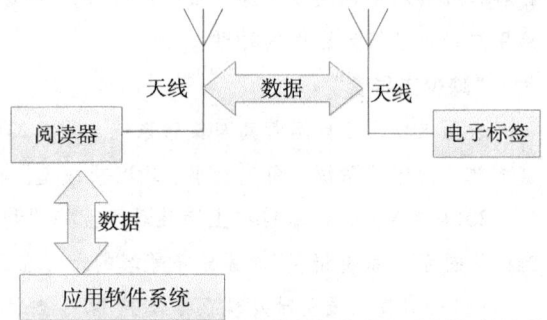

图 12-1　RFID 射频识别技术基本组成

1. RFID 技术的工作模式

RFID 标签分为被动、半被动（也称作半主动）、主动三类。

被动式标签没有内部供电电源。其内部集成电路通过接收到的电磁波进行驱动，这些电磁波是由 RFID 读取器发出的。当标签接收到足够强度的讯号时，可以向读取器发出数据。这些数据不仅包括 ID 号（全球唯一标示 ID），还可以包括预先存在于标签内 EEPROM 中的数据。由于被动式标签具有价格低廉、体积小巧、无须电源的优点，目前市场的 RFID 标签主要是被动式的。

半主动式类似于被动式，不过它多了一个小型电池，电力恰好可以驱动标签 IC，使得 IC 处于工作的状态。这样的好处在于，天线可以不用管接收电磁波的任务，充分作为回传信号之用。比起被动式，半主动式有更快的反应速度，更好的效率。

与被动式和半被动式不同的是，主动式标签本身具有内部电源供应器，用以供应内部 IC 所需电源以产生对外的讯号。一般来说，主动式标签拥有较长的读取距离和较大的记忆体容量，可以用来储存读取器所传送出的一些附加讯息。

2. RFID 工作频率范围及特性

目前定义 RFID 产品的工作频率有低频、高频和超高频的频率范围内的符合不同标准的不同产品，而且不同频段的 RFID 产品会有不同特性。

低频 RFID 工作频率从 125KHz 到 135KHz，除了金属材料影响外，一般低频能够穿过任意材料的物品而不降低它的读取距离，工作在低频的读写器在全球没有任何特殊的许可限制。但相对于其他频段的 RFID 产品，该频段数据传输速率比较慢。主要应用于畜牧业的管理系统的应用，汽车防盗和无钥匙开门系统的应用，马拉松赛跑系统的应用，自动停车场收费和车辆管理系统、自动加油系统的应用，酒店门锁系统门禁和安全管理系统的应用等。

高频 RFID 工作频率为 13.56MHz，除了金属材料外，该频率的波长可以穿过大多数的材料，但是往往会降低读取距离。标签需要离开金属 4 毫米以上距离，其抗金属效果在几个频段中较为优良。主要应用于图书管理系统的应用，酒店门锁的管理和应用，大型会议人员通道系统、固定资产的管理系统、医药物流系统的管理和应用、智能货架的管理等。

超高频工作频率为 860MHz ~ 960MHz，它通过电场来传输能量。电场的能量下降得不是很快，但是读取的区域不好进行定义。该频段读取距离比较远，无源可达 10 米左右。主要是通过电容耦合的方式进行实现。超高频频段的电波不能通过许多材料，特别是金属、液体、灰尘、雾等悬浮颗粒物质，可以说环境对超高频段的影响是很大的。主要应用在供应链、生产线自动化及航空包裹的管理和应用等方面。

12.1.2　NFC 技术

NFC 是 Near Field Communication 的英文缩写，即近场通信，又称近距离无线通信，是一种短距离的高频无线通信技术，允许电子设备之间在 10 厘米（3.9 英寸）内交换数据。它是由 RFID 演变而来的，由飞利浦半导体（现恩智浦半导体）、诺基亚和索尼共同研制开发，NFC 标准兼容了索尼公司的 FeliCaTM 标准，以及 ISO 14443 A、B，也就是使用了飞利浦的 Mifare 标准。这在业界简称为 TypeA、TypeB 和 TypeF，其中 A、B 为 Mifare 标准，F 为 FeliCa 标准。NFC 论坛由飞利浦联合诺基亚、索尼公司成立于 2004 年，其创立的宗旨是通过开发基于标准的规范、确保各个设备和服务之间的可操作性。它鼓励根据规范来开发产品并向全球市场讲解 NFC 技术，从而推动 NFC 技术的使用。

NFC 手机内置 NFC 芯片，比原来仅作为标签使用的 RFID 更增加了数据双向传送的功能，这个进步使得其更加适合用于电子货币支付；特别是 RFID 所不能实现的、相互认证和动态加密及一次性钥匙（OTP）能够在 NFC 上实现。NFC 技术支持多种应用，包括移动支付与交易、对等式通信及移动中信息访问等。通过 NFC 手机，人们可以在任何地点、任何时间，通过任何设备，与他们希望得到的娱乐服务与交易联系在一起，从而完成付款，获取海报信息等。

NFC 的工作模式有三种：卡模式、点对点模式、读卡器模式。在卡模式下有一个极大的优点，那就是卡片通过非接触读卡器的 RF 域来供电，即便是寄主设备（如手机）没电也可以工作，在这种模式下可以替代现在大量的 IC 卡（包括信用卡）场合。在点对点模式下，可用于数据交换，但是传输距离较短，传输创建速度较快，传输速度也快些，功耗低。通过 NFC，多个设备如数码相机、PDA、计算机和手机之间都可以交换资料或者服务。读卡器模式下是作为非接触式读卡器使用的。

NFC 的基本标签类型有四种，以 1 ~ 4 来标识，各有不同的格式与容量。

第 1 类标签（Tag 1 Type）：此类型基于 ISO14443A 标准，并具有可读、重新写入的能力，用户可将其配置为只读。此类 NFC 标签的通信速度为 106kbit/s，并且简洁，故成本效益较好，适用于许多 NFC 应用。

第 2 类标签（Tag 2 Type）：此类标签也是基于 ISO14443A，和第一类标签类似，具有可读、重新写入的能力。然而其基本内存大小为 48 字节，但可被扩充到 2k 字节。通信速度也是 106kbit/s。

第 3 类标签（Tag 3 Type）：此类标签基于 Sony FeliCa 体系。目前具有 2k 字节内存容量，数据通信速度为 212kbit/s。故此类标签为适合较复杂的应用。

第 4 类标签（Tag 4 Type）：此类标签被定义为与 ISO14443A、B 标准兼容。制造时被预先设定为可读/可重写或者只读。内存容量可达 32k 字节，通信速度介于 106kbit/s ~ 424kbit/s。

第 1 与第 2 类标签是双态的，可设为读/写或只读状态。第 3 与第 4 类则是只读，数据在生产时写入或者通过特殊的标签写入器来写入。

12.1.3 红外通信技术

红外通信技术利用红外技术实现两点间的近距离保密通信和信息转发来传输数据，属于无线通信技术的一种。由于它不需要实体连接并且简单操作，因而广泛应用于小型移动设备互换数据和电器设备的控制中，例如笔记本电脑、移动电话之间或与电脑之间进行数据交换等。从早期的 IRDA 规范（115200bps）到 ASKIR（1.152Mbps），再到最新的 FASTIR（4Mbps），红外线接口的速度不断提高，使用红外线接口和电脑通信的信息设备也越来越多，由于它的波长较短，对障碍物的衍射能力差，所以只适合于短距离无线通信的场合，进行"点对点"的直线数据传输，因此在小型的移动设备中获得了广泛的应用。它具有保密性强、信息容量大、结构简单和方向良好的特点，比较适合国防边界哨所之间的保密通信。

由于红外线通信早期存在标准不统一的问题，许多公司都研发出了自己的一套红外线标准，因此缺乏兼容性。1993 年 HP、COMPAQ、INTEL 等多家公司成立了红外数据协会（Infra-Red Data Association，简称 IRDA），建立了统一的红外数据通信标准。一年以后，IRDA 的第一个红外数据通信标准——IRDA1.0 发布，又称为 SIR（Serial InfraRed），这是基于 HP 开发出来的一种异步、半双工的红外通信方式。但是 IRDA1.0 的最高通信速率只有 115.2Kbps，适用于串行端口的速率。1996 年，IRDA 发布了 IRDA1.1 标准（即 Fast InfraRed，简称为 FIR），FIR 采用了全新的 4PPM 调制解调技术，最高通信速率达到了 4Mbps，这个标准是目前运用得最普遍的标准。继 IRDA1.1 之后，IRDA 又发布了通信速率高达 16Mbps 的 VFIR（Very Fast Infra-Red）技术。不断提高的速率使红外线在短距无线通信领域占有一席之地，而不仅是数据线缆的替代。红外线的传输距离为 1 ~ 100CM，传输方向的定向角 30°，能点对点直线传输数据。

12.1.4　蓝牙技术

　　蓝牙（Bluetooth）一词是古北欧语 Blåtand 的一个英语化变体，它的标志是（Hagall）和（Bjarkan）的组合。该技术最初是由爱立信公司研制，发明者希望为设备间的通信创造统一的标准化规则，以解决不兼容的电子设备问题。1999 年 5 月 20 日，索尼易立信、国际商业机器、英特尔、诺基亚及东芝公司等业界龙头创立了"特别兴趣小组"（Special Interest Group，SIG），2006 年 10 月 13 日，Bluetooth SIG（蓝牙技术联盟）宣布联想公司取代 IBM 在该组织中的创始成员位置，并立即生效蓝牙技术联盟的前身，致力于推动蓝牙无线技术的发展，为短距离连接移动设备制定低成本的无线规范，并将其推向市场。

　　蓝牙技术最初是应用在移动电话和免提设备之间的一种无线通信，后来发展为支持设备短距离通信（一般为 10 米内）的无线电技术，能在包括移动电话、PDA、无线耳机、笔记本电脑、相关外设等众多设备之间进行无线信息交换。目前在汽车领域也有广泛的应用，例如车主可以通过蓝牙配对，将这些便携设备中的信息与 CUE 系统实现共享，可以读取手机或多媒体播放器中的音乐文件。

　　截至 2010 年蓝牙技术共有六个版本，即 1.1、1.2、2.0、2.1、3.0、4.0。

　　1.1 为最初的版本，传输率约在 748 ~ 810kb/s，但是容易受到同频率电子产品的干扰。1.2 和 1.1 的传输率相同，但是加上了抗干扰调频功能。无论 1.1，还是 1.2 版本，都只能够单工方式工作。版本 2.0 是 1.2 的改良版，传输率约在 1.8M/s ~ 2.1M/s，可以有双工的工作方式。即一面可以作为通信工具，另一方面也可以用来传输高素质图片。但支持蓝牙 2.0 版本的手机则很少，需要利用外加配件才能达到。2009 年 4 月 21 日，蓝牙技术联盟正式颁布了新一代标准规范即"蓝牙核心规范 3.0 版高速"（Bluetooth Core Specification Version 3.0 High Speed）。作为新版本，蓝牙 3.0 引入了增强电源控制，在传输大量数据时会消耗更多能量，但由于引入了增强电源控制（EPC）机制，实际空闲功耗会明显降低，另外蓝牙 3.0 具有更高的数据传输速率，集成 802.11PAL 最高速度可达 24Mbps，是 2.0 速度的 8 倍，可以轻松用于录像机至高清电视机、PC 至 PMP、UMPC 至打印机之间的资料传输。蓝牙技术联盟于 2010 年 4 月 20 日表示蓝牙 4.0 技术规范已基本成型，它包括三个子规范，即传统蓝牙技术、高速蓝牙技术和新的蓝牙低功耗技术。高速蓝牙主攻数据交换与传输；传统蓝牙则以信息沟通、设备连接为重点；蓝牙低功耗及以不需占用太多带宽的设备连接为主，本是作为一项专为移动设备开发的极低功耗的移动无线通信技术，在被 SIG 接纳并规范化之后重命名为 Bluetooth Low Energy（后简称低功耗蓝牙），它大大拓展了蓝牙技术的市场潜力，并且低耗能蓝牙技术将为以纽扣电池供电的小型无线产品及感测器，进一步为医疗保健、保安及家庭娱乐等市场提供新的机会。蓝牙 4.0 最主要的特征就是支持省电，并且其传输速率也由 3.0 版本的 10 米（约 32 英尺）增加至 100 米（约 328 英尺）。现在的蓝牙 4.0 技术已经走向了商用，在最新款的 New iPad、HTC One X 以及台商 ACER AS3951 系列/Getway NV57 系列、ASUS UX21/31 系列、iPhone 4S 上都已应用了蓝牙

4.0 技术，作为积极参与蓝牙 4.0 规范制定和修改的厂商，Woowi 将于 6 月率先发布全球第一款蓝牙 4.0 耳机——Woowi hero。

12.2 近距离移动支付技术方案

按照所使用的技术类型，近距离支付方案主要包括 NFC 手机方案、双界面 SIM 卡方案、eNFC 方案、2.4G RF-SIM/UIM 卡解决方案等。

12.2.1 NFC 手机方案（大比特半导体器件网：NFC 无线功能）

1. 实现方案

NFC 功能芯片和天线与手机的其他部分及 SIM 卡相独立，但 NFC 与手机公用一块电池，电池有电时，NFC 模块可在主动、被动和双向三种模式下工作；在被动模式下，启动 NFC 通信的设备，在整个通信过程中提供射频场（RF-field）。它可以选择 106kbps、212kbps 或 424kbps 其中一种传输速度，将数据发送到另一台设备。另一台设备称为 NFC 目标设备（从设备），不产生射频场，而使用负载调制（load modulation）技术，即可以相同的速度将数据传回发起设备。此通信机制与基于 ISO14443A、MIFARE 和 FeliCa 的非接触式智能卡兼容，因此，NFC 发起设备在被动模式下，可以用相同的连接和初始化过程检测非接触式智能卡或 NFC 目标设备，并与之建立联系。图 12-2 为 NFC 主动通信模式。

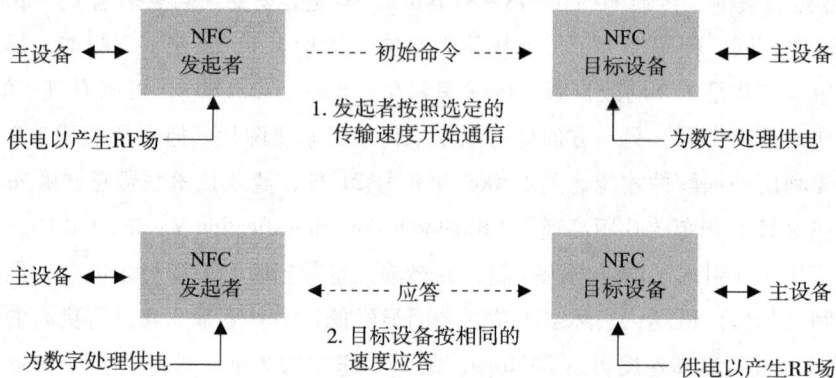

图 12-2　NFC 主动通信模式

手机开关机对 NFC 模块无影响，即在手机开关机时也可以使用 NFC 功能。实现方式有两种：一是定置手机，将天线集成在手机电池或主板上，使 NFC 应用与手机融为一体，该种方式稳定可靠，但需要更换手机；二是将天线与 NFC 芯片直接相连，然后与电池紧贴放在电池与手机后盖之间，用户不需要更换手机。图 12-3 为 NFC 手机方案图。

2. 技术特点

NFC 是一种轻松、安全、迅速的通信无线连接技术，由于 NFC 采取了独特的信号衰减技术，故具有距离短、带宽高、能耗低的特点；并与现有非接触智能卡技术兼容，目前得到了越来越多的厂商的支持；NFC 技术支持多种应用，包括移动支付与交易、对等式通信及移动中信

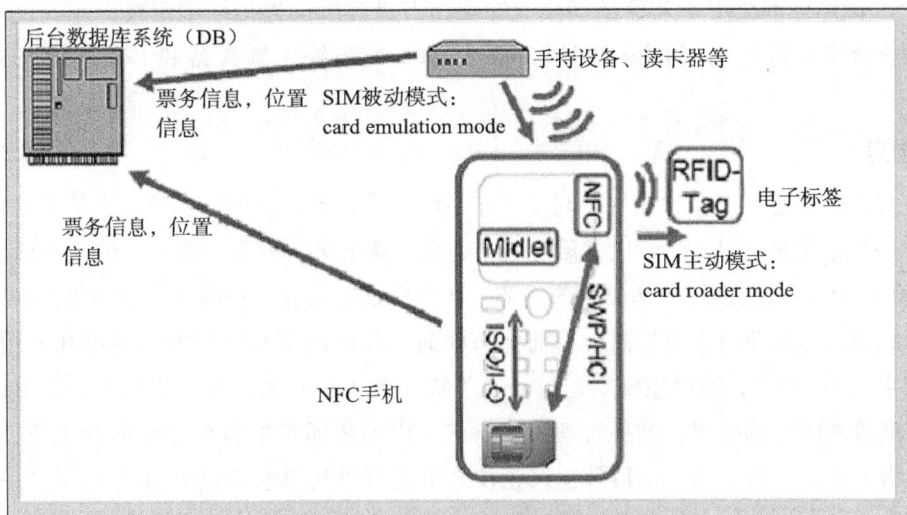

图 12-3　NFC 手机方案图

息访问等。通过 NFC 手机，人们可以在任何地点、任何时间，通过任何设备与他们希望的服务交易相链接，从而完成付款，获取信息。

NFC 全终端安全芯片由于无法和手机终端相分离，业务初始化、更新管理不方便，而且用户更换手机时，所有业务都必须转移到新手机，业务流程比较长且麻烦。

12.2.2　双界面 SIM 卡方案

1. 实现方案

双界面 SIM 卡是由北京握奇数据系统有限公司按照移动支付市场的需求开发的移动解决方案。它采用外挂天线，在原有 SIM/UIM 上直接集成非接触式智能卡，并将天线布置在手机背板上或者单独以天线方式叠放在电池上，通过 SIM/UIM 卡与外界界面以出点接触。它采用具有双界面通信功能的单一芯片，同时采用具有接触式（ISO7816 标准）接口及非接触式（Mifare 或 TCL 标准，即 ISO14443）接口的单一芯片，支持 TypeA 和 TypeB 两种通信协议。目前方案已在四川电信应用。将这张双界面 SIM 卡插到手机的 SIM 卡插槽中，接触界面实现 SIM 应用，完成手机卡的正常功能。其功能框图如图 12-4 所示。

接触式接口	GSM应用（SIM）	支付、门禁等应用	非接触式接口
	多功能卡片操作系统（COS）		
	多功能智能卡芯片		

图 12-4　双界面 SIM 卡功能图

双界面 SIM 卡通过个人化的操作，具有个人身份识别信息和很高的安全系数，只有具备了相同授权的读卡器才能读取到卡上的信息。并且卡内有持有人的基本信息，读卡器要做出逻辑判断，判断该卡是否合法，并且根据全线判断该卡是否可操作。

2. 优缺点

双界面 SIM 卡具有很明显的技术优势，它的成本较低，只需要对手机进行较少的修改，安全性比较高，用户可以直接查询交易明细和余额，并且稳定性较好。不足之处是它占用 C4、

C8 触点，和国际标准应用于大容量 SIM 卡冲突，需要对手机进行终端定置，天线接口与大容量 SIM 高速接口标准冲突（ETSI TS102 600）。NFC 方案缺少阅读器和 P2P 功能，支持单一厂家。

3. 应用

双界面 SIM 卡适合于多种应用。它是以非接触方式交易，适合于人流量大的影院、公交汽车、校园一卡通等的应用。一卡通应用可用于购水、购电等多方面；并且它使用灵活，可通过 SIM 卡提供的 OTA 功能进行卡端应用的更新，如查询钱包余额、查询交易记录等。在现阶段该技术较为成熟，并且商用价值极高。目前上海联通、苏州电信和四川电信等都在使用该方案。如"校园手机一卡通"，简单地说就是指以"手机"为主要载体，在应用消费、身份认证及个人信息查询等功能时的模式，这种管理模式取代了以前校园里的各种证件如学生证、医疗证、出入证、借书证、身份证等，使得师生仅凭校园卡便可进行各种活动，真正实现"一卡在手，走遍校园""一卡通用，一卡多用"的目标。此种模式取代了传统的消费模式，它将为广大师生的生活、学习、消费等带来方便，使学校的管理更加安全和高效。

12.2.3　eNFC 方案

eNFC（enhanced NFC）即增强型 NFC，它是基于 SWP 协议改进 NFC 技术的一个方案，与现有的 NFC 技术标准完全兼容。以 SIM 卡为核心实现了业务逻辑层与射频 RF 层分离，其中逻辑层由 SIM 卡管理，射频由内置于手机的 NFC 芯片进行管理。采用此种方案可以很容易地将目前已经在 Java 卡上实现的行业应用部署在 SIM 卡上。eNFC 技术构架以 SIM 卡控制，非接触应用运行在 SIM 卡上，eNFC 完全由 SIM 卡控制，并且 eNFC 只需要 SIM 卡提供一个管脚，不会浪费有限的硬件资源。NFC 手机使用 NFC 芯片以及天线等模块完成

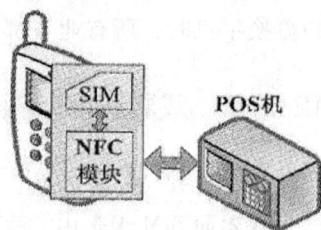

图 12-5　eNFC 手机方案图

与非接触受理终端之间的通信，并将信号通过 SIM 卡的管脚转入 SIM 卡中进行应用层的处理。在 SIM 卡中，完成金融交易在应用层的处理，将处理结果传输至搜集的 NFC 通信模块，并反馈给受理设备，如图 12-5 所示。

由于 SIM 卡容量比较大，且是移动用户必不可少的身份识别模块，容量比较大，可将重要信息（信用卡账号、员工卡号等）存储在 SIM 卡中。此外 SIM 卡与终端分离，用户更换手机不会影响移动支付业务的继续使用，灵活性较高。但 eNFC 技术还存在许多的障碍，例如需要对手机进行定制、规范等，并且 NFC 模块和 SIM 卡间需要告诉传输，保证实时性和操作快捷性，而这种通信协议目前尚未标准化，最重要的一点是目前只有少数国外厂家掌握核心专利技术，产业链极不成熟，该技术的商用还存在很大的障碍。

12.2.4　2.4G RF-SIM/UIM 卡解决方案

1. 实现方案

2.4G RF-SIM/UIM 卡是集成了 2.4GHz 频率的射频芯片的 SIM/UIM 卡，使用 2.4G

RF-SIM/UIM 卡，通过距离控制算法等技术，不需要带天线，也不需要更换手机即可实现现场刷卡功能。2.4G RF-SIM/UIM 卡的硬件架构如图 12-6 所示。

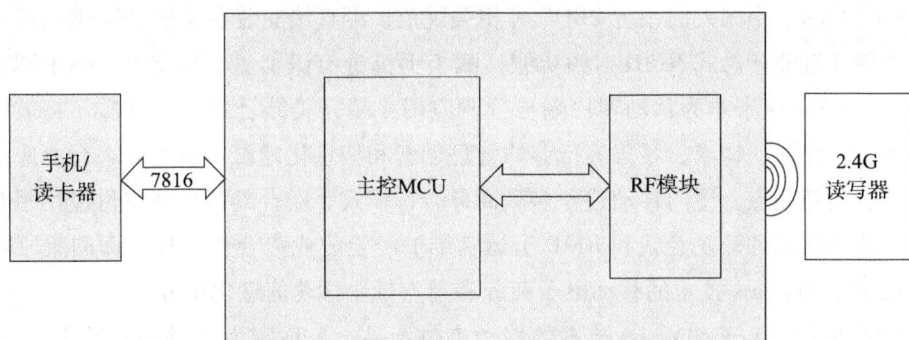

图 12-6　2.4G RF-SIM/UIM 卡硬件结构

其中主控芯片完成基础通信和存储射频应用的功能，支持两种通信接口。与手机终端连接，遵循 ISO/IEC 7816 系列标准要求，实现通信业务处理以及射频功能管理。与 2.4G RF 芯片通过内部接口连接，通过 2.4G RF 通道满足射频应用及其他应用的数据交互需求。2.4G RF 芯片集成在 RF-UIM 卡套上，提供 2.4G 射频通信通道，负责将数字信号转换成 2.4G RF 信号，并通过 2.4G 天线发送给 2.4G 读写设备；同时 2.4G RF 芯片接收 2.4G 读写设备发出的 RF 信号，并将其转换为数字信号，与主控芯片进行通信。

2. 技术特点

2.4G 技术方案作为新兴的移动支付解决方案，具有以下特点：

①采用高频技术，穿透性比较好，可适配市面 95% 以上的手机终端。用户不需要换手机，只需要换卡，发展用户的门槛低，现阶段已具备规模推广的条件。②2.4G 技术主要基础专利掌握在国内厂商手中，原创厂家主要有厦门盛华电子科技有限公司和深圳国民技术股份有限公司，它是国内对移动支付领域的一次重要基础应用创新，如果规模应用，可以减少国外厂商对国内应用市场的专利控制。

12.3　近距离移动支付技术案例

厦门移动基于 SIMpass 技术的移动小额支付解决方案

（1）项目背景。为了促进手机多用途化、多媒体化的发展，大力推广基于 MAS/ADC 两类模式的行业终端应用，厦门分公司结合本地实际情况，积极探寻各类行业终端在移动电子商务和重点行业信息化方面的创新应用，致力于构建高效、多应用的移动信息交互和移动支付体系，使厦门移动用户"一机在手，诸事不愁"/经过市场调研分析，发现北京握奇数据系统有限公司提供的 SIMpass 卡（具有 SIM 卡功能和具有非接触接口智能卡功能的双界面卡）技术成熟、操作简便、应用广泛，该项目与厦门"城市 e 通卡""校园一卡通"等业务应用相结合的前景广阔。未来，配备了厦门移动 SIMpass 卡的手机将具备公交卡、银行卡、手机卡、企业管理卡等多种功能，客户出行只需携带手机即可进行小额消费、身份识别、企业门禁、考勤签到等应用。

（2）项目概述。该项目以北京握奇数据系统有限公司提供的双界面 SIMpass 卡为载体，该卡支持 GSM、OTA、中国人民银行 PBOC 等相关规范，可直接安装在手机 SIM 卡座里；并借助外贴感应线圈实现非接触式 RFID 射频功能，赋予手机身份识别、小额支付、空中圈存、数据采集等功能。SIMpass 卡作为移动客户端与行业应用终端完美结合的理想介质，将被广泛应用于银行、教育、交通、物流、零售等行业的管理创新和信息化建设，成为未来行业应用与移动通信系统结合的新亮点。厦门移动建立多赢商务合作模式，联合具备小额支付应用平台、金融行业管理、应用软硬件开发经验和 RFID 卡运营维护经验的业务合作伙伴，面向集团客户和个人客户提供基于 SIMpass 技术的移动电子商务和重点行业移动信息化服务。

（3）产品名称。基于 SIMpass 技术的移动支付产品，名称定为"移动 e 通卡"，产品 logo 如图 12-7 所示。

（4）项目功能简介。该项目以 SIMpass 双界面智能卡为信息载体，将移动手机与厦门 e 通卡相结合，使手机从通信工具变为生活必需品。具体功能如下：

图 12-7　移动 e 通卡 logo

- 基于手机的移动支付

应用于厦门各个 e 通卡能够消费的场所，如：公交车、的士、超市、糕点店、餐饮、电影院等各类消费场所。

- 基于手机的身份识别

适用于基于 ID 系统的企业门禁、企业考勤签到、企业内小额消费等应用。

- STK 菜单增值服务

与传统的 e 通卡相比较，移动 e 通卡增加了 STK 菜单支持功能，通过手机 STK 菜单能够轻松地实现 e 通卡账户的余额查询、消费集录查询等功能。

（5）充值方式。移动 e 通卡支持两种充值方式：

- 本地充值。

通过移动 e 通卡的非接触功能实现对电子钱包的充值，与目前普通 e 通卡充值方式一样。

- 远程空中圈存。

通过绑定手机号、银行账号及 e 通卡账户方式设立扣款账户，可通过手机 STK 菜单中的"钱包充值"选项，经易通卡空中圈存平台与指定银行实现空中圈存功能，完成电子钱包的充值。

（6）实现方式。目前，厦门"e 通卡"系统部署的刷卡终端和应用系统均支持非接触式 MiFare1 协议，移动 e 通卡可顺利运用于现有的非接触式智能卡系统。移动 e 通卡与移动信息化结合的实现步骤如下：

- 将移动 e 通卡嵌入厦门"e 通卡"系统

采用"模拟 MiFare1 实体卡"方式，在 SIMpass 双界面智能卡上模拟 M1 卡功能，无须改造现有"城市 e 通卡"支持 M1 卡（容量 1K）的系统，只需由易通卡公司将原先用于植入普通 RFID 卡中的一组密钥植入移动 e 通卡中加密，即可实现移动 e 通卡在厦门"e 通卡"系统中的应用。

- STK 菜单开发并接入省公司 OTA 平台

根据移动 e 通卡的实际应用，在 STK 菜单中增加"行业应用"，在其中开发"易通卡"菜单。另根据中国移动行业应用 OTA 平台设备规范和接入标准，将"移动 e 通卡"接入 OTA 平台。

- 与厦门易通卡、厦门建设银行共同搭建易通卡空中圈存平台

为解决目前 e 通卡充值难的问题，在移动 e 通卡的功能中，增加了空中圈存功能，只需要移动 e 通卡用户拥有一个建行账号，并将其与用户的手机号、e 通卡号在厦门建设银行指定网点进行业务定制并绑定后，就能够实现用户通过手机随时随地将银行账户中的资金转存到移动 e 通卡账户中。

本章小结

近场支付是指消费者在购买商品或服务时，即时通过手机向商家进行支付，支付的处理在现场进行，使用 NFC、红外、蓝牙等通道，实现与自动售货机以及 POS 机的本地通信。NFC 近距离无线通信是目前近场支付的主流技术，它是一种短距离的高频无线通信技术，允许电子设备之间进行非接触式点对点数据传输交换数据。该技术由 RFID 射频识别演变而来，并兼容 RFID 技术，其最早由飞利浦、诺基亚、索尼主推，主要用于手机等手持设备中。"刷卡"变"刷手机"，为我们的日常生活带来了极大的便利。随着技术的日益成熟，近场支付必将迎来爆发式的增长。

关键术语

近场支付　　NFC 技术　　RFID 技术

习　题

一、选择题

1. 一套完整的 RFID 系统，包括（　　）。

A. 阅读器　　　　　B. 电子标签　　　　　C. 应用软件　　　　　D. 内置芯片

2. NFC 的工作模式有（　　）。

A. 卡模式　　　　　B. 点对点模式　　　　C. 半主动式　　　　　D. 读卡器模式

二、简答题

1. 近距离移动支付的技术基础包括哪些？

2. 请列举与现实生活相关的五个近距离支付实例。

三、讨论题

北京时间 2014 年 9 月 10 日凌晨，苹果在 2014 年苹果秋季新品发布会上推介了一种基于 NFC 技术的手机支付功能。Apple Pay 只需在终端读取器上轻轻一"靠"，整个支付过程就变得十分简单。你认为 Apple Pay 对中国的移动支付有什么影响？

案例分析

远程支付挑战：苹果能否推动近场支付逆袭[⊖]

苹果公司近期宣布 iPhone 6 支持 NFC 支付。对于一直停滞不前的 NFC 技术而言，此举意味着将带动更多处于观望态度的手机厂商积极支持 NFC 支付。但苹果想要将自己的移动支付方式落地中国，必将面对远程支付的挑战。专家表示，远程支付和 NFC 支付谁将成为主流很难预测，行业内支付厂商都应积极做好两手准备。

苹果公司在近期举行的新品发布会上宣布，iPhone 6 支持 NFC 支付，并推出 Apple Pay，用户可以通过 NFC 与指纹识别完成支付。这一消息也让 NFC 迅速成为"果粉"口中的时髦词汇。

对于一直停滞不前的 NFC 技术而言，苹果的支持真的是有效的强心针吗？在国内，它能否挖到支付宝和微信支付的"墙角"？

作为近场支付的主要模式之一，NFC 并非新技术。简单而言，使用这项技术，手机就成了一张公交卡或者信用卡，只要一刷就能完成消费。早在 2006 年，诺基亚就推出了支持 NFC 支付的手机终端。2010 年，国内三大电信运营商和银联也相继开始部署 NFC"闪付"计划。4 年之后，来自运营商的数据称，目前全国已有超过 360 万台"闪付"终端。

然而，NFC 的发展并不顺利。据市场研究机构高德纳咨询公司预测，到 2014 年年底，全球 NFC 支付金额将达到 82 亿美元，在移动支付中的比例仅占 2.5%。小米 4 甚至取消了原有的 NFC 功能，小米董事长雷军坦言，"曾在小米 3 和小米 2 上尝试过，但实际使用的人不到 1%。"

NFC 这项"旧"技术未能顺利推广，主要原因是缺乏"领头羊"。市场研究机构易观国际分析师李烨表示，NFC 技术的优点是支付安全度高、速度快，但需要手机厂家、运营商、芯片厂商和金融机构共同发力。在产业前景不明朗的阶段，各方都在等待产业链上其他方面先迈出一步，造成了"三个和尚没水吃"的局面。

"从这一点来看，苹果支持 NFC 移动支付，势必带动更多处于观望态度的手机厂商积极支持 NFC 支付，对 NFC 产业链的完善起到了标杆性作用。"李烨表示。的确，苹果手中最重要的资源是苹果应用商店多年积累下的与用户账号绑定的信用卡信息，全球目前仅苹果手机用户就达 3.3 亿人，这些人都可能成为 Apple Pay 的用户。

苹果显然对 Apple Pay 寄予厚望，其在发布会上表示，已与各国主要银行和信用卡公司建立合作，并取得了全美 22 万家零售店的支付支持。不过，其展示的合作伙伴中不包括中国银联。

"苹果在中国推动 NFC 支付，必须与银联以及手机运营商合作，在实际推广中面临着高成本的公共服务和银行 IT 系统改造、用户商户的支付习惯培养、支付安全以及相关客户服务体系构建等问题，这不是苹果一家公司能掌控的。"李烨表示。然而，银联和运营商为了搭建支付平台已投入了大量成本，轻易与苹果合作，很有可能"为他人作嫁衣"。

此外，苹果想要将自己的移动支付方式在中国落地，必将面对以支付宝和微信支付为代表

⊖　资料来源：新华网，2014 年 9 月 16 日。

的远程支付方式的挑战。仅从支付方式来看，远程支付中的二维码支付成本更低，不需要专业设备配适，尽管目前被央行叫停，但互联网厂商依然对二维码支付的发展前景抱有期望。

目前，Apple Pay 面临最重要的难关是应用场景，因为与线下合作意味着需要付出极大的人力和成本进行推广。腾讯携手百度、万达，阿里巴巴直接入股银泰百货，两大互联网巨头与传统零售业合作，目的正是建立足够的 O2O 应用场景。8 月底，支付宝甚至推出了开放平台，面向商家和开发者开放 60 多个应用程序编程接口和服务窗、卡券等移动应用服务，帮助线下商户迅速到线上开店收款。阿里巴巴小微金服无线事业部总经理刘乐君表示，支付宝开放平台的目的是构建一个移动生态基础平台，让小商户也能搭上"移动快车"。

远程支付和 NFC 支付究竟谁能胜出？李烨表示，移动支付技术日益丰富，融合性加强，未来哪种支付方式成为主流很难预测，行业内的支付厂商都在对各种支付方式加强布局，做好两手准备。

问题：根据案例，谈谈你对 NFC 近场支付技术的认识；你认为远程移动支付和近距离移动支付未来的发展模式是怎样的？请说出你的看法。

第 13 章
电子支付监管

教学目标与要求

☞ 了解国外，尤其是欧美的电子支付监管包含哪些内容与条例；
☞ 了解我国电子支付监管政策。

知识架构

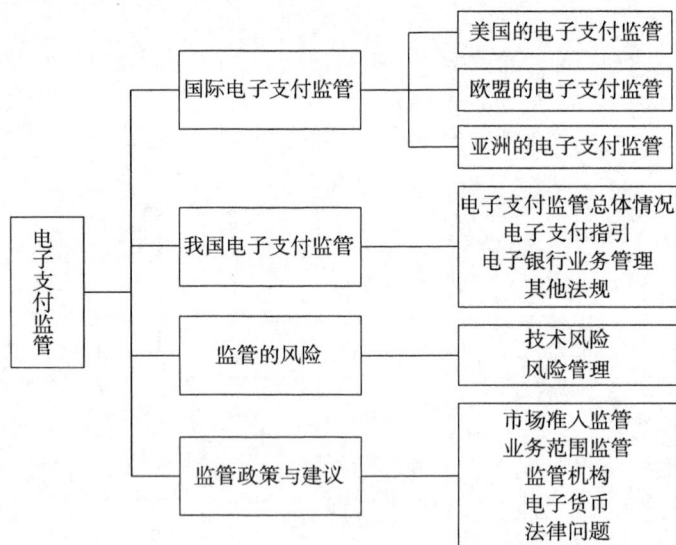

导入案例

人大代表提案：加强电子支付工具的市场监管

2010 年，在"两会"上，全国人大代表、中国人民银行西安分行行长刘贵生针对电子支付产业发表提案，提案中提出了加强电子支付工具发行流通的市场监管以及研究制订中国支付体系发展规划，从微观和宏观两方面提出了具有建设性的意见、办法和促进我国电子支付行业健康发展等的建议。

目前，各商业银行提供的标准化支付服务对促进市场交易和经济发展起到了十分重要的作用，但在资金处理效率、资金流、信息流整合和个性化服务等方面却无法满足企业需求。电子支付体系的发展推动了中国电子商务的发展，特别是第三方支付的出现，更加速了中国电子商务的发展进程。但由于电子支付业务涉及面广，法规不够完善，监管滞后甚至缺失，产生了新的风险点。

刘贵生代表建议，应尽快出台支付清算组织管理办法，建立非金融机构支付服务市场准入和退出制度，对发行电子货币等的非金融机构的资质、资本金、业务运营、风险管理以及法律责任等做出明确规定，要求所有从事电子货币发行及相关业务的非金融机构必须依法获得许可并接受监督检查；同时，还应进一步明确中国人民银行作为电子支付工具监管主体的地位，赋予人民银行各分支行对辖内电子支付交易各参与方业务准入、交易行为和经营行为等方面实施监督管理的职责，以及在特定条件下，终止、撤销业务许可或要求从事电子支付的机构退出该业务领域的权利。

作为国内第三方电子支付的先行者——首信易支付（Pay Ease）表示，企业渴望行业能够得到一个标准的指引，必要的行业门槛有利于电子支付行业的长远健康发展，使整个行业步入高水准阶段。网上支付行业竞争的良性化，将促使产业链中各环节更为紧密地合作，必然会为多方创造价值。相信通过规范的管理，电子支付服务市场将会得到更好、更快的发展。首信易支付将为构建业内统一标准、创造"和谐、安全"的网络支付环境和最大限度保障各方利益而努力，从而实现行业的共赢。

资料来源：中国电子商务研究中心，2011 年 2 月 26 日。

13.1　国际电子支付监管

13.1.1　美国的电子支付监管

电子支付系统在美国受到高度的管制。这种管制既包括联邦层面上的管制，也包括地方州法的管制。管制此类电子支付的法规有：联邦《电子资金转移法》（*Electronic Fund Transfer Act*）及联邦储备理事会颁布的 E 条例（*Federal Reserve's Regulation E*）、各州关于电子资金划拨的法律、《真实信贷法》（*Truth in Lending Act*）及联邦储备理事会颁布的 Z 条例、联邦储备理事会颁布的 D 条例（*Federal Reserve's Regulation D*）、联邦及各州关于设立分支机构的法律。其他一些联邦法与州法对小额电子支付划拨服务的不同方面也有重要影响，例如，联邦及各州的隐私规则对获得电子资金划拨系统处理的有关客户的信息有所限制；电讯条例影响电讯服务的费用和质量——这对电子资金划拨网络十分重要；关于资金可利用的法律影响在无人电子终端处理存取款；关于残疾人（handing access）的法律影响了银行终端的物理性质；关于在 ATM 上犯罪的法律可能影响金融机构对 ATM 上进行的犯罪活动的责任。另外，每一家电子资金划拨系统一般有通过系统进行划拨的管辖规则，但是一般来说，电子资金划拨规则主要调整参加电子资金支付系统的金融机构间的关系，而不调整这些金融机构与消费者间的关系。金融机构与消费者间的关系一般由消费者和金融机构之间的协议来管辖。现分述如下。

1.　《电子资金转移法》及 E 条例

美国国会针对电子资金转移的模式，认为将会对使用者产生实质上的利益，因此于 1978 年完成《电子资金转移法》的订立，用于调整小额电子支付系统，以规范金融机构与使用者的相关权利、义务与责任，并于 1989 年完成修正，全文共计 19 条。联邦储备理事会颁布解释规则 E 条例，就法案内容提出解释说明以利执行。1996 年美国总统签署《债务回收改进法》（*Debt Collection Improvement Act*）之后，电子资金转移涵盖的范围更加扩大，解释规则也于 1998 年完成最后的修订。

（1）《电子资金转移法》的立法宗旨及适用范围。《电子资金转移法》的宗旨是为电子资金划拨系统中各参与方的权利、义务及责任提供基本框架，首要目标是规定个人消费者的权利。

《电子资金转移法》的适用范围由以下两项因素决定：一是存在特定的账户；二是适用特定的电子工具贷记账户或借记账户以实施资金划拨。

该法和 E 条例对"账户"进行了定义，包括由金融机构直接或间接持有的，主要是为私人、家人或家庭设立的活期存款（支票）账户、储蓄账户或其他消费者资产账户，不包括一项无限额信贷计划中的偶然或附属的贷方余额，也就是说向商业存款账户或信贷账户划入资金或从商业存款账户或信贷账户划出资金排除在该法的适用范围。同时，从一个政府账户中划拨政府津贴也不由该法管辖。

另外，即使符合账户的条件，该法还要求只有向该账户划入资金和从该账户划出资金的划拨行为才受该法的约束，因此在同一金融机构开立的消费者账户间的自动划拨和由支票、汇票或类似纸面工具发端的交易都被排除在该法的管辖范围。

《电子资金转移法》规范除了通过票据以外的方式，还能够利用卡片或其他存取方式直接由消费者账户进行资金转移的行为，因此现行借记卡以及未来电子现金的使用都包含在《电子资金转移法》的范围内。

（2）《电子资金转移法》与 E 条例的关系。为了实现《电子资金转移法》的宗旨和目标，该法授权联邦储备理事会制订有关的条例，信息披露示范条款或规则。根据此项规定，联邦储备系统理事会制订了 E 条例，该条例经过多次修改，现在适用的是 1996 年 4 月 23 日制订的新条例，从内容上看，E 条例实际上是《电子资金转移法》的实施细则，是对《电子资金转移法》内容的具体化。

在实践运作中，人们主要依据 E 条例和官方人员注释，而很少参照《电子资金转移法》本身。

（3）《电子资金转移法》与 E 条例的内容。《电子资金转移法》与 E 条例的内容涉及消费者与提供电子资金划拨服务的金融机构间关系的各个方面，包括：客户与金融机构间"存取工具"的申请与发放，根据 1996 年 E 条例的规定，存取工具是指能被消费者用以发动电子资金划拨的卡、密码或其他存取消费者账户的工具或它们的任何组合，E 条例的官方人员注释进一步指出，存取工具包括可以由消费者向其账户或从消费者的账户发动电子资金划拨的借记卡、个人确认号码、电话划拨和电话汇票支付密码和其他工具；电子资金划拨服务不同因素及消费者与这些服务有关的权利的初始披露和重大情况的继续披露；有关金融机构接受某些特定交易的规定及金融机构向消费者周期性报告其账户的规定；客户声称账单错误的调查与解决；消费者与发卡人间对未经授权而使用消费者存取工具所造成的损失的责任分担，等等。

（4）《电子资金转移法》E 条例与州立法的关系。《电子资金转移法》规定，该法不使各州关于电子资金转移法的法律无效、变更或受影响。但是其相关法律与该法抵触时，则抵触范围内的法律规定不在此限。若州法对消费者的保护范围较大时，则州法的规定视为无抵触。若联邦储备理事会认为州的法律对某一类的电子资金移转规定与办法的规定相似，且有适当条文执行该规定，则理事会应依所颁布的规则，于该州内就该类电子资金转移免除该法的适用。联邦储备系统理事会颁布的 E 条例、D 条例、Z 条例也对电子资金转移进行了补充规定。

2. 《真实信贷法》及 Z 条例

《真实信贷法》是《消费者信贷保护法》的第一编，该法授权联邦储备理事会制订有关条例来实施这些法律，即 Z 条例。Z 条例是对该法的补充和实施。《真实借贷法》与 Z 条例主要涉及信用卡的责任、信用卡账单的有效保护和解决账单争议的程序等三个方面的内容。

（1）关于信用卡的责任。一般认为，如果卡是经过消费者授权而使用的，消费者应该承担卡划拨所产生的法律后果，但是，如果该卡的使用是未经授权的，则 Z 条例将持卡人的责任限制在 50 美元以内，如果持卡人通知发卡人时未授权划拨造成的损失少于 50 美元，那么持卡人的责任以承担该损失为限。如果发卡人未能告知持卡人的权利，信用卡不能识别使用者，或者发卡人没有提供给持卡人一个将其损失通知给发卡人的方法，则持卡人对未经授权的划拨所造成的损失不承担任何责任。

（2）信用卡账单的有效保护。Z 条例对持卡人向发卡人所享有的请求权或抗辩权的主要内容是：当信用卡承付人对消费信贷交易中用信用卡购买商品或服务而产生的纠纷的解决不满意时，持卡人可向发卡人主张各种赔偿，也可对发卡人就该消费信贷交易和未能解决该纠纷而提出的理由进行抗辩，持卡人有权拒绝支付与未付信用金额相当的款项，该款项包括产生纠纷的商品或服务和因该款项产生的所有赔偿金额及其他费用。根据上述规定，如果持卡人扣留了该消费信贷交易争议的未付信用金额，在争议解决之间或判决作出之前，发卡人不得报告该金额是违法的。

（3）账单争议的程序。根据 Z 条例第 13 条之规定，当持卡人向发卡人申诉账单错误时，发卡人必须在 30 天内确认该申诉，对问题进行善意的调查，并在申述之日起 90 天内解决有关纠纷。该法规定，如果发卡人未能根据该条款尊重消费者的权利，那么该发卡人将由于该争议金额而被罚 50 美元，并承担一些额外的责任包括代理费用，等等，即使消费者是错误而发卡人是正确的，该项罚款必须支付。

在美国《电子资金转移法》颁布之前，Z 条例是否适用于电子资金划拨并不明确，在《电子资金转移法》颁布后，美国才有了专门调整小额电子资金划拨的法律。

3. D 条例

联邦储备理事会的 D 条例对美国的存款金融机构设置了储备要求，此种储备要求是美国货币政策的重要组成部分，它保证存款金融机构有充足的流动资金以满足消费者对现金的提款需要。

因为使用电子资金划拨系统向第三方当事人进行支付被认为是为 D 条例目的向第三方当事人支付，所以 D 条例影响到在美国进行的电子资金划拨，使用电子资金划拨系统向第三方当事人进行支付，如在 POS 上使用借记卡以购买货物或服务等。如果存款金融机构对储蓄账户的电子资金划拨的使用程度超过 D 条例允许的使用程度，就可能使账户的性质改变为交易账户，而交易账户对资金储备的要求更高。因此，参加了电子资金划拨网络的存款机构应该拒绝允许消费者通过网络使用储蓄账户，或者实施控制机制以防止消费者不明智地超过允许的金额从事储蓄账户交易。

4. 专门管辖电子资金划拨的州立法

大多数州关于电子资金划拨的法律与联邦《电子资金转移法》在很大程度上是重复的。与《电子资金转移法》一样，各州关于电子资金划拨的法律主要规定消费者在电子支付划拨交易中的权利，一般只适用于消费者资产账户而不管辖商事划拨或贷记划拨。这些法律多包含存取工具的发放、披露要求及未经授权划拨的责任等内容，许多州在关于电子资金划拨的法律中对消费者提供比联邦《电子资金转移法》更强的保护。

5. 电子签章法——美国联邦法

美国联邦政府经过美国统一法制定委员会（National Conference of Commissioners on Uniform State Laws，NCCCUSL）的讨论调整后，于 1999 年 7 月公布《统一电子交易法》（*Uniform Electronic Transaction Act*）。该法案主要是针对电子交易相关内容提出定义与规范，包括法律地位与效力、书面要件等，希望各州能够依循其中的原则来订立各州的州法。2000 年 6 月进一步公布《全球国家电子商务电子签章法》（*Electronic Signatures in Global and National Commerce Act*，ESIGN），同年 10 月正式实施，该法案对电子签章与电子记录的正确性与法律争议做出更明确的解释与规范。然而《统一交易法》与《全球国家电子商务电子签章法》在适用上有些许的差异。

《统一电子交易法》的目的是作为各州订立电子签章法的主要依据，甚至只要州议会通过，便能直接成为州内适用的成文制定法或法则。《全球国家电子商务电子签章法》仅能确保技术中立原则，为各州提供电子交易的法律争议的解释。当各州依据统一电子交易法制定州内法后，《全球国家电子商务电子签章法》的效力并不能凌驾于《统一电子交易法》之上。

《统一电子交易法》对交易的定义范围涵盖私法上的商业交易与公法上的交易，《全球国家电子商务电子签章法》则将特定的使用情况排除，例如法院的文件使用签章。

《全球国家电子商务电子签章法》对于排除适用的情况定有三年的审视期，定期评估法律是否有侵害到消费者权益的情况，若电子签章适用对大众而言已无风险或造成不便，则排除适用的情况应可解除，提供电子签章法较大的弹性，《统一电子交易法》则不然。

6. 电子签章法——美国地方州法

犹他州是美国第一个为数字签章进行立法的州，州政府于 1995 年公布了《犹他州数字签章法》（*Utah Digital Signature Act of May* 1995）。内容主要是以特别的签章技术为导向，希望通过数字签章来保障网络上的交易，但是目前市场上因为消费者习惯与成本的考量，适用数字签章技术所发展出的交易安全机制并未获得广泛的使用，因此后来其他州的立法主要遵循"技术中立"与"市场导向"两大原则。

7. 第三方电子支付监管

美国对第三方的电子支付监管：美国以相当宽松的态度对待电子货币与创新电子支付服

务，既没有专门针对电子货币立法也没有对电子货币给出单独的定义。如储值卡、智能卡、电子钱包这类产品被看作债务而非储蓄，因而允许非银行机构发行这类支付工具。对非银行电子货币发行商的监管责任主要在各州，大多受到货币转账或货币服务业务法律所监管，大多有资本金、储备金、执照方面的限制。由于其宽松的态度，出现了如 PayPal 这样的第三方电子支付服务公司。此外，美国的支付法律更加关注特定的支付业务本身，而不像大多数欧洲国家那样更为关注发行机构的资格。创新业务出现之前已存在大量的法律法规，分别定位于某个清晰的业务方向，如信用卡、电子转账等。以 PayPal 为例，如果用户发起一笔支付时选择信用卡作为资金来源，则意味着同时发生了一笔信用卡支付，这笔交易将落入《诚实借贷法》与 "Z 条例" 的范畴，用户将受到相应联邦法律与卡组织提供的保护。如果用户选择以银行（支票）账户作为资金来源，则意味着同时发生了一笔 ACH 支付，此时这笔交易将落入《电子资金转账法》与 "E 条例" 的范畴，用户也将受到相应联邦法律与支付网络（NACHA）规则提供的保护。

13.1.2　欧盟的电子支付监管

1. 欧盟对电子货币发行人的态度

欧盟对电子货币的发展持积极的调整态度，欧盟在 1994 年《预付价值卡》报告中指出："代表购买力价值的储存在电子钱包中的资金需要被看作银行存款，因而只能由银行来处理"，因此，对电子货币的发行，欧盟认为只能由银行来承担，其理由主要在于可以维护小额支付系统的安全，有利于中央银行和被监管银行之间沟通信息，同时代表电子货币资金同银行存款没有本质区别，另外电子货币也可以利用现行的银行清算系统。但欧盟法律并不禁止非银行机构同银行合作，开发电子货币产品，或者自己独立投资开设银行从事电子货币经营。作为例外，《报告》也指出，在某些情况下，比如该政策出台之前已经运作的电子货币系统，地方银行相关机构可以允许其继续由非银行机构运作的必须满足三个条件，一是只能在国内提供服务；二是必须遵守适当的规定，如流动性的规定；第三，由银行监管机构进行监管。

目前欧盟已经有 9 个国家通过适用现有法律扩大解释的方式，修改法律和重新制定新的法律，规定只有银行才有权利发行电子货币，其中奥地利、西班牙、希腊、法国、德国、意大利、荷兰和葡萄牙 8 个国家规定，储值卡类的电子货币只能由银行发行，在这 8 个国家中，奥地利、德国、法国、意大利和荷兰进一步规定以计算机为基础的电子货币也只能由银行发行。

欧洲中央银行 1998 年发布了《电子货币的报告》，这是目前为止欧盟发布的对电子货币进行监管的重要文件。该报告认为，最直截了当的方法就是将电子货币的发行主体限制为银行，这样就不会改变现有的有关货币政策和银行业务活动的法律体制。

但几乎同时，欧盟执行委员会于 1998 年 9 月针对电子货币提出建议案，将电子货币明确定义，并否定 1994 年电子货币等同存款的报告。该建议案提议修订法律，将非金融单位的发行机构纳入金融法的规范中。根据该立法建议的说明，整个立法建议的目的在于 "促进欧洲电子货币市场的竞争，允许市场的不断发展和创新，以便于向消费者提供符合其需要的产品，并在国际市场上具有竞争力"。欧盟委员会之所以采取这样的态度，主要还是为了继续保持欧盟在卡类电子货币方面的优势，同时面临美国非金融机构的竞争，特别是在网络电子货币方面的竞争，为自己境内的机构松绑。但该建议案并没有产生法律效力。

2. 欧盟对电子货币业务的监管要求

欧洲中央银行《电子货币报告》对电子货币如何进行监管提出了最低要求，与此同时，欧盟委员会提出的《关于电子货币机构审慎监管的立法建议》（以下简称《立法建议》）也对电子货币的监管提出了立法动议。这两个文件虽然对电子货币的发行人持不同的态度，但对电子货币业务机构的监管却采取了相近的态度。具体包括：

（1）监管目标。监管目标是促进系统的相互兼容，这种相互兼容实际上是支付系统效率的体现，这需要电子货币系统的发行人、设计者进行合作，防止重复投资并促进各个系统的相互兼容。其中，最重要的表现就是采用共同的标准，通过共同的标准，实现系统之间的相互兼容，从而为消费者和特约商户提供选择的余地，可以很容易放弃一个系统，转用另外一个系统，这也能够促进竞争，提高效率。

监管的另外一个目标就是对社会信用的监管，为了维护消费者和特约商户对电子货币系统的信心，防止某一个电子货币的发行人倒闭带来的对系统稳定的影响，为电子货币提供一定程度的政府信用保证，目前为止，已经有法国、意大利、瑞典、奥地利、德国和西班牙都将现有的存款保险制度适用于电子货币系统。

（2）对消费者的保护。欧盟委员会《立法建议》第二条规定，在什么情况下，电子货币项下的款项不被认为是存款，即如果电子货币的发行人规定，电子货币发行后，只能用于消费购物，消费者从发行人那里取得电子货币之后，不能再用电子货币从发行人那里回赎，这时电子货币项下的资金不被认为是存款。那么，发行人应该在合同中向消费者披露，该种电子货币是否可以由消费者直接向发行人回赎，如果可以回赎，则要具体说明回赎的条件、形式和期限。

《电子货币报告》在这方面也提出一些类似的最低要求，即电子货币必须由确定和透明的法律安排。总的来讲，就是要使各方当事人明白电子货币各个交易环节中各方的权利和义务，主要是通过有关的法律文件向当事人披露有关的信息，包括电子货币是否有保障制度，争端解决机制。如果是跨国的电子货币系统，系统的开发者和发行人必须根据系统的技术特点，确保其符合所涉及国家的法律，在所涉及国家可能产生的法律后果和可执行力。

欧盟委员会1997年发布了名为《增进消费者对电子支付手段的信心》的通告，提到监管机构应考虑与消费者有关的问题是：一是监管机构必须向电子货币的发行人和使用者提供透明度、责任和争议解决程序的指南，以维护使用者的信心。为此，欧盟委员会随公告附上给各成员国的建议，该建议涉及的问题主要包括交易条件应该透明、发行人应该披露的最低限度的信息和条件，发行人和使用者的权利和义务，争端解决程序等。二是监管机构必须考虑欺诈和伪造的风险，提高安全性。欧盟委员会1998年发布了《反对非现金支付工具的欺诈和伪造行动框架》的通告，该通告的主要内容是要求各国将欺诈和伪造非现金支付工具规定为犯罪行为，以利于打击欺诈和伪造活动的需要。

3. 技术安全

1999年1月欧盟经济与社会委员会也对执行委员会建议案提出不同意见，包括立法目的、电子货币定义、分类、犯罪与管制等问题。欧盟部长理事会于同年 11 月根据相关意见对执行委员会的建议案进行修改，完成《电子货币发行机构法草案》。

欧盟于 2000 年 1 月 19 日公布了《电子签章法指令》（Directive 1999/93/EC of the European Parliament and of the Council of 13 DEC. 1999 on the Community Framework for Electronic Signatures），其主要内容除了定义电子签章外，还提出相关的法律规范，另外也限制了提供凭证服务的必要条件，以求达到一定水准的安全程度。欧盟并且根据此指令，要求其他会员国在 2001 年 7 月之前完成有关电子签章法的修订。

13.1.3 亚洲的电子支付监管

新加坡鼓励在本国发展电子支付，一方面维持原有弹性审慎监管原则，另外通过适时而不是单独立法来指导和促进其发展，包括宽松的虚拟银行设立。而印度，则不准设立虚拟银行，业务限制也很严，也限制外国机构在印度进行电子支付业务。日本则对本国电子支付机构非常宽松，对外国电子支付机构限制非常严格。

13.2 我国电子支付监管

我国的电子支付近年来发展非常迅速，新兴电子支付工具不断出现，电子支付交易量也不断提高，已逐步成为我国零售支付体系的重要组成部分，这些都迫切要求我们就电子支付活动的业务规则、操作规范、交易认证方式、风险控制、参与各方的权利义务等进行规范。从而防范支付风险，维护电子支付交易参与者的合法权益，确保银行和客户资金的安全。总体来看，目前我国电子支付的法律环境基本处于空白阶段，电子支付的发展又呈现发展快、涉及范围广、环节多、形式多样等趋势，伴随着这些新特点的是更多新的问题，这些问题都有待我们通过电子支付的法制化建设逐步予以解决。

13.2.1 电子支付监管总体情况

根据业务发生的机构电子支付可以划分为四种模式：一种是网络银行模式，电子商务平台直接链接到银行的网上银行系统；第二种模式是银联模式，通过银联实现跨行支付与结算；第三种模式是第三方支付平台模式，电子商务平台先链接到第三方支付平台，第三方支付平台再和银行连接；第四种模式是支付平台内部交易模式，这种交易模式实际上是封闭的，为买卖双方提供了账户服务，通过内部转账来完成支付。

目前，我国电子支付尚缺乏相应的法律法规与监管政策，一些监管政策主要是针对电子银行与网上银行的，即对应上面电子支付中的第一、二种模式。2005 年年底《电子支付指引（第一号）》的出台，算是电子支付的第一个法律文件，《电子支付指引（第一号）》存在很多局限性，如上面讲到的第三、第四种支付模式仍得不到监管，当然它叫"第一号"，也就意味会出"第二号"等，通过新的"指引"来补充其不足。2006 年初出台的《支付清算组织管理办法》征稿考虑到了第三方支付，但与《电子支付指引（第一号）》并不配套，且由于其缺乏具体操作细则以及配套政策而难以发挥作用。

13.2.2　电子支付指引

为规范电子支付业务，防范支付风险，保证资金安全，维护银行及其客户在电子支付活动中的合法权益，促进电子支付业务健康发展，中国人民银行从 2003 年就开始了电子支付方面的立法工作，制定了《电子支付指引（第一号）》（下称《指引》）并于 2005 年 10 月 26 日公布实施。

1. 电子支付活动中客户和银行权利义务的基本规定

《指引》明确要求，客户申请电子支付业务，必须与银行签订相关协议，并对协议的必要事项进行了列举。银行有权要求客户提供其身份证明资料，有义务向客户披露有关电子支付业务的初始信息并妥善保管客户资料。

《指引》要求客户应按照其与发起行的协议规定，发起电子支付指令；要求发起行建立必要的安全程序，对客户身份和电子支付指令进行确认，并形成日志文件等记录；要求银行按照协议规定及时发送、接收和执行电子支付指令，并回复确认。同时还明确了电子支付差错处理中，银行和客户应尽的责任。

2. 信息披露的制度设计

为维护客户权益，《指引》要求办理电子支付的银行必须公开、充分披露其电子支付业务活动中的基本信息，尤其强调对电子支付业务风险的披露，并对银行作出如下要求：

明示特定电子支付交易品种可能存在的全部风险，包括该品种的操作风险、未采取的安全措施、无法采取安全措施的安全漏洞；

明示客户使用特定电子支付交易品种可能产生的风险；

提醒客户妥善保管、妥善使用、妥善授权他人使用电子支付交易存取工具。

建立电子支付业务运作重大事项报告制度，按有关法律法规披露电子支付交易信息，及时向有关部门报告电子支付业务经营过程中发生的危及安全的事项。

3. 电子支付安全性的制度设计

安全性是电子支付的重中之重。《指引》要求银行采用符合有关规定的信息安全标准、技术标准、业务标准；建立针对电子支付业务的管理制度，采取适当的内部制约机制；保证电子支付业务处理系统的安全性，以及数据信息资料的完整性、可靠性、安全性、不可否认性；提倡使用第三方认证，并应妥善保管密码、密钥等认证数据；明确银行对客户的责任不因相关业务的外包关系而转移，并应与开展电子支付业务相关的专业化服务机构签订协议，确立综合性、持续性的程序，以管理其外包关系；同时还要求银行具有一定的业务容量、业务连续性和应急计划等。

《指引》还要求银行根据审慎性原则，针对不同客户，在电子支付类型、单笔支付金额和每日累计支付金额等方面作出合理限制。同时，明确提出了在三种情况下的具体金额限制："银行通过互联网为个人客户办理电子支付业务，除采用数字证书、电子签名等安全认证方式外，单笔金额不应超过 1 000 元人民币，每日累计金额不应超过 5 000 元人民币""银行为客户办理电子支付业务，单位客户从其银行结算账户支付给个人银行结算账户的款项，其单笔金额不得超过 5 万元人民币，但银行与客户通过协议约定，能够事先提供有效付款依据的除外""银行应在客户的信用卡授信额度内，设定用于网上支付交易的额度供客户选择，但该额度不得超过信用卡的预借现金额度"等。这些措施对防范电子支付风险，保障客户资金安全将发挥积极作用。

4. 电子证据合法性的制度设计

《指引》以《电子签名法》为法律依据，进一步确认了电子证据的法律效力和实际可采性。如《指引》第五条规定："电子支付指令与纸质支付凭证可以相互转换，二者具有同等效力。"从原则上确定了电子证据的证据效力。第九条规定："银行应认真审核客户申请办理电子支付业务的基本资料，并以书面或电子方式与客户签订协议。银行应按会计档案的管理要求妥善保存客户的申请资料，保存期限至该客户撤销电子支付业务后 5 年。"这又从制度上保证了诉讼期间相关证据的可采纳性。此外，《指引》第十条规定："银行为客户办理电子支付业务，应根据客户性质、电子支付类型、支付金额等，与客户约定适当的认证方式，如密码、密钥、数字证书、电子签名等。认证方式的约定和使用应遵循《中华人民共和国电子签名法》等法律法规的规定。"这又进一步从操作的层面保证了电子证据的可采纳性。

另一方面，《指引》还从交易和管理的角度鼓励合理保存、采用电子证据。例如第十八条规定"发起行应采取有效措施，在客户发出电子支付指令前，提示客户对指令的准确性和完整性进行确认"；第十九条规定"发起行应确保正确执行客户的电子支付指令，对电子支付指令进行确认后，应能够向客户提供纸质或电子交易回单"；第二十条规定"发起行、接收行应确保电子支付指令传递的可跟踪稽核和不可篡改"；第二十一条规定"发起行、接收行之间应按照协议规定及时发送、接收和执行电子支付指令，并回复确认"；第三十条规定："银行应采取必要措施为电子支付交易数据保密：①对电子支付交易数据的访问须经合理授权和确认；②电子支付交易数据须以安全方式保存，并防止其在公共、私人或内部网络上传输时被擅自查看或非法截取；③第三方获取电子支付交易数据必须符合有关法律法规的规定以及银行关于数据使用和保护的标准与控制制度；④对电子支付交易数据的访问均须登记，并确保该登记不被篡改。"所有这些规定都是围绕电子支付指令与签名的合法有效性的，如果能够按照这样的程序去操作，再结合电子签名法的相关法律要求，理论上应该可以做到电子支付过程中相关电子证据的合法有效性。

5. 防止欺诈的制度设计

电子支付是通过开放的网络来实现的，支付信息很容易受到来自各种途径的攻击和破坏，信息的泄露和受损直接威胁到企业和用户的切身利益，所以信息安全是树立和维护客户对电子交易信心的关键。《指引》要求银行在物理上保证电子支付业务处理系统的设计和运行能够避免电子支付交易数据在传送、处理、存储、使用和修改过程中被泄露和篡改；采取有效的内部控制措施为交易数据保密；在法律法规许可和客户授权的范围内妥善保管和使用各种信息和交易资料；明确规定按会计档案的要求保管电子支付交易数据；提倡由合法的第三方认证机构提供认证服务，以保证认证的公正性；此外，亦要求在境内完成境内发生的人民币电子支付交易信息处理及资金清算。还有,《指引》对于应用电子签名、签署书面协议、交易限额、日志记录、指令确认、回单确认、信息披露和及时通知都作出了一系列的要求,这些制度的设计都是围绕防止欺诈的。如果我们能够严格贯彻这些要求,应该可以对那些看似无孔不入的欺诈起到一定的防范作用。

6. 差错处理的制度设计

在《指引》的四十九条规定中,关于差错处理的规定就占了十条,应该说是规定得比较全面的;不仅明确了电子支付差错处理应遵守的据实、准确和及时的原则,还充分考虑了用户资料被泄露或篡改,非资金所有人盗取他人存取工具发出电子支付指令,客户自身未按规定操作或由于自身其他原因造成电子支付指令未执行、未适当执行、延迟执行,接收行由于自身系统或内控制度等原因对电子支付指令未执行、未适当执行或迟延执行致使客户款项未准确入账,因银行自身系统、内控制度或为其提供服务的第三方服务机构的原因造成电子支付指令无法按约定时间传递、传递不完整或被篡改等多种实际情况。明确了处理差错的原则和相应的补救措施。

13.2.3 电子银行业务管理

2006 年,我国银监会正式发布了《电子银行业务管理办法》(以下简称《办法》),这是继中国人民银行 2001 年发布《网上银行业务管理暂行办法》(以下简称《暂行办法》)、2005年发布《电子支付指引(第一号)》后,我国银行监管部门发布的关于电子银行业务监管的最新法规,于 2006 年 3 月 1 日开始实施。

为规范商业银行利用互联网开展银行业务,2001 年 6 月,中国人民银行颁布了《网上银行业务管理暂行办法》。《暂行办法》的颁布对于加强商业银行网上银行业务的管理,起到了积极的作用。但是,随着商业银行电子银行业务的不断发展,《暂行办法》已经不能适应电子银行风险监管的要求。因此,为有效控制电子银行业务风险,银监会在认真分析总结我国商业银行电子银行业务发展的基础上,结合我国现有金融法律制度,借鉴了境外有关机构对电子银行业务的监管经验,制定了《电子银行业务管理办法》。

1. 电子银行业务监管范围的基本规定

《办法》的第二条明确了电子银行业务。电子银行业务包括利用计算机和互联网开展的银行业务(以下简称网上银行业务),利用电话等声讯设备和电信网络开展的银行业务(以下简称电话银行业务),利用移动电话和无线网络开展的银行业务(以下简称手机银行业务),以及其他利用电子服务设备和网络,由客户通过自助服务方式完成金融交易的银行业务。具体而言包括两部分:网上银行、电话银行和手机银行;其他利用电子服务设备和网络,由客户通过自助服务方式完成金融交易的银行业务,包括自助银行、ATM 机等。上述规定表明,《办法》将网上银行、电话银行、手机银行及自助银行、ATM 等均纳入电子银行业务范畴,扩大了对电子银行业务的监管范围,改变了长期以来部分电子银行业务监管无据的状况。

2. 电子银行业务的审批

《办法》的规定较之前的《暂行办法》中的更为严格,除所有网上银行业务均适用审批制外，其他所有利用开放性网络或无线网络开办的电子银行业务（如手机银行、利用 PDA 等设备提供的电子银行等）也应适用审批制；金融机构将已获批准的业务应用于电子银行时，需要与证券业、保险业相关机构进行直接实时数据交换才能实施的电子银行业务，以及金融机构之间通过互联电子银行平台联合开展的电子银行业务，均须报经银监会审批。利用境内或地区性电信网络、有线网络开办的电子银行业务（如电话银行），则适用报告制。

对于适用审批制的业务，《办法》规定的审批期限为 3 个月。对于使用备案制的业务，《办法》规定，适用报告制的业务应在新增或变更前一个月向监管部门报告。此外，对《办法》实施前已开办的电子银行业务，要求金融机构于《办法》实施后一个月内将已开办的电子银行业务类型、开办时间、审批文件（仅限于适用审批制的业务）等相关材料报监管部门。

3. 电子银行安全建设

与传统银行业务相比，电子银行业务的安全性至关重要，电子银行系统的设计开发水平、所采用的信息技术的先进程度以及设备和网络供应商的选择等，均可对电子银行业务的安全性产生影响。为了督促商业银行加强电子银行的安全建设工作，银监会《办法》突出强调了电子银行系统的安全评估工作，并将"电子银行安全评估报告"作为金融机构申请开办电子银行业务的必备材料之一。另外，为了促进电子银行系统的安全建设工作，银监会还专门颁发了《电子银行安全评估指引》，要求金融机构根据其电子银行发展和管理的需要，聘请有资质的电子银行安全评估机构，至少每 2 年对电子银行进行一次全面的安全评估，对电子银行的安全策略、内控制度、风险管理、系统安全、客户保护等方面进行安全测试和管控能力的考察与评价。

4. 电子银行业务风险防范

《办法》较为详细地规定了金融机构在提供电子银行服务时应采取的风险管理措施。鉴于通过电子银行业务进行金融诈骗的案件经常发生，《办法》特别强调对此类案件的风险防范，要求金融机构建立相应的机制，搜索、监测和处理假冒或有意设置类似于金融机构的电话、网站、短信号码等信息骗取客户资料的活动，发现后及时向公安机关报案，并报告银监会，同时以多种方式提醒公众予以注意；金融机构应尽可能使用统一的电子银行服务电话、域名、短信号码等，并应在与客户签订的协议中明确客户启动电子银行业务的合法途径、意外事件的处理办法及联系方式等。《办法》要求金融机构建立电子银行入侵侦测与入侵保护系统，实时监控电子银行运行情况，定期对电子银行系统进行漏洞扫描，并建立对非法入侵的甄别、处理和报告机制。同时，《办法》还要求提供网上支付平台的金融机构建立有效监督机制，防范不法机构或人员利用电子银行支付平台从事违法资金转移或其他非法活动。为了保证电子银行的安全，《办法》规定金融机构不得向无业务往来的非金融机构转移电子银行业务数据，不得出售电子银行业务数据，不得损害客户权益利用电子银行业务数据谋取利益。

5. 规范金融机构与客户的责任

电子银行服务过程中金融机构与客户之间的权责分配是一个比较复杂的民事法律问题，《办法》从监管者角度对权责分配作了原则性规范，目的在于防止金融机构利用其优势地位损害客户权益。《办法》规定：

（1）在提供电子银行服务时，因电子银行系统存在安全隐患、金融机构内部违规操作和其他非客户原因等造成损失的，金融机构应当承担相应责任。

（2）客户应注意保护个人信息，特别是交易密码；因客户有意泄漏交易密码，或者未按照服务协议尽到应尽的安全防范与保密义务造成损失的，金融机构可以根据服务协议的约定免于承担相应责任。

6. 明确跨境业务及服务外包监管

对于跨境业务管理，《办法》以服务接受者的国籍确定电子银行业务是否属于跨境业务，并规定跨境业务应适用双重监管原则，要求金融机构在提供跨境电子银行服务时，除应遵守我国法律法规和外汇管理政策等规定外，还应遵守境外居民所在国家（地区）的法律规定。如果境外电子银行监管部门对跨境电子银行业务要求审批的，金融机构在提供跨境业务活动之前，应获得境外电子银行监管部门的批准。《办法》还对金融机构申请跨境电子银行业务的申请与审批进行了规定。

对于电子银行服务外包，《办法》规定：对电子银行业务处理系统、授权管理系统、数据备份系统的总体设计开发，以及其他涉及机密数据管理与传递环节的系统进行外包，应经过金融机构董事会或者法定代表人批准，并应在业务外包实施前向银监会报告。

13.2.4 其他法规

此外，与电子支付监管相关的法律法规还有：《电子签名法》、《支付清算组织管理办法》（征求意见稿）、《银行卡业务管理办法》、《商务部关于网上交易的指导意见》（暂行）、《商业银行操作风险管理指引》等。

《电子签名法》于2004年8月发布，是以规范作为电子商务（也包括电子政务）信息载体的数据电文和当事人在数据电文上以电子数据形式"签名"为主要内容的法律制度。制定电子签名法的主要目的是为了规范电子签名行为，确立电子签名的法律效力。该法主要规定了数据电文、电子签名的法律效力以及关于电子认证机构的管理，此外，电子签名法还对电子签名活动各方的法律责任等问题作出了规定。

央行于2005年6月发布了《支付清算组织管理办法》（以下简称《管理办法》）的征求意见稿，电子支付企业牌照的发放工作也在《管理办法》的指导下展开。正式公布的文件将包括《支付清算组织管理办法》、实施细则以及相关问题。前者通称清算细则，是管理电子支付企业的最关键条款，也是保障每一位网上消费者利益的最基本的规定，它将对每一笔通过互联网的支付行为做出明确的法律保障。

为加强银行卡业务的管理，防范银行卡业务风险，中国人民银行颁布了1999年3月实施的《银行卡业务管理办法》。该法用以维护商业银行、持卡人、特约单位及其他当事人的合法权益，促进银行卡业务向规范化发展。该法对银行卡的分类、业务审批、计息和收费标准、账户及交易管理、风险管理、当事人职责以及违规违法处罚等作了明确规定。

2007年3月商务部了发布《关于网上交易的指导意见（暂行）》（以下简称《意见》），以推动网上交易健康发展，逐步规范网上交易行为，帮助和鼓励网上交易各参与方开展网上交易，警惕和防范交易风险。《意见》指出，网上交易是信息技术与经济发展相结合的产物，是一种新的交易方式，是电子商务的一种重要模式。鼓励开展网上交易有助于提高交易效率，降低交易成本，拉动消费，促进商品和各种生产要素的自由流动，为促进国民经济又好又快发展提供服务。《意见》对网上交易参与方以及规范行为都做了明确的规定，并提出了促进网上交易的措施。

为加强商业银行的操作风险管理，推动商业银行进一步完善公司治理结构，提升风险管理能力，银监会于 2007 年 6 月发布了《商业银行操作风险管理指引》（以下简称《指引》），这是继出台有关《商业银行市场风险管理指引》和《商业银行合规风险管理指引》等一系列的监管文件之后，银监会发布的又一重要风险管理指引。《指引》共有四章三十一条。从操作风险管理的认识、制度建设、组织结构的设计，到操作风险管理识别、评估、监测、报告、持续经营机制的建立，操作风险损失数据库的构建和操作风险资本计量分配模型的研究开发等方面，予以进一步明确。《指引》的发布，将有助于进一步完善银行监管体系的建设，推进风险监管为本的理念深入人心；有助于我国商业银行进一步强化风险管理，提高识别、控制操作风险的能力和风险管理水平，建立操作风险管理的长效机制，提升银行业的整体国际竞争力。有助于商业银行进一步防范银行业大案、要案的发生，促进银行业的稳健运行，切实维护广大存款人的利益。

13.2.5　第三方支付监管

近年来，随着电子商务的蓬勃发展，与资金结算密切相关的网上支付市场迅速成长，第三方支付作为电子支付的重要组成部分发展最为迅速。第三方支付的快速发展，也引起社会对第三方支付企业业务风险的关注：第三方支付沉淀资金问题、信用卡非法套现、网络洗钱犯罪活动、第三方支付企业信用风险等等。然而由于目前法律的不健全，我国第三方支付机构信用中介地位及其支付服务的合法性还没有明确规定，行业市场准入和行业行为还缺乏相应规范，第三方支付企业监管主体也不明确。

1. 我国第三方支付监管现状

目前，我国还没有专门针对网上第三方支付制定的法律法规，对于第三方支付的监存在一定的盲区，可以依据的法律法规主要有以下几个：

（1）《电子签名法》。该法颁布于 2005 年 4 月 1 日，首次确定了电子签名的法律效力，将其与现实中的手写签名或盖章的效力相等同。因此，电子签名这一行为有明确的法律依据。与之相配套的是信息产业部出台的《电子认证服务管理办法》。

（2）《电子支付指引（第一号）》。该法是 2005 年 10 月 26 日由央行出台的。该法属于行政规定，调整的是电子支付关系。其为第一部该行业的行政规定，调整的对象主要是参与电子支付的银行及其客户，对于第三方支付平台并未涉及。

（3）《支付清算组织管理办法》（征求意见稿）。2005 年 6 月 10 日中国人民银行支付清算司发布了该办法，目前尚未正式出台。该办法对于网络第三方支付意义重大，因其具有针对从事网上支付业务的非银行机构的相关规定。主要体现在对这种机构性质、经营范围、资质、注册资本、审批程序以及机构风险监控等方面。

（4）国务院发布的关于《发展电子商务网上支付若干意见》。该意见强调引导商业银行积极参与网上支付平台建设，大力推广网上支付工具。

2. 我国目前第三方支付监管存在的问题

（1）我国尚未对网络第三方支付的法律地位做出明确的界定，其是金融机构还是非金融机构存在争议，这也就导致了网络第三方支付机构的资信问题，即谁有资格来开展这一业务，其退出市场时又该如何规范。从监管制度角度而言，即其欠缺市场的进入和退出机制。

（2）在网络第三方支付过程中突出存在的监管问题就是其沉淀资金的问题。在现实中，网络第三方支付实际拥有着资金的吸收与存储功能，由于网上交易的特殊性，使得买方付款与卖方收款不同步，这笔交易资金便暂时存在网络第三方支付平台中，形成在途资金。当买卖双方产生交易纠纷时，交易的资金也会停留在网络第三方支付平台中，形成交易后沉淀资金。网上交易额的迅速增加显示了这笔沉淀资金的巨大，这样巨大的资金暂存在网络第三方支付平台中而没有监管必将导致资金的风险。

（3）在法律监管上，一方面我国当前的立法欠缺对于网络第三方支付的规制，另一方面，当前没有统一的认证机构对网络第三方进行认证。换而言之，也就是缺乏统一的监管机构。

（4）对于网络交易的消费者而言，其在整个支付过程中其处于弱势地位，权益欠缺保护。例如，对于消费者注册信息、交易信息如何保护；当产生交易纠纷时，消费者举证的困难如何解决；在交易结束后，消费者所需要的售后服务如何确保等都是有待解决的问题。

3. 第三方支付面临的风险

作为一种新型的支付方式，第三方支付事实上具有了银行才能拥有的存储功能，在产业快速发展的同时，也暗含着众多的风险。如何对第三方支付机构进行监管，如何对这些风险进行防范？这些都是电子支付产业亟待解决的问题。

（1）主体资格和经营范围的风险。2006年7月，中国社科院金融所在一份报告中对这一问题提出警示：目前依托于银联建立的第三方支付平台，除少数几个不直接经手管理往来资金，将其存放在专用的账户外，其他都可直接支配交易资金，这就容易造成资金不受监管甚至越权调用的风险。

（2）结算和虚拟账户资金沉淀风险。早在2005年11月24日，中国社会科学院金融研究所在其发布的VISA国际组织委托的研究课题《现代电子支付与中国经济》报告中也曾警示："支付宝等第三方支付机构从事资金吸储并形成资金沉淀，如缺乏有效的流动性管理，则可能存在资金安全和支付的风险"。

根据我们的研究，第三方网络支付平台在提供中介和信用中介的过程中，资金包括两类，第一类结算，第二类虚拟账户的资金，存在两类资金怎么保证、谁来担保等风险点。

（3）洗钱风险。央行在发布的《反洗钱报告》中称，网上银行在银行业务中占据的比重上升很快，而且交易大都通过电话、计算机网络进行，银行和客户很少见面，这给银行了解客户带来了很大的难度，也成为洗钱风险的易发、高发领域。

（4）信用卡套现的风险。现有的规定就信用卡的管理办法，信用卡条例也正在出台，根据信用卡条例，利用信用卡套现的刑事责任将被明确。除了即将出台的信用卡条例外，还缺乏三个方面：银行卡方面的条例，个人破产的相关条例，信用方面的法律。

（5）电子商务纠纷引发的连带责任风险。交易完成以后，在货物送到持卡人手里后，最后遭到拒付，拒付之后根据国际信用卡的惯例，是有 60 日免费的，据查询持卡人又没有收到货物。所以使得这个案子非常难解决。

（6）虚拟性带来的欺诈风险。虚拟的网络市场中买卖双方信息具有不对称性，这种不对称性不同于传统市场，这使得网络交易更容易产生欺诈问题。

第三方支付监管中存在的问题以及监管不足所引发的众多风险问题，都急需通过有效的监管措施得到解决。如：明确第三方支付公司的法律身份、建立市场准入机制、加强对滞留资金的监督和管理等。这些问题也已经引起央行的重视，早在 2005 年，央行就下发了《支付清算组织管理办法》的征求意见稿，主要内容被外界普遍解读为"关系到第三方支付公司牌照发放"，其最突出的特点是控制网上支付的风险，要求支付公司必须设立风险管理部门和核规部门。《支付清算组织管理办法》将规定第三方支付企业申请牌照的具体手续，一旦出台，企业即可申请牌照。但该法律尚未正式出台，关于监管的市场进入问题尚无确切规定。2009 年 4 月 16 日，中国人民银行发布"第 7 号公告"，要求从事支付清算业务的非金融机构办理登记手续。可见，央行将出台第三方支付平台监管办法，这对于规范第三方支付企业行为以及防范风险方面具有极其重要的意义。

13.3　监管的风险

13.3.1　技术风险与业务风险

技术风险是指由于技术采用不当、或所采用的技术相对落后而带来安全技术隐患。包括安全风险和技术选择风险等。

业务风险，包括信用风险、流动性风险、支付和结算风险、法律风险（指违反、不遵守或无法遵从法律、法规、规章、惯例等）、操作风险（由于系统的可靠性、稳定性和安全性的重大缺陷而导致的风险）、战略风险（指业务决策不力、决策不当或对行业变化缺乏响应而对电子支付造成的风险）、资金风险等。

13.3.2　风险管理

管理风险包括管理风险（电子支付的管理现状与管理水平与电子支付业务的快速发展状况不协调造成的风险）以及监管风险（金融监管复杂化带来的风险）等。另外，不同业务、不同模式的机构其风险是不同的。如商业银行其风险主要在电子银行业务、电子支付等方面，其他的可以参照银行风险管理办法进行，银联与商业银行类似。第三方电子支付平台和网络平台内部交易这两种模式与金融机构性质上有明显的差异，这机构的风险主要有：首先，从事资金吸存，并且有很大资金沉淀，当资金沉淀、资金吸存这种行为出现以后，自然存在着资金安全隐患方面的问题或者支付风险问题；其次，很多电子支付服务商涉及电子货币的发行，对电子货币的发行目前还没有一个明确的法律规范；第三，这类支付服务涉及支付结算账户和提供支付结算服务，虽然新的《支付清算组织管理办法》准许非金融机构出现，但毕竟这类组织不同于银行，这样简单的许可，风险很大，甚至有可能会造成某些风险合法化；第四，电子支付可能会成为资金非法转移和套现的工具，由此也会带来一定的金融风险；第五，资金安全问题如何得到有效保障（比如，第三方支付机构不能兑现支付等）。

13.4 监管政策与建议

13.4.1 市场准入监管

市场准入监管包括设置最低资本金限制，加强内控机制和风险管理，强化安全技术、建立保险与保证金问题。关于资本金的限制，《支付清算组织管理办法（意见征求稿）》中虽已列出，但还不能具体操作。目前我国在内控机制和风险管理方面不管是网络银行还是电子支付都还没有相应的法律规定。在安全技术要求方面，除准入控制外，建立完备的基础设施以确保客户交易活动安全性和交易记录的真实性，非常必要，可以考虑借鉴欧盟的一些做法，在我国《电子银行安全评估指引》基础上对电子支付作出规范。对非金融机构采用类金融机构设置保证金机制，并积极研究电子支付保险问题。鉴于国内电子支付企业竞争激烈，其生存与发展非常困难，发展也不规范，要防止恶性竞争，增加支付风险。为了促进其发展，可以考虑采用政策引导并购，实施国有控股，减少无序竞争，减少重复建设，增强实力，扩大规模。

13.4.2 业务范围监管

业务范围监管包括业务运营风险监管，对董事会和经理层的监管，对内部操作人员的管理，对客户的管理，市场退出监管。借鉴《网上银行业务管理办法》制订电子支付业务管理办法。对单位管理层，借鉴巴塞尔以及美国、新加坡的做法，可考虑设立技术总监，董事会应制订监管政策并适时审查，监督运作合法化。对内部操作人员，非金融机构采用类似银行的做法，禁止单人操作，职责分离，实行准入控制。对客户的管理要通过法律手段约束保证客户资料保密，客户资产安全，2005年美国万事达组织大规模的客户资料泄密就暴露了第三方支付监管漏洞。对非金融机构市场退出应考虑合并、兼并或收购等方式，类似于金融机构的做法，保证客户资产、资料的安全，通过建立保证金和准备金机制减少风险。在业务范围监管方面还要设法促进电子支付的健康发展，保证公平竞争等。

13.4.3 监管机构

监管机构包括加强技术监管，更新观念加强业务监管，加强内控防范违规与电脑犯罪，建立健全监管法律体系，实施适时与定期监控，加强市场退出监管，加强国际合作等。目前我国监管机构由银监会、信息产业部、公安部、国际广电与新闻出版总局构成，像电子支付中的部分企业不是金融机构，其特性也有许多与金融机构不一致的，目前的监管政策也没有这些考虑，如何通过银监会来监管，值得研究。关于国际合作，要积极借鉴国外成功经验，加强国际合作，电子支付跨国境非常方便，要防止跨国风险，对外国竞争者实行严格监管，并积极扶植本国电子支付企业发展。

13.4.4 电子货币

电子货币包括电子货币发行权问题，发行机构风险问题，收回与赎回问题，支付企业破产问题，发行权资质问题，过程监管问题等。目前这些都还没有法律文本规范。

13.4.5 法律问题

电子证据、网上税务、网络安全、消费者隐私、保密等立法等还待建立。

本章小结

电子支付在中国的出现是最近十几年的事，发展却一直比较缓慢。2005 年是个分水岭，支付企业竞争激烈，基本确立了整个中国电子支付的格局。目前中国前 20 位的电子支付企业的分布是：北京有 8 家，上海和杭州共 8 家，广州和深圳共 3 家、西部 1 家。

可以看出，支付平台的发展和区域经济发展以及金融发展水平相匹配，同时也是和整个互联网的发展不平衡相适应的。目前的支付平台基本都在北京、上海、杭州、深圳这几个经济、金融都比较发达的城市，而偌大的一个中西部，只有一个西部支付。这种严重的不平衡，直接导致了区域竞争过度：北京上海等地出现了一个电子商务网站与多个支付平台并列合作。区域竞争最直接的结果是各支付平台的收入结构和水平急剧下降：原来可以收取的接入费、年费顷刻间没了，手续费也血拼到比银行给出的手续费还低的程度，更有"我为支付狂"的狂人出现，手续费最高为 1%。美国支付企业的毛利润基本在 1.6% ～ 2.4% 之间，而中国目前收费支付企业的毛利润维持在 0.5% 就不错了。这个毛利润基本不可能维持企业的正常运转，也不可能维持这个行业的健康发展。圈地运动让一部分企业雄心万丈，而让另一部分企业心灰意冷。如果没有新的业务模式和增值服务出现，支付企业的艰苦岁月也许才刚刚开始。

目前，电子支付应用最好的几个行业是游戏、旅游机票、教育等，除了诚信体系等大环境以外，行业特征也决定了目前的电子支付才刚刚起步，任重而道远。游戏行业是使用电子支付最彻底的一个行业。电子客票目前还基本不可能大规模使用，主要是和人们的消费习惯密切相关；北京的高校以及网络教育在使用电子支付收取学费、报名费、考试费用、资料及书费上面已经走在全国前面，中国其他地方的上千所学校普遍还没有使用。

电子支付应用前景比较好的还有公用事业缴费，主要是水、电、气、有线电视费用等缴费，这些一般都是小额支付。代理这些业务基本都是亏本的。这个业务目前的门槛在政府的管理思路和公用事业单位的意识上，其实完全应该按市场规律来办理。网络支付可以发挥重大的社会效益，同时让银行转变服务模式获得利益，支付服务提供商也会有经济利益，最终出现多赢的结果。

关键术语

电子支付监管   市场准入

习 题

1. 请概括介绍美国的电子支付监管体系中包含哪些主要法规，其主要思想是什么？
2. 欧洲央行对于电子货币的发行有什么样的要求？
3. 我国现行的电子支付指引中的内容包含了哪几个方面？
4. 结合欧美对电子支付监管的情况，你认为我国电子支付监管应该有哪些方面需要加强？

案例分析

移动支付 如何让钱更安全

10月23日爆出，多名美国银行的客户本周在Twitter上投诉称，在使用苹果的Apple Pay移动支付系统时被重复收款，据美国银行随后的道歉称，这一问题影响了约1 000笔交易。

很显然，问题出在美国银行应用软件接口上，这一新闻再次给移动支付安全性敲响了警钟。

根据艾瑞咨询发布的2014Q1中国第三方移动支付市场交易规模统计数据获悉，2014Q1中国第三方移动支付市场交易规模达15 328.8亿元，环比增长112.7%。手机银行、支付宝等移动产品为用户提供了既方便又快捷的理财方式，但与传统银行服务模式相比，手机银行用户的信息更易被泄露、被盗取，"电子现金"很容易就变成了"别人的现金"，安全成为了移动支付的最大问题。

全球49%的互联网用户在支付过程中感受到了不安全，62%的用户害怕在互联网上遭遇金融欺诈。不法分子通过异地补办手机卡得到用户与网银账号绑定手机的验证号短信，从而更改密码，但敏感信息泄漏只是手机银行发生风险的开端。盗窃者常常利用黑客技术篡改移动金融支付应用程序，通过截获网络传输数据、散布木马、网络钓鱼和操作用户所丢手机等几种形式，获取手机短信、账户密码等私密资料，并以转账的方式盗窃客户账号内的存款。

相比IOS系统，安卓系统更易受到攻击。据统计，非IOS操作系统的移动设备中，84%的智能手机和74%的平板电脑均使用安卓操作系统。安卓系统拥有大量的用户，也更受网络罪犯的觊觎。

不止用户，各大银行、移动支付产品开发者都需要增强移动软件安全保护的措施，从根本上降低安全隐患。例如金融类App产品可以使用类似NAGA PT加固平台，该平台通过对Android APK源码进行整体加固、对Android APK资源文件进行加密加固保护、对Android APK反动态调试加固保护等方法，为移动支付提供了可信赖的安全屏障。当然，技术型保障是一方面，开发者在产品开发时对产品进行安全加固、用户在使用移动支付产品时提高安全警惕，都会大大降低移动支付的风险。

据悉，娜迦信息早在2012年进入移动安全领域，并检测了国内15家大型银行手机银行客户端，总结出防止动态调试与防止静态分析全面防护的思路，为广大开发者提供娜迦移动安服务平台，专门针对未保护程序运行的不同周期采取不同程度的加固措施。通过对静态文件整体加密、代码抽取、伪加密等技术，从而加大非法分析者获取程序的静态私密数据的难度；通过对动态的执行过程进行哈希校验、反调试、运行时解密、代码回写等技术，切断通过调试器动态跟踪的过程，有效保护程序的私密逻辑不被泄露，同时也保证其执行逻辑不被恶意篡改。目前，娜迦信息已经和中国建设银行、杭州银行等多家金融机构进行深度合作，保障移动支付安全。

资料来源：中国信息产业网，2014 年 10 月 24 日。

问题：电子支付过程中的安全问题向来都是人们所关注的重点，阅读以上材料，分析我国电子支付环境的现状。

高等院校电子商务专业规划教材系列

课程名称	书号	书名、作者及出版时间	定价
现代服务学导论	978-7-111-22976-6	现代服务学导论（"十一五"国家级规划教材）（李琪）（2008年）	32
网络支付与结算	978-7-111-22890-5	网络支付（黄超）（2008年）	30
网络支付与结算	978-7-111-30379-4	网上支付与电子银行（帅青红）（2010年）	29
网络支付与结算	978-7-111-23331-2	网上支付与结算（张宽海）（2008年）	30
网络营销	978-7-111-35888-6	网络营销（杨路明）（2011年）	32
电子商务物流管理	即将出版	电子商务物流管理（第2版）（杨路明）（2013年）	36
电子商务物流管理	978-7-111-22151-7	电子商务物流管理（杨路明）（2007年）	35
电子商务法	978-7-111-32870-4	电子商务法（张继东）（2011年）	32
电子商务安全管理	978-7-111-32556-7	电子商务安全与电子支付（第2版）（杨坚争）（2011年）	28

电子商务

课程名称	书号	书名、作者及出版时间	版别	定价
网络营销	即将出版	网络营销：战略、实施与实践（第5版）（查菲）（2015	外版	75
电子商务案例	978-7-111-27749-1	电子商务典型案例-亚洲篇（李在奎）（2009年）	外版	45
电子商务	978-7-111-48370-0	电子商务（第10版）（施奈德）（2014年）	外版	69
电子商务	978-7-111-45187-7	电子商务：管理与社会网络的视角（第7版）（特班）（2014年）	外版	79
网络支付与结算	即将出版	网上支付与电子银行（第2版）（帅青红）（2015年）	本版	29
网络支付与结算	978-7-111-30379-4	网上支付与电子银行（帅青红）（2010年）	本版	29
网络营销	978-7-111-35888-6	网络营销（杨路明）（2011年）	本版	32
网络营销	978-7-111-44080-2	网络营销：理论、策略与实战（卓骏）（2015年）	本版	30
网络营销	978-7-111-49492-8	网络营销实务（第2版）（高凤荣）（2015年）	本版	35
网络营销	978-7-111-27337-0	网络营销实务（高凤荣）（2009年）	本版	32
电子商务物流管理	978-7-111-44294-3	电子商务物流管理（第2版）（杨路明）（2013年）	本版	39
电子商务其他专业课	978-7-111-28750-6	电子商务综合实训（肖红）（2009年）	本版	28
电子商务其他专业课	978-7-111-27212-0	计算机网络技术（余棉水）（2009年）	本版	30
电子商务法	978-7-111-32870-4	电子商务法（张继东）（2011年）	本版	32
电子商务案例	978-7-111-29768-0	电子商务应用案例（邹德军）（2010年）	本版	26
电子商务安全管理	978-7-111-32556-7	电子商务安全与电子支付（第2版）（杨坚争）（2011年）	本版	28
电子商务	978-7-111-48635-0	电子商务概论（第2版）（孙军）（2015年）	本版	35
电子商务	978-7-111-39004-6	电子商务实用教程（谢金生）（2012年）	本版	32